21世纪经济与管理精品教材

财 务 会 计

主　编　冯　逢　林健栋
副主编　叶桂中　李素梅
　　　　杨　波

东南大学出版社
·南京·

内 容 提 要

本教材遵循理论教学应体现以应用为目的、以够用为度的原则,技能模块根据任务主题,按完成该项技能任务所要达到的技能目标,依据相关知识或操作程序,配以实例编写,突出技能实际操作能力,既注意保持教学内容的完整性与先进性,又注意处理理论与实践、知识与创新之间的关系,重在学生实际动手能力的培养。在每一章中都明确列出导入案例—知识要点—技能操作—资料链接—综合练习题,注重提高学生的职业素养和岗位适应能力,为以后就业打下坚实的基础。

本书适用于高职高专会计学、会计电算化以及经济管理等相关专业的基础性教学和工商企业营销管理人员培训的辅助读物。

图书在版编目(CIP)数据

财务会计/冯逢,林健栋主编.—南京:东南大学出版社,2012.2(2016.1重印)
 ISBN 978-7-5641-3264-4

Ⅰ.①财… Ⅱ.①冯…②林… Ⅲ.①财务会计—高等职业教育—教材 Ⅳ.①F234.4

中国版本图书馆 CIP 数据核字(2012)第 006996 号

出版发行:东南大学出版社
社　　址:南京四牌楼2号　邮编:210096
出 版 人:江建中
网　　址:http://www.seupress.com
经　　销:全国各地新华书店
印　　刷:南京京新印刷厂
开　　本:787mm×1092mm 1/16
印　　张:20.25
字　　数:470千字
版　　次:2012年2月第1版
印　　次:2016年1月第3次印刷
书　　号:ISBN 978-7-5641-3264-4
印　　数:5001—6800册
定　　价:39.00元

本社图书若有印装质量问题,请直接与读者服务部联系。电话(传真):025-83792328

前　言

《财务会计》是高职高专会计专业的一门主干课程,是构成会计学科体系的核心课程之一,突出高等职业教育实践性、应用性、技能性的要求,符合应用型人才的培养。根据高职高专理论以够用为度的原则,强调职业技能的实训与掌握,重在学生实际动手能力的培养。面对高职高专教育的特点,为了满足会计教学的需要,我们编写了这本教材。

本教材的编写是以我国最新企业会计准则为依据,并与其相一致。对会计要素的确认、计量、记录和报告的程序和方法,进行了全面、系统的介绍。主要内容包括货币资金的核算,应收及预付款项的核算,存货的核算,对外投资的核算,固定资产和无形资产的核算,流动负债和非流动负债的核算,收入、费用和利润的核算,所有者权益的核算,财务报表的核算等。

本教材按完成该项技能任务所要达到的技能目标,依据相关知识或操作过程,重点突出,条理清晰,通俗易懂,富有特色,并列举实例,突出技能和实际操作能力的培养。在每一章中都明确列出导入案例—知识要点—技能操作—资料链接—综合练习题。既注意保持教学内容的完整性与先进性,又注意处理理论与实践、知识与创新之间的关系,使学生提高职业素养和岗位适应能力,为以后就业打下坚实的基础。

本教材由冯逢、林健栋任主编,叶桂中、李素梅、杨波任副主编,冯逢、李素梅对全书的初稿进行了修改和定稿,林健栋对全书进行了统筹和课件的编写及制作,叶桂中对全书进行了审稿。

本教材共12章,编写人员分工如下:第1、2章由广西工商职业技术学院叶桂中编写;第3章由广西工商职业技术学院王永丽编写;第4章由广西电力职业技术学院宁炬编写;第5章由广西经贸职业技术学院林健栋编写;第6章由广西经贸职业技术学院唐基秋编写;第7章由广西经贸职业技术学院唐欣编写;第8、9章由广西柳州运输职业技术学院杨波编写;第10章由广西经贸职业技术学院冯逢编写;第11章由广西经贸职业技术学院温秋玲编写;第12章由广西经贸职业技术学院李素梅编写。

为方便教师教学和学生自学,本教材配有综合练习题答案和课件。

由于编者水平有限,加之时间仓促,书中难免有不足之处,敬请各位专家及广大读者批评指正。

编　者

2011 年 12 月

目　录

第1章　总论 (1)
任务1　财务会计的定义和财务报告目标 (2)
任务2　财务会计的"游戏规则"——会计基本假设 (5)
任务3　会计要素及其计量属性 (8)
任务4　会计信息质量要求 (12)

第2章　货币资金 (16)
任务1　库存现金核算 (16)
任务2　银行存款核算 (20)
任务3　其他货币资金核算 (27)

第3章　应收及预付款项 (33)
任务1　应收票据的核算 (33)
任务2　应收账款的核算 (38)
任务3　预付账款的核算 (41)
任务4　其他应收款的核算 (43)
任务5　坏账损失的核算 (45)

第4章　存货 (54)
任务1　存货的初始计量 (54)
任务2　原材料按实际成本计价的核算 (62)
任务3　原材料按计划成本计价的核算 (66)
任务4　委托加工物资的核算 (70)
任务5　周转材料的核算 (73)
任务6　库存商品的核算 (77)
任务7　存货清查的核算 (82)
任务8　存货跌价准备的核算 (84)

第5章　投资 (92)
任务1　交易性金融资产核算 (92)
任务2　持有至到期投资核算 (96)
任务3　可供出售金融资产的核算 (100)
任务4　长期股权投资初始计量的核算 (103)

    任务 5 长期股权投资核算的成本法……………………………………(106)
    任务 6 长期股权投资核算的权益法……………………………………(109)

第 6 章　固定资产……………………………………………………………(120)

    任务 1 固定资产取得的核算………………………………………………(120)
    任务 2 固定资产折旧的核算………………………………………………(127)
    任务 3 固定资产后续支出的核算…………………………………………(133)
    任务 4 固定资产减值的核算………………………………………………(135)
    任务 5 固定资产处置与清查的核算………………………………………(136)

第 7 章　无形资产及其他资产………………………………………………(144)

    任务 1 外购无形资产的核算………………………………………………(144)
    任务 2 自行研究开发无形资产的核算……………………………………(148)
    任务 3 无形资产摊销、减值的核算………………………………………(151)
    任务 4 其他资产的核算……………………………………………………(155)

第 8 章　流动负债……………………………………………………………(162)

    任务 1 短期借款核算………………………………………………………(163)
    任务 2 应付票据的核算……………………………………………………(165)
    任务 3 应付账款及预收账款的核算………………………………………(168)
    任务 4 货币性职工薪酬核算………………………………………………(170)
    任务 5 非货币性职工薪酬核算……………………………………………(176)
    任务 6 应交增值税核算……………………………………………………(178)
    任务 7 应交营业税核算……………………………………………………(184)
    任务 8 应交消费税核算……………………………………………………(186)
    任务 9 其他应交税费的核算………………………………………………(189)
    任务 10 其他流动负债核算…………………………………………………(191)

第 9 章　非流动负债…………………………………………………………(198)

    任务 1 借款费用的核算……………………………………………………(199)
    任务 2 长期借款的核算……………………………………………………(204)
    任务 3 应付债券的核算……………………………………………………(207)
    任务 4 长期应付款的核算…………………………………………………(214)

第 10 章　收入、费用和利润…………………………………………………(222)

    任务 1 销售商品收入核算…………………………………………………(224)
    任务 2 提供劳务收入核算…………………………………………………(230)
    任务 3 期间费用的核算……………………………………………………(233)
    任务 4 利润的计算与核算…………………………………………………(236)
    任务 5 企业所得税核算……………………………………………………(241)

第11章　所有者权益 ……………………………………………………………… (252)
任务1　实收资本核算 ……………………………………………………… (254)
任务2　资本公积核算 ……………………………………………………… (262)
任务3　盈余公积核算 ……………………………………………………… (266)
任务4　利润分配核算 ……………………………………………………… (269)

第12章　财务报表 …………………………………………………………………… (276)
任务1　资产负债表 ………………………………………………………… (276)
任务2　利润表 ……………………………………………………………… (289)
任务3　现金流量表 ………………………………………………………… (293)
任务4　所有者权益变动表 ………………………………………………… (304)

参考文献 ……………………………………………………………………………… (315)

第1章 总　　论

【学习目标】

了解企业财务会计的特点,掌握企业财务会计的基本理论,明确企业财务会计的规范,为后续内容的学习打好基础。

【导入案例】

你能用 400 元办一个企业吗?

你能用 400 元或不足 400 元成功地办一个企业吗?不管你相信与否,这的确能够做到。刘月娟是北京一所著名美术学校的学生,和其他大学生一样,她也常常为了补贴日常花销而不得不去挣一些零用钱。最初,她为了购买一台具有特别设计功能的计算机而烦恼。尽管她目前手头只有 400 元,可还是决定于 2010 年 12 月开始创办一个美术培训部。她支付了 120 元在一家餐厅请朋友吃饭,帮她出主意。又根据她曾经在一家美术培训班服务兼讲课的经验,她首先向她的一个师姐借款 4 000 元,以备租房等使用。她购置了一些讲课所必备的书籍、静物,并支出一部分钱用于装修画室。她为她的美术培训部取名为"周围"。刘月娟支出 100 元印制了 500 份广告传单,用 100 元购置了信封、邮票等。8 天后她已经有了 17 名学员,规定每人每月学费 1 800 元,并且找到了一位较具能力的同学作合伙人。她与合伙人分别为"周围"的发展担当着不同的角色(合伙人兼做"周围"的会计和讲课教师)并获取一定的报酬。至 2011 年 1 月末,她们已经招收了 50 个学员,除了归还师姐的借款本金和利息计 5 000 元和抵消各项必需的费用外,各获得讲课、服务等净收入 30 000 元和 22 000 元。她们用这笔钱又继续租房,扩大了画室面积。为了扩大招收学员的数量,她们甚至聘请了非常有经验的教授、留学归国学者做了两次免费讲座,为下一步"周围"的发展奠定了非常好的基础。

四个月下来,她们的"周围"平均每月招收学员 39 位,获取收入计 24 000 元。她们还以每小时 200 元的讲课报酬聘请了 4 位同学作兼职教师。至此,她们核算了一下,除去房租等各项费用,共获利 67 800 元。这笔钱足够她们各自购买一台非常可心的计算机并且还有一笔不小的积余。但更重要的是,她们通过四个月来的锻炼,掌握了许多营销技巧,也懂得了应该怎样与人合作和打交道,学到了不少有关财务上的知识,获得了比财富更为宝贵的工作经验。

【思考与分析】

(1) 会计在这里扮演了什么角色?

(2) 从中你是不是获得了有关会计方面的许多术语,如投资、借款、费用、收入、盈余、投资人、投资以及独资企业、合伙企业和公司等等。

任务 1　财务会计的定义和财务报告目标

知识要点

1. 财务会计的定义及理论结构

财务会计是在市场经济体制下,建立在企业或其他主体范围内的,旨在向企业或主体外部提供以财务信息为主的一个经济信息系统。财务会计按其报告的对象不同,分为财务会计和管理会计。财务会计主要侧重于向企业外部关系人提供有关企业财务状况、经营成果和现金流量等信息;管理会计主要侧重于向企业内部管理者提供进行经营规划、经营管理、预测决策所需要的相关信息。

对于财务会计学来说,一切实务都是在这个会计理论框架的指导下进行的。会计理论结构是指一定的会计理论总体的构成及其相互关系。会计学是随着社会生产力的发展和经济管理的需要而不断地发展、完善的,并反过来指导社会生产和经济管理的实践活动。会计发展到现代,其理论逐步成熟,现在已形成一套较为完整的会计理论体系和结构框架。一般认为,会计理论体系的结构应包括会计目标、会计假设、会计要素、会计原则和会计方法五部分。财务会计的理论结构如图 1-1 所示。

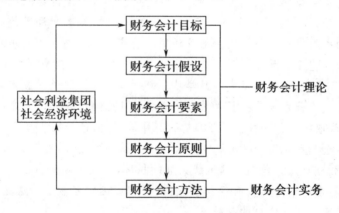

图 1-1　财务会计的理论结构

图 1-1 中的财务会计目标、财务会计假设和财务会计要素是属于同一层次的财务会计基础概念,而财务会计原则是在这些基础概念之上形成的规范概念,它是为了实现财务会计目标而对财务会计实务作出的约束和规范。财务会计实务在财务会计原则的统一口径规范下通过提供会计信息直接实现财务会计目标。由此可见,在整个理论结构体系中,目标起着导向作用。此外,我们还可以看到,无论是财务会计理论还是财务会计实务都必须适应社会各个利益集团对财务会计信息的需要,同时也必须适应社会经济环境的不断变化。

2. 财务报告目标及财务报告使用者

财务会计的目标,即向财务会计报告使用者提供与企业财务状况、经营成果和现金流量等有关的会计信息,反映企业管理层受托责任履行情况,有助于财务会计报告使用者作出经济决策。财务会计目标是财务会计理论体系的基础,体现了会计信息的使用者对现代会计的要求。现代企业是以所有权和经营权相分离为特征的,投资者将资产交给经营者经营,最关心的是企业的财务状况、经营成果和现金流量,需要有用的信息用于决策。因此,财务会计目标所要解决的问题是向谁提供信息和提供什么样的信息。我国财务会计的目标是与社会主义市场经济体制相适应的,是对会计主体的经济活动进行核算,为决策者提供有用的信息,向委托人报告委托责任的履行情况。

财务报告使用者包括投资者、债权人、政府及有关部门和社会公众等其他外部使用者。在会计信息中,有一部分是企业管理当局和外部利益各方共享的通用的会计信息,另一部分是出于竞争性自我保护只供管理当局使用而不对外披露的会计信息。对财务会计信息的关注,不同的使用者关注点也有所不同。

(1) 企业管理当局

企业管理当局是会计信息内部使用者,处于单位领导和管理的最高层次,对于本单位的经济业务拥有决策权或者执行权,与单位其他人员之间是一种领导与服从的关系。企业要完成既定的经营目标,就必须对经营过程中遇到的各种重大问题进行决策,而正确的决策必须以相关的、可靠的信息为依据。当然,企业管理当局在决策过程中,除利用财务会计信息外,还可通过其他途径获取外部使用者无法掌握的内部信息。

(2) 政府部门

为了实现社会资源的优化配置,国家必然通过税收、货币和财政政策进行宏观经济管理。在宏观调控中,国民经济核算体系所提供的数据是调控的重要依据。国民经济核算与企业会计核算之间存在着十分密切的联系,企业会计核算资料是国家统计部门进行国民经济核算的重要资料来源。国家税务部门进行的税收征管是以财务数据为基础的;证券监管部门无论是对公司上市资格的审查,还是公司上市后的监管,都离不开对会计数据的审查和监督。证券监管机构对证券发行与交易进行监督管理,财务会计信息的质量是其监管的内容,真实可靠的会计信息又是其对证券市场实施监督的重要依据。

(3) 出资者

在所有权与经营权分离的情况下,出资者虽然不参加企业的日常经营管理,但需要利用会计信息对经营者受托责任的履行情况进行评价,并对企业经营中的重大事项做出决策。

出资者除包括现有的出资者外,还包括潜在的出资者。潜在的出资者主要是根据财务会计信息评价企业的各种投资机遇,估量投资的预期成本、收益以及投资风险的大小,做出是否对该企业投资的决策的人、或企业。

(4) 债权人

债权人是企业信贷资金的提供者。债权人提供信贷资金的目的是按约定的条件收回本金并获取利息收入。也就是说,债权人关心的主要是企业能否按期还本付息。基于此,需要了解资产与负债的总体结构,分析资产的流动性,评价企业的获利能力以及产生现金流量的能力,从而做出向企业提供贷款、维持原贷款数额、追加贷款、收回贷款或改变信用条件的决策。

(5) 职工

按照有关法律规定,企业研究决定生产经营的重大问题、制定重要的规章制度时,应当听取工会和职工的意见和建议;企业研究决定有关职工工资、福利、劳动保险等涉及职工切身利益的问题时,应当事先听取工会和职工的意见。职工在履行上述参与企业管理的权利和义务时,必然要了解相关的会计信息。

3. 财务会计规范

财务会计规范是会计人员正确处理工作所要遵循的行为标准,是指导和约束会计行为向着合法化、合理化和有效化方向发展的路标。会计规范是指协调、统一会计处理过程中对不同处理方法做出合理选择的假设、原则、制度等的总和,是对会计行为的约束标准。现实性地看,会计规范是一套用于规定、约束会计信息系统的数据加工、处理与信息生成等行为的法律、标准、制度的总称。

为了保证会计信息的真实、完整和可比性,目前我国通过各种法律、财经法规和制度、企业会计准则、会计制度等予以规范,在法律、行政法规、部门规章和规范性文件四个层面上都得到体现。会计法律有《中华人民共和国会计法》和《注册会计师法》,行政法规主要有《总会计师条例》和《企业财务报告条例》,部门规章主要有《企业会计准则》和《企业会计制度》等。其中,最主要的是会计法、会计准则和会计制度,它们构成了我国目前的会计法规体系。

会计职业成功路线

由会计业界获取成功,大致可有以下几种路供你走。

1. 会计职业之路

这种职业之路起点可能是某个企业、公司、工厂或小作坊;也可能是某个会计师事务所、会计公司等中介咨询机构。

你可能从最底层的会计员做到会计师直至高级会计师;或在事务所中从最底层的 Accountant(会计)做到最高层的 Manager(经理),这是一种纯职业化的成功之路。这条路的特点是一直不脱离你的专业,你一直"恭敬"地演好你"绅士"的角色,这也是最传统的会计成功之路。此路总体来讲很辛苦,但也会比较稳定。这是目前大多数职业会计人员所走的成功之路。

你也可能从会计员干起,然后脱离财务部而走向领导岗位;或者从事务所底层直至做到事务所合伙人;这是一条半职业化的成功之路。此路对个人的能力和素质要求较高,除具备一定的会计要素以外,还要具备一定的综合素质和人际交往沟通能力等等。当然,运气问题也很重要。

2. 会计产业之路

这条路的起点很难讲,你不一定要有专业基础,"门外汉"也能胜任。

此路的成功路径大致有如下几条:

(1) 会计服务之路。你可以创办一个会计师事务所或是会计公司,提供会计服务和审计服务。比如代客户交税、代客户记账、代客户编报表、为客户审计等。当然,这种专业服务要求你最好有一定的会计基础知识和能力。

在当今中国,有难以计数的中小企业缺少健全的会计部门和专业人员,这种会计服务产业将愈来愈有广阔的市场。

(2) 会计培训之路。你可以开办各种培训班,对各级各类会计人员进行系统培训,以提高他们的执业能力。你也可以组织出版各类会计书籍,制作各类读写载体,甚至可以创办专门网站来培训会计人员,提高他们的能力。

中国目前的会计培训业刚刚起步,总体水平不高,多而不精。要搞好会计培训,必须要有长远的战略眼光。

越是不规范的市场,越会存在发展的机会,会计培训市场将是一个很大的市场。

(3) 会计咨询之路。你可以创办一家咨询公司,解答有关会计方面的各种"疑难杂症":

企业的会计人员碰到头疼的难题时会向你求教;

企业的老总对投资项目举棋不定时会征询你的意见;

投资人对企业的业务有所疑问时会找你帮助查证;

税务机关与企业的税务有争议而又没有足够证据时,可能要找你给出点子;

……

总之,会计咨询业可做的事有很多很多,这个市场在中国目前仍不规范,同样存在发展机遇。

这条路的关键在于要拥有一大批的"知本家",他们要通晓各种相关知识,并且具备专业敏感性和良好的判断能力。

以上,我们从职业和产业角度谈了会计与成功的关系,综上所述,从事会计业要想成功一般有两条路可供选择:一是"终身从业,矢志不改";二是"以此踏跳,转行改业"。不管走哪条路,只要你有功底有信心,定会到达成功的彼岸。

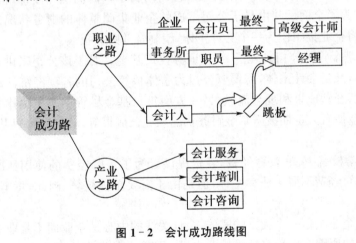

图 1-2 会计成功路线图

任务 2 财务会计的"游戏规则"——会计基本假设

俗话说"没有规矩,不成方圆"。会计作为一种核算系统,当然也不例外要遵循一定的规则。

> 知识要点

1. 会计主体

会计主体,是指企业会计确认、计量和报告的空间范围。

在会计主体假设下,企业应当对其本身发生的交易或者事项进行会计确认、计量和报告,反映企业本身所从事的各项生产经营活动。明确界定会计主体是开展会计确认、计量和报告工作的重要前提。

(1) 明确会计主体,才能划定会计所要处理的各项交易或事项的范围。在会计工作中,只有那些影响企业本身经济利益的各项交易或事项才能加以确认、计量和报告,那些不影响企业本身经济利益的各项交易或事项不能加以确认、计量和报告。会计核算中涉及的资产、负债的确认,收入的实现,费用的发生等,都是针对特定会计主体而言的。

(2) 明确会计主体,才能将会计主体的交易或者事项与会计主体所有者的交易或者事项以及其他会计主体的交易或者事项区分开来。例如,企业所有者的经济交易或者事项是属于企业所有者主体所发生的,不应纳入企业会计核算的范围,但是企业所有者投入到企业的资本或者企业向所有者分配的利润,则属于企业主体所发生的交易或者事项,应当纳入企业会计核算的范围。

(3) 会计主体不同于法律主体。一般来说,法律主体必然是会计主体。

【例1】 某母公司拥有8家子公司,母子公司均属于不同的法律主体,但母公司对子公司拥有控制权。为了全面反映由母子公司组成的企业集团整体的财务状况、经营成果和现金流量,就需要将企业集团作为一个会计主体,编制合并财务报表。

【例2】 某基金管理公司管理了20只证券投资基金。对于该公司来讲,一方面公司本身既是法律主体,又是会计主体,需要以公司为主体核算公司的各项经济活动,以反映整个公司的财务状况、经营成果和现金流量;另一方面每只基金尽管不属于法律主体,但需要单独核算,并向基金持有人定期披露基金财务状况和经营成果等。因此,每只基金也属于不同的会计主体。

【例3】 某学校有15笔教育经费,经费提供者为了了解经费的使用情况,要求单独核算。尽管各笔教育经费不属于法律主体,但是由于需要单独核算,因此,每笔教育经费也是会计主体。

会计上假设企业法是一个独立的实体,会计关注的中心是企业而不是业主、合伙人。会计主体假设产生的原因在于恰当地维护业主投入到企业的资本的需要。

2. 持续经营

持续经营,是指在可以预见的将来,企业将会按当前的规模和状态继续经营下去,不会停业,也不会大规模削减业务。

在持续经营假设下,企业会计确认、计量和报告应当以持续经营为前提。明确这一基本假设,就意味着会计主体将按照既定用途使用资产,按照既定的合约条件清偿债务,会计人员就可以在此基础上选择会计政策和会计估计方法。只有设定企业是持续经营的,才能进行正常的会计处理。采用历史成本计价、在历史成本的基础上进一步采用计提折旧的方法等,都是基于企业是持续经营的。

若企业不能持续经营，就需要放弃这一假设，在清算假设下形成破产或重组的会计程序。

3. 会计分期

会计分期，是指将一个企业持续经营的生产经营活动期间划分为若干连续的、长短相同的期间。

会计分期假设下，会计核算应划分会计期间，分期结算账目和编制财务报告。

会计期间分为年度和中期。年度和中期均按公历起讫日期确定。中期是指短于一个完整的会计年度的报告期间，包括半年度、季度和月度。

这一假设规定了会计对象的时间界限，将企业连续不断的经营活动分割为若干较短时期以及提供会计信息，是正确计算收入、费用和损益的前提。

4. 货币计量

货币计量，是指会计主体在财务会计确认、计量和报告时以货币计量，反映会计主体的财务状况、经营成果和现金流量。

企业的记账本位币，是指企业经营所处的主要经济环境中的货币。主要经济环境通常是其主要产生和支出现金的经济环境。企业通常应选择人民币作为记账本位币。业务收支以人民币以外的货币为主的企业，可以按规定选定其中一种货币作为记账本位币。但是，编报的财务报表应当折算为人民币。

企业选定记账本位币，应当考虑下列因素：

(1) 该货币主要影响商品和劳务的销售价格，通常以该货币进行商品和劳务的计价和结算。

(2) 该货币主要影响商品和劳务所需人工、材料和其他费用，通常以该货币进行上述费用的计价和结算。

(3) 融资活动获得的货币以及保存从经营活动中收取款项所使用的货币。

企业不得随意变更其已经确定的记账本位币，除非其经营所处的主要经济环境发生了重大变化。

这一假设规定了会计的计量手段，指出企业的生产经营活动及其成果可以通过货币反映。它的暗示含了两层意思，即币种的唯一性和币值的不变性。

5. 权责发生制

企业应当以权责发生制为基础进行会计确认、计量和报告。

权责发生制原则亦称应计基础、应计制原则，是指以实质取得收到现金的权力或支付现金的责任权责的发生为标志来确认本期收入和费用及债权和债务。即收入按现金收入及未来现金收入——债权的发生来确认；费用按现金支出及未来现金支出——债务的发生进行确认。而不是以现金的收入与支付来确认收入费用。按照权责发生制原则，凡是本期已经实现的收入和已经发生或应当负担的费用，不论其款项是否已经收付，都应作为当期的收入和费用处理；凡是不属于当期的收入和费用，即使款项已经在当期收付，都不应作为当期的收入和费用。

收付实现制是与权责发生制相对应的一种确认基础,它是以收到或支付现金作为确认收入和费用的依据。目前,我国的行政单位采用收付实现制,事业单位除经营业务采用权责发生制外,其他业务也采用收付实现制。

将权责发生制放到假设的层次突出了权责发生制在财务会计概念框架中的地位。以权力或责任是否发生为依据来判定、安排经济业务是否进入会计信息系统以及进入会计信息系统后的位置,它高于其他的会计确认原则。

"会计假设"的来源及发展

会计假设亦称会计的前提,是指在特定的经济环境中,根据以往的会计的实践和理论,对会计领域中尚未肯定的事项所做出的合乎情理的假说或设想。

"会计假设"这一名词,在1922年佩顿所著的《会计理论》一书中首次提出。最早是1961年美国的坎宁在《会计的基本假设》中进行的论述,他把会计基本假设看成是会计赖以存在的经济、政治和社会环境的基本前提或基本假设。他的这种看法和现在对会计假设的看法基本是一致的。会计假设来自环境,是比会计原则更为基础和理论性的概念,它不是人们的主观想象,而是客观实践的产物,是有客观依据的,一般在会计实践中长期奉行,无须证明便为人们所接受,是从事会计工作、研究会计问题的前提。

会计假设不是一成不变的,由于它们本身是会计人员在有限的事实和观察的基础上做出的判断,随着经济环境的变化,会计假设也需要不断修正。在通货膨胀时代,对币值稳定的假设的否定产生了物价变动会计或现时成本会计;在信息时代,会计主体假设的外延被扩展。持续经营假设不再适用于所有企业,对清算会计的运用渐增。当货币计量假设不足以满足人们对信息的需求时,人力资源会计便应运而生。衍生金融工具显示人们为保持币值稳定而做出的努力。权责发生制假设为会计假设增添了新的内容。

上述五项会计假设的观念中前四项早在19世纪就已经形成,而社会经济的发展变化又不断丰富了它们的内涵,或者证明了它们的局限性,并且有的假设其局限性是自身造成的。

任务3 会计要素及其计量属性

知识要点

1. 会计要素

会计要素又称为会计对象要素,是指按照交易或事项的经济特征所作的基本分类,也是指对会计对象按经济性质所作的基本分类,是会计核算和监督的具体对象和内容,是构成会计对象具体内容的主要因素,分为反映企业财务状况的会计要素和反映企业经营成果的会计要素。

会计要素包括资产、负债、所有者权益、收入、费用和利润。

(1) 资产

资产是指企业过去的交易或者事项形成的、由企业拥有或者控制的、预期会给企业带来经济利益的资源。

企业过去的交易或者事项包括购买、生产、建造行为或其他交易或者事项。预期在未来发生的交易或者事项不形成资产由企业拥有或者控制，是指企业享有某项资源的所有权，或者虽然不享有某项资源的所有权，但该资源能被企业所控制。预期会给企业带来经济利益，是指直接或者间接导致现金和现金等价物流入企业的潜力。

在同时满足以下条件时，确认为资产：

① 与该资源有关的经济利益很可能流入企业。

② 该资源的成本或者价值能够可靠地计量。

(2) 负债

负债是指企业过去的交易或者事项形成的、预期会导致经济利益流出企业的现时义务。现时义务是指企业在现行条件下已承担的义务。未来发生的交易或者事项形成的义务不属于现时义务，不应当确认为负债。

在同时满足以下条件时，确认为负债：

① 与该义务有关的经济利益很可能流出企业。

② 未来流出的经济利益的金额能够可靠地计量。

(3) 所有者权益

所有者权益是指企业资产扣除负债后由所有者享有的剩余权益。公司的所有者权益又称为股东权益。

所有者权益的来源包括所有者投入的资本、直接计入所有者权益的利得和损失、留存收益等。

直接计入所有者权益的利得和损失，是指不应计入当期损益、会导致所有者权益发生增减变动的、与所有者投入资本或者向所有者分配利润无关的利得或者损失。

利得是指由企业非日常活动所形成的、会导致所有者权益增加的、与所有者投入资本无关的经济利益的流入。

损失是指由企业非日常活动所发生的、会导致所有者权益减少的、与向所有者分配利润无关的经济利益的流出。

(4) 收入

收入是指企业在日常活动中形成的、会导致所有者权益增加的、与所有者投入资本无关的经济利益的总流入。

收入只有在经济利益很可能流入从而导致企业资产增加或者负债减少，且经济利益的流入额能够可靠计量时才能予以确认。

(5) 费用

费用是指企业在日常活动中发生的、会导致所有者权益减少的、与向所有者分配利润无关的经济利益的总流出。

费用只有在经济利益很可能流出从而导致企业资产减少或者负债增加，且经济利益的流出额能够可靠计量时才能予以确认。

企业为生产产品、提供劳务等发生的可归属于产品成本、劳务成本等的费用，应当在确认产品销售收入、劳务收入等时,将已销售产品、已提供劳务的成本等计入当期损益。企业发生的支出不产生经济利益的,或者即使能够产生经济利益但不符合或者不再符合资产确认条件的,应当在发生时确认为费用,计入当期损益。

(6) 利润

利润是指企业在一定会计期间的经营成果。利润包括收入减去费用后的净额、直接计入当期利润的利得和损失等。

直接计入当期利润的利得和损失,是指应当计入当期损益、会导致所有者权益发生增减变动的、与所有者投入资本或者向所有者分配利润无关的利得或者损失。

2. 会计要素等式

六项会计要素相互之间存在着一定的数量关系,反映这种数量关系的恒等式就是会计等式,也称为会计平衡式或会计方程式。它是复式记账、试算平衡及编制会计报表的理论依据,是会计核算方法体系的理论基础。

(1) 反映企业财务状况的会计要素等式

$$资产=负债+所有者权益$$

这一等式表明某一会计主体在某一特定时点所拥有的各种资产,以及债权人和投资者(所有者)对企业资产要求权的基本状况,表明资产与负债和所有者权益之间的恒等关系,是设置账户、复式记账、试算平衡设计与编制资产负债表的理论依据,被称为基本会计等式。

(2) 反映企业经营成果的会计要素等式

$$收入-费用=利润$$

企业的生产经营活动是以赢利为目的的,企业资产投入营运,就会发生一定的耗费并取得收入。企业一定时期所获得的收入扣除发生的各项费用后即表现为利润。因此,企业在生产经营过程中形成了此等式,反映一定期间经营成果,它是企业计算损益的依据,也是企业编制利润表的基础。

(3) 会计要素等式之间的关系

$$资产=负债+所有者权益+收入-费用$$

利润是月底或期末才结算出来的,平时企业没有利润概念。在企业经营过程中,企业只有资产、负债、所有者权益、收入和费用这五个要素,而收入和费用的发生影响企业所有者权益。企业在一定期间实现的利润将使企业净资产增加或负债减少;反之,发生的亏损将使净资产减少或负债增加。因此,企业在会计期末结账前,这五个要素之间才有这个等量关系。它动态地反映了企业财务状况和经营成果之间的关系,被称为会计等式扩展等式。但到会计期末收支结转后,计算出企业在一定期间实现的利润或发生的亏损,利润按规定的程序进行分配后,归入所有者权益项目,这时,上述扩展的会计等式又恢复成基本会计等式,即"资产=负债+所有者权益"。

3. 会计要素计量属性及其应用原则

财务会计确认与计量主要解决当一个会计主体发生交易或事项后应在什么时间、以什么要素、按什么金额加以记录并计入财务报表的问题。

(1) 会计要素计量属性

会计计量是为了将符合确认条件的会计要素登记入账并列报于财务报表而确定其金额的过程。企业应当按照规定的会计计量属性进行计量，确定相关金额。计量属性是指所予计量的某一要素的特性方面，如桌子的长度、铁矿的重量、楼房的高度等。从会计角度，计量属性反映的是会计要素金额的确定基础，主要包括历史成本、重置成本、可变现净值、现值和公允价值等。

① 历史成本。又称为实际成本。就是取得或制造某项财产物资时所实际支付的现金或者其他等价物。在历史成本计量下，资产按照购置时支付的现金或者现金等价物的金额，或者按照购置资产时所付出的对价的公允价值计量。负债按照因承担现时义务而实际收到的款项或者资产的金额，或者承担现时义务的合同金额，或者按照日常活动中为偿还负债预期需要支付的现金或者现金等价物的金额计量。

② 重置成本。重置成本又称现行成本，是指按照当前市场条件，重新取得同样一项资产所需支付的现金或现金等价物金额。在重置成本计量下，资产按照现在购买相同或者相似资产所需支付的现金或者现金等价物的金额计量。负债按照现在偿付该项债务所需支付的现金或者现金等价物的金额计量。

③ 可变现净值。是指在正常生产经营过程中以预计售价减去进一步加工成本和销售所必需的预计税金、费用后的净值。在可变现净值计量下，资产按照其正常对外销售所能收到现金或者现金等价物的金额扣减该资产至完工时估计将要发生的成本、估计的销售费用以及相关税费后的金额计量。

④ 现值。现值是指对未来现金流量以恰当的折现率进行折现后的价值，是考虑货币时间价值因素等的一种计量属性。在现值计量下，资产按照预计从其持续使用和最终处置中所产生的未来净现金流入量的折现金额计量。负债按照预计期限内需要偿还的未来净现金流出量的折现金额计量。

⑤ 公允价值。是指在公平交易中，熟悉情况的交易双方自愿进行资产交换或者债务清偿的金额。在公允价值计量下，资产和负债按照在公平交易中，熟悉情况的交易双方自愿进行资产交换或者债务清偿的金额计量。

(2) 会计计量属性的应用原则

企业在对会计要素进行计量时，一般应当采用历史成本。在某些情况下，为了提高会计信息质量，实现财务报告目标，企业会计准则允许采用重置成本、可变现净值、现值、公允价值计量的，应当保证所确定的会计要素金额能够取得并可靠计量。如果这些金额无法取得或者可靠计量的，则不允许采用其他计量属性。

在企业会计准则体系建设中适度、谨慎地引入公允价值这一计量属性，是因为随着我国资本市场的发展，股权分置改革的基本完成，越来越多的股票、债券、基金等金融产品在交易所挂牌上市，使得这类金融资产的交易已经形成了较为活跃的市场，因此，我国已经具备了引入公允价值的条件。在这种情况下，引入公允价值，更能反映企业的现实情况，对投资者等财务报告使用者的决策更加有用，而且也只有如此，才能实现我国会计准则与国际财务报告准则的趋同。

知识运用

[思考与讨论]

[资料]

(1) 某企业以融资租赁方式租入一项固定资产。
(2) 甲企业和乙施工单位签订了一项厂房建造合同,建造合同尚未履行。
(3) 某企业向银行借款 1 500 万元。
(4) 企业同时还与银行达成了 2 个月后借入 2 000 万元的借款意向书。
(5) 某企业用银行存款 400 万元购买生产用原材料。
(6) 某企业用银行存款偿还了一笔应付账款 1 000 万元。

[讨论]

资料(1)、(2)可否作为资产确认?
资料(3)、(4)可否作为负债确认?
资料(5)、(6)可否作为费用确认?

任务 4　会计信息质量要求

知识要点

　　会计信息质量要求是对企业财务报告中所提供会计信息质量的基本要求,是使财务报告中所提供的会计信息对投资者等使用者决策有用应具备的基本特征,根据基本准则规定,它包括可靠性、相关性、可理解性、可比性、实质重于形式、重要性、谨慎性和及时性等。其中,可靠性、相关性、可理解性和可比性是会计信息的首要质量要求,是企业财务报告中所提供会计信息应具备的基本质量特征;实质重于形式、重要性、谨慎性和及时性是会计信息的次级质量要求,是对可靠性、相关性、可理解性和可比性等首要质量要求的补充和完善,尤其是在对某些特殊交易或者事项进行处理时,需要根据这些质量要求来把握其会计处理原则。另外,及时性还是会计信息相关性和可靠性的制约因素,企业需要在相关性和可靠性之间寻求一种平衡,以确定信息及时披露的时间。

1. 可靠性

　　可靠性要求企业应当以实际发生的交易或者事项为依据进行确认、计量和报告,如实反映符合确认和计量要求的各项会计要素及其他相关信息,保证会计信息真实可靠,内容完整。

2. 相关性

　　相关性要求企业提供的会计信息应当与财务报告使用者的经济决策需要相关,有助于财务报告使用者对企业过去、现在或者未来的情况作出评价或者预测。

3. 可理解性

可理解性要求企业提供的会计信息应当清晰明了,便于财务报告使用者理解和使用。

4. 可比性

可比性要求企业提供的会计信息应当具有可比性。具体包括下列要求:

(1) 同一企业对于不同时期发生的相同或者相似的交易或者事项,应当采用一致的会计政策,不得随意变更。

(2) 不同企业发生的相同或者相似的交易或者事项,应当采用规定的会计政策,确保会计信息口径一致、相互可比,即对于相同或者相似的交易或者事项,不同企业应当采用一致的会计政策,以使不同企业按照一致的确认、计量和报告基础提供有关会计信息。

5. 实质重于形式

实质重于形式要求企业应当按照交易或者事项的经济实质进行会计确认、计量和报告,不应仅以交易或者事项的法律形式为依据。如果企业仅仅以交易或者事项的法律形式为依据进行会计确认、计量和报告,那么就容易导致会计信息失真,无法如实反映经济现实和实际情况。

6. 重要性

重要性要求企业提供的会计信息应当反映与企业财务状况、经营成果和现金流量有关的所有重要交易或者事项。

7. 谨慎性

谨慎性要求企业对交易或者事项进行会计确认、计量和报告时应当保持应有的谨慎,不应高估资产或者收益、低估负债或者费用。

但是,谨慎性的应用并不允许企业设置秘密准备,如果企业故意低估资产或者收益,或者故意高估负债或者费用,将不符合会计信息的可靠性和相关性要求,损害会计信息质量,扭曲企业实际的财务状况和经营成果,从而对使用者的决策产生误导,这是会计准则所不允许的。

8. 及时性

及时性要求企业对于已经发生的交易或者事项,应当及时进行确认、计量和报告,不得提前或者延后。

"实质重于形式"与"谨慎性"的区别

在确保会计信息真实、可靠方面,两个原则的着眼点和侧重点不同。

"谨慎性"原则的"不得多计资产或收益,不得少计负债或费用",侧重于对收入、费用的确认和计量行为进行约束,以实现会计上对纯收益(或利润)确认和计量的客观和稳妥,以免对会计信息使用人产生误导。

而"实质重于形式"原则的"企业应当按照交易或事项的经济实质进行会计核算,而不应当仅仅按照它们的法律形式作为会计核算的依据",侧重于就企业发生的经济活动内容(即企业行为)是否得到全面揭示问题提出要求,以实现会计信息的使用人能通过会计信息对企业经济活动开展的现状和企业现时的财务状况进行客观的分析与评价,以免对其产生误导。

综合练习题

一、单项选择题

1. 要求会计信息必须是客观的和可验证的信息质量特征是( )。
   A. 可理解性　　B. 相关性　　C. 可靠性　　D. 可比性
2. 会计信息的内部使用者有( )。
   A. 股东　　B. 首席执行官　　C. 供应商　　D. 政府机关
3. 明确会计反映的特定对象,界定会计核算范围的基本假设是( )。
   A. 会计主体　　B. 持续经营　　C. 会计分期　　D. 货币计量
4. 导致权责发生制的产生,以及预提、待摊等会计处理方法运用的前提是( )。
   A. 持续经营　　B. 历史成本　　C. 会计分期　　D. 货币计量
5. 下列各项中,体现谨慎性原则要求的是( )。
   A. 无形资产摊销
   B. 应收账款计提坏账准备
   C. 存货采用历史成本计价
   D. 当期销售收入与费用配比
6. 会计核算一般原则中,要求前后各期提供的会计信息的相关可比原则是( )。
   A. 可比性原则
   B. 明晰性原则
   C. 一贯性原则
   D. 及时性原则
7. 企业将融资租入固定资产视同自有固定资产核算,所体现的会计核算的一般原则是( )。
   A. 客观性原则
   B. 一贯性原则
   C. 可比性原则
   D. 实质重于形式原则
8. 下列各项中,不属于企业收入要素范畴的是( )。
   A. 主营业务收入
   B. 提供劳务取得的收入
   C. 销售材料取得的收入
   D. 出售无形资产取得的收益
9. 下列各项中,符合资产定义的是( )。
   A. 待处理的财产损失
   B. 购入的某项商品
   C. 计划购买某项设备
   D. 经营租入的固定资产
10. 下列各项中,属于利得的是( )。
    A. 企业销售流入的经济利益
    B. 出售固定资产流入的经济利益
    C. 出租仓库流入的经济利益
    D. 投资者投入的资本

二、多项选择题

1. 会计信息的外部使用者包括( )。
   A. 债权人　　B. 顾客　　C. 商业协会　　D. 竞争者
2. 会计的基本假设包括( )。
   A. 会计主体　　B. 持续经营　　C. 会计分期　　D. 货币计量

3. 反映财务状况的会计要素有( )。
   A. 收入　　　　　B. 费用　　　　　C. 资产　　　　　D. 负债
4. 下列组织中,可以作为一个会计主体进行会计核算的有( )。
   A. 独资企业　　　B. 企业生产车间　C. 分公司　　　　D. 企业集团
5. 下列各项中,属于资产要素特点的有( )。
   A. 必须是企业拥有所有权　　　　　B. 必须是经济资源
   C. 必须是有形的　　　　　　　　　D. 必须是企业拥有或控制的
6. 下列各项中,属于资产范围的是( )。
   A. 融资租入的设备　　　　　　　　B. 经营租入的设备
   C. 委托加工商品　　　　　　　　　D. 土地使用权
7. 下列各项中,属于负债的是( )。
   A. 未分配利润　　　　　　　　　　B. 预收账款
   C. 公司发行的债券　　　　　　　　D. 预付账款
8. 下列属于会计信息质量要求的有( )。
   A. 可比性　　　　B. 可理解性　　　C. 谨慎性　　　　D. 可靠性
9. 在会计计量中,一般采用的会计计量属性是( )。
   A. 公允价值　　　B. 现值　　　　　C. 可变现净值　　D. 历史成本
10. 下列各项中,属于所有者权益的是( )。
    A. 未分配利润　　B. 实收资本　　　C. 本年利润　　　D. 盈余公积

三、判断题

1. 财务会计的目标侧重于规划未来对企业的重大经营活动进行预测和决策,以及加强事中控制。　　　　　　　　　　　　　　　　　　　　　　　　　　　　　( )
2. 财务会计的目标就是财务会计系统要达到的目的和要求。　　　　　　　　( )
3. 某一财产物资要成为企业的资产,其所有权必须是属于企业的。　　　　　( )
4. 谨慎性原则要求企业不仅要核算可能发生的收入,也要核算可能发生的费用和损失,以对未来的风险进行充分核算。　　　　　　　　　　　　　　　　　　　　( )
5. 企业预期的经济业务将发生的债务,应当作为负债处理。　　　　　　　　( )
6. 某一会计事项是否具有重要性,在很大程度上取决于会计人员的职业判断。对于同一会计事项,在某一企业具有重要性,在另一企业则不一定具有重要性。( )
7. 企业一定期间发生亏损,则其所有者权益必定减少。　　　　　　　　　　( )
8. 法律主体必定是会计主体,会计主体也必定是法律主体。　　　　　　　　( )
9. 会计核算的可比性原则,要求同一会计主体在不同的会计期间尽可能采用相同的会计处理方法和会计程序,以便不同会计期间会计信息的纵向比较。　　　　　( )
10. 收入最终会导致所有者权益的增加。　　　　　　　　　　　　　　　　( )

第2章 货币资金

学习目标

了解货币资金的内容,明确现金使用范围和银行账户的开设与使用,懂得银行结算方式与不同结算方式使用的相应会计科目,学会其他货币资金的核算方法。

导入案例

同和有限责任公司出纳员小佟由于刚参加工作不久,对于货币资金业务管理和核算的相关规定不甚了解,所以出现一些不应有的错误,有两件事情让他印象深刻,至今记忆犹新。第一件事是在 2011 年 7 月 8 日和 10 日两天的现金业务结束后例行的现金清查中,分别发现现金短缺 30 元和现金溢余 10 元的情况,对此他经过反复思考也弄不明白原因。为了保全自己的面子和息事宁人,同时又考虑到两次账实不符的金额又很小,他决定采取下列办法进行处理:现金短缺 30 元,自掏腰包补齐;现金溢余 10 元,暂时收起。第二件事是同和有限责任公司经常对其银行存款的实有额心中无数,甚至有时会影响到公司日常业务的结算,公司经理因此指派有关人员检查小佟的工作。结果发现,他每次编制银行存款余额调节表时,只根据公司银行存款日记账的余额加或减对账单中企业的未入账款项来确定公司银行存款的实有数,而且每次做完此项工作以后小佟就立即将这些未入账的款项登记入账。

【思考与分析】
(1) 小佟对上述两项业务的处理是否正确?为什么?
(2) 你认为面对这些情况,应该怎么处理?

任务1 库存现金核算

知识要点

1. 库存现金的概念

库存现金是指企业持有可随时用于支付的现金限额,存放在企业财会部门由出纳人员经管的现金,包括人民币现金和外币现金。

现金是企业中流动性最强的一种货币性资产,是立即可以投入流通的交换媒介,可以随时用其购买所需的物资,支付有关费用,偿还债券,也可以随时存入银行。企业为保证生产经营活动的正常进行,必须拥有一定数额的现金,用以购买零星材料,发放工资,缴纳税金,支付手续费或进行对外投资活动。企业现金拥有量的多少,是企业的偿债支付多少的标志,是投资者分析判断企业财务状况好坏的重要指标。

2. 现金的使用范围

根据国家现金结算制度的规定,企业收支的各种款项,必须按照国务院颁布的《现金管理暂行条例》的规定办理,在规定的范围内使用现金。

(1) 职工工资和津贴。这里所说的职工工资指企业、事业单位和机关、团体、部队支付给职工的工资和工资性津贴。

(2) 个人劳务报酬。指由于个人向企业、事业单位和机关、团体、部队等提供劳务而由企业、事业单位和机关、团体、部队等向个人支付的劳务报酬,包括新闻出版单位支付给作者的稿费,各种学校、培训机构支付给外聘教师的讲课费,以及设计费、装潢费、安装费、制图费、化验费、测试费、咨询费、医疗费、技术服务费、经纪服务费、代办服务费、各种演出与表演费和其他劳务费用。

(3) 根据国家制度条例的规定,颁发给个人的科学技术、文化艺术、体育等方面的各种奖金。

(4) 各种劳保、福利费用以及国家规定的对个人的其他支出,如退休金、抚恤金、学生助学金、职工困难生活补助。

(5) 收购单位向个人收购农副产品和其他物资的价款,如金银、工艺品、废旧物资的价款。

(6) 出差人员必须随身携带的差旅费。

(7) 结算起点(1 000元)以下的零星支出。超过结算起点的应实行银行转账结算,结算起点的调整由中国人民银行确定报国务院备案。

(8) 中国人民银行确定需要现金支付的其他支出。如果采购地点不确定,交换不便,抢险救灾以及其他特殊情况,办理转账结算不够方便,必须使用现金的支出。对于这类支出,现金支取单位应向开户银行提出书面申请,由本单位财会部门负责人签字盖章,开户银行审查批准后予以支付现金。

除上述(5)、(6)两项外,其他各项在支付给个人的款项中,支付现金每人不得超过1 000元,超过限额的部分根据提款人的要求,在指定的银行转存为储蓄存款或以支票、银行本票予以支付。企业与其他单位的经济往来除规定的范围可以使用现金外,应通过开户银行进行转账结算。

3. 企业、事业单位的库存现金限额

核定单位库存限额的原则是,既要保证日常零星现金支付的合理需要,又要尽量减少现金的使用。开户单位由于经济业务发展需要增加或减少库存现金限额,应按必要手续向开户银行提出申请。

按照《现金管理暂行条例》及实施细则规定,库存现金限额由开户银行和开户单位根据具体情况商定。凡在银行开户的单位,银行根据实际需要核定3~5天的日常零星开支数额作为该单位的库存现金限额。边远地区和交通不便地区的开户单位,其库存现金限额的核定天数可以适当放宽到5天以上,但最多不得超过15天的日常零星开支的需要量。

各单位实行收支两条线,不准"坐支"现金。所谓"坐支"现金是指企业、事业单位和机关、团体、部队从本单位的现金收入中直接用于现金支出。各单位现金收入应于当日送存银行,如当日确有困难,由开户单位确定送存时间。如遇特殊情况需要坐支现金,应该在现金日记账上如实反映坐支情况,并同时报告开户银行,便于银行对坐支金额进行监督和管理。

4. 库存现金核算要点

(1)企业、事业单位现金的收付通过"库存现金"科目核算,本科目期末借方余额反映企业既有的库存现金额。

(2)企业有内部周转使用备用金的,可以单独设置"备用金"科目。

(3)企业应当设置"现金日记账",根据收款凭证、付款凭证,按照业务发生顺序逐笔登记。每日终了,应当计算当日的现金收入合计额、现金支出合计额和结余额,将结余额与实际库存额核对,做到账款相符。

技能操作

[学 中 做]

[业务资料] 东方公司2011年3月上旬发生的现金收付业务如下:

业务1 3月1日,以现金支付财务部办公用品费380元。

业务2 3月3日,采购员王立预借差旅费800元,以现金支付。

业务3 3月5日,拨付实行定额备用金制度的销售部门现金2 000元。

业务4 3月7日,采购员王立出差回来,报销差旅费750元,交回现金50元。

业务5 3月10日,销售部门支付租赁费1 200元,并据此向财务部门报销。

业务6 3月10日,开出现金支票提取3 000元现金备用。

根据上述业务资料编制的会计分录如下:

(1)3月1日支付财务部办公用品费

借:管理费用　　　　　　　　　　　　380
　　贷:库存现金　　　　　　　　　　　380

(2)3月3日王立预借差旅费

借:其他应收款——王立　　　　　　　800
　　贷:库存现金　　　　　　　　　　　800

(3)3月5日,拨付销售部门备用金

借:备用金——销售部门　　　　　　2 000
　　贷:库存现金　　　　　　　　　　2 000

(4)3月7日,王立报销差旅费

借:管理费用　　　　　　　　　　　　750
　　库存现金　　　　　　　　　　　　 50
　　贷:其他应收款——王立　　　　　　800

(5)3月10日,销售部门报销支付的租赁费

借：销售费用　　　　　　　　　　1 200
　　贷：库存现金　　　　　　　　　　1 200
(6) 3月10日，从银行提取现金备用
借：库存现金　　　　　　　　　　3 000
　　贷：银行存款　　　　　　　　　　3 000

[做 中 学]

[业务资料]　东方公司会计人员对下列各项开支均用现金支付，你认为对吗？
业务1　支付王红差旅费800元。
业务2　张江购入办公用品共计1 500元。
业务3　向个人收购废纸等废旧物资支付500元。
业务4　向个人收购农产品支付货款2 000元。
业务5　向职工发放工资50 000元。
业务6　购买原材料支付960元。

资料链接

所谓坐支是指企事业单位和机关团体从本单位的现金收入中直接用于现金支出。按照《现金管理暂行条例》及其实施细则的规定，开户单位支付现金，可以从本单位的现金库存中支付或者从开户银行提取，不得从本单位的现金收入中直接支出（即坐支）。这主要是因为坐支使银行无法准确掌握各单位的现金收入来源和支出用途，干扰开户银行对各单位现金收付的管理，扰乱国家金融秩序，因此坐支现金是违反财经纪律的行为，会受到财经纪律的处罚。

坐支也不是一律都禁止的。按照规定，企业、事业单位和机关、团体、部队因特殊需要确实需要坐支现金的，应事先向开户银行提出申请，说明申请坐支的理由、用途和每月预计坐支的金额，然后由开户银行根据有关规定进行审查，核定开户单位的坐支范围和坐支限额。按规定，企业可以在申请库存现金限额申请批准书内同时申请坐支，说明坐支的理由、用途和金额，报开户银行审查批准，也可以专门申请批准。

按照有关规定，允许坐支的单位主要包括：
(1) 基层供销社、粮店、食品店、委托商店等销售兼营收购的单位，向个人收购支付的款项。
(2) 邮局以汇兑收入款支付个人汇款。
(3) 医院以收入款项退还病人的住院押金、伙食费及支付输血费等。
(4) 饮食店等服务行业的营业找零款项等。
(5) 其他有特殊情况而需要坐支的单位。

单位应严格按照开户银行核定的坐支范围和坐支限额坐支现金，不得超过该范围和限额，并在单位的现金账上如实加以反映。为便于开户银行监督开户单位的坐支情况，坐支单位应定期向银行报送坐支金额和使用情况。

任务 2　银行存款核算

知识要点

1. 银行账户开设与使用

银行存款是指企业存放在银行和其他金融机构的货币资金。按照国家现金管理和结算制度的规定,每个企业都要在银行开立账户,称为结算户存款,用来办理存款、取款和转账结算。

银行存款账户分为基本存款账户、一般存款账户、临时存款账户和专用存款账户。基本存款账户是指企业办理日常转账结算和现金收付的账户。一般存款账户是指企业在基本存款账户以外的银行借款转存、与基本存款账户的企业不在同一地点的附属非独立核算单位开立的账户,本账户可以办理转账结算和现金缴存,但不能提取现金。临时存款账户是指企业因临时生产经营活动的需要而开立的账户,本账户既可以办理转账结算,又可以根据现金管理规定存取现金。专用存款账户是指企业因特定用途需要所开立的账户。企业只能在一家银行的几个分支机构开立一般存款账户。企业的银行存款账户只能用来办理本单位的生产经营业务活动的结算,不得出租和出借账户。

2. 银行结算方式

结算方式是指用一定的形式和条件来实现企业间或企业与其他单位和个人间货币收付的程序和方法,分为现金结算和支付结算两种。企业除按规定的范围使用现金结算外,大部分货币收付业务应使用支付结算。支付结算是指单位、个人在社会经济活动中使用票据、信用卡和汇兑、托收承付、委托收款等结算方式进行货币收付及其资金清算的行为。

国家规定的支付结算方式包括票据结算和非票据结算两类。票据结算包括支票、银行汇票、商业汇票、银行本票结算方式;非票据结算包括信用卡、委托收款、异地托收承付、汇兑和信用证结算方式。

（1）支票

支票是银行的存款人签发给收款人办理结算或委托开户银行将款项支付给收款人的票据,适用于同城各单位之间的商品交易、劳务供应及其他款项的结算。由于支票结算方式手续简便,因而是目前同城结算中使用比较广泛的一种结算方式。

支票分为现金支票、转账支票和普通支票三种。现金支票只能用于支取现金结算;转账支票只能用于转账;普通支票可以用于支取现金,也可以用于转账。在普通支票左上角画两条平行线的画线支票只能用于转账。

在银行开户的存款人领购支票时,必须填写"票据和结算凭证领用单"并签章。签章应与预留银行的签章相符,持支票购领证(购领证上有指定办理银行业务的人员姓名)及指定人员身份证,由指定人员到银行办理购买手续。银行对上述单证审核无误后,即可将支票售给存款人。

(2) 银行本票

银行本票是申请人将款项交存银行，由银行签发的承诺自己在见票时无条件支付确定的金额给收款人或者持票人的票据。银行本票按照其金额是否固定可分为不定额和定额两种。不定额银行本票是指凭证上金额栏是空白的，签发时根据实际需要填写金额，并用压数机压印金额的银行本票；定额银行本票是指凭证上预先印有固定面额的银行本票，其面额有1 000元、5 000元、10 000元和50 000元。银行本票可以用于转账，注明"现金"字样的银行本票可以用于支取现金。

采用银行本票方式的，收款单位应将收到的银行本票连同进账单送交银行办理转账，根据银行盖章退回的进账单第一联和有关原始凭证，编制收款凭证。付款单位填写"银行本票申请书"，并将款项交存银行，收到银行签发的银行本票后，根据申请书存根联编制付款凭证。

(3) 银行汇票

银行汇票是指由出票银行签发的，由其在见票时按照实际结算金额无条件付给收款人或者持票人的票据。银行汇票的出票银行为银行汇票的付款人。银行汇票一式四联，第一联为卡片，由签发结清汇票是做汇出付出传票；第二联为银行汇票，与第三联解讫通知一并由汇款人自带，在兑付行兑付汇票后此联做联行往来账付出传票；第三联解讫通知，在兑付行兑付后随报单基签发行，由签发行做余款收入传票；第四联是多余款通知，并在签发行结清后交汇款人。单位和个人各种款项的结算，均可使用银行汇票。银行汇票可以用于转账，填明"现金"字样的银行汇票也可以用于支取现金。申请人或者收款人为单位的，不得在"银行汇票申请书"上填明"现金"字样。

企业或单位使用银行汇票，应向银行提交银行汇票申请书，详细填明申请人名称、申请人账号或住址、用途、汇票金额、收款人名称、申请人账号或住址、代理付款等项内容，并将款项交存银行。申请企业和单位收到银行签发的银行汇票和解讫通知后，根据"银行汇票申请书(存根)"联编制付款凭证。如有多余款项，应根据多余款项收账通知，编制收款凭证；申请人由于汇票超过付款期限或其他原因要求退款时，应交回汇票和解讫通知，并按照支付结算办法的规定提交证明或身份证件，根据银行退回并加盖了转讫章的多余款收账通知，编制收款凭证。

收款单位应将汇票、解讫通知和进账单交付银行，根据银行退回并加盖了转讫章的进账单和有关原始凭证，编制收款凭证。

(4) 商业汇票

商业汇票是指由付款人或存款人(或承兑申请人)签发，由承兑人承兑，并于到期日向收款人或被背书人支付款项的一种票据。所谓承兑，是指汇票的付款人愿意负担起票面金额的支付义务的行为，通俗地讲，就是它承认到期将无条件地支付汇票金额的行为。商业汇票按其承兑人的不同，可以分为商业承兑汇票和银行承兑汇票两种。商业承兑汇票是指由收款人签发，经付款人承兑，或者由付款人签发并承兑的汇票；银行承兑汇票是指由收款人或承兑申请人签发，并由承兑申请人向开户银行申请，经银行审查同意承兑的汇票。

商业汇票结算是指利用商业汇票来办理款项结算的一种银行结算方式。与其他银行结算方式相比，商业汇票结算具有如下特点：

① 与银行汇票等相比，商业汇票的适用范围相对较窄，各企业、事业单位之间只有根据

购销合同进行合法的商品交易,才能签发商业汇票。除商品交易以外,其他方面的结算,如劳务报酬、债务清偿、资金借贷等不可采用商业汇票结算方式。

② 与银行汇票等结算方式相比,商业汇票的使用对象也相对较少。商业汇票的使用对象是在银行开立账户的法人。

③ 商业汇票可以由付款人签发,也可以由收款人签发,但都必须经过承兑。只有经过承兑的商业汇票才具有法律效力,承兑人负有到期无条件付款的责任。商业汇票的承兑期限由交易双方商定,一般为 3 个月至 6 个月,最长不得超过 9 个月,属于分期付款的应一次签发若干张不同期限的商业汇票。

④ 未到期的商业汇票可以到银行办理贴现,从而使结算和银行资金融通相结合,有利于企业及时补充流动资金,维持生产经营的正常进行。

⑤ 商业汇票在同城、异地都可以使用,而且没有结算起点的限制。

⑥ 商业汇票一律记名并允许背书转让。商业汇票到期后,一律通过银行办理转账结算,银行不支付现金。商业汇票的提示付款期限自汇票到期日起 10 日内。

(5) 委托收款

委托收款是收款人委托银行向付款人收取款项的结算方式。委托收款结算在同城、异地都可以办理,没有金额起点和最高限额;收款人办理委托收款应向工商银行提交委托收款凭证和有关的债务证明。

采用委托收款结算方式的,收款人办理委托收款时,采取邮寄划款的,应填制邮划委托收款凭证;采取电报划款的,应填制电划委托收款凭证。收款人在收到银行转来的收账通知时,编制收款凭证。付款单位根据收到的委托收款凭证和有关债务证明,编制付款凭证。

(6) 异地托收承付

托收承付结算,是指根据购销合同由收款人发货后委托银行向异地购货单位收取货款,购货单位根据合同核对单证或验货后,向银行承认付款的一种结算方式。其适用于异地订有经济合同的商品交易及相关劳务款项的结算。代销、寄销、赊销商品的款项,不得办理异地托收承付结算。

托收是指销货单位(即收款单位)委托其开户银行收取款项的行为。办理托收时,必须具有符合《合同法》规定的经济合同,并在合同上注明使用托收承付结算方式和遵守"发货结算"的原则。所谓"发货结算"是指收款方按照合同发货,并取得货物发运证明后,方可向开户银行办理托收手续。托收金额的起点为 10 000 元。款项划转方式有邮划和电划两种,电划比邮划速度快,托收方可以根据缓急程度选用。

承付是指购货单位(即付款单位)在承付期限内,向银行承认付款的行为。承付方式有两种,即验单承付和验货承付。验单承付是指付款方接到其开户银行转来的承付通知和相关凭证,并与合同核对相符后,就必须承认付款的结算方式。验单承付的承付期为 3 天,从付款人开户银行发出承付通知的次日算起,遇假日顺延。验货承付是指付款单位除了验单外,还要等商品全部运达并验收入库后才承付货款的结算方式。验货承付的承付期为 10 天,从承运单位发出提货通知的次日算起,遇假日顺延。

采用托收承付结算方式的,收款人办理托收时,采取邮寄划款的,应填制邮划托收承付凭证;采取电报划款的,应填制电划托收承付凭证。收款人在收到银行转来的收账通知时,编制收款凭证。付款单位根据收到的托收承付凭证的承付付款通知和有关交易单证,编制付款凭证。

(7) 汇兑

汇兑是汇款单位委托银行将款项汇往异地收款单位的一种结算方式。汇兑根据划转款项的不同方法以及传递方式的不同可以分为信汇和电汇两种,由汇款人自行选择。汇兑结算适用范围广,手续简便易行,灵活方便,因而是目前一种应用极为广泛的结算方式。

采用汇兑结算方式的,付款单位委托银行办理汇兑时,根据银行盖章退回的回单联编制付款凭证。收款单位应在收到银行的收账通知时,编制收款凭证。

(8) 信用卡

信用卡是指商业银行向个人和单位发行的,凭以向特约单位购物、消费和向银行存取现金,且具有消费信用的特制载体卡片。单位卡可申领若干张,持卡人资格由申领单位法定代表人或其委托的代理人书面指定和注销,持卡人不得出租或转借信用卡。单位卡账户的资金一律从其基本存款账户转账存入,在使用过程中,需要向其账户续存资金,也一律从其基本存款账户转账存入,不得交存现金,不得将销货收入的款项存入其账内,单位卡一律不得用于10万元以上的商品交易、劳务供应款项的结算,不得支取现金。

(9) 信用证

信用证,是指开证行依照申请人的申请开出的,凭符合信用证条款的单据支付的付款承诺,并明确规定该信用证为不可撤销、不可转让的跟单信用证。

信用证起源于国际贸易结算,它是适应贸易(购销)双方清偿债权、债务的需要而产生的。在国际贸易中,为避免交易风险,进口商不愿先将货款付给出口商,出口商也不愿先将货物或单据交给进口商,同时双方都不愿长期占压自己的资金,在这种情况下,银行充当了进出口商之间的中间人和保证人,一面收款,一面交单,并代为融通资金,由此产生了信用证结算方式。

上述各种银行结算方式主要应掌握使用者、使用范围、付款期限和一些相关规定。各种银行结算方式下使用者、使用范围、付款期限、特点、分类及会计核算使用科目比较见表2-1。

表2-1 各种结算方式总结比较简表

结算方式	使用者	使用区域范围	付款期限	特 点	分 类	会计核算使用科目
支票	单位或个人	同城	提示付款期限为自出票日起10日内	1. 记名 2. 禁止签发空头支票 3. 限于见票即付,不得另行记载付款日期 4. 可以背书转让(用于支取现金的支票不得背书转让)	分为现金支票、转账支票和普通支票	银行存款
银行本票(不定额)	单位或个人	同城	自出票日起最长不超过2个月	1. 由银行签发并保证兑付,且见票即付,信誉高,支付功能强 2. 可背书转让,但填明"现金"字样的银行本票不得转让	定额本票、不定额本票	其他货币资金——银行本票存款

续表 2-1

结算方式	使用者	使用区域范围	付款期限	特点	分类	会计核算使用科目
银行汇票	单位或个人	异地	自出票日起1个月内	1. 灵活,变现性好 2. 可背书转让,但填明"现金"字样的银行汇票不得转让		其他货币资金——银行汇票存款
商业汇票	单位	同城异地	最长不超过6个月,提示付款期限为自汇票到期日10日内	1. 必须具备真实的商品交易关系或债权债务关系 2. 可以背书转让 3. 信用较高,还可向银行申请贴现 4. 签发人可以是收款人、付款人;承兑人可以是付款人、银行	按承兑人可分为商业承兑汇票和银行承兑汇票	应收票据应付票据
汇兑	单位或个人	异地		简便、灵活	信汇、电汇	银行存款
委托收款	单位或个人	同城异地	付款期限为3天,凭证索回期为2天	单位和个人凭已承兑商业汇票、债券、存单等付款人债务证明办理款项的结算,均可使用委托收款结算方式	款项的划回方式分为邮寄和电报两种	应收账款银行存款
异地托收承付	国有企业、供销合作社、审查同意的集体企业	异地	1. 验单付款的承付期为3天 2. 验货付款的承付期为10天	1. 适用于计划性较强、遵守合同、信用好的单位之间订有经济合同的商品交易结算 2. 收款人办理托收,必须具有商品确已发运的证件 3. 每笔金额起点为10 000元,新华书店系统每笔金额起点为1 000元	1. 款项的划回方式分为邮寄和电汇 2. 承付货款分验货和验单	应收账款银行存款
信用卡	单位或个人	同城异地	信用卡透支期限最长为60天	1. 具有消费信用且允许善意透支 2. 单位卡账户的资金一律从基本存款账户转账存入,不得交存现金,不得将销货收入的款项存入其账户 3. 单位卡一律不得支取现金	1. 按用户对象分单位卡和个人卡 2. 按信用等级分金卡和普通卡	其他货币资金——信用卡存款
信用证		国际结算(主要)		1. 信誉较好 2. 经中国人民银行批准经营结算业务的商业银行总行以及经商业银行总行批准开办信用证结算业务的分支机构,也可用于国内企业之间商品交易的信用证结算业务		其他货币资金——信用证保证金存款

3. 银行存款核算要点

(1) 为了核算和反映企业存入银行或其他金融机构的各种存款,企业会计制度规定,应设置"银行存款"科目,该科目的借方反映企业存款的增加,贷方反映企业存款的减少,期末借方余额,反映企业期末存款的余额。企业应严格按照制度的规定进行核算和管理,企业将款项存入银行或其他金融机构,借记"银行存款"科目,贷记"库存现金"等有关科目;提取和支出存款时,借记"库存现金"等有关科目,贷记"银行存款"科目。

(2) "银行存款日记账"应按开户银行和其他金融机构、存款种类等分别设置,由出纳人员根据收付凭证,按照业务的发展顺序逐笔登记,每日终了应结出余额。"银行存款日记账"应定期与"银行对账单"核对,至少每月核对一次。月份终了,企业账面结余与银行对账单余额之间如有差额,必须逐笔查明原因进行处理,应按月编制"银行存款余额调节表"。

|技能操作|

[学 中 做]

[业务资料] 东方公司 2011 年 3 月中下旬发生的银行存款收付业务如下:

业务 1 3 月 11 日,公司从银行借入短期借款 100 000 元。

业务 2 3 月 15 日,签发 324#转账支票一张,支付购料款 40 000 元及增值税进项税额 6 800 元,材料已经验收入库。

业务 3 3 月 21 日,收回 A 公司所欠货款 25 000 元存入银行。

业务 4 3 月 27 日,销售商品通过银行收到货款 18 000 元及增值税销项税额 3 060 元。

根据上述业务资料编制的会计分录如下:

(1) 3 月 11 日借入短期借款

借:银行存款   100 000
　　贷:短期借款   100 000

(2) 3 月 15 日以存款支付购料款

借:原材料   60 000
　　应交税费——应交增值税(进项税额) 6 800
　　贷:银行存款   46 800

(3) 3 月 21 日,收回 A 公司前欠货款

借:银行存款   25 000
　　贷:应收账款——A 公司   25 000

(4) 3 月 27 日,销售商品货、税款存入银行

借:银行存款   21 060
　　贷:主营业务收入   18 000
　　　　应交税费——应交增值税(销项税额) 3 060

[做 中 学]

[案例讨论]

星河公司 2011 年 1 月 31 日银行存款日记账的余额为 560 000 元,银行对账单的公司存

款余额为 644 377 元。星河公司出纳员小韦在进行逐笔勾对时发现以下情况：

（1）1 月 26 日，公司委托银行托收的货款 81 000 元，银行对账单上已有记录，但公司尚未收到托收承付结算凭证的收款通知。

（2）1 月 27 日，银行对账单上记录有银行代公司支付本月电费 5 200 元，公司尚未收到委托收款结算凭证的付款通知。

（3）1 月 28 日，公司签发转账支票一张，面值 12 000 元，但未见银行对账单记录该项业务。

（4）1 月 29 日，公司在登记支付货款的转账支票时，将金额 84 365 元误记为 84 635 元。

（5）1 月 29 日，银行把华明旅行公司 7 150 元的付款支票误记到公司头上。

（6）1 月 30 日，公司以一张期限为 5 个月，已持有 2 个月，面值为 3 900 元的不带息商业汇票向银行贴现，贴现率为 12%。公司尚未入账，银行对账单已将其作为公司存款入账，金额为 3 783 元。

（7）1 月 31 日，银行已扣手续费 326 元，公司尚未入账。

[讨论]

小韦对于上述事项应当如何处理？

资料链接

对一起支票遗失案例的思考

最近公司发生的一件事使我受益匪浅，它再次提醒我们，财务管理，点滴都务必细心。

一位原料客户在结算货款时，在公司取得转账支票一张。由于该公司业务员保管不当丢失，遂通知我们公司。公司领导安排我协助该客户办理相关手续，我心想这还不简单吗，到银行通知一声支票丢了，收到时请不要付款不就行了。于是与客户一起去了银行，说明情况后，才知道事情不是我想象的那么简单，而且手续还相当复杂。具体处理程序如下：

（1）支票丢失后，及时电话通知出票行，先进行口头挂失。

（2）由持票人填写公示催告申请书（必须用标准格式），申请书上注明申请人、申请事项、事实与理由，以及相关证明材料和证人情况等。

（3）代理人携带公示催告申请书、营业执照复印件、法人证明、代理人委托书、代理人身份证复印件、支票存根，以上所有资料均需加盖公章，到出票地人民法院进行立案，法院开具立案交款通知单（100 元）到指定银行交费后，将回执联拿回法院方给予立案。

（4）法院将该支票的止付通知送达出票行，出票行停止付款。注意，这并不意味着该张支票已经作废。

（5）由持票人到高级人民法院进行公告，费用在 800 元左右。公告发出后 60 日内如无利害关系人申报与该张支票的权利，方可进行宣判该张支票无效。持票人才有权向支付人请求支付。

从这件事可以看出，若支票管理不当而丢失，一点点疏忽竟会给他人及自己带来这么大的麻烦。首先，办理相关手续的费用较高，付出较大的人力、物力和时间；其次，由于支票的遗失，使本来可以及时入账的资金最少要推后 60 天方可入账，造成资金流动受阻，也损失资金利息（假如票面为 20 万元，年利率为 7.29%，利息就是 2 440 元），给公司经营造成损失，扰乱公司的经营计划；再次，也给经办人带来了较大的压力，形成不好的影响，试想一下，以后领导怎么会把更重要的工作交给他呢？

通过这件事使我认识到，财务人员应清醒地认识到支票管理的重要性。其实支票比现金更重要：① 日期不填写的支票，永久有效，除非银行结算方式、印鉴等变化而失效；② 收款人，即台头不写的支票，谁都可以划，不要认为不写台头没事，支票出事就是大事；③ 金额不填写的支票，损失更是难以估计。

此外，在日常工作中要做好支票管理的制度化与规范化：① 加强支票填写的规范完整，不给他人可乘之机；② 建立支票登记制度，支票的签字与保管应严格控制，保证支票流向的可追查性；③ 空白支票和印鉴须分人分开保管，确保支票的安全性；④ 严格支票结算管理，不准签发空头支票；不准将支票出借、出租或转给其他单位或个人使用，不准签发远期或空期支票，不准将支票交予他人签发，印鉴不齐不全的支票严禁签发。

在工作中，财务人员必须严格按制度办事，充分运用集团的标准循环原则，使工作更加完善，不给自己和他人"制造"工作。

任务3　其他货币资金核算

知识要点

1. 其他货币资金的概念及内容

其他货币资金是指企业除库存现金、银行存款以外的各种货币资金，主要包括银行汇票存款、银行本票存款、信用卡存款、信用证保证金存款、存出投资款、外埠存款等。

（1）银行汇票存款。银行汇票是指由出票银行签发的，由其在见票时按照实际结算金额无条件支付给收款人或者持票人的票据。银行汇票的出票银行为银行汇票的付款人。单位和个人各种款项的结算，均可使用银行汇票。银行汇票可以用于转账，填明"现金"字样的银行汇票也可以用于支取现金。

（2）银行本票存款。银行本票是指银行签发的，承诺自己在见票时无条件支付确定的金额给收款人或持票人的票据。单位和个人在同一票据交换区域需要支付的各种款项，均可使用银行本票。银行本票可以用于转账，注明"现金"字样的银行本票可以用于支取现金。

（3）信用卡存款。信用卡存款是指企业为取得信用卡而存入银行信用卡专户的款项。信用卡是银行卡的一种。信用卡按使用对象分为单位卡和个人卡；按信用等级分为金卡和普通卡；按是否向发卡银行交存备用金分为贷记卡和准贷记卡。

（4）信用证保证金存款。信用证保证金存款是指采用信用证结算方式的企业为开具信用证而存入银行信用证保证金专户的款项。企业向银行申请开立信用证，应按规定向银行提交开证申请书、信用证申请人承诺书和购销合同。

（5）存出投资款。存出投资款是指企业已存入证券公司但尚未进行投资的资金。

（6）外埠存款。外埠存款是指企业为了到外地进行临时或零星采购，而汇往采购地银行开立采购专户的款项。该账户的存款不计利息、只付不收、付完清户，除了采购人员可从中提取少量现金外，一律采用转账结算。

2. 其他货币资金核算要点

设置"其他货币资金"账户,该账户属于资产类账户,在该账户下,设置"外埠存款"、"银行汇票存款"、"银行本票存款"、"信用证保证金存款"、"存出投资款"等明细账户,进行明细核算。

3. 其他货币资金应注意的问题

(1) 外埠存款

外埠存款要注意的问题包括:

① 非法设立外埠存款账户。主要表现为:捏造申请书,骗取银行信用,在异地开设采购户,进行非法交易。在异地会同异地合伙单位设立存款账户,将企业存款汇往异地作为外埠存款。

② 外埠存款非理、非法支出,主要表现为将外埠存款挪用进行股票投资、债券投资等交易活动。

(2) 银行汇票

银行汇票要注意的问题包括:

① 银行汇票使用不合理、不合法,主要表现在超出了使用范围,套取现金。到外地提取现金,用于非法活动。贪污汇票存款,找假发票,使发票单位或收款单位不一致。

② 非法转让或贪污银行汇票。也就是说,企业财会部门收到银行汇票时不及时存入银行,而是通过背书转让给其他单位,从中获得非法利益。

③ 收受无效的银行汇票,给企业带来损失。主要表现在:接受过期、作废或经涂改的银行汇票;接受非银行签发的银行汇票或假冒的银行汇票;收到的银行汇票,收款人并非本企业。

(3) 银行本票

银行本票使用中须注意的内容:

① 银行本票见票即付。

② 申请人或收款人为单位的,不得申请签发现金银行本票。

③ 申请人因银行本票超过提示付款期限或其他原因要求退款时,应将银行本票提交到出票银行。申请人为单位的应出具该单位的证明,申请人为个人的应出具本人的身份证证件。

(4) 在途货币资金

在途货币资金是指企业与所属单位或上下级之间汇解款项,在月终尚未到达,处于在途的资金。

要注意的问题包括:收到存款或收到在途货币资金不做转账处理,挪作他用或者贪污;虚增在途货币资金,如为了虚列销售收入,表现为增加在途货币资金。

[技能操作]

[学 中 做]

[业务资料] 东方公司2011年3月中下旬发生的银行存款收付业务如下:

业务1　3月11日,在中国建设银行申请领用信用卡,向银行交存备用金60 000元。3月13日使用信用卡支付2月份的电话费3 000元。

业务2　3月14日,公司汇出款项20 000元,开立采购专户。

业务3　3月18日,收到采购员交来供货单位发票账单,货款15 000元,增值税进项税额2 550元。

业务4　3月20日,公司将剩余的2 450元外埠存款转回结算户。

业务5　3月22日,填写"银行汇票委托书"将7 500元交存银行,取得银行汇票。

根据上述业务资料编制的会计分录如下:

(1) 申请领用信用卡并支付电话费

借:其他货币资金——信用卡存款　　　60 000
　　贷:银行存款　　　　　　　　　　　　　　60 000

借:管理费用　　　　　　　　　　　　　3 000
　　贷:其他货币资金——信用卡存款　　　　　3 000

(2) 3月14日开立采购专户

借:其他货币资金——外埠存款　　　　20 000
　　贷:银行存款　　　　　　　　　　　　　　20 000

(3) 3月18日,收到采购单据

借:材料采购　　　　　　　　　　　　15 000
　　应交税费——应交增值税(进项税额)　2 550
　　贷:其他货币资金——外埠存款　　　　　　17 550

(4) 3月20日,外埠存款转回

借:银行存款　　　　　　　　　　　　2 450
　　贷:其他货币资金——外埠存款　　　　　　2 450

(5) 3月22日,申领银行汇票

借:其他货币资金——银行汇票存款　　7 500
　　贷:银行存款　　　　　　　　　　　　　　7 500

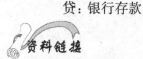

银行汇票申办程序

1. 申请人填写银行汇票申请书,申请签发。
2. 出票。
3. 持往异地办理结算。
4. 提示付款。
5. 出票银行与代理付款银行之间进行资金清算。

在企业会计实务中,银行汇票是指汇款单位或个人将款项交存银行,由银行签发汇票给收款单位或个人持往外地办理转账或支取现金的结算凭证。

收款单位:将汇票、解讫通知进账单送交银行,根据银行退回的进账单和有关原始凭证编制收款凭证。

付款单位:收到银行签发的汇票后,根据"银行汇票申请书(存根)"联编制付款凭证,如有多余款项或因汇票超过付款期等原因而退回时,应根据银行多余款收账通知编制收款凭证。

综合练习题

一、单项选择题

1. 企业将款项委托开户银行汇往采购地银行,开立采购专户时,应借记的科目是( )。
   A. "银行存款"科目   B. "材料采购"科目
   C. "其他货币资金"科目   D. "其他应收款"科目
2. 下列各项中,不属于"其他货币资金"科目核算内容的是( )。
   A. 信用证存款   B. 存出投资款   C. 备用金   D. 银行汇票存款
3. 企业采用银行承兑汇票结算方法购进货物,签发的银行承兑汇票经开户银行承兑时,支付的承兑手续费应计入( )。
   A. 管理费用   B. 财务费用   C. 营业外支出   D. 其他业务成本
4. 企业在现金清查中发现多余现金,在未经批准处理之前,应借记"现金"科目,贷记( )科目。
   A. 营业外收入   B. 待处理财产损益
   C. 其他应付款   D. 其他业务收入
5. 企业的银行存款账户中,办理日常转账结算和现金收付业务的是( )。
   A. 基本存款账户   B. 一般存款账户   C. 临时存款账户   D. 专用存款账户
6. 经过"银行存款余额调节表"调整后的银行存款余额为( )。
   A. 企业账上的银行存款余额
   B. 银行账上的企业存款余额
   C. 企业可动用的银行存款数额
   D. 企业应当在会计报表中反映的银行存款余额
7. 商业承兑汇票的承兑人通常为( )。
   A. 购货企业   B. 销货企业
   C. 购货企业的开户银行   D. 销货企业的开户银行
8. 根据《支付结算办法》规定,银行汇票的提示付款期限为( )。
   A. 自出票日起 10 日   B. 自出票日起 1 个月
   C. 自出票日起 2 个月   D. 自出票日起 6 个月
9. 根据《现金管理暂行条例》规定,下列经济业务中,不能用现金支付的是( )。
   A. 支付职工奖金 5 000 元   B. 支付零星办公用品购置费 800 元
   C. 支付物资采购货款 1 200 元   D. 支付职工差旅费 2 000 元
10. 企业对现金清查中发现的确实无法查明原因的长款,应将其计入( )。
    A. 其他业务收入   B. 资本公积   C. 盈余公积   D. 营业外收入

二、多项选择题

1. 按照《银行账户管理办法》规定,银行存款账户分为( )。
   A. 基本存款账户   B. 一般存款账户   C. 临时存款账户   D. 专用存款账户
2. 商业汇票的签发人可以是( )。
   A. 收款人   B. 付款人   C. 承兑申请人   D. 承兑银行

3. 企业发生的下列支出中,可用现金支付的有( )。
   A. 发放本月职工工资 185 000 元   B. 购买原材料价款 68 000 元
   C. 购买办公用品 580 元   D. 报销退休职工张某医药费 6 300 元
4. 下列各项中,属于其他货币资金的有( )。
   A. 银行本票存款   B. 信用卡存款   C. 银行汇票存款   D. 外埠存款
5. 下列各项中,符合《现金管理暂行条例》规定可以用现金结算的有( )。
   A. 向个人收购农副产品支付的价款   B. 向企业购买大宗材料支付的价款
   C. 支付给职工个人的劳务报酬   D. 出差人员随身携带的差旅费
6. 导致企业账银行存款的余额与银行账企业存款的余额在同一日期不一致的情况有( )。
   A. 银行已记作企业的存款增加,而企业尚未接到收款通知,尚未记账的款项
   B. 银行已记作企业的存款减少,而企业尚未接到付款通知,尚未记账的款项
   C. 企业已记作银行存款增加,而银行尚未办妥入账手续的款项
   D. 企业已记作银行存款减少,而银行尚未支付入账的款项
7. 下列各项中,不通过"其他货币资金"科目核算的有( )。
   A. 银行汇票存款   B. 银行承兑汇票   C. 备用金   D. 存出投资款
8. 可支取现金的支票有( )。
   A. 现金支票   B. 普通支票   C. 转账支票   D. 画线支票
9. 下列结算方式中,适用于同城异地结算方式的有( )。
   A. 支票   B. 委托收款   C. 银行本票   D. 商业汇票
10. 下列票据可以背书转让的有( )。
    A. 银行汇票   B. 转账支票   C. 银行本票   D. 商业汇票

三、判断题

1. 根据现行银行结算办法的有关规定,异地托收承付结算方式可适用于各种企业办理商品交易,以及因商品交易而产生的劳务供应的款项。   (   )
2. 企业采用代销、寄销、赊销方式销售商品的款项,不得采用异地托收承付结算方式结算货款。   (   )
3. 我国的会计核算以人民币为记账本位币,因此,企业的现金是指库存的人民币现金,不包括外币。   (   )
4. 企业与银行核对银行存款账目时,对已发现的未达账项,应当编制银行存款余额调节表进行调节,并进行相应的账务处理。   (   )
5. 无论是商业承兑汇票还是银行承兑汇票,付款人都负有到期无条件支付票款的责任。
                                                                          (   )
6. 企业用银行汇票支付购货款时,应通过"应付票据"账户核算。   (   )
7. 我国会计上所说的现金仅指企业库存的人民币。   (   )
8. 未达账款是指企业与银行之间由于凭证传递上的时间差,一方已登记入账而另一方尚未入账的账项。   (   )
9. 托收承付结算方式既适用于同城结算,也适用于异地结算。   (   )
10. 商业承兑汇票是由购货企业签发的,并由购货企业承兑。   (   )

四、实训题

实训 1

[目的] 练习货币资金的核算。

[资料] 某公司为增值税一般纳税人,2011 年 6 月 30 日银行存款余额 105 000 元,其他货币资金余额 15 000 元,该公司 7 月份发生有关货币资金的收付业务如下:

(1) 销售 A 商品 100 件,售价每件 150 元,货税款已存入银行。

(2) 采购员在外地采购,增值税专用发票上列明的材料价款为 8 000 元,增值税 1 360 元,款项共 9 360 元,以外埠存款支付。

(3) 销售 B 商品 200 件,每件售价 100 元,货税款已办妥托收手续。

(4) 上月签发的银行汇票存款 3 000 元,因未能采购到所需物资申请退款。银行同意退款,转入结算户存款。

(5) 因到广州采购需要,委托银行汇出存款 60 000 元,在广州工商行开立临时存款户。

(6) 从某工厂采购材料一批,增值税专用发票上列明的材料价款为 40 000 元,增值税 6 800 元,开出付款期半年的银行承兑汇票进行结算。

(7) 收到购货单位送来支付其所欠货款 1 000 元的转账支票一张,已存入银行。

(8) 开出转账支票一张,预付进货款 25 000 元。

(9) 接到银行转来托收承付付款通知,承付期已到,付购货款 5 000 元。

(10) 在广州采购材料一批,增值税专用发票上列明的材料价款为 45 000 元,增值税 7 650 元,从开立的临时存款账户中支付。

[要求] 根据以上经济业务编制会计分录,并逐笔登记"银行存款日记账"。

实训 2

[目的] 练习货币资金的核算。

[资料] 某公司为增值税一般纳税人,8 月份发生有关货币资金的收付业务如下:

(1) 开出现金支票提取现金 2 000 元,以备零星开支。

(2) 王玥报销差旅费 1 200 元,原预借现金 1 500 元,差额收回。

(3) 填写"银行汇票委托书"将 120 000 元交存银行,取得银行汇票。公司使用汇票购买材料,价款 90 000 元,增值税 15 300 元,银行汇票余额退回。

(4) 从银行提取现金 20 000 元,当日发放工资。

(5) 出售废料收到现金 20 元。

(6) 银行转来委托收款结算收款通知,收到湖南支付的货款 23 400 元,其中价款 20 000 元,增值税款 3 400 元。

(7) 月末发现现金长款 50 元,已批准核销。

[要求] 根据上述业务编制有关会计分录。

第3章 应收及预付款项

学习目标

理解应收票据、应收账款、商业折扣、现金折扣、坏账、坏账损失、预付账款等概念,掌握应收票据、应收账款、预付账款、其他应收款和坏账损失的核算方法。

导入案例

1. 东方公司有意购买东方集团公司积压多年的材料1 200 000元(含税),甲公司银行存款账上只有50 000元,但手中有一张3个月到期的银行承兑汇票1 200 000元,双方都希望这笔买卖成交。

2. 一个月后,东方公司急需资金1 200 000元,作为东方公司财务主管的你,应如何对待?

【思考与分析】
(1) 这笔买卖宜采用支票、本票、银行汇票、商业汇票中的哪种结算方式?
(2) 应该如何进行会计处理?

任务1 应收票据的核算

知识要点

1. 应收票据的概念

应收票据是指企业因采用商业汇票支付方式销售商品、产品、提供劳务等而收到的商业汇票。它是债权人持有的、在一定日期可向出票人或承兑人收回票据的书面证明。

应收票据比应收账款具有更强的偿还性和流通性。在我国会计实务中,应收票据仅指企业持有的、尚未到期兑现的商业汇票。

2. 应收票据的分类

(1) 按承兑人不同分为商业承兑汇票和银行承兑汇票

商业承兑汇票是指由付款人签发并承兑,或由收款人签发并承兑的汇票。

银行承兑汇票是指由在承兑银行开立存款科目的存款人(这里也是出票人)签发,由承兑银行承兑的票据。

(2) 按是否计息分为带息商业汇票和不带息商业汇票

带息票据是指票据到期时,承兑人必须按票面金额(即面值)加上到期利息向收款人或背书人支付票款的票据。即票据到期值＝票据面值＋票据利息,其中:票据利息＝票据面值×票面利率×票据期限。

不带息票据是指票据到期时,承兑人只按票面金额向收款人或背书人支付款项,而不再计算利息的票据。即票据到期值＝票据面值。

3. 应收票据的计价

《票据法》规定商业汇票的付款期限不得超过 6 个月。利息金额相对来说不大,用现金流量的现值入账不但计算麻烦,而且其折价还要逐期摊销,过于繁琐,根据重要性信息质量要求简化了核算。因此,企业收到、开出、承兑的商业汇票,无论是否带息,均按应收票据的票面价值入账。带息应收票据应于期末票据的票面价值和确定的利率计提利息,并同时计入当期损益。

4. 应收票据到期日的确定

应收票据到期日可按不同的约定方式来确定。

(1) 约定按日计算,应以足日为准,采用票据签发日与到期日只能计算其中一天,即"算头不算尾"或"算尾不算头"的方法。例如,4 月 25 日签发为期 60 天的商业票据,到期日为 6 月 24 日。

(2) 约定按月计算,不论各月是大月还是小月,票据到期日以签发日数月后的对日计算。例如,3 月份 16 日签发,3 个月到期的商业汇票,到期日为 6 月 16 日。

如果签发日为月末最后一天。例如,1 月 31 日签发,3 个月到期的商业汇票,到期日为 4 月 30 日。

5. 应收票据的核算要点

(1) 账户设置

为了核算和监督企业应收票据的取得和收回等情况,企业应设置"应收票据"科目。该科目是资产类科目,借方登记取得开出、承兑的商业票据的票面金额及其应计利息;贷方登记到期收回、票款转让、贴现及到期未收回转出等的票面金额和应计利息;期末借方余额反映企业持有的商业汇票的票面金额和应计利息。该科目应按债务人名称分别设置明细科目,进行明细核算。

为了便于管理和分析各种票据的具体情况,企业应当设置"应收票据备查簿",逐笔登记商业汇票的种类、号数和出票日、票面金额、交易合同和付款人、承兑人、背书人和姓名或单位名称、到期日、背书转让日、贴现日、贴现率和贴现净额以及收款日期和收回金额、退票情况等资料。商业票据到期结清票款或退票后,在备查簿中应予注销。

(2) 应收票据的账务处理

① 应收票据取得的核算。企业取得商业汇票一般有两种方式:一是企业因销售货物、提供劳务等而收到的商业票据;二是企业收到商业票据以抵偿应收账款。

企业因销售货物、提供劳务等而收到的商业票据:按票面金额借记"应收票据"账户;按实现的营业收入,贷记"主营业务收入"等账户;按专用发票上注明的增值税额,贷记"应交税费——应交增值税(销项税额)"账户。

企业收到商业票据以抵偿应收账款:按票面金额借记"应收票据"账户,贷记"应收账款"账户。

② 带息票据期末计提利息的核算。企业取得的是带息应收票据,在持有期间应于期末(中期和年度终了),按计提的票据利息借记"应收票据"账户,贷记"财务费用"账户。

(3) 应收票据到期的核算

① 到期时收到款项。企业持有的不带息应收票据到期时如数收到票款时,按票面金额借记"银行存款"账户,贷记"应收票据"账户。

企业持有带息应收票据到期收回款项时,应按收到的本息,借记"银行存款"账户,按账面余额,贷记"应收票据"账户,按其差额(未计提利息部分)贷记"财务费用"账户。

② 到期未能收到款项。商业承兑汇票到期,承兑人违约或无力支付票款,企业应按票据的账面余额转入"应收账款"账户核算,其账面余额转入"应收账款"账户后,期末不再计提利息,其所包含的利息在有关备查簿中进行登记,待实际收到时再冲减收到当期的财务费用。

(4) 应收票据转让的核算。企业可以按照《票据法》的规定将持有的未到期应收票据背书转让给销售企业,以取得所需物资。转让时,按应计入取得物资成本的价值,借记"材料采购"或"原材料"、"库存商品"等账户,按专用发票上注明的增值税额,借记"应交税费——应交增值税(进项税额)"账户;按应收票据的账面余额,贷记"应收票据"账户;如有差额,借记或贷记"银行存款"等账户。

(5) 应收票据贴现的核算。企业持有的应收票据在到期前,如果出现资金短缺,可以将未到期的商业票据向其开户银行申请贴现,以便获得所需要的资金。

应收票据贴现是持票人因急需资金,将未到期的商业汇票背书转让给银行,银行受理后从票据到期值中扣除按银行贴现率计算确定的贴现利息,然后将余额付给持票人,作为银行对企业的短期贷款。贴现实质上是企业融通资金的一种形式。

应收票据贴现的计算与核算过程可概括为以下四个步骤:

第一步:计算应收票据到期值

到期值＝票据面值＋票据利息

不带息票据的到期值＝票据面值

第二步:计算贴现息

贴现息＝到期值×贴现率÷贴现期

其中:贴现期＝票据期限－持有期

第三步:计算贴现净额

贴现净额＝到期值－贴现息

第四步:编制会计分录

(1) 不带息应收票据贴现

借:银行存款(贴现净额)
　　财务费用(贴现息)
　　贷:应收票据(面值)

(2) 带息应收票据贴现
借：银行存款(贴现净额)
　　贷：应收票据(票据账面余额)
　　　　借或贷财务费用(贴现净额与票据账面余额差额)

技能操作

[学 中 做]

[业务资料] 东方公司为一般纳税人,2011年发生如下经济业务：
1) 不带息应收票据的核算

业务1　2011年3月1日销售一批产品给南方公司,货款60 000元,增值税额10 200元,货已发出,并已办妥托收手续。

业务2　2011年3月5日,东方公司收到南方公司交来一张不带息3个月到期的商业承兑汇票,面额70 200元。

业务3　6月5日东方公司收到南方公司转来的票款70 200元。

业务4　假设6月6日东方公司没有收到南方公司转来的票款,经与南方公司联系,南方公司表态资金紧张,近期无力支付票款。

根据上述业务资料编制会计分录如下：

(1) 2011年3月1日销售产品并办妥托收手续
　　借：应收账款——南方公司　　　　　　　　70 200
　　　　贷：主营业务收入　　　　　　　　　　　　60 000
　　　　　　应交税费——应交增值税(销项税额)　10 200

(2) 2011年3月5日收到票据
　　借：应收票据——南方公司　　　　　　　　70 200
　　　　贷：应收账款——南方公司　　　　　　　　70 200

(3) 6月5日收到南方公司转来票款
　　借：银行存款　　　　　　　　　　　　　　70 200
　　　　贷：应收票据——南方公司　　　　　　　　70 200

(4) 6月6日应收票据到期,但南方公司无力支付票款
　　借：应收账款　　　　　　　　　　　　　　70 200
　　　　贷：应收票据——南方公司　　　　　　　　70 200

2) 带息应收票据的核算

[业务资料] 东方公司为一般纳税人,2011年发生如下经济业务：

业务1　2011年11月1日销售一批产品给红星公司,货款50 000元,增值税额8 500元,货已发出,红星公司开出一张期限为3个月、票面金额58 500元、票面利率5%的商业承兑汇票。

业务2　2011年年末,按规定计提票据持有期间利息。

业务3　2012年1月1日收到红星公司转来票款。

根据上述业务资料编制会计分录如下：

(1) 2011年11月1日销售产品收到票据

借：应收票据——红星公司　　　　　　　58 500
　　贷：主营业务收入　　　　　　　　　　　50 000
　　　　应交税费——应交增值税(销项税额)　8 500

(2) 2011年年末，按规定计提票据持有期间利息
持有期间11月和12月利息＝58 500×5‰×2÷12＝487.5(元)
借：应收票据——红星公司　　　　　　　487.5
　　贷：财务费用　　　　　　　　　　　　487.5

(3) 2011年1月1日收到票款
1月份利息＝58 500×5‰×1÷12＝243.75(元)
借：银行存款　　　　　　　　　　　　　59 231.25
　　贷：应收票据——红星公司　　　　　　58 987.5
　　　　财务费用　　　　　　　　　　　　243.75

3) 应收票据转让与贴现的核算

[业务资料]　东方公司为一般纳税人，2011年发生如下经济业务：

业务1　5月10日向A公司采购材料，材料价款70 000元，增值税11 900元，款项共81 900元，材料已验收入库。公司将一票面金额为80 000元的不带息应收票据背书转让，以偿付A公司货款，同时，差额1 900元当即以银行存款支付。

业务2　因急需资金于7月1日将出票日为4月1日、面值10万元、期限6个月不带息商业汇票向银行办理贴现，贴现率10％。

根据上述业务资料编制会计分录如下：

(1) 5月10日将不带息应收票据背书转让
借：原材料　　　　　　　　　　　　　　70 000
　　应交税费——应交增值税(进项税额)　11 900
　　贷：应收票据　　　　　　　　　　　　80 000
　　　　银行存款　　　　　　　　　　　　1 900

(2) 7月1日不带息商业汇票向银行办理贴现
到期值＝面值＝100 000(元)
贴现息＝到期值×贴现率÷贴现期＝100 000×10％÷12×3＝2 500(元)
贴现净额＝到期值－贴现息＝100 000－2 500＝97 500(元)
借：银行存款　　　　　　　　　　　　　97 500
　　财务费用　　　　　　　　　　　　　2 500
　　贷：应收票据　　　　　　　　　　　　100 000

[做　中　学]

[业务资料]　东方公司为一般纳税人，2011年发生如下经济业务：

业务1　东方公司2011年2月28日销售产品一批，货款20 000元，增值税3 400元。收到丙公司一张面值为23 400元、期限为6个月、利率为9％的商业承兑汇票。票据到期时，收到丙公司承兑的款项存入银行。

业务2　东方公司因急需资金，于5月1日将4月1日收到的A公司一张面值为10 000

元、期限为6个月、利率为9%的商业承兑汇票向开户银行贴现,贴现率为10%。

要求:(1)根据业务1确定票据到期日、到期价值,编制相关的会计分录。

(2)根据业务2计算贴现额,编制相关的会计分录。

资料链接

1. 背书是指在票据背面或者粘单上记载有关事项并签章的票据行为。签字转让票据的人称为背书人,接受票据的人称为被背书人。凡票据转让都必须经过背书手续,经过背书的票据,如遭到拒付,持票人可以根据法律向背书人追索。票据被拒绝承兑、拒绝付款或者超过付款提示期限的,不得背书转让。

2. 贴现是因为持票人因急需资金,通过将票据转让给银行而获得所需要的资金,是企业一种融通活动。将票据转让即是将拥有票据的利益和权利的转让,同时也是将票据上存在的风险的转让,即到期是否能够收到款项的不确定性风险。那么,这个风险一旦出现,应该由谁来承担?应收票据的贴现可以采用"不附追索权"和"附追索权"两种方式。

"不附追索权"是指贴现企业在向银行办理了贴现手续,取得贴现净额后,如果付款方到期不能支付票款,与贴现企业无关,贴现企业不负担偿付票款的连带责任的一种方式。因此,应收票据一经贴现就可以在账簿记录中注销,不需反映与此有关的或有负债。

"附追索权"是指当付款人到期无力偿付票款时,贴现企业在法律上要承担连带清偿责任,即贴现企业必须向贴现银行偿还这一债务,即存在或有负债的一种方式。

任务2 应收账款的核算

知识要点

1. 应收账款概述

(1)应收账款的确认

应收账款是指企业因销售商品、提供劳务等业务,应向购货单位或接受劳务单位收取的款项。凡不是因销售活动、提供劳务而发生的应收款项,不应列入应收账款,如各种应收取的赔款和罚款、应向职工收取的各种垫付款、应收债务人的利息、应收已宣告分配的股利、企业付出的各种存出保证金和押金、预付款项等。

企业应收账款的确认一般应与收入实现的确认同步。只有商品销售收入或提供劳务收入的条件成立,而款项尚未收取时,才可以确认为应收账款。

(2)应收账款的入账价值

根据《企业会计准则》的规定:"应收及预付款项应当按实际发生额记账"。而应收账款的入账价值即指应向客户收取的款项,主要包括销售货物或提供劳务的价款、增值税款及代购货方垫付的包装费、运杂费等。在确认应收账款的入账价值时,还需要考虑商业折扣和现金折扣等因素的影响。

① 商业折扣。所谓商业折扣,是指销售企业为了鼓励客户多购商品而在商品标价上给

予的扣除,通常用百分数来表示,如5%、10%、20%等,扣除后的净额才是实际销售价格。

例如,甲公司主要销售家用电器,A家电每件为400元,批量购买20件以上每件折扣20%,批量购买40件以上每件折扣30%。

如果某一客户购买25件,则应收的销货款为400×(1-20%)×25=8 000(元)。

商业折扣在交易发生时已经确认,它仅仅是确定销售价格的一种手段,不需要在买卖双方任何一方的账上进行反映,商业折扣对应账款的入账价值没有实质性的影响。因此在存在商业折扣的情况下,企业应收账款的入账金额应扣除商业折扣以后的实际售价确认。

因此在商业折扣情况下,上例中如果采用赊销,应收账款入账价值为8 000元。

② 现金折扣。所谓现金折扣,是指销货企业(卖方或债权人)为鼓励客户(买方或债务人)在规定的期限内早日付款,而向债务人提供的债务折扣。现金折扣通常发生在以赊销方式销售商品及提供劳务的交易中。企业为了鼓励客户提前偿付货款,通常与债务人达成协议,债务人在不同的期限内付款可享受不同比例的折扣。

现金折扣一般用符号"折扣/付款期限"来表示。例如"2/10,1/20,n/30"分别表示:10天内付款,可按售价给予2%的折扣;20天内付款,可按售价给予1%的折扣;30天内付款则不给折扣。

在存在现金折扣的情况下,应收账款应以未减去现金折扣的金额作为入账价值,即按总价法入账。实际发生的现金折扣作为一种理财费用,计入发生当期的损益(财务费用)。

2. 应收账款的核算要点

(1) 账户设置

企业应设置"应收账款"账户,核算和监督企业应收账款的发生和收回情况。"应收账款"账户属于资产类,核算企业因销售商品、提供劳务等业务,应向购货单位或接受劳务单位收取的款项。借方登记赊销时发生的应收账款金额;贷方登记客户归还或已结转坏账损失或转作商业汇票结算方式的应收账款金额;期末借方余额反映企业尚未收回的应收账款;期末如果为贷方余额,反映企业预收的账款。

(2) 应收账款的账务处理

① 应收账款发生的核算。企业发生应收账款时,按应收金额,借记"应收账款"账户,按实际的营业收入,贷记"主营业务收入"等账户,按专用发票上注明的增值税额,贷记"应交税费——应交增值税(销项税额)"账户。企业代购货单位垫付的包装费,借记"应收账款"账户,贷记"银行存款"等账户。

② 应收账款收回的核算。收回应收账款时,借记"银行存款"等账户,贷记"应收账款"账户。收回代垫费用时,借记"银行存款"等账户,贷记"应收账款"账户。

如果企业应收账款改用商业汇票结算,在收到承兑的商业汇票时,按账面价值,借记"应收票据"账户,贷记"应收账款"账户。

技能操作

[学 中 做]

[业务资料] 东方公司为一般纳税人,2011年发生如下经济业务:

业务1 5月20日销售A产品一批给甲公司,价款80 000元,增值税13 600元,款项共

93 600 元,另代垫运杂费 1 400 元。

业务 2　5 月 30 日收到甲公司交来期限 2 个月、面值为 95 000 元的银行承兑汇票一张。

业务 3　6 月 6 日销售 B 产品一批,价目单价格为每件 1 300 元(含税单价),买 90 件以上给予 10%的商业折扣。乙公司购买了 100 件,按合同规定产品发运后办妥了托收手续。

业务 4　6 月 8 日收到乙公司购买 B 产品转来的货款。

业务 5　7 月 1 日销售 C 产品一批给丙公司,价款 20 000 元,增值税 3 400 元,付款条件为"2/10,n/30",产品已交付并办妥托收手续。

业务 6　7 月 9 日收到丙公司转来购货款。

根据上述业务资料编制会计分录如下:

(1) 5 月 20 日销售 A 产品时

借:应收账款——甲公司　　　　　　　　　　95 000
　　贷:主营业务收入　　　　　　　　　　　　　　80 000
　　　　应交税费——应交增值税(销项税额)　　13 600
　　　　银行存款　　　　　　　　　　　　　　　　1 400

(2) 5 月 30 日收到银行承兑汇票

借:应收票据　　　　　　　　　　　　　　　95 000
　　贷:应收账款——甲公司　　　　　　　　　　95 000

(3) 6 月 6 日销售 B 产品,办妥了托收手续

应收销售款(含税)＝1 300×100×(1－10%)＝117 000

借:应收账款——乙公司　　　　　　　　　117 000
　　贷:主营业务收入　　　　　　　　　　　　　100 000
　　　　应交税费——应交增值税(销项税额)　　17 000

(4) 6 月 8 日收到乙公司购买 B 产品转来的货款

借:银行存款　　　　　　　　　　　　　　117 000
　　贷:应收账款——乙公司　　　　　　　　　117 000

(5) 7 月 1 日销售 C 产品一批给丙公司,价款 20 000 元,增值税 3 400 元,付款条件为"2/10,n/30",产品已交付并办妥托收手续。

借:应收账款——丙公司　　　　　　　　　23 400
　　贷:主营业务收入　　　　　　　　　　　　　20 000
　　　　应交税费——应交增值税(销项税额)　　3 400

(6) 7 月 9 日收到丙公司转来购货款

丙公司在 10 天内付款,付款额＝23 400×(1－2%)＝22 932

借:银行存款　　　　　　　　　　　　　　22 932
　　财务费用　　　　　　　　　　　　　　　　468
　　贷:应收账款——丙公司　　　　　　　　　23 400

[做　中　学]

[业务资料]　东方公司为一般纳税人,2011 年发生如下经济业务:

业务 1　5 月 1 日销售产品一批,货款 100 000 元,增值税 17 000 元,代垫运杂费 300 元,

已办妥托收手续。

业务2 5月4日接到银行收账通知,款项已收,存入银行账户。

业务3 5月5日向A公司销售产品一批,货款60 000元,增值税10 200元。合同规定现金折扣条件为"2/10,1/20,n/30"(计算现金折扣时不考虑增值税)。产品已交付并办妥托收手续。

业务4 5月12日收到A公司支付的价款。

要求:根据上述业务资料编制会计分录。

现金折扣通常有总价法和净价法两种会计处理方法。

1. 总价法:是指应收账款和销售收入按未扣除现金折扣前的金额入账,当顾客在折扣期内支付货款时,销货方把给予客户的现金折扣作为财务费用处理。可见,现金折扣只有顾客在折扣期内支付货款时才予以确认。总价法可以较好地反映销售的全过程,但在客户可能享受现金折扣的情况下会导致高估应收账款和销售收入。

2. 净价法:是指应收账款和销售收入按扣除现金折扣后的金额入账,客户超过折扣期限多付的金额,销售方冲减财务费用。净价法可以避免总价法的不足,但在顾客没有享受现金折扣时,由于账上以净额入账,所以必须再查对原销售总额;在期末结账时,对已经超过折扣期但尚未付款的应收账款,按客户未享受的现金折扣进行调整,操作起来较为麻烦。

目前,我国会计实务中,现金折扣采用总价法。

任务3 预付账款的核算

知识要点

(1)预付账款概述

预付账款,是指企业按照购货合同或劳务合同规定,预先支付给供货方或提供劳务方的款项。

预付账款和应收账款一样,都是企业短期债权,但两者又有区别。应收账款是企业因销售商品或提供劳务而产生的债权;而预付账款是企业因购货或接受劳务而产生的债权,是预先付给供货方或劳务提供方的款项。因此,两者应分别进行核算。

(2)预付账款核算要点

① 账户设置。为了反映和监督预付账款的增减变动以及支付和结算情况,企业应设置"预付账款"账户,该科目属于资产类账户。借方登记企业预付款项和补付的款项;贷方登记企业收到所购货物时结转的预付款项和因预付货款多余而退回的款项。期末如为借方余额,反映企业实际预付的款项;期末如为贷方余额,反映企业尚未补付的款项。该账户应按供货单位设置明细账户。

预付款项情况不多的企业,可以不设置"预付账款"账户,将预付的款项直接计入"应付账款"账户的借方。因此,应付账款账户所属明细账出现借方余额时,表示的是预付账款的余额,期末应将"预付账款"和"应付账款"项目的金额分别反映在"资产负债表"中。

② 预付账款的会计处理。预付账款的核算一般包括预付款项、收到货物、补付或退回多余款项等业务事项。

预付款项的核算:企业因根据购货合同的规定向供货单位预付款项时,借记"预付账款"账户,贷记"银行存款"账户。

收到货物的核算:企业收到所购货物时,根据有关发票账单等列明应计入购入物资成本的金额,借记"材料采购"或"原材料"等账户,按增值税专用发票注明的增值税额借记"应交税费——应交增值税(进项税额)"等账户,按照应付金额贷记"预付账款"账户。

补付或退回多余款项的核算:当预付货款不足以支付采购货物所需的款项时,应将不足部分补付,按照补付的金额借记"预付账款"账户,贷记"银行存款"账户。

当预付货款多于采购货物所需支付的款项时,对收回的多余款项借记"银行存款"账户,贷记"预付账款"账户。

技能操作

[学 中 做]

[业务资料] 东方公司为一般纳税人,2011年发生如下经济业务:

业务1 5月10日按照合同规定开出转账支票一张,预付给丁公司购买C材料的款项80 000元。

业务2 5月18日收到丁公司运来的C材料,专用发票上注明价款70 000元,增值税11 900元。

业务3 5月22日向丁公司补付货款。

根据上述业务资料编制会计分录如下:

(1) 5月10日,预付购货款

借:预付账款——丁公司　　　　　　　　　80 000
　　贷:银行存款　　　　　　　　　　　　　　　80 000

(2) 5月18日收到材料

借:原材料　　　　　　　　　　　　　　　70 000
　　应交税费——应交增值税(进项税额)　　11 900
　　贷:预付账款——丁公司　　　　　　　　　　81 900

(3) 5月22日补付货款

借:预付账款——丁公司　　　　　　　　　 1 900
　　贷:银行存款　　　　　　　　　　　　　　　 1 900

[做 中 学]

[业务资料] 东方公司为一般纳税人,2011年5月发生下列经济业务:

业务1 5月8日企业根据合同预付给A公司购料款60 000元。

业务2 5月11日收到A公司发来的材料并验收入库。增值税发票所列货款70 000元,增值税11 900元,当日签发转账支票补付A公司款项21 900元。

要求:根据业务资料编制会计分录。

任务4 其他应收款的核算

知识要点

1. 其他应收款概述

其他应收款,是指除应收票据、应收账款、预付账款等以外的其他各种应收、暂付款项,是企业发生的非购销活动的应收债权。其主要内容包括:

(1) 应收的保险公司或其他单位和个人的各种赔款。
(2) 应收的各种罚款。
(3) 应收的各种存出保证金。
(4) 应收的出租包装物的租金。
(5) 应向职工收取的各种垫付款项。
(6) 其他各种应收、暂付款项。

2. 其他应收款核算要点

企业为核算和监督其他应收款的发生和结算情况,应设置"其他应收款"账户。该账户是资产类账户,借方登记各种其他应收款项的发生;贷方登记其他应收款项的收回;期末借方余额反映企业尚未收回的其他应收款。该科目应按其他应收款的项目分类,并按不同债务人设置明细账户,进行明细核算。

企业发生其他应收款时,按应收金额借记"其他应收款"账户,贷记有关账户;收回各种款项时,借记有关账户,贷记"其他应收款"账户。

3. 备用金及其核算要点

备用金是企业拨付内部用款单位或职工个人作为零星开支的备用款项。对于备用金,企业可单独设置"备用金"账户进行核算,不设置"备用金"账户的,其核算在"其他应收款——备用金"账户中进行。

按对备用金制度管理方式的不同,备用金的核算可分为定额备用金制和非定额备用金制两种。

(1) 定额备用金制

定额备用金是指用款单位按定额持有的备用金。通常是根据用款单位的实际需要,由财会部门会同有关用款单位核定备用金额并拨付款项,同时规定其用途和报销期限,待用款单位实际支用后,凭有效单据向财会部门报销,财会部门根据报销数用现金补足备用定额。报销数和拨补数都不再通过"其他应收款"账户核算。这种方法便于企业对备用金的使用进行控制,并可减少财会部门日常的核算工作,一般使用于有经常性开支的内部用款单位。

(2) 非定额备用金制

非定额备用金是指用款单位或个人不按固定定额持有的备用金。当用款单位或个人因进行零星采购、出差或其他日常开支需要备用金时,按需要逐次借用和报销。

[学 中 做]

1) 其他应收款的核算

[业务资料] 东方公司为一般纳税人,2011年发生如下经济业务:

业务1 6月1日向丁公司租入包装物一批,以银行存款向丁公司支付押金5 000元。

业务2 9月1日退还包装物,收到丁公司返还押金5 000元,已存入银行。

根据上述业务资料编制会计分录如下:

(1) 6月1日支付押金

借:其他应收款——存出保证金(丁公司)　　　5 000
　　贷:银行存款　　　　　　　　　　　　　　　　　5 000

(2) 9月1日收到丁公司返还押金

借:银行存款　　　　　　　　　　　　　　　　5 000
　　贷:其他应收款——存出保证金(丁公司)　　　　5 000

2) 备用金的核算

[业务资料] 东方公司为一般纳税人,2011年发生如下经济业务:

业务1 东方公司总务科实行定额备用金制度,财会部门核定的备用金定额10 000元,1月1日开出现金支票拨付(财会部门不设置"备用金"科目)。

业务2 1月10日总务科向财会部门报销日常办公用品费4 000元。

业务3 5月10日东方公司办公室工作人员张宏外出预借差旅费1 000元,以现金付讫。

业务4 5月15日张宏出差归来,报销800元,退回现金200元。

根据上述业务资料编制会计分录如下:

(1) 1月1日拨付定额备用金

借:其他应收款——备用金(总务科)　　　10 000
　　贷:银行存款　　　　　　　　　　　　　　　10 000

(2) 1月10日总务科报销费用

借:管理费用　　　　　　　　　　　　　　4 000
　　贷:库存现金　　　　　　　　　　　　　　　4 000

(3) 5月10日张宏预借差旅费

借:其他应收款——备用金(张宏)　　　　1 000
　　贷:库存现金　　　　　　　　　　　　　　　1 000

(4) 5月15日张宏报销差旅费

借:管理费用　　　　　　　　　　　　　　800
　　库存现金　　　　　　　　　　　　　　200
　　贷:其他应收款——备用金(张宏)　　　　1 000

[做 中 学]

[业务资料] 东方公司为一般纳税人,2011年5月发生下列经济业务:

业务1　5月9日签发转账支票为张刚垫付应由其个人负担的医疗费4 500元。
业务2　5月12日王石预借差旅费3 000元,以现金支付。
业务3　5月12日签发现金支票拨付销售科备用金定额6 000元。
业务4　5月26日王石报销差旅费3 500元,补付现金500元,结清原预借款。
业务5　6月18日销售科报销费用5 200元,签发现金支票补足其备用金。
要求:根据业务资料编制会计分录。

任务5　坏账损失的核算

1. 坏账损失的确认

企业应当在资产负债表日对应收款项的账面价值进行检查,有客观证据表明该项应收款项发生减值的,应当将该应收款项的账面价值减记至预计未来现金流量现值,减记的金额确认为减值损失,计提坏账准备。

坏账是指企业无法收回或收回的可能性极小的应收款项。由于发生坏账而产生的损失,称为坏账损失。

表明应收款项发生减值的客观证据包括:
(1) 债务人发生严重财务困难。
(2) 债务人违反了合同条款,如发生违约或逾期等。
(3) 债权人出于经济或法律等方面因素的考虑,对发生财务困难的债务人作出让步。
(4) 债务人很可能倒闭或进行其他财务重组。
(5) 其他表明应收款项发生减值的客观证据。

企业会计准则规定,计提坏账准备的方法由企业自行确定。企业应当列出目录,具体注明计提坏账准备的范围、提取方法、账龄的划分和提取比例,根据管理权限,经股东大会或董事会,或经理(厂长)会议或类似机构批准,按照法律、行政法规的规定报有关方面备案,并置于公司所在地,以供投资者查阅。

2. 坏账损失的核算要点

坏账损失的核算方法一般有直接转销法和备抵法两种方法。我国2006年《企业会计准则第22号——金融工具的确认和计量》中规定采用备抵法核算坏账损失。

备抵法是指采用一定的方法按期估计坏账损失,计入当期费用,同时建立坏账准备,当实际发生时,应根据其金额冲减已计提的坏账准备,同时转销相应的应收款项的一种方法。采用这种方法,坏账损失计入同一期间损益,体现了权责发生制和配比原则的要求;避免了企业虚盈实亏,体现了稳健原则的要求;在报表上列示应收款项净额,使报表使用者能了解应收款项的可变现金额。

(1) 账户设置

在备抵法下,企业为了核算和监督应收款项的减值情况,应设置"坏账准备"账户和"资产减值损失"账户。

① "坏账准备"账户,是"应收账款"等账户的备抵账户,该账户贷方登记当期计提的坏账准备金额,借方登记实际发生的坏账损失金额和冲减的坏账准备金额,期末余额一般在贷方,反映企业已经提取但尚未转销的坏账准备金额。

② "资产减值损失"账户,主要用于核算企业计提各项资产减值准备所形成的损失,属于损益类账户。该账户借方登记资产发生的减值;贷方反映企业计提各项资产减值准备后相关资产的价值又要恢复,在原已计提的减值准备金额内恢复增加的金额。期末,应将本科目余额转入"本年利润"账户,结转后本账户无余额。

(2) 坏账损失的会计处理

① 当期坏账准备计算公式

当期应提取(或调整)的坏账准备＝当期按应收款项计算应提坏账准备金额－(＋)提取前"坏账准备"科目贷方(借方)余额

计算当期应提取(或调整)的坏账准备＞0,按其差额计提坏账准备。

计算当期应提取(或调整)的坏账准备＜0,按其差额冲减坏账准备。

计算当期应提取(或调整)的坏账准备＝0,则当期不需提取(或调整)坏账准备。

② 坏账损失的会计处理

当期提取坏账准备时,借记"资产减值损失"账户,贷记"坏账准备"账户。

当期冲减坏账准备时,借记"坏账准备"账户,贷记"资产减值损失"账户。

实际发生坏账时,借记"坏账准备"账户,贷记"应收账款"、"其他应收款"等账户。

如果已确认并转销的坏账以后又收回,则应按收回的金额,借记"应收账款"、"其他应收款"等账户,贷记"坏账准备"账户,同时,借记"银行存款"账户,贷记"应收账款"、"其他应收款"等账户。

企业采用备抵法进行坏账损失核算时,首先应按期估计坏账损失。根据《企业会计准则》规定,企业进行减值测试,分为单项金额重大和非重大的,分别进行减值测试。企业可以选择坏账准备的估计方法有三种:应收账款余额百分比法、账龄分析法和个别认定法。

a. 应收账款余额百分比法。应收账款余额百分比法是指根据会计期末应收款项的余额和估计坏账率计算当期应估计的坏账损失,计提坏账准备的方法。应收账款余额百分比法计算公式为:

本期按应收款项计算应提坏账准备余额＝期末应收款项余额×本期计提坏账准备率

例如,南方公司2011年12月31日应收账款余额为300 000元,经减值测试,确定提取坏账损失的比例为5%。

2011年末按应收款项计算应提坏账准备余额＝300 000×5%＝15 000(元)

b. 账龄分析法。账龄分析法是指以期末应收款项账龄的长短来估计应收款项减值损失,计提坏账准备的方法。

一般来讲,应收款项拖欠的时间越长,发生坏账的可能性就越大,应提取的坏账准备金额也就越多。账龄分析法据此原理,按应收款项入账时间的长短分为若干区段,并根据债务单位的财务状况、现金流量的情况,为每个区段规定一个坏账损失的百分比,入账时间越长,该比例越大。将各区段上的应收款项余额乘上坏账损失百分比,然后相加,即可确定估计的坏账损失总额。

c. 个别认定法。个别认定法是指根据每一项应收款项的情况来估计减值损失,计提坏账准备的方法。

根据《企业会计准则——金融工具确认和计量》的规定,一般企业应收款项减值损失的计量对于单项金额重大的应收款项,应当单独进行减值测试。

在采用账龄分析法、应收账款余额百分比法等方法的同时,如果某项应收账款的可收回性与其他各项应收账款存在明显的差别,导致该项应收账款按照与其他应收账款采用同样的方法计提坏账准备,将无法真实地反映其可回收金额的,可对该项应收账款采用个别认定法计提坏账准备。在同一会计期间内运用个别认定法的应收款项,应从其他方法计提坏账准备的应收款项中剔除。

【技能操作】

[学 中 做]

1) 应收款项余额百分比法

[业务资料] 东方公司为一般纳税人,2011年发生下列经济业务:

业务1 东方公司2009年末应收账款的余额100 000元,经减值测试,确定提取坏账损失的比例为4‰(2009年末"坏账准备"账户期初余额为0)。

业务2 2010年5月10日发生坏账损失5 000元。

业务3 2010年末应收账款余额为110 000元。

业务4 2011年5月30日,在2010年5月已冲销的应收账款收回3 000元。

业务5 2011年末应收账款余额为120 000元。

根据以上业务编制会计分录如下:

(1) 2009年末提取的坏账准备 坏账准备提取额=100 000×4‰=4 000(元)

借:资产减值损失——计提的坏账准备　　　　4 000
　　贷:坏账准备　　　　　　　　　　　　　　　　4 000

(2) 2010年发生坏账损失

借:坏账准备　　　　　　　　　　　　　　　　5 000
　　贷:应收账款　　　　　　　　　　　　　　　　5 000

(3) 2010年末按应收账款余额计提坏账准备110 000×4‰=4 400(元)

2010年末计提坏账准备前,"坏账准备"账户的借方余额为1 000元,2009年末应提的坏账准备金额为5 400(4 400+1 000)元。

借:资产减值损失——计提的坏账准备　　　　5 400
　　贷:坏账准备　　　　　　　　　　　　　　　　5 400

(4) 2011年5月30日,已冲销的应收账款收回3 000元

借:应收账款　　　　　　　　　　　　　　　　3 000
　　贷:坏账准备　　　　　　　　　　　　　　　　3 000

同时,借:银行存款　　　　　　　　　　　　　3 000
　　　　贷:应收账款　　　　　　　　　　　　　　3 000

(5) 2011年末按应收账款的余额计提坏账准备120 000×4‰=4 800(元)

2011年末计提坏账准备前,"坏账准备"账户的贷方余额为7 400元,2010年末应冲销多提的坏账准备金额为-2 600(4 800-7 400)元。

借:坏账准备　　　　　　　　　　　　　　　　　　　　2 600
　　贷:资产减值损失——计提的坏账准备　　　　　2 600

根据上述业务的会计处理,东方公司"坏账准备"账户登记情况如表3-1所示。

表3-1　坏账准备表

借方	坏账准备		贷方
		(1) 2009年末实际计提	4 000
(2) 2010年5月10日发生坏账　5 000		2009年期末余额	4 000
		(3) 2010年实际计提	5 400
		2010年期末余额	4 400
(5) 2011年末冲销多提　2 600		(4) 2011年5月30日已核算又收回	3 000
		2011年期末余额	4 800

2) 账龄分析法

[业务资料] 东方公司2011年12月31日坏账损失估计如表3-2所示。

表3-2　账龄分析及坏账损失估算表

应收账款账龄	应收账款期末余额(元)	估计坏账率(%)	估计坏账金额(元)
1年以内	50 000	5	2 500
1~2年(含1年)	60 000	10	6 000
2~3年(含2年)	40 000	30	12 000
3~4年(含3年)	30 000	100	30 000
合　计	180 000		50 500

业务1　2011年12月31日"坏账准备"账户期初为贷方余额50 000元。

2011年末应提的坏账准备金额为500(50 500-50 000)元。

编制会计分录如下:
借:资产减值损失　　　　　　　　　　500
　　贷:坏账准备　　　　　　　　　　　　　500

业务2　假设2011年12月31日"坏账准备"账户期初为借方余额500元。

2011年末应提的坏账准备金额为51 000(50 500+500)元。

编制会计分录如下:
借:资产减值损失　　　　　　　　　　51 000
　　贷:坏账准备　　　　　　　　　　　　　51 000

[做 中 学]

[业务资料] 东方公司为一般纳税人,2011年发生如下经济业务:

业务1　东方公司采用应收款项百分比法核算坏账损失,坏账准备提取比例为5%。该公司于2009年末开始计提坏账准备,年末应收账款余额600 000元。

业务2　2010年2月经过核实,应收A公司100 000元和B公司150 000元的两笔货款已无法收回,经批准确认为坏账。

业务3 2010年12月31日,应收账款余额400 000元,经过减值测试,公司决定仍按4‰计提坏账准备。

业务4 2011年8月,收到2007年2月已转销为坏账损失的A公司100 000元。

业务5 2011年12月31日,应收账款余额320 000元,仍按4‰计提坏账准备。

要求:根据业务资料编制相关的会计分录。

资料链接

在计提坏账准备时,应注意以下几个问题:

1. 除有确凿证据表明该项应收款项不能收回或收回的可能性不大外(如债务单位已撤销、破产、资不抵债、现金流量严重不足、发生严重的自然灾害等导致停产而在短时间内无法偿付债务等以及3年以上的应收款项),下列情况不能全额计提坏账准备:

(1) 当年发生的应收款项。

(2) 计划对应收款项进行重组。

(3) 与关联方发生的应收款项。

(4) 其他已逾期但无确凿证据表明不能收回的应收款项。

2. 企业的预付账款,如有确凿证据表明其不符合预付账款性质,或者因供货单位破产、撤销等原因已无望再收到所购货物时,应当将原计入预付账款的金额转入其他应收款,并按规定计提坏账准备。

3. 企业不应对应收票据计提坏账准备,而应待应收票据到期不能收回转入应收账款后,再按规定计提坏账准备。

综合练习题

一、单项选择题

1. 某企业于2011年5月20日签发一张期限为90天的商业承兑汇票,则该票据到期日为(   )。

   A. 8月20日   B. 8月18日   C. 8月17日   D. 8月16日

2. 某企业2011年2月15日收到甲公司开出并经银行承兑的商业汇票一张,面值为10 000元,期限为3个月,票面年利率为9%。该票据的到期价值为(   )元。

   A. 10 225   B. 10 900   C. 10 300   D. 10 000

3. 某企业在2011年5月22日销售商品300件,增值税专用发票上注明的价款为28 800元,增值税额为4 896元。企业为了及早收回货款而在合同中规定的现金折扣条件为:2/10,1/20,n/30。假定计算现金折扣时不考虑增值税。如买方在2008年5月28日付清货款,该企业实际收款金额应为(   )元。

   A. 28 126.08   B. 33 022.08   C. 28 224   D. 33 120

4. 下列各项中,不能构成应收账款入账价值的有(   )。

   A. 确认主营业务收入时尚未收到的价款

   B. 销售货物发生的商业折扣

   C. 代购货方垫付的运杂费

D. 代购货方垫付的包装费
5. 下列不属于其他应收款核算内容的有（　　）。
   A. 应收账款、罚款　　　　　　　　B. 应收的出租包装物租金
   C. 存出保证金　　　　　　　　　　D. 代购货单位垫付的包装费
6. 某企业对基本生产车间所需备用金采用定额备用金制度，当基本生产车间报销日常管理支出时，应借记的会计科目是（　　）。
   A. 其他应收款　　B. 其他应付款　　C. 制造费用　　D. 生产成本
7. 设置"预付账款"科目的企业，在收到货物后需补付货款时，应作（　　）会计分录。
   A. 借：原材料　　　　　　　　　　B. 借：预付账款
      贷：预付账款　　　　　　　　　　贷：银行存款
   C. 借：原材料　　　　　　　　　　D. 借：预付账款
      贷：预付账款　　　　　　　　　　　　原材料
         银行存款　　　　　　　　　　　贷：银行存款
8. 预付货款情况不多的企业，可以不单独设置"预付账款"科目，而将预付的货款直接计入（　　）科目的借方。
   A. 应付账款　　B. 应收账款　　C. 其他应收款　　D. 其他应付款
9. 某企业按年末应收账款余额的5‰计提坏账准备，该企业2011年初"坏账准备"科目贷方余额为50 000元，本年发生的坏账损失30 000元，年末应收账款余额为900 000元。该企业年末提取的坏账准备金额是（　　）元。
   A. 45 000　　　　B. 25 000　　　　C. 20 000　　　　D. 5 000
10. 某企业根据对应收款项收回风险的估计，决定对应收账款按其余额的5‰计提坏账准备。2011年12月1日，"坏账准备"科目借方余额为30 000元。2011年12月31日，"应收账款"明细科目借方余额为800 000元。该企业2011年12月31日应补提的坏账准备为（　　）元。
    A. 10 000　　　　B. 65 000　　　　C. 70 000　　　　D. 80 000

二、多项选择题
1. 不能用"应收票据"科目核算的票据包括（　　）。
   A. 银行本票　　B. 银行承兑汇票　　C. 银行汇票　　D. 商业承兑汇票
2. 带息商业汇票到期值的计算与（　　）。
   A. 票据面值　　B. 票面利率　　C. 票据期限　　D. 贴现率
3. 根据现行会计准则规定，下列项目中购销双方企业应当作为财务费用处理的是（　　）。
   A. 销售方发生的现金折扣　　　　　B. 销售方发生的销售折扣
   C. 购货方取得的现金折扣　　　　　D. 购货方放弃的现金折扣
4. 下列项目中，应通过"其他应收款"核算的有（　　）。
   A. 应向责任人收取的赔款　　　　　B. 应收的各种罚款
   C. 收取的各种押金　　　　　　　　D. 租入包装物支付的押金
5. 企业因销售商品发生的应收账款，其入账价值应当包括（　　）。
   A. 销售商品的价款　　　　　　　　B. 增值税销项税额
   C. 代购货方垫付的包装费　　　　　D. 代购货方垫付的运杂费

6. 按照现行会计制度规定,可以作为应收账款入账金额的项目是( )。
   A. 商业折扣   B. 产品销售价款
   C. 增值税销项税额   D. 代购货方垫付的运杂费
7. 关于"预付账款"账户,下列说法正确的有( )。
   A. "预付账款"属于资产性质的账户
   B. 预付货款不多的企业,可以不单独设置"预付账款"账户,将预付的货款计入"应付账款"账户的借方
   C. "预付账款"账户贷方余额反映的是应付供货单位的款项
   D. "预付账款"账户核算企业因销售业务产生的往来款项
8. 下列各项,会引起期末应收账款账面价值发生变化的有( )。
   A. 收回应收账款   B. 收回已转销的坏账
   C. 计提应收账款坏账准备 D. 结转到期不能收回的应收票据
9. 下列各项中,能够增加"坏账准备"贷方发生额的有( )。
   A. 当期实际发生的坏账损失 B. 冲回多提的坏账准备
   C. 当期补提的坏账准备   D. 已转销的坏账当期又收回
10. 下列各项中,应记入"坏账准备"科目借方的有( )。
    A. 年末按规定计算应该冲减的坏账准备
    B. 收回过去已经确认并转销的坏账
    C. 经批准转销的坏账
    D. 确实无法支付的应付账款

三、判断题

1. 在备抵法下,企业将不能收回的应收账款确认为坏账损失时,应计入管理费用,并冲销相应的应收账款。(　　)
2. 企业如果预付账款的业务不多,可以把预付账款并入到应收账款核算。(　　)
3. 应收账款包括企业因销售货物或提供劳务而应向购货单位收取的货款、增值税及代垫的运杂费用。(　　)
4. 年度终了计提应收票据利息时,企业应增加应收票据的账面余额,并冲减当期财务费用。(　　)
5. 在存在现金折扣的情况下,若采用总价法核算,应收账款应按销售收入扣除预计的现金折扣后的金额确认。(　　)
6. 商业企业购货时所取得的现金折扣应冲减所购存货的成本。(　　)
7. 企业计提坏账准备的方法由企业自行确定。(　　)
8. 企业的应收票据无论是否带息,年末在资产负债表中均以账面原值反映。(　　)
9. 采用定额制核算备用金的企业,备用金使用部门日常凭单据报销差旅费时,会计部门应按报销金额冲减"其他应收款"科目。(　　)
10. 由于企业应收及预付款项均属于债权,因此,都存在发生坏账损失的风险,按现行制度规定都可以提取一定比例的坏账准备。(　　)

四、实训题

实训1

[目的] 练习应收账款的核算。

[资料] 甲公司2011年8月1日向A公司销售商品一批,货款80 000元,增值税税额为13 600元。甲公司为了尽快收回货款而在合同中规定符合现金折扣的条件为2/10、1/20,n/30,假设A公司分别于8月8日、8月18日和8月30日付清货款(在计算折扣时不考虑增值税因素)。

[要求] 根据上述资料,编制甲公司销售商品和不同时间收回货款的会计分录。

实训2

[目的] 练习不带息应收票据取得和贴现的核算。

[资料] 乙公司为一般纳税人,2011年发生如下经济业务:

1. 7月5日乙公司销售一批产品给B公司,货款70 000元,增值税额11 900元,货已发出,并已办妥托收手续。

2. 7月10日,乙公司收到B公司交来一张不带息3个月到期的银行承兑汇票,票面81 900元。

3. 因急需资金,乙公司于9月10日将以上银行承兑汇票向银行办理贴现(还有一个月到期),贴现率10%。

[要求] 根据上述资料,编制会计分录。

实训3

[目的] 练习带息应收票据的核算。

[资料] 丙公司为一般纳税人,发生如下经济业务:

1. 2010年9月1日销售一批产品给C公司,货已发出,货款100 000元,增值税额17 000元,收到C公司开出一张期限为6个月、票面金额117 000元、票面利率10%的商业承兑汇票。

2. 2010年12月31日,计提票据利息。

3. 2011年3月1日商业承兑汇票到期,收到C公司转来票款。

[要求] 根据上述业务,编制会计分录。

实训4

[目的] 练习预付账款的核算。

[资料] 丙公司采用预付款项的方式采购材料:

1. 5月5日,向A企业采购材料,开出转账支票一张,预付材料款50 000元。

2. 5月15日,收到A企业的材料及有关结算单据,材料价款100 000元,增值税为17 000元,材料已验收入库。同时开出转账支票补付材料款。

[要求] 根据上述经济业务,编制会计分录。

实训5

[目的] 练习坏账损失的核算。

[资料] 丁公司有关资料如下:

1. 该公司于2009年末开始计提坏账准备,年末应收账款余额500 000元,经过减值测试,公司决定按4%计提坏账准备。

2. 2010年2月经过核实,应收A公司10 000元和B公司5 000元的两笔货款已无法收回,转为坏账损失。

3. 2010年12月31日,应收账款余额600 000元,经过减值测试,公司决定仍按4%计提坏账准备。

4. 2011年8月,收到2010年2月已转销为坏账损失的A公司10 000元。

5. 2011年12月31日,应收账款余额650 000元,仍按4%计提坏账准备。

[要求]

1. 编制2009年末计提坏账准备的会计分录。
2. 编制2010年2月确认坏账损失的会计分录。
3. 编制2010年末计提坏账准备的会计分录。
4. 编制2011年末收到已转销为坏账损失的会计分录。
5. 编制2011年末计提坏账准备的会计分录。

第4章 存 货

学习目标

了解存货的概念、确认和分类,熟悉存货的确认条件、存货减值的迹象,掌握存货计价方法的实际运用和存货计量的核算方法。

导入案例

南海汽车制造公司生产各种型号的小汽车,为扩大销售,争取市场份额,本月有5辆L型小汽车放在展览馆展览,还有20辆L型小汽车放在其他企业委托代销,每台成本12 000元;经总经理批准,同意营销部提取本公司生产的L型小汽车2辆作为业务用车;本月为订货者来料加工制造完成5辆特制小汽车,购货方已付款但尚未提货,材料与加工成本共计75 000元;本月为扩建装配车间工程购进钢筋等各种材料300 000元。

实习会计小王将上述五项均认为是公司的存货,这样本月末公司资产负债表中存货项目的金额为3 280 000元。

【思考与分析】

(1) 小王的做法对吗?你能指出小王会计处理错误的地方吗?本月南海公司资产负债表中存货项目的金额应该是多少?

(2) 南海公司生产的小汽车是存货吗?航运公司从南海公司购进5辆小汽车用于业务,你认为是航运公司的存货吗?为什么?

任务1 存货的初始计量

知识要点

1. 存货的概念和特征

(1) 存货的概念

存货是指企业在日常活动中持有以备出售的产成品或商品、处在生产过程中的在产品、在生产过程或提供劳务过程中耗用的材料和物料等。

存货属于企业的流动资产,企业存货通常包括库存的、加工中的、在途的各类原材料、在产品、半成品、产成品、商品、周转材料等。

(2) 存货的特征

与其他资产相比,存货具有以下特征:

① 存货是一种有形资产。存货具有具体的实物形态。

② 存货具有较强的流动性。存货经常处于不断销售、耗用、购买或重置中，具有较快的变现能力和明显的流动性。

③ 存货具有实效性和发生潜在损失的可能性。在正常的生产经营活动下，存货能够有规律地转换为货币资产或其他资产，但长期不能耗用或销售的存货，将造成积压，或被报废，或需处置，从而造成企业的损失。

2. 存货的确认条件和分类

存货的确认和计量，直接影响到企业期末资产价值和损益的确认与计算，因此，正确确认存货就显得尤为重要。

(1) 存货的确认

按照《企业会计准则——存货》的规定，存货在同时满足以下两个条件时才能加以确认：

① 该存货包含的经济利益很可能流入企业。

② 该存货的成本能够可靠地计量。

一项资产要确认为存货，首先要满足存货的定义，同时要符合上述存货确认的两个条件。

［温馨提示］ 辨认一项资产是否属于存货，根据存货的定义；辨认一项存货是否属于某企业的存货，是看该企业是否拥有这项存货的所有权。

(2) 存货的分类

企业的存货可按不同的标准进行分类。

① 存货按行业及经济用途分类

制造业存货：制造业存货的特点是在出售前需要经过生产加工过程，改变其原有的实物形态或使用功能。具体分类如下：

a. 原材料。指企业在生产过程中经加工改变其形态或性质并构成产品主要实体的各种原料及主要材料、辅助材料、外购半成品（外购件）、修理用备件（备品备件）、包装材料、燃料等。

b. 在产品。指企业正在制造尚未完工的生产物，包括正在各个生产工序加工的产品，和已加工完毕但尚未检验或已检验但尚未办理入库手续的产品。

c. 自制半成品。指经过一定生产过程并已检验合格交付半成品仓库保管，但尚未制造完工成为产成品，仍需进一步加工的中间产品。但不包括从一个生产车间转给另一个生产车间继续加工的自制半成品以及不能单独计算成本的自制半成品，这类自制半成品属于在产品。

d. 产成品。指工业企业已经完成全部生产过程并验收入库，可以按照合同规定的条件送交订货单位，或者可以作为商品对外销售的产品。企业接受外来原材料加工制造的代制品和为外单位加工修理的代修品，制造和修理完成验收入库后，应视同企业的产成品。

e. 包装物。指为了包装本企业产品而储备的各种包装容器，如桶、箱、瓶、坛、袋等。其主要作用是盛装、装潢产品或商品。

f. 低值易耗品。指不能作为固定资产的各种用具物品，如工具、管理用具、玻璃器皿、劳动保护用品以及在经营过程中周转使用的容器等。其特点是单位价值低或使用期限相对于固定资产较短,在使用过程中保持其原有实物形态基本不变。

g. 委托代销商品。指企业委托其他单位代销的商品。

商品流通企业存货:在商品流通企业,存货主要分类为商品、材料物资、低值易耗品、包装物等。其中商品存货是商品流通企业存货的主要组成部分,它包括企业外购和委托加工完成验收入库用于销售的各种商品。商品在其销售以前,保持其原有实物形态。

其他行业存货:在服务业企业,如旅行社、饭店、宾馆、游乐场所、美容美发、修理、中介机构等,既不生产产品也不经销产品。这些单位一般存有各种少量物料用品、办公用品、家具用具等供业务活动使用,这些用品也作为存货处理。

② 存货按取得来源分类。存货按取得来源分类可分为外部取得存货和内部形成存货。

外部取得存货:指企业从外部取得的存货,主要包括:

a. 购入存货。指企业向外部购入的存货,如工业企业的外购材料、外购零件和商业企业的外购商品等。

b. 委托加工存货。指企业委托外部其他单位加工制造的存货,如工业企业的委托加工材料、商业企业的委托加工商品等。

c. 投资人投入存货。指企业投资人作为投资投入的存货,如投资人投入的材料、商品等。

d. 接受捐赠存货。指企业外部单位或个人捐赠给企业的各种存货。

e. 其他。指企业通过其他渠道从外部取得的各项存货。如企业接受债务人以商品、材料等抵偿债务而取得的存货。

内部形成的存货:指企业自行制造、生产的各项存货,包括工业企业的在产品、自制半成品、产成品及自制的各种原材料、低值易耗品、包装物等。

③ 存货按存放地点分类。存货按存放地点不同,可分为:

库存存货:指已运到企业,并已验收入库的各种材料、商品以及已验收入库的自制半成品、产成品等。

在途存货:指已经支付货款,正在运输途中或虽已运达企业但尚未验收入库的各种存货。

加工中的存货:指企业正在加工或委托外单位加工中的存货。

发出存货:指按合同规定已经发出,但不能确认收入的存货(如委托代销商品)以及暂时存放在外单位的存货(如展览会中正在展出的存货)。

3. 存货的初始计量

我国《企业会计准则第1号——存货》规定:"存货应当按照成本进行初始计量。存货成本包括采购成本、加工成本和其他成本。"

存货的采购成本,一般包括购买价款、相关税费、运输费、装卸费、保险费、运输途中的合理损耗、入库前的挑选整理费以及其他可以归属于存货采购成本的费用。

存货的加工成本,包括直接人工以及按照一定方法分配的制造费用。

存货的其他成本,是指除采购成本、加工成本以外,使存货达到目前场所和状态所发生的其他支出,如为特定客户设计产品发生的专项设计费等。

企业存货的成本,由于其来源不同而有所不同。

(1) 外购存货的计量

外购存货的初始成本由采购成本构成,包括购买价款、相关税费、运杂费、运输途中的合理损耗、入库前的挑选整理费以及其他可归属于存货采购成本的费用。

购买价款:指企业购入存货的发票账单上列名的价款,不包括按规定可以抵扣的增值税税额。购买价款已扣除商业折扣,但包括现金折扣。

相关税费:指购买存货所发生的关税、消费税、资源税等。

运杂费:包括运输费、装卸费、搬运费、保险费、包装费、中途的仓储费。

运输途中的合理损耗:企业购入存货过程中发生的正常损耗。

入库前的挑选整理费:包括挑选整理工程中发生的人工、材料支出和必要的损耗,回收的下脚料价值应从中扣除。

(2) 自制存货的计量

企业自制存货的成本包括制造过程中发生的直接材料、直接人工、其他直接支出和制造费用等。

(3) 委托加工存货的计量

委托加工存货的成本包括加工中耗用的材料或半成品的实际成本、加工费用、往返运杂费、保险费和应负担的相关税费。

(4) 接受投资存货的计量

投资者投入的存货,应当按照投资合同或协议约定的价值确定,但合同或协议约定价值不公允的除外。

(5) 接受捐赠存货的计量

接受捐赠的存货,按以下规定确定其实际成本:

① 捐赠方提供了有关凭据(如发票、报关单、有关协议)的,按凭据上表明的金额加上应支付的相关税费,作为实际成本。

② 捐赠方没有提供有关凭据的,按同类或类似存货的市场价格估计的金额,加上应支付的相关税费,作为实际成本。

(6) 盘盈存货的计量

按同类或类似存货的市场价格,作为实际成本。

4. 发出存货的计价方法

企业存货由于来源不同,同种存货的单位采购成本是不同的。即使是同种来源的存货,由于进货批次、时间、付款条件等的不同,其单位采购成本也是有所不同的。所以,企业对发出存货的价值,就需要采用合理的计算方法予以确定。根据财政部的规定,企业对发出存货的计价可以选择使用先进先出法、加权平均法、移动加权平均法、个别计价法、计划成本法和毛利率法等。存货计价方法一经确定不得随意变更。

(1) 先进先出法

先进先出法是指根据先入库先发出的原则,对于发出的存货,以先入库存货的单价进行计价,从而计算发出存货成本的方法。

采用这种方法,收到存货时,应在存货明细分类账中逐笔登记每一批存货的数量、单价和金额;发出存货时,先按第一批入库存货的单价计算发出存货的成本,第一批存货发出完毕后,再按第二批入库存货的单价计算发出存货的成本,以此类推。若同时领用的存货属于前后两批入库且单价不同的,就需要分别按两批存货的单价计算发出存货的成本。

采用先进先出法,便于日常计算发出存货及结存存货的成本,期末存货成本比较接近市场价格。但工作量较大,一般适用于收发存货次数不多的企业。当物价上涨时,会高估企业当期利润和库存存货价值;反之,则低估企业当期利润和库存存货价值。

(2) 月末一次加权平均法

月末一次加权平均法是指在月末计算存货的平均单位成本时,用月初库存存货数量和本月各批收入的数量作为权数来确定存货的平均单位成本,从而计算出月末存货和已销存货成本的一种计价方法。计算公式为:

$$\text{加权平均单位成本} = \frac{\text{月初存货成本} + \text{本月收入存货成本}}{\text{月初存货数量} + \text{本月收入存货数量}}$$

本月发出存货成本 = 本月发出存货数量 × 加权平均单位成本

月末结存存货成本 = 月末结存存货数量 × 加权平均单位成本

采用加权平均法,只需要在月末计算一次加权凭据单价,比较简单,而且在市场价格上涨或下跌时所计算出来的单位成本平均化,对存货成本的分摊较为折中。但这种方法平时不能从账上反映存货的收、发、存情况,不利于存货的管理。

(3) 移动加权平均法

移动加权平均法是指在每次收到存货以后,以各批收入数量与各批收入前的结存数量为权数,为存货计算出新的加权平均单位成本的一种方法。采用这种方法,每次进货后,都要重新计算一次加权平均单位成本。计算公式为:

$$\text{移动加权平均单位成本} = \frac{\text{本批进货前存货结存成本} + \text{本批收入存货成本}}{\text{本批进货前存货结存数量} + \text{本批收入存货数量}}$$

本批发出存货成本 = 本批发出存货数量 × 移动加权平均单位成本

采用移动平均法计算结转成本,平时能从账上反映发出和结存存货的单价及金额,而且计算的单位成本以及发出和结存存货成本比较客观,能使企业及时了解存货的结存情况,有利于加强对存货的管理。但计算工作量大。

(4) 个别计价法

个别计价法又称为分批计价法,是指认定每一件或每一批的实际单价,计算发出该件或该批存货成本的方法。计算公式如下:

发出存货成本 = 发出存货数量 × 该件(批)存货单价

采用个别计价法,对每件或每批购进的存货应分别存放,并分别登记存货明细分类账。对每次领用的存货,应在存货领用单上注明购进的件别或批次,便于按照该件或该批存货的实际单价计算其金额。

个别计价法计算发出存货的实际成本比较合理、准确,可随时结转发出存货和结存存货的成本,但实际操作工作量繁重。个别计价法适用于单位价值较高、数量少、易于辨认的存货的计价,如房产、船舶、飞机、文物等贵重物品。

(5) 计划成本法(见本章任务5)。
(6) 毛利率法

毛利率法是根据本期实际销售净额乘以上期实际(或本期计划)毛利率匡算本期销售毛利,据以计算发出存货和期末结存存货成本的一种方法。公式为:

$$毛利率=销售毛利÷销售净额×100\%$$

$$销售净额=商品销售收入-销售退回与折让$$

$$销售毛利=销售净额×毛利率$$

$$销售成本=销售净额-销售毛利$$

或

$$销售成本=销售净额×(1-毛利率)$$

$$期末存货成本=期初存货成本+本期购货成本-本期销售成本$$

毛利率法适用于商品品种繁多,而同类商品毛利率基本一致的商品流通企业,尤其是商品批发企业以及毛利率稳定的其他企业,也可以用于估计灾害造成的损失。但采用毛利率法的计算结果往往不够准确,为此,一般应在每季季末用上述其他方法进行调整。

[技能操作]

[学 中 做]

[业务资料] 东方公司为一般纳税人,2011年发生如下经济业务:

2011年5月发生的原材料收发业务如表4-1所示。

表4-1 材料收发明细表

名称及规格:A材料　　　计量单位:件　　　　　　　　　　　金额:元

日期	摘要	收入		发出	结存	
		数量	单位成本	数量	数量	单价
5月1日	月初结存				600	2.00
5月7日	购入	400	2.10		1 000	
5月10日	发出			800	200	
5月18日	购入	400	2.20		600	
5月23日	发出			500	100	
5月31日	月末结存				100	

要求:根据上述资料分别采用先进先出法、加权平均法、移动加权平均法等方法确定A材料本月发出的实际成本和月末库存的实际成本。

(1) 先进先出法

本月A材料收发结存明细账见表4-2。

表 4-2　材料明细分类账(先进先出法)

名称及规格：A 材料　　　计量单位：件　　　　　　　　　　　　金额：元

2011年		凭证字号	摘要	收入			发出			结存		
月	日			数量	单价	金额	数量	单价	金额	数量	单价	金额
5	1	(略)	月初结存							600	2.00	1 200
	7		购入	400	2.10	840				600 400	2.00 2.10	1 200 840
	10		发出				600 200	2.00 2.10	1 200 420	200	2.10	420
	18		购入	400	2.20	880				200 400	2.10 2.20	420 880
	23		发出				200 300	2.10 2.20	420 660	100	2.20	220
	31		本月发生额及余额	800		1 720	1 300		2 700	100	2.20	220

(2) 月末一次加权平均法

本月 A 材料收发结存明细账见表 4-3。

表 4-3　材料明细分类账(加权平均法)

名称及规格：A 材料　　　计量单位：件　　　　　　　　　　　　金额：元

2011年		凭证字号	摘要	收入			发出			结存		
月	日			数量	单价	金额	数量	单价	金额	数量	单价	金额
5	1	(略)	月初结存							600	2.00	1 200
	7		购入	400	2.10	840				1 000		
	10		发出				800			200		
	18		购入	400	2.20	880				600		
	23		发出				500			100		
	31		本月发生额及余额	800		1 720	1 300	2.09	2 711	100	2.09	209

加权平均单位成本＝(1 200＋1 720)÷(600＋800)＝2.09(元)

本月结存材料成本＝2.09×100＝209(元)

本月发出材料成本＝1 200＋1 720－209＝2 711(元)(倒挤计算)

(3) 移动加权平均法

本月 A 材料收发结存明细账见表 4-4。

表 4-4 材料明细分类账(移动加权平均法)

名称及规格：A 材料　　　　　计量单位：件　　　　　　　　　　　　金额：元

2011年		凭证字号	摘要	收入			发出			结存		
月	日			数量	单价	金额	数量	单价	金额	数量	单价	金额
5	1	(略)	月初结存							600	2.00	1 200
	7		购入	400	2.10	840				1 000	2.04	2 040
	10		发出				800	2.04	1 632	200	2.04	408
	18		购入	400	2.20	880				600	2.15	1 288
	23		发出				500	2.15	1 075	100	2.15	213
	31		本月发生额及余额	800		1 720	1 300		2 707	100	2.15	213

第一次购货后的加权平均成本＝(1 200＋840)÷(600＋400)＝2.04(元)
第二次购货后的加权平均成本＝(408＋880)÷(200＋400)＝2.15(元)
本月结存材料成本＝1 288－1 075＝213(元)
本月发出材料成本＝800×2.04＋500×2.15＝2 707(元)

[做　中　学]

[业务资料]　某商业企业月初百货类商品存货金额为 24 800 元,本月购货 154 000 元,销货 205 000 元,销售退回与折让为 1 500 元,上季度该类商品毛利率为 20%。

要求：计算本月百货类存货销售成本及月末存货成本。

1. 存货应当按照成本进行初始计量。存货成本包括采购成本、加工成本和其他成本。但下列费用不应计入存货成本,而应当计入当期损益。① 非正常消耗的直接材料、直接人工及制造费用。② 仓储费用,即企业在采购入库后发生的储存费用,应计入当期损益。但是,在生产过程中为达到下一个生产阶段所必要的仓储费用则应计入存货成本。③ 不能归属于使存货达到目前场所和状态的其他支出不符合存货的定义和确认条件,应在发生时计入当期损益,不得计入存货成本。

2. 销售退回是指购货方由于对方提供的商品质量、规格、型号等不符合协议的规定,又不接受对方提出的折让条件而将这部分商品退还给销售方的事项。销售退回在销售时已确认了收入,退回时要冲减相应的收入、销项税和成本。未确认收入的已发出商品的退回,只需将已记入"发出商品"账户的商品成本转回"库存商品"账户。

3. 销售折让是指由于商品的质量、规格、型号等不符合购买方的要求,销售方为了尽量避免商品退回而同意在商品价格上给予对方一定的减让。发生销售折让时应冲减发生当期的销售收入,如按规定允许扣减当期销项税额的,应同时冲减"应交税费——应交增值税(销项税额)"账户。

如果发生销售折让时,企业尚未确认销售收入,则应直接按扣除折让后的金额确认销售收入。

任务2 原材料按实际成本计价的核算

> 知识要点

1. 原材料核算的内容

原材料是指经过加工能构成产品主要实体的各种原料、材料及不构成产品主要实体但有助于产品形成的各种辅助材料。原材料具体包括：

原料及主要材料：指直接用于产品制造，经过加工后构成产品主要实体的各种原料和材料。原料是指直接取自于自然界的劳动对象，如纺纱用的棉花、炼铁用的矿石等；材料是指已被加工过的劳动对象，如织布用的棉纱、机械制造用的钢铁等。

辅助材料：是指不构成产品的主要实体，但直接用于产品生产有助于产品形成的各种材料，如螺钉、油漆等。

外购半成品（外购件）：指从外部购入需要本企业进一步加工或装配的已完成一定生产步骤的半成品。对购入企业而言，外购半成品如同原料。如果外购半成品数量不大时，也可列作原料及主要材料。

修理用备件（备品备件）：指为修理本企业的机器设备等从外部购进的专用零部件。

包装材料：指包装产品用的，除包装物以外的各种材料。如纸、绳、铁丝等。

燃料：指在工艺技术过程中用于燃烧取得热能的各种材料。

2. 原材料按实际成本计价收发业务的核算要点

(1) 账户设置

①"原材料"账户。"原材料"账户用于核算企业库存的各种材料，包括原料及主要材料、辅助材料、外购半成品（外购件）、修理用备件（备品备件）、包装材料、燃料等的实际成本。该账户属于资产类账户，借方登记入库原材料的实际成本，贷方登记出库原材料的实际成本，期末借方余额反映企业库存原材料的实际成本。该账户可按材料的保管地点（仓库）、材料的类别、品种和规格等设置明细账进行明细核算。

②"在途物资"账户。"在途物资"账户用于核算企业采用实际成本（或进价）进行材料、商品等物资的日常核算，货款已付尚未验收入库的在途物资的采购成本。该账户属于资产类账户，借方登记购入材料、商品应计的采购成本，贷方登记已验收入库的材料、商品的采购成本，期末借方余额反映企业在途材料、商品等物资的采购成本。该账户可按供应单位和物资品种设置明细账进行明细核算。

③"应交税费"账户。"应交税费"账户用于核算企业按照税法等规定计算应交纳的各种税费。该账户可按应交的税费项目进行明细核算。在"应交税费"账户下，设置"应交增值税"明细账用于核算企业应缴纳的增值税。应交增值税还应分别"进项税额"、"已交税金"、"销项税额"、"出口退税"、"进项税额转出"等设置专栏。

(2) 原材料按实际成本计价收发业务的账务处理

① 原材料收入的核算

外购原材料核算：由于货款结算方式和采购地点不同，收料和付款的时间往往不一致，因而账务处理也不尽相同。

a. 已支付货款(或已开出商业汇票)，同时，材料验收入库。这种情况一般在当地采购时比较常见。这时，可根据银行结算凭证、发票账单和收料单等凭证，借记"原材料"、"应交税费——应交增值税(进项税额)"账户，贷记"银行存款"、"应付票据"、"其他货币资金"等账户。

b. 已付款或开出、承兑商业汇票，但材料尚未到达或尚未验收入库。这种情况多数是企业在异地采购时发生。这时，可根据"托收承付"或"商业汇票"等结算凭证、发票账单等，先通过"在途物资"核算，借记"在途物资"、"应交税费——应交增值税(进项税额)"账户，贷记"银行存款"、"应付票据"、"其他货币资金"等账户。

c. 材料已到达验收入库，货款尚未支付。这里有两种情况。一种是企业由于资金不足或其他原因而暂未付款，这时应借记"原材料"、"应交税费——应交增值税(进项税额)"账户，贷记"应付账款"账户。另一种情况是发票的结算凭证未到，无法付款，此时，一般要等收到结算凭证时再作相关账务处理。如果等到月末，结算凭证仍然未到，应按材料暂估价入账，借记"原材料"账户，贷记"应付账款"账户，并于下月1日用红字冲销，待下月收到发票账单付款或开出承兑商业汇票后，按正常材料采购程序处理。

d. 购料途中发生短缺和毁损。企业购进材料验收入库时，如发现短缺或毁损，应及时查明原因，分清责任，区别不同的情况，分别进行账务处理。

属于运输途中的合理损耗，应当记入材料采购成本，即按实际收到的材料数量入账，支出总额不变，相应地提高入库材料的单位成本，不必另作账务处理。

属于供货单位责任事故造成的短缺，应视款项是否已经支付而做出相应的账务处理：在货款尚未支付的情况下，应按短缺的数量和发票单价计算拒付金额(如有代垫运杂费，也应按此比例分配拒付)填写拒付理由书，向银行办理拒付手续；在货款已经支付，并已记入"在途物资"账户的情况下，则应填制索赔凭证，并根据索赔凭证，借记"应付账款"、"应交税费——应交增值税(进项税额)"(红字)账户，贷记"在途物资"账户。

属于运输部门造成的短缺或毁损，应向运输部门索赔，根据有关索赔凭证，借记"其他应收款"、"应交税费——应交增值税(进项税额)"(红字)账户，贷记"在途物资"账户。

运输途中发生的非常损失和尚待查明原因的途中损耗，查明原因前，借记"待处理财产损益——待处理流动资产损益"账户，贷记"在途物资"、"应交税费——应交增值税(进项税额转出)"账户，待查明原因后，按批准意见再分别处理。属于供应单位、运输部门、保险公司和其他过失人负责赔偿的损失，借记"应付账款"、"其他应收款"等账户，贷记"待处理财产损益——待处理流动资产损益"账户；如果是因自然灾害等非正常原因造成的损失，应将扣除残料价值和保险公司赔偿后的净损失，借记"营业外支出——非常损失"账户，贷记"待处理财产损益——待处理流动资产损益"账户；如果是其他无法收回的损失，借记"管理费用"账户，贷记"待处理财产损益——待处理流动资产损益"账户。

自制原材料核算：企业基本生产车间或辅助生产车间自制完工并验收入库的材料，应按实际成本计价，根据"材料交库单"等，借记"原材料"账户，贷记"生产成本"账户。

委托加工收回：投资者投入、接受捐赠等方式收入原材料的核算(在以后有关章节中介绍)。

在实际工作中,为了简化核算工作,材料收入的总分类核算,不必逐笔填制记账凭证,而是定期归类汇总编制"收料凭证汇总表",并据以编制记账凭证。

② 原材料发出的核算。企业发出的材料,均应办理必要的手续和填制领发料凭证,并据以编制记账凭证。为了简化日常材料核算的工作,一般平时只根据领发料凭证登记原材料明细分类账,月末根据当月的领发料凭证进行分类整理后,编制"发料凭证汇总表",据以进行材料发出的总分类核算。

根据领发料凭证或"发料凭证汇总表"编制记账凭证时,按发出材料的用途,分别借记"生产成本"、"制造费用"、"管理费用"、"销售费用"、"在建工程"等账户,贷记"原材料"账户。

技能操作

[学 中 做]

[业务资料] 东方公司为一般纳税人,2011年5月发生的原材料收发业务如下:

业务1 5月5日,收到向海龙公司购入的A材料一批,增值税专用发票上注明货款150 000元,增值税税额25 500元,材料验收入库,全部款项已通过银行转账支付。

业务2 5月8日,收到银行转来的托收承付结算凭证通知以及增值税专用发票,向华丰工厂购进的B材料一批,价款350 000元,增值税额59 500元,经审核无误,到期承付。

业务3 5月10日,仓库转来收料单,华丰工厂B材料运到并已验收入库。

业务4 5月20日,收到银行转来的托收承付结算凭证通知以及增值税专用发票,向飞达公司购进A材料一批,价款636 000元,增值税额108 120元,对方代垫运输费12 000元(暂不考虑运费增值税),材料验收入库,款项尚未支付。

业务5 5月31日,本月25日采用委托收款方式向云星公司购进的C材料一批到达企业并已验收入库,月末发票账单尚未收到,暂估价值为42 000元。

业务6 5月31日,根据本月领发料凭证,编制"发料凭证汇总表"如表4-5所示,结转发出材料的成本。

表4-5 发料凭证汇总表
2011年5月

项 目	原材料		
	原料及主要材料	辅助材料	合 计
生产成本——基本生产成本	125 000	13 000	138 000
——辅助生产成本	23 000	4 200	27 200
制造费用——基本生产车间		5 000	5 000
制造费用——辅助生产车间		2 000	2 000
管理费用		500	500
合 计	148 000	24 700	172 700

业务7 6月1日,冲销上月暂估入账材料价值。

业务8 6月2日,收到上月25日采购的C材料结算凭证,材料价款及运费42 500元,增值税额7 140元。

根据上述业务资料编制的会计分录如下:
(1) 5月5日,购入A材料验收入库,支付款项

借:原材料——A材料	150 000
应交税费——应交增值税(进项税额)	25 500
贷:银行存款	175 500

(2) 5月8日,支付B材料货款,材料尚未到达

借:在途物资——华丰厂	350 000
应交税费——应交增值税(进项税额)	59 500
贷:银行存款	409 500

(3) 5月10日,B材料验收入库

借:原材料——B材料	350 000
贷:在途物资——华丰厂	350 000

(4) 5月20日,购进A材料验收入库,款项未付

借:原材料——A材料	648 000
应交税费——应交增值税(进项税额)	108 120
贷:应付账款——飞达公司	756 120

(5) 5月31日,C材料按暂估价入账

借:原材料——C材料	42 000
贷:应付账款——暂估应付账款	42 000

(6) 5月31日,结转本月发出材料成本

借:生产成本——基本生产成本	138 000
——辅助生产成本	27 200
制造费用——基本生产车间	5 000
——辅助生产车间	2 000
管理费用	500
贷:原材料——原料及主要材料	148 000
——辅助材料	24 700

(7) 6月1日,冲销暂估入账材料成本

借:原材料——C材料	42 000
贷:应付账款——暂估应付账款	42 000

(8) 6月2日,C材料结算凭证到达入账

借:原材料——C材料	42 500
应交税费——应交增值税(进项税额)	7 140
贷:银行存款	49 640

[做　中　学]

[业务资料]　东方公司为一般纳税人,2011年发生下列经济业务:
业务1　6月5日向惠达公司购进A材料1 000吨,每吨单价500元,每吨运费40元(按

规定准予扣除进项税额 2.80 元),装卸费、保险费共计 6 800 元,货款共 631 800 元已用银行存款支付。

业务 2　7月13日,A 材料运达,验收入库 950 吨,短缺 50 吨,其中 2 吨属定额内合理损耗,其余 48 吨短缺原因待查。

业务 3　7月18日查明原因,短缺的 48 吨是运输部门的责任造成的,运输部门已同意按短缺材料成本及税款赔偿,尚未收到赔款。

根据上述资料,编制有关会计分录。

1. 原材料明细分类核算

原材料按实际成本计价核算时,可以采用以下方式进行原材料的明细分类核算:① 设置两套原材料明细账。仓库设置原材料卡片,进行原材料收发结存的数量核算,财会部门设置原材料明细分类账进行原材料的数量和金额的核算。② 设置一套原材料明细账,把原材料卡片和原材料明细账合并为一套有数量和金额的明细账,由仓库负责登记数量,财会人员定期到仓库稽核收料单,并在原材料收发凭证上标价,登记金额。

2. 原材料按实际成本计价核算的优缺点

优点是可以直接计算各种库存材料以及发出材料的实际成本,能比较准确地反映原材料资金的增减变化。缺点是原材料计价工作量较大,而且采用这种计价方法无法反映采购业务成果或存在的问题。

任务 3　原材料按计划成本计价的核算

知识要点

1. 原材料按计划成本核算的内容

原材料计划成本核算,就是对每种原材料的收、发、结存都按预先确定的计划成本计价,计划成本与实际成本的差额在"材料成本差异"账户核算。

2. 账户设置

(1)"原材料"账户

该账户与按实际成本计价方式下设置的"原材料"账户的核算内容相同,但借方、贷方和余额均反映材料的计划成本。

(2)"材料采购"账户

"材料采购"账户核算企业采用计划成本进行材料日常核算而购入材料的采购成本。该账户属资产类账户,借方登记采购材料的实际成本和结转实际成本小于计划成本的节约差异,贷方登记入库材料的计划成本和结转实际成本大于计划成本的超支差异,期末余额在借方,反映企业在途材料的计划成本。该账户可按供应单位和材料品种进行明细核算。

(3)"材料成本差异"账户

"材料成本差异"账户核算企业采用计划成本进行日常核算的材料计划成本与实际成本的差额。该账户属调整账户,借方登记入库材料实际成本大于计划成本的差异(超支差异)和分配发出材料应负担的节约差异,贷方登记入库材料实际成本小于计划成本的差异(节约差异)和分配发出材料应负担的超支差异。期末借方余额,反映企业库存材料实际成本大于计划成本的超支差异,贷方余额反映企业库存材料实际成本小于计划成本的节约差异。该账户可以分别"原材料"、"周转材料"等,按照类别或品种进行明细核算。

3. 原材料按计划成本核算的会计处理

(1) 外购材料的核算

① 采购材料时,取得的材料先要通过"材料采购"账户核算,按采购的实际成本,借记"材料采购"账户,贷记"银行存款"、"应付账款"等账户。

② 材料验收入库时,按计划成本借记"原材料"账户,按实际成本贷记"材料采购"账户。按实际成本大于计划成本的差额,借记"材料成本差异"账户,贷记"材料采购"账户;按实际成本小于计划成本的差额,借记"材料采购"账户,贷记"材料成本差异"账户。在实际工作中,材料入库及差异结转的账务处理可以月终汇总一次进行,以简化账务处理工作。

(2) 原材料发出的核算

① 根据发出材料的用途,按计划成本分别借记"生产成本"、"制造费用"、"管理费用"、"销售费用"、"委托加工物资"、"其他业务成本"等账户,贷记"原材料"账户;同时,结转发出材料应负担的材料成本差异,按实际成本大于计划成本的差异,借记"生产成本"、"制造费用"、"管理费用"、"销售费用"、"委托加工物资"、"其他业务成本"等账户,贷记"材料成本差异"账户;实际成本小于计划成本的差异做相反的会计分录。

② 发出材料应负担的成本差异应当按期(月)分摊,不得在季末或年末一次计算。发出材料应负担的成本差异,除委托外部加工发出材料可按期初成本差异率计算外,应使用当期的实际差异率;期初成本差异率与本期成本差异率相差不大的,也可按期初成本差异率计算。计算方法一经确定,不得随意变更。材料成本差异率的计算公式如下:

本期材料成本差异率=(期初结存材料的成本差异+本期验收入库材料的成本差异)÷(期初结存材料的计划成本+本期验收入库材料的计划成本)×100%

期初材料成本差异率=期初结存材料的成本差异
÷期初结存材料的计划成本×100%

发出材料应负担的成本差异=发出材料的计划成本×材料成本差异率

技能操作

[学 中 做]

[业务资料] 东方公司为一般纳税人,2011年5月发生的原材料收发业务如下:

业务1 东方公司原材料采用计划成本核算,2011年1月"原材料"科目某类材料的期初余额56 000元,"材料成本差异"科目期初借方余额4 500元,原材料单位计划成本12元。本月发生下列相关业务:

(1) 10 日,进货 1 500 千克,进价 10 元,运费 500 元(按 7%抵扣),全部款项已转账支付。材料验收入库。

(2) 15 日,车间生产产品领用材料 2 000 千克。

(3) 20 日,进货 2 000 千克,进价 13 元,运输费 1 000 元(运费可按 7%抵扣税率计算增值税),全部款项已转账支付。材料验收入库。

(4) 25 日,车间生产产品领用材料 2 000 千克。

(5) 31 日,计算分摊本月领用材料的成本差异。

根据上述业务资料编制会计分录如下:

(1) 10 日购进材料,支付款项

借:材料采购　　　　　　　　　　　　　　　15 465
　　应交税费——应交增值税(进项税额)　　 2 585
　　贷:银行存款　　　　　　　　　　　　　　　　18 050

同时,材料验收入库

借:原材料　　　　　　　　　　　　　　　　18 000
　　贷:材料采购　　　　　　　　　　　　　　　　18 000

借:材料采购　　　　　　　　　　　　　　　 2 535
　　贷:材料成本差异　　　　　　　　　　　　　　 2 535

(2) 15 日车间生产产品领料

借:生产成本　　　　　　　　　　　　　　　24 000
　　贷:原材料　　　　　　　　　　　　　　　　　24 000

(3) 20 日购进材料,支付款项

借:材料采购　　　　　　　　　　　　　　　26 930
　　应交税费——应交增值税(进项税额)　　 4 490
　　贷:银行存款　　　　　　　　　　　　　　　　31 420

同时,材料验收入库

借:原材料　　　　　　　　　　　　　　　　24 000
　　贷:材料采购　　　　　　　　　　　　　　　　24 000

借:材料成本差异　　　　　　　　　　　　　 2 930
　　贷:材料采购　　　　　　　　　　　　　　　　 2 930

(4) 25 日车间生产产品领料

借:生产成本　　　　　　　　　　　　　　　24 000
　　贷:原材料　　　　　　　　　　　　　　　　　24 000

(5) 31 日计算分摊本月领用材料的成本差异

本月材料成本差异率
　　=[4 500+(−2 535+2 930)]/(56 000+18 000+24 000)×100%
　　= 4.99%

本月领用材料应分摊成本差异=48 000×4.99%=2 395.20(元)

借:生产成本　　　　　　　　　　　　　　　 2 395.20
　　贷:材料成本差异　　　　　　　　　　　　　　 2 395.20

业务 2 某企业月初原材料计划成本为 218 000 元,材料成本差异为贷方余额 2 000 元,本月购入原材料计划成本为 582 000 元,实际成本为 576 000 元,本月领用材料的计划成本为 500 000 元。其中,产品生产用 380 000 元,车间一般耗用 90 000 元,厂部耗用 30 000 元。

要求:计算该企业材料成本差异率并编制有关的会计分录。

(1) 计算材料成本差异

材料成本差异率＝[－2 000＋(576 000－582 000)/218 000＋582 000]×100%
　　　　　　　＝－1%

领用材料应负担的成本差异＝500 000×(－1%)＝－5 000(元)

(2) 会计分录

借:生产成本　　　　380 000
　　制造费用　　　　 90 000
　　管理费用　　　　 30 000
　　贷:原材料　　　　　　　500 000

同时:

借:材料成本差异　　5 000　　　　或　　借:生产成本　　3 800
　　贷:生产成本　　　　3 800　　　　　　　　制造费用　　　900
　　　　制造费用　　　　 900　　　　　　　　管理费用　　　300
　　　　管理费用　　　　 300　　　　　　　贷:材料成本差异　5 000

[做　中　学]

[业务资料] 东方公司为一般纳税人,材料采用计划成本计价,材料入库和差异结转在月末一次进行。2011 年 5 月发生的材料收发业务如下:

(1) 2 日,购入材料一批,取得的增值税专用发票上注明的价款为 8 000 元,增值税额为 1 360 元,发票等结算凭证已经收到,货款已通过银行转账支付。材料已验收入库。该批材料的计划成本为 7 000 元。

(2) 5 日,购入材料一批,取得的增值税专用发票上注明的价款为 4 000 元,增值税额为 680 元,发票等结算凭证已经收到,货款已通过银行转账支付,材料已验收入库。该批材料的计划成本为 3 600 元。

(3) 9 日,购入材料一批,材料已经运到,并已验收入库,但发票等结算凭证尚未收到,货款尚未支付。该批材料的计划成本为 5 000 元。企业应于月末按计划成本估价入账。下月初,取得的增值税专用发票上注明的价款为 6 000 元,增值税额为 1 020 元。

(4) 13 日,购进材料一批,取得的增值税专用发票上注明的价款为 10 000 元,增值税额为 1 700 元。双方商定采用商业承兑汇票结算方式支付货款,付款期限为三个月。材料已经到达并验收入库,已开出、承兑商业汇票。该批材料的计划成本为 9 000 元。

(5) 31 日,汇总本月已经付款或已开出、承兑商业汇票的入库材料的计划成本及结转本月已经付款或已开出承兑商业汇票的入库材料的材料成本差异。

(6) 月末,根据本月领料凭证编制的"发料凭证汇总表"如表 4-6:

表 4-6 发料凭证汇总表

×××年×月 单位：元

材料项目/用途	生产成本		制造费用	管理费用	销售费用	在建工程	总成本
	基本生产成本	辅助生产成本					
原材料：							
原料及主要材料	80 000	10 000				10 000	100 000
辅助材料	5 000	1 000	5 000	3 000			14 000
外购半成品	30 000						30 000
包装材料					4 000		4 000
修理用备件			2 000				2 000
燃料	5 000	2 000	3 000	2 000			12 000
计划成本合计	120 000	13 000	10 000	5 000	4 000	10 000	162 000
材料成本差异(-1%)	-1 200	-130	-100	-50	-40	-100	-1 620
合计	118 800	12 870	9 900	4 950	3 960	9 900	160 380

要求：根据上述业务编制会计分录。

资料链接

采用计划成本法的前提是制定每一品种规格存货的计划成本，存货计划成本的组成内容应与其实际成本的构成一致，包括买价、运杂费和有关的税金等。存货的计划成本一般由企业采购部门会同财会等有关部门共同制定，制定的计划成本应尽可能接近实际。

存货采用计划成本核算，简化了核算手续，使企业在不同时期、不同地点、不同价格购买的同等存货在入库后价格统一，在发出时只计算数量，到月终一次计算进入工程成本或其他费用中；另外，通过存货成本差异核算，便于考核存货的采购和自制的业务成果，对实际耗用量和计划耗用量进行比较，可以考核材料消耗量的节超情况。但是这种计价方法要求计划成本的确定要合理，不能与实际水平相差太大，否则会影响核算结果的正确性，一般只适用于存货品种繁杂的大型施工企业在组织材料日常核算时使用。此外，采用计划成本进行存货日常核算的企业，对于某些品种不多，占成本比重较小的存货，也可以用实际成本进行核算。

任务4 委托加工物资的核算

知识要点

1. 委托加工物资概述

企业由于受工艺设备限制，有时需要把某些物资委托外单位加工制成另一种性能和用途的物资，以满足经营的需要，例如将木材加工成木箱，生铁加工成铸件等。发往外单位加工的物资,虽暂时离开企业,但仍属于本企业的存货。

(1) 委托加工物资的概念

委托加工物资是指由企业提供原料和主要材料委托外单位加工成新的材料或包装物、低值易耗品等物资。

(2) 委托加工物资的成本构成

委托加工物资的成本应当包括加工中实际耗用物资的成本、支付的加工费用、往返运杂费、保险费以及支付的委托加工物资应负担的增值税和消费税。

① 凡属加工物资用于应交增值税项目并取得了增值税专用发票的一般纳税企业,其加工物资所应负担的增值税可作为进项税,不计入加工物资成本;凡属加工物资用于非应纳增值税项目或免征增值税项目,以及未取得增值税专用发票的一般纳税企业和小规模纳税企业的加工物资,应将这部分增值税计入加工物资成本。

② 凡属加工物资收回后直接用于销售的,其所负担的消费税应计入加工物资成本,委托方在出售该应税消费品时,不需要再缴纳消费税。如果收回的加工物资用于连续生产的,应将所负担的消费税先记入"应交税费——应交消费税"账户的借方,按规定用以抵扣加工的消费品销售后所负担的消费税。

2. 委托加工物资的核算要点

(1) 账户设置

企业应设置"委托加工物资"账户,核算企业委托外单位加工的各种材料、商品等物资的实际成本。该账户属资产类账户,借方登记发出加工物资的实际成本,支付的加工费用和应负担的运杂费、保险费等以及应计入成本的税金;贷方登记加工完成验收入库物资的实际成本;余额在借方,反映尚未完工的委托加工物资的实际成本和发出加工物等。该账户可按加工合同、受托加工单位以及加工物资的品种等进行明细核算。

(2) 委托加工物资的账务处理

① 企业发给外单位加工的物资,按实际成本借记"委托加工物资"账户,贷记"原材料"、"库存商品"等账户;按计划成本(或售价)核算企业,还应同时结转成本差异。

② 支付加工费、运杂费等,借记"委托加工物资"账户,贷记"银行存款"等账户;需要交纳消费税的委托加工物资,由受托方代收代交的消费税,借记"委托加工物资"账户(收回后用于直接销售的)或"应交税费——应交消费税"账户(收回后用于继续加工的),贷记"应付账款"、"银行存款"等账户。

③ 加工完成验收入库的物资和剩余的物资,按加工收回物资的实际成本和剩余物资的实际成本,借记"原材料"、"库存商品"等科目,贷记"委托加工物资"账户。

④ 消费税组成计税价格 = $\dfrac{材料实际成本+加工费}{1-消费税税率}$

应交消费税 = 组成计税价格 × 消费税税率

技能操作

[学 中 做]

[业务资料] 东方公司为一般纳税人,2011年6月发生如下经济业务:

业务1 6月3日将一批原材料委托丁公司加工H产品(属于应税消费品),发出原材料成本为100 000元。6月10以银行存款支付加工费用10 000元,应交纳的消费税5 842元,增值税额1 700元。H产品收回后用于连续生产。6月12日加工完毕,验收入库。

业务2 假如上述委托加工物资收回后直接用于销售,其他条件不变。

根据上述业务资料编制会计分录如下:

(1) ① 6月3日发出原材料

借:委托加工物资——丁公司　　　　　100 000
　　贷:原材料　　　　　　　　　　　　　　　100 000

② 6月10日支付加工费(委托加工应税消费品加工收回后用于连续生产)

借:委托加工物资——丁公司　　　　　10 000
　　应交税费——应交增值税(进项税额)　1 700
　　　　　　——应交消费税　　　　　　5 842
　　贷:银行存款　　　　　　　　　　　　　　17 542

③ 6月12日加工完成后验收入库

借:库存商品——H产品　　　　　　　110 000
　　贷:委托加工物资——丁公司　　　　　　　110 000

(2) ① 6月3日发出原材料

借:委托加工物资——丁公司　　　　　100 000
　　贷:原材料　　　　　　　　　　　　　　　100 000

② 6月10日支付加工费(委托加工应税消费品加工收回后用于销售)

借:委托加工物资——丁公司　　　　　15 842
　　应交税金——应交增值税(进项税额)　1 700
　　贷:银行存款　　　　　　　　　　　　　　17 542

③ 6月12日加工完成后验收入库

借:库存商品——H产品　　　　　　　115 842
　　贷:委托加工物资——丁公司　　　　　　　115 842

[做 中 学]

[业务资料] 东方公司为一般纳税人,2011年发生下列委托加工业务:

业务1 6月10日委托滨江量具厂加工一批G零件,发出材料一批,实际成本5 000元,另以现金支付运费70元。加工完毕。该企业开出转账支票支付加工费855元,支付增值税145.35元,另以现金支付G零件运费75元。委托滨江量具厂加工的G零件验收入库。

业务2 6月15日委托宏利厂(一般纳税人)加工酒精,东方公司提供原材料120万元,宏利厂向东方公司收取加工费35万元(不含增值税)。该酒精于月底加工完毕并验收入库,将用于继续加工。加工费及税金已转账支付给宏利厂,酒精消费税5%,该批酒精同类产品市场售价为170万元。

要求:根据上述业务资料编制会计分录。

委托加工物资是由委托方提供原料和主要材料,受托方只收取加工费和代垫部分辅助材料加工的物资。如果出现以下三种情况,不论受托方在财务上是否作销售处理,都不得作为委托方的委托加工物资,而应当作为受托方销售自产物资处理。① 由受托方提供原材料生产的物资;② 受托方先将原材料卖给委托方,然后再接受加工的物资;③ 由受托方以委托方名义购进原材料生产的物资。

之所以对委托加工物资规定严格的限定条件,是因为委托加工物资如果是应税消费品,应由受托方代收代缴消费税,且受托方只就其加工劳务缴纳增值税。如果委托方不能提供原料和主要材料,而是受托方以上述三种形式提供原料,那就不称其为委托加工,而是受托方在自制应税消费品了。在这种情况下,就会出现受托方确定计税价格偏低,造成代收代缴消费税虚假现象,同时,受托方也逃避了自制应税消费品要缴纳消费税的责任,这是税法所不允许的。因此,为了明确纳税之责任,准确计算消费税税额,就必须掌握委托加工应税消费品的计税价格。

任务5 周转材料的核算

知识要点

1. 周转材料的核算内容

(1) 周转材料的概念

周转材料是指企业能够多次使用、逐渐转移其价值,但仍保持原有形态,不确认为固定资产的材料。

(2) 周转材料核算的内容

周转材料主要包括包装物和低值易耗品以及建筑承包企业的钢模板、木模板、脚手架和其他周转使用的材料等。

① 包装物。包装物是指生产经营过程中为了包装本企业商品而储备的各种包装容器,如桶、箱、瓶、坛、袋等。

企业的包装物按其具体用途的不同,核算内容也不同。

a. 生产过程中用于包装产品作为产品组成部分的包装物。有一类包装物,它们主要用于产品的生产中,与原材料一样形成产品的实体,因此一般把它等同于原材料来进行核算,将其成本记入产品的生产成本。

b. 随同商品出售不单独计价的包装物。这些包装物是在商品销售过程中,或为商品的保管提供方便,或为商品的美观考虑,或为顾客提供方便等而伴随着商品一同出售,不单独向顾客收取价款的包装物。因此,这类包装物的成本作为企业的销售费用处理。

c. 随同商品出售单独计价的包装物。这些包装物尽管也随同商品一同出售,但因为价值较高,并且顾客一般也有选择的权利(如有些食品的礼品盒),对需要的顾客采取在商品价格外单独收费的包装物。这类包装物在经营食品和礼品的企业中较常见,核算上相当于出售包装物,其收入记入"其他业务收入"。

d. 出租出借的包装物。企业出租出借的包装物一般也是与企业的销售有关,并且是一些可以周转使用的包装物。包装物出租过程中企业向承租方收取租金,出借是企业无偿向对方借出包装物。出租包装物的租金收入属"其他业务收入";出借包装物没有收入,其成本及修理费用等记入"销售费用"。

② 低值易耗品。低值易耗品是指不作为固定资产核算的各种用具物品,如工具、管理用具、玻璃器皿以及在经营过程中周转使用的包装容器等。

低值易耗品的特点:a. 与原材料相似:低值易耗品品种多,数量大,价值较低,使用年限较短,容易损坏,收发频繁;b. 与固定资产相似:低值易耗品在性质上属于劳动资料,它在生产工程中可以多次使用而不改变其原有的实物状态,其价值随着实物的不断磨损逐渐地转移到成本、费用中去,在使用过程中需要进行维护、修理,报废时也有一定的残值。

2. 周转材料的核算要点

(1) 账户设置

企业应设置"周转材料"账户核算企业周转材料的成本,包括包装物、低值易耗品,以及企业(建造承包商)的钢模板、木模板、脚手架等。该账户属于资产类账户,借方登记购入、自制、委托外单位加工完成并已验收入库的各种周转材料的成本,贷方登记发出的周转材料的成本,期末借方余额反映企业在库周转材料的计成本以及在用周转材料的摊余价值。本账户可按周转材料的种类进行明细核算。

企业的包装物、低值易耗品,也可以单独设置"包装物"、"低值易耗品"账户核算。

(2) 周转材料的账务处理

① 企业购入、自制、委托外单位加工完成并已验收入库的周转材料等,比照"原材料"账户的相关规定进行处理。

② 周转材料发出的核算,应当采用一次转销法或"五五"摊销法将发出材料的账面价值按其用途转入相关的成本、费用账户。

一次转销法。一次转销法是指在领用周转材料时,一次性地将其账面价值转入当期的成本、费用中。

周转材料领用时,按周转材料的用途,将其账面价值一次转入成本费用中,借记"管理费用"、"生产成本"、"销售费用"、"工程施工"等账户,贷记"周转材料"账户。

周转材料报废时,应按报废周转材料的残料价值,借记"原材料"等科目,贷记"管理费用"、"生产成本"、"销售费用"、"工程施工"等账户。

③ "五五"摊销法是指领用周转材料时摊销其价值的 50%,报废时再摊销其价值的 50%。企业需在"周转材料"账户下设置"在库"、"在用"和"摊销"三个明细账户。

周转材料领用时,应按其账面价值,借记"周转材料——在用"账户,贷记"周转材料——在库"账户;同时摊销周转材料价值的 50%,按周转材料的用途,借记"管理费用"、"生产成本"、"销售费用"、"工程施工"等账户,贷记"周转材料——摊销"账户。

周转材料报废时,按周转材料价值的 50% 进行摊销,借记"管理费用"、"生产成本"、"销售费用"、"工程施工"等账户,贷记"周转材料——摊销";同时,按报废周转材料的残料价值,借记"原材料"等账户,贷记"管理费用"、"生产成本"、"销售费用"、"工程施工"等账户;并转销全部已提摊销额,借记"周转材料——摊销"账户,贷记"周转材料——在用"账户。

技能操作

[学 中 做]

[业务资料] 东方公司为一般纳税人,2011年发生如下经济业务:

业务1 东方公司发出包装物采用一次摊销法进行核算,该企业有关包装物收发的经济业务如下:

① 生产领用包装物一批,成本2 000元。
② 企业销售产品时,领用不单独计价的包装物,其成本为1 000元。
③ 企业销售产品时,领用单独计价的包装物,其成本为500元。
④ 仓库发出新包装物一批,出租给购货单位,成本为5 000元,收到租金500元,存入银行。
⑤ 出借新包装物一批,成本为3 000元,收到押金1 000元,存入银行。
⑥ 出借包装物逾期未退,按规定没收其押金1 000元。
⑦ 出租包装物收回后,不能继续使用而报废,收回残料入库,价值600元。

业务2 甲企业低值易耗品按"五五"摊销法进行摊销。该企业生产车间3月10日从仓库领用工具一批,实际成本10 000元。6月30日该批工具全部报废,报废时的残料价值为500元,作为原材料入库。

(1) 根据上述业务资料编制会计分录如下:

① 生产领用包装物一批
借:生产成本　　　　　　　　　　　　2 000
　　贷:周转材料——包装物　　　　　　　　　　2 000

② 销售产品领用不单独计价的包装物
借:销售费用　　　　　　　　　　　　1 000
　　贷:周转材料——包装物　　　　　　　　　　1 000

③ 销售产品领用单独计价的包装物
借:其他业务成本　　　　　　　　　　500
　　贷:周转材料——包装物　　　　　　　　　　500

④ 出租包装物给购货单位收到租金存入银行
借:银行存款　　　　　　　　　　　　500
　　贷:其他业务收入　　　　　　　　　　　　　500
借:其他业务成本　　　　　　　　　　5 000
　　贷:周转材料——包装物　　　　　　　　　　5 000

⑤ 出借新包装物收到押金存入银行
借:销售费用　　　　　　　　　　　　3 000
　　贷:周转材料——包装物　　　　　　　　　　3 000
同时,收到押金:
借:银行存款　　　　　　　　　　　　1 000

         贷：其他应付款——存入保证金   1 000
    ⑥ 没收包装物逾期押金
       借：其他应付款——存入保证金   1 000
         贷：其他业务收入   854.70
            应交税费——应交增值税(销项税额)   145.30
    ⑦ 报废包装物,收回残料入库
       借：原材料   600
         贷：其他业务成本   600
  (2) 3月10日领用时
    借：周转材料——低值易耗品(在用)   10 000
      贷：周转材料——低值易耗品(在库)   10 000
    借：制造费用   5 000
      贷：周转材料——低值易耗品(摊销)   5 000
  6月30日报废时：
    借：制造费用   5 000
      贷：周转材料——低值易耗品(摊销)   5 000
    借：原材料   500
      贷：制造费用   500
    借：周转材料——低值易耗品(摊销)   10 000
      贷：周转材料——低值易耗品(在用)   10 000

[做 中 学]

[业务资料] 甲公司为一般纳税人,2011年发生相关业务如下：

(1) 购入包装物一批,增值税专用发票上注明的价款为1 000元,增值税额为170元,款项已通过银行存款支付,包装物已验收入库。

(2) 采用一次转销法核算包装物,装配车间领用100个库存未使用油桶,每个实际成本100元,用于出租。租期2个月,收取租金936元(含增值税);出租押金12 000元已收存银行。两个月后按期如数收回出租的油桶,押金中扣除应收取的租金,余款通过银行转账退回。收回的油桶中发现有损坏不能使用而报废的油桶2个,收回残料20元。

(3) 采用"五五"摊销法核算低值易耗品,某基本生产车间领用专用工具一批,成本8 000元;该车间还报废管理用具一批,成本1 000元,报废用具残值收入100元,作为辅助材料已验收入库。

要求：根据上述业务资料编制会计分录。

1. 包装物。包装物是指生产经营过程中为了包装本企业商品而储备的各种包装容器,如桶、箱、瓶、坛、袋等。但是下列项目不属于包装物的核算范围：① 应作为"原材料"管理的包装用品,如纸、绳、铁丝、铁皮等。② 用于保管或保存企业的存货而不对外出售的包装容器或包装器具,这类包装物根据其价值不同分别进行核算,价值达到固定资产标准的归入

"固定资产"进行核算,达不到固定资产价值标准的那一类包装物作为"低值易耗品"核算。

2. 低值易耗品。是指不作为固定资产核算的各种用具物品,如工具、管理用具、玻璃器皿以及在经营过程中周转使用的包装容器等。低值易耗品按其用途可分为以下几类:① 一般工具。是指生产中常用的各种工具,如刀具、量具、夹具等。② 专用工具。是指专门用于制造某一特定产品,或在某一特定工序上使用的工具,如专用的刀具、夹具等。③ 替换设备。是指容易磨损或为制造不同产品需要更换使用的各种设备,如轧钢用的钢棍等。④ 管理用具。是指在经营管理中使用的各种办公用具、家具等。⑤ 劳动保护用品。是指为了安全生产、劳动保护而发给职工的工作服、工作鞋和各种劳动保护用品。

任务6 库存商品的核算

知识要点

1. 库存商品概述

(1) 库存商品的概念

库存商品是指企业已经完成全部生产过程并已验收入库、合乎标准规格和技术条件,可以按照合同规定的条件送交订货单位,或可以作为商品对外销售的产品以及外购或委托加工完成的验收入库用于出售的各种商品。

(2) 库存商品的内容

工业企业的库存商品包括库存产成品、外购商品、存放在门市部准备出售的商品、发出展览的商品、寄存在外的商品等。已完成销售手续,但购买单位未提取的产品,不应作为企业的库存商品,而应作为代管商品处理,单独设置代管商品备查簿进行登记。

商品流通企业的库存商品主要是指外购或委托加工完成验收入库用于销售的各种商品。

2. 库存商品的核算要点

(1) 账户设置

企业应设置"库存商品"账户核算库存商品的增减变化及其结存情况。该账户为资产类账户,借方登记验收入库的库存商品成本,贷方登记发出的库存商品成本。期末余额在借方,反映各种库存商品的成本。该账户可按库存商品的种类、品种和规格等进行明细核算。

(2) 库存商品的账务处理

① 产成品的核算。一般应按实际成本核算,产成品的入库和出库,平时只记数量不记金额,期(月)末计算入库产成品的实际成本。生产完成验收入库的产成品,按其实际成本,借记"库存商品"账户,贷记"生产成本"账户。

采用实际成本进行产成品日常核算的,发出产成品的实际成本,可以采用先进先出法、加权平均法或个别认定法等方法计算确定。

对外销售产成品(包括采用分期收款方式销售产成品),结转销售成本时,借记"主营业务成本"账户,贷记"库存商品"账户。

② 商品的核算。商品流通企业的库存商品核算主要有数量进价金额核算法和售价金额核算法两种。

a. 数量进价金额核算法：库存商品数量进价金额核算法是指同时以实物数量和进价金额反映商品增减变动及结存情况的核算方法。这种方法一般适用于批发企业批发商品的核算。库存商品采用数量进价金额核算法与原材料采用实际成本核算法的原理基本相同。

商品购进。在商品到达验收入库后，按商品进价，借记"库存商品"账户，贷记"银行存款"、"在途物资"等账户。委托外单位加工收回的商品，按商品进价，借记"库存商品"账户，贷记"委托加工物资"账户。

商品销售。结转销售成本，可按先进先出法、加权平均法、移动平均法、个别计价法、后进先出法、毛利率法等方法，确定发出商品的成本，借记"主营业务成本"账户，贷记"库存商品"账户。

b. 售价金额核算法：库存商品售价金额核算法是指商品的进、销、存都采用售价记账，以售价金额反映商品增减变动及结存情况的核算方法。这种方法又称"售价记账，实物负责制"，它是将商品核算方法与商品管理制度相结合的核算方法。

采用售价金额核算法的企业除应设置"库存商品"账户用于核算企业库存商品的售价（含税零售价）外，企业还需设置"商品进销差价"账户，用于核算企业采用售价进行日常核算的商品售价与成本（或进价）之间的差额。

购进商品：在商品到货并验收入库后，按商品售价，借记"库存商品"账户，按商品进价，贷记"在途物资"、"银行存款"等账户，按商品售价与进价的差额，贷记"商品进销差价"账户。

销售商品：一般按售价反映销售收入，借记"银行存款"、"应收账款"等账户，贷记"主营业务收入"账户。月度终了，再将含税销售收入分解为不含税销售收入和应交增值税（销项税额）。

销售商品：按售价结转销售成本，借记"主营业务成本"账户，贷记"库存商品"账户。月度终了，按商品进销差价率计算分摊本月已销售商品应分摊的进销差价，借记"商品进销差价"账户，贷记"主营业务成本"账户。

进销差价率＝月末分摊前"商品进销差价"账户余额÷（月末"库存商品"账户余额＋本月"主营业务收入"账户贷方发生额）×100%

本月销售商品应分摊的进销差价＝本月"主营业务收入"账户贷方发生额×进销差价率

本月销售商品成本＝"主营业务收入"账户贷方发生额－本月已分摊的商品进销差价

技能操作

[学 中 做]

(1) 产成品的核算

[业务资料] 东方公司为一般纳税人，2011年发生如下经济业务：

业务1 "产成品入库汇总表"记载，本月已验收入库A产品1 000台，实际单位成本5 000元，计5 000 000元；H产品2 000台，实际单位成本1 000元，计2 000 000元。

业务2 甲企业月末汇总的发出商品中，当月已实现销售的A产品500台，H产品1 500台。该月A产品的实际单位成本5 000元，H产品的实际单位成本1 000元。结转其销售成本。
根据上述业务资料编制会计分录如下：
① 借：库存商品——A 产品　　　　　　　　　　5 000 000
　　　　　　　——H 产品　　　　　　　　　　2 000 000
　　　贷：生产成本——基本生产成本（A 产品）　5 000 000
　　　　　　　　　——基本生产成本（H 产品）　2 000 000
② 借：主营业务成本　　　　　　　　　　　　　4 000 000
　　　贷：库存商品——A 产品　　　　　　　　　2 500 000
　　　　　　　　——H 产品　　　　　　　　　　1 500 000

（2）商品的核算

[业务资料]　东方公司为一般纳税人，2011 年发生如下经济业务：

业务 1　东方公司为增值税一般纳税人，采用进价金额核算法核算库存商品。5 月发生以下相关业务：

① 从电视机厂购进电视机 200 台，每台 2 500 元，共计 50 万元，商品已验收入库，转账付清货款。

② 银行转来上海青云电子公司托收微波炉的货款 15 000 元、进项税额 2 550 元及代垫运费 500 元（可按 7% 抵扣增值税）的结算凭证，经审核同意付款。

③ 月末，根据"销售日报汇总表"，本月销售额为 64 800 元，增值税额 11 016 元，均已收存银行。企业按总综合毛利率法计算销售成本，上季度综合毛利率为 20%，确认本月收入及结转销售成本。

业务 2　东方公司若采用售价金额法核算库存商品。5 月发生以下相关业务：

① 向安琪公司购进加湿器 200 台，总进价为 60 000 元，进项税额 10 200 元，含税总售价为 82 000 元。货款以银行存款支付，商品已验收入库。

② 各销售部转账交来销货款 631 800 元（含税），其中，百货部 175 500 元，家电部 210 600元，服装部 245 700 元。

③ 月终，根据"营业收入汇总表"统计，本月含税销售总额为 189 540 元，期末分摊前"商品进销差价"账户余额为 192 000 元，月末"库存商品"账户余额为 340 000 元，本月"主营业务收入"账户贷方发生额和"主营业务成本"账户借方发生额均为 460 000 元。计算和结转已销商品应分摊的进销差价，对销售收入进行价税分离。

（3）根据上述业务资料编制会计分录如下：

业务 1
① 购进商品验收入库，支付款项
借：库存商品　　　　　　　　　　　　　　　　500 000
　　应交税费——应交增值税（进项税额）　　　 85 000
　　贷：银行存款　　　　　　　　　　　　　　585 000
（2）购进商品支付款项，尚未到达验收入库
借：在途物资　　　　　　　　　　　　　　　　15 465
　　应交税费——应交增值税（进项税额）　　　 2 585
　　贷：银行存款　　　　　　　　　　　　　　18 050

(3) 确认收入

借：银行存款　　　　　　　　　　　　　　　　　　75 816
　　贷：主营业务收入　　　　　　　　　　　　　　　　64 800
　　　　应交税费——应交增值税（进项税额）　　　　11 016

结转已销商品成本

本月销售成本＝64 800×(1－20%)＝51 840(元)

借：主营业务成本　　　　　　　　　　　　　　　　51 840
　　贷：库存商品　　　　　　　　　　　　　　　　　51 840

业务2

① 购进商品验收入库

借：库存商品——家电柜　　　　　　　　　　　　　82 000
　　应交税费——应交增值税（进项税额）　　　　　 10 200
　　贷：银行存款　　　　　　　　　　　　　　　　　70 200
　　　　商品进销差价　　　　　　　　　　　　　　　22 000

② 销售商品，按含税售价确认收入

借：银行存款　　　　　　　　　　　　　　　　　　631 800
　　贷：主营业务收入——百货部　　　　　　　　　 175 500
　　　　　　　　　　——家电部　　　　　　　　　 210 600
　　　　　　　　　　——服装部　　　　　　　　　 245 700

按售价结转成本

借：主营业务成本　　　　　　　　　　　　　　　　631 800
　　贷：库存商品——百货部　　　　　　　　　　　 175 500
　　　　　　　　——家电部　　　　　　　　　　　 210 600
　　　　　　　　——服装部　　　　　　　　　　　 245 700

③ 计算本月已销商品应分摊进销差价

进销差价率＝192 000÷(340 000＋460 000)×100%＝24%

本月销售商品应分摊的进销差价＝460 000×24%＝110 400(元)

借：商品进销差价　　　　　　　　　　　　　　　　110 400
　　贷：主营业务成本　　　　　　　　　　　　　　 110 400

将含税收入调整为不含税收入

不含税销售总额＝189 540÷(1＋17%)＝162 000(元)

销项税额＝162 000×17%＝27 540(元)

借：主营业务收入　　　　　　　　　　　　　　　　27 540
　　贷：应交税费——应交增值税（销项税额）　　　 27 540

[做　中　学]

[业务资料]

业务1　东方公司月终汇总编制"产成品入库汇总表"、"销售产品发货汇总表"如下：

产成品入库汇总表
2011年6月

产品名称	单位	数量	单位成本	总成本
机床	台	300	22 000	6 600 000
铣床	台	500	16 000	8 000 000
合 计				14 600 000

销售产品发货汇总表
2011年6月

产品名称	单位	数量	单位成本	总成本
机床	台	50	22 000	1 100 000
铣床	台	10	16 000	160 000
合 计				1 260 000

要求：根据上述月末汇总表编制完工产品入库及已销产品成本结转的会计分录。

业务2 某企业采用售价金额法核算库存商品。本月含税销售额为117 000元，月末分摊商品进销差价前"商品进销差价"账户余额为11.2万元，月末"库存商品"账户余额为15.4万元，本月"主营业务收入"账户贷方发生额与本月"主营业务成本"账户借方发生额均为24.6万元。

要求：根据上述资料，计算商品进销差价率、月末库存商品应摊差价、本月已销商品应摊差价、本月不含税收入、销项税额、商品销售成本和商品销售毛利等指标。

资料链接

1. 数量进价金额核算法的基本内容。①"库存商品"总账以进价反映商品的增减变动及结存情况。②"库存商品"账户一般按照商品种类、品名、规格及存放地点等设置明细账户，并以数量和进价金额反映商品的增减变动及结存情况。③商品的品种较多时，在"库存商品"总账与明细账之间按商品的大类设置"库存商品"二级账，按进价金额反映商品的增减变动及结存情况。④按商品品名、规格等由仓库设置商品保管账，反映商品的增减变动及结存数量，并定期与"库存商品"明细账进行核对。

2. 售价金额核算法的基本内容。①建立实物负责制。按照企业规模的大小和经营商品的范围，确定若干实物负责人，将商品拨交各实物负责人。各实物负责人对所经营的商品负完全经济责任。②售价记账，金额控制。"库存商品"总账和明细账一律按售价记账，明细账按实物负责人分户，用售价总金额控制各实物负责人所经营的商品。这里的售价是指含税零售价。③设置"商品进销差价"账户。④平时按售价结转销售成本，定期计算和结转已售商品实现的进销差价。对于销售业务，在作"主营业务收入"入账的同时，按售价结转销售成本，以注销实物负责人对该批已销商品的经济责任；定期计算已销商品实现的进销差价，并将"主营业务成本"账户由售价调整为进价。

任务7 存货清查的核算

>知识要点

1. 存货清查概述

存货清查是指企业采用一定方法,确定存货的实际库存数量,并与账面数量进行核对,确定存货溢余或短缺及其原因的一种方法。

存货清查的内容一般包括核对存货的账存数和实存数;查明盘盈、盘亏的情况;查明变质、毁损、积压呆滞存货情况等。

2. 存货清查的核算要点

(1) 账户设置

企业应设置"待处理财产损益"账户,用于核算企业在清查财产过程中查明的各种财产盘盈、盘亏和毁损的价值。物资在运输途中发生的非正常短缺与损耗,也通过本账户核算(企业如有盘盈固定资产的,应作为前期差错记入"以前年度损益调整"账户)。该账户借方登记发生的各种财产物资的盘亏、毁损金额和批准转销的盘盈金额,贷方登记发生的各种财产物资的盘盈金额和批准转销的盘亏、毁损金额;期末借方余额反映尚未处理的各种财产的净损失,贷方余额反映尚未处理的各种财产的净溢余。该账户设置"待处理流动资产损益"和"待处理固定资产损益"两个明细账户,可按盘盈、盘亏的资产种类和项目进行明细核算。

(2) 存货清查的账务处理

① 盘盈的各种材料、产成品、商品等,借记"原材料"、"库存商品"等账户,贷记"待处理财产损益"账户。

② 盘亏、毁损的各种材料、产成品、商品等,借记"待处理财产损益"账户,贷记"原材料"、"库存商品"等账户。

③ 若企业存货是采用计划成本(或售价)核算的,盘亏和毁损的存货还应当同时结转成本差异(或商品进销差价)。

④ 盘亏、毁损的各项资产,按管理权限报经批准后处理时,按残料价值,借记"原材料"等账户,按可收回的保险赔偿或过失人赔偿,借记"其他应收款"账户,按"待处理财产损益"账户余额,贷记"待处理财产损益"账户,按其借方差额,借记"管理费用"、"营业外支出"等科目。盘亏、毁损的存货属于非正常损失(非经营性损失)的,其进项税额不得从销项税额中抵扣,应转出作为盘亏、毁损存货的成本记入待处理财产损益一并处理,借记"待处理财产损益"账户,贷记"应交税费——应交增值税(进项税额转出)"账户。

⑤ 盘盈的存货,按管理权限报经批准后处理时,按不同的原因和处理结果,借记"待处理财产损益"账户,贷记"管理费用"等账户。

技能操作

[学 中 做]

[业务资料] 东方公司为一般纳税人,2011年发生如下经济业务:

业务1 东方公司在年末进行存货清查,发现Y材料盘亏120千克,单位成本45元;Z材料盘亏1 520件,单位成本10元。原因待查。

业务2 F材料盘盈50千克,单位成本15元。

业务3 经查盘亏的Y材料属管理不善毁损,其中应由过失人承担赔偿款540元;盘亏的Z材料属自然灾害损毁,应收保险公司理赔款12 000元。

业务4 盘盈的F材料属于收发计量的错误。

根据上述业务资料编制会计分录如下:

(1) 材料盘亏,原因待查

借:待处理财产损益——待处理流动资产损益 6 318
　　贷:原材料——Y材料 5 400
　　　　应交税费——应交增值税(进项税额转出) 918
借:待处理财产损益——待处理流动资产损益 17 784
　　贷:原材料——Z材料 15 200
　　　　应交税费——应交增值税(进项税额转出) 2 584

(2) 材料盘盈,原因待查

借:原材料——F材料 750
　　贷:待处理财产损益——待处理流动资产损益 750

(3) 材料盘亏,经批准转销

借:其他应收款——××过失人 540
　　管理费用——商品损耗 5 778
　　贷:待处理财产损益——待处理流动资产损益 6 318
借:其他应收款——××保险公司 12 000
　　营业外支出——非常损失 5 784
　　贷:待处理财产损益——待处理流动资产损益 17 784

(4) 盘盈材料经批准转销

借:待处理财产损益——待处理流动资产损益 750
　　贷:管理费用 750

[做 中 学]

[业务资料] 东方公司年末进行存货清查,编制的"存货盘存表"上显示:

(1) 主要材料盘盈500元,为计量不准确造成的。

(2) 产成品盘亏200元,系被职工张三偷盗。该部分产成品所耗用的外购材料、生产成本为140元。

(3) 在产品盘亏100元,为管理不善造成,该部分在产品所耗用的外购材料、生产成本为60元。

（4）燃料盘亏 800 元，该损失系台风所致，根据保险合同，此部分损失可向保险公司索赔 60%。

要求：根据上述资料进行相关账务处理。

任务 8　存货跌价准备的核算

知识要点

1. 存货跌价准备概述

（1）存货跌价准备概念

存货跌价准备是指由于存货的可变现价值低于原成本，而对降低部分所做的一种稳健处理。

会计准则规定，资产负债表日，存货应当按照成本与可变现净值孰低计量。当企业存货的可变现净值低于成本时，存货按可变现净值计价，并按成本与可变现净值的差额计提存货跌价准备。

（2）关键术语

① 成本与可变现净值孰低计量：是指对期末存货按照成本与可变现净值两者之中较低者计价的方法。即当成本低于可变现净值时，存货按成本计价；当可变现净值低于成本时，存货按可变现净值计价。

② 成本：是指存货的历史成本，即按历史成本为基础的存货计价方法计算的期末存货账面金额。

③ 可变现净值：是指在日常活动中，以存货的估计售价减去至完工时将要发生的成本、销售费用以及相关税费后的金额。

2. 存货跌价准备的核算要点

（1）账户设置

①"存货跌价准备"账户。该账户属资产类账户，是存货的备抵账户。本账户核算企业存货发生减值时计提的存货跌价准备。贷方登记计提的存货跌价准备金额，借方登记实际发生的存货跌价损失金额和冲减的存货跌价准备金额，期末余额一般在贷方，反映已经计提但尚未转销的存货跌价准备。该账户可按存货项目或类别进行明细核算。

②"资产减值损失"账户。该账户属损益类账户。本账户核算企业根据资产减值等准则计提各项资产减值准备所形成的损失。借方登记计提的各项资产减值金额；贷方登记冲销的已提金额。期末，应将本账户余额转入"本年利润"账户，结转后本账户无余额。本账户可按资产减值损失的项目进行明细核算。

（2）存货跌价准备的账务处理

① 计算本期应计提的存货跌价准备。资产负债表日，企业应当按照单个存货项目计算确定应计提的存货跌价准备：

本期应计提的存货跌价准备＝期末存货账面成本金额－可变现净值金额－"存货跌价准备"账户余额

当上式计算结果大于零时,则本期应计提存货跌价准备,按本期应计提金额,借记"资产减值损失"账户,贷记"存货跌价准备"账户。

当上式计算结果小于零时,则本期应冲减存货跌价准备,按本期应冲减的金额,借记"存货跌价准备"账户,贷记"资产减值损失"账户,且以"存货跌价准备"账户的余额冲减至零为限。

② 已计提跌价准备的存货价值以后又得以恢复,应在原已计提的存货跌价准备金额内,按恢复增加的金额,借记"存货跌价准备"账户,贷记"资产减值损失"账户。

③ 发出存货结转存货跌价准备的,借记"存货跌价准备"账户,贷记"主营业务成本"、"生产成本"等账户。

技能操作

[学 中 做]

[业务资料] 东方公司为一般纳税人,2011年发生如下经济业务：

业务1 东方公司采用成本与可变现净值孰低法对A存货进行期末计价。2010年末,A存货的账面成本为100 000元,由于本年以来A存货的市场价格持续下跌,并在可预见的将来无回升的希望。预计A存货的可变现净值为95 000元,"存货跌价准备"账户余额为零。

业务2 2011年末,A存货的种类、数量、账面成本和计提的存货跌价准备均未发生变化。A存货的可变现净值为97 000元。

根据上述业务资料编制会计分录如下：

(1) 2010年末应计提的存货跌价准备为：100 000－95 000－0＝5 000(元)

借：资产减值损失——计提的存货跌价准备　　　5 000
　　贷：存货跌价准备　　　　　　　　　　　　　　　5 000

(2) 2011年末应计提的存货跌价准备为：100 000－97 000－5 000＝－2 000(元)

借：存货跌价准备　　　　　　　　　　　　　　2 000
　　贷：资产减值损失——计提的存货跌价准备　　　　2 000

[做 中 学]

[业务资料] 东方公司采用成本与可变现净值孰低法对甲存货进行期末计价。2009年末甲存货总成本为50 000元,预计可变现净值为45 000元。2010年末,该存货市价有所回升,预计可变现净值为46 000元。2011年末,该存货市价继续回升,预计可变现净值为52 000元。假设各年该存货的种类和数量、账面成本和已计提的存货跌价准备均未发生变化。

要求：根据资料做相应的会计处理。

资料链接

企业会计制度规定,企业应当定期或至少每年年度终了时对存货进行全面清查,以确定是否计提存货跌价准备。

1. 当存在下列情况之一时,表明存货可变现净值低于成本,应当计提存货跌价准备:
   (1) 该存货的市价持续下跌,并且在可预见的未来无回升的希望。
   (2) 企业使用该项原材料生产的产品的成本大于产品的销售价格。
   (3) 企业因产品更新换代,原有库存原材料已经不适应新产品的需要,而该原材料的市场价格又低于其账面价值。
   (4) 因企业所提供的商品或劳务过时或消费者偏好改变而使市场的需求发生变化,导致市场价格逐渐下跌。
   (5) 其他足以证明该项存货实质上已经发生减值的情形。

2. 当存在下列情形之一的,表明存货的可变现净值为零,也就是实际发生了跌价损失,这时,应将存货账面价值全部转入当期损益:
   (1) 已霉烂变质的存货。
   (2) 已过期且无转让价值的存货。
   (3) 生产中已不再需要,并且已无使用价值和转让价值的存货。
   (4) 其他足以证明已无使用价值和转让价值的存货。

综合练习题

一、单项选择题

1. 下列物品中不属于企业存货的有(　　)。
   A. 在途物资　　B. 委托加工物资　　C. 自制半成品　　D. 特种储备物资

2. 某企业月初结存材料的计划成本为30 000元,成本差异为超支200元,本月入库材料的计划成本为70 000元,成本差异为节约700元,当月领用材料的计划成本为60 000元,那么领用材料负担的材料成本差异为(　　)元。
   A. −300　　B. 300　　C. −460　　D. 460

3. 随同产品出售但不单独计价的包装物,应该在发出时将其实际成本计入(　　)。
   A. 营业费用　　B. 销售费用　　C. 管理费用　　D. 主营业务成本

4. 某个一般纳税企业委托外单位加工一批消费税应税消费品,材料成本50万元,加工费5万元(不含税),受托方增值税率为17%,受托方代扣代交消费税1万元,该批材料加工后委托方直接出售,那么该批材料加工完毕入库时的成本为(　　)万元。
   A. 63.5　　B. 56　　C. 58.5　　D. 56.85

5. 某百货商场年初商品的成本为28万元,售价总额为35万元,当年购入商品的成本为20万元,售价总额为25万元,当年实现的销售收入为42万元,在采用售价金额核算法的情况下,该商场年末库存商品的成本为(　　)万元。
   A. 18　　B. 14.4　　C. 12　　D. 9.6

6. 下列原材料相关损失项目中,应该计入原材料成本的是(　　)。
   A. 计量差错引起的原材料盘亏　　B. 自然灾害造成的原材料损失

C. 原材料运输途中发生的合理损耗　　D. 人为责任造成的原材料损失
7. 下列各项支出中,一般纳税企业不计入存货成本的是(　　)。
　　A. 购入货物时支付的增值税进项税额
　　B. 入库前的挑选整理费用
　　C. 购买货物而发生的运输费用
　　D. 从国外购买货物支付的关税
8. 企业发生的存货盘盈,如果属于收发计量方面的错误,在报经批准后应贷记(　　)科目。
　　A. 待处理财产损益　　　　　　　B. 营业外收入
　　C. 营业外支出　　　　　　　　　D. 管理费用
9. 企业应以(　　)作为确定存货范围的基本原则。
　　A. 存放地点　　B. 交货时间　　C. 交货地点　　D. 法定所有权
10. 企业在具体运用"成本与可变现净值孰低法"时,需要进行账务处理的情况是(　　)。
　　A. 可变现净值高于成本　　　　　B. 可变现净值低于成本
　　C. 可变现净值等于成本　　　　　D. 以上都需要进行账务处理

二、多项选择题
1. 下列项目中属于企业存货的有(　　)。
　　A. 货币资金　　B. 原材料　　C. 工程物资　　D. 包装物
2. 存货的计价方法有实际成本法和计划成本法。在实际成本法下,发出存货的计价方法包括(　　)。
　　A. 个别计价法　　　　　　　　　B. 先进先出法
　　C. 后进先出法　　　　　　　　　D. 一次加权平均法
3. 材料成本差异账户贷方可以用来登记(　　)。
　　A. 购进材料实际成本小于计划成本的差额
　　B. 发出材料应负担的超支差异
　　C. 发出材料应负担的节约差异
　　D. 购进材料实际成本大于计划成本的差额
4. 企业进行存货清查,对于盘亏的存货,要先记入"待处理财产损益",经过批准后根据不同的原因可以分别记入(　　)。
　　A. 管理费用　　B. 其他应付款　　C. 营业外支出　　D. 其他应收款
5. 一般纳税企业委托其他单位加工材料收回后直接对外销售的,其发生的下列支出中,应计入委托加工物资成本的有(　　)。
　　A. 加工费　　　　　　　　　　　B. 增值税
　　C. 发出材料的实际成本　　　　　D. 受托方代收代交的消费税
6. 期末通过比较发现存货的成本低于可变现净值,则可能(　　)。
　　A. 将其差额部分冲减"存货跌价准备"
　　B. 增加"存货跌价准备"
　　C. 不进行账务处理
　　D. 冲减"存货跌价准备"至零

7. 企业原材料采用计划成本核算,应设置的账户有( )。
   A. 原材料　　　　　　　　　　　　B. 在途物资
   C. 材料采购　　　　　　　　　　　D. 材料成本差异
8. A公司委托B公司加工材料一批,A公司发出原材料实际成本为50 000元。完工收回时支付加工费2 000元。该材料属于消费税应税物资,同类物资在B公司目前的销售价格为70 000元。A公司收回材料后将用于生产非应税消费品。假设A、B公司均为增值税一般纳税企业,适用的增值税税率为17%,消费税税率为10%。该材料A公司已收回,并取得增值税专用发票,则该委托加工材料收回后的入账价值是( )。
   A. 52 000元　　　B. 57 778元　　　C. 59 000元　　　D. 59 340元
9. 企业期末编制资产负债表时,下列各项应包括在"存货"项目的是( )。
   A. 已作销售但购货方尚未运走的商品　　B. 委托代销商品
   C. 合同约定购入的商品　　　　　　　　D. 为在建工程购入的工程物资
10. 在存货采购过程中,因遭受意外灾害发生的损失和尚待查明原因的途中损耗,应先计入( )科目进行核算,在查明原因后再作处理。
    A. 原材料　　　　　　　　　　　　B. 待处理财产损益
    C. 管理费用　　　　　　　　　　　D. 营业外支出

三、判断题

1. 企业用计划成本进行材料日常核算时,月末分摊材料成本差异时,超支差异计入"材料成本差异"的借方,节约差异计入"材料成本差异"的贷方。　　　　　　　　　　( )
2. 同一项资产,在不同企业里可能分属存货和固定资产。　　　　　　　　( )
3. 存货的成本是指存货的采购成本。　　　　　　　　　　　　　　　　　( )
4. 存货发生减值时,要提取存货跌价准备。提取存货跌价准备后,当存货的价值又得到恢复时,不能将提取的存货跌价准备转回。　　　　　　　　　　　　( )
5. 为了安全生产、劳动保护而发给职工的工作服、工作鞋和各种劳动保护用品不能列为周转材料。　　　　　　　　　　　　　　　　　　　　　　　　　　( )
6. 企业盘盈盘亏的固定资产先要计入"待处理财产损益",待经过批准后再计入营业外收入或营业外支出。　　　　　　　　　　　　　　　　　　　　　　　( )
7. 企业盘盈盘亏的存货先要计入"待处理财产损益",待经过批准后除由责任人或其他机构进行赔偿的以外计入当期损益。　　　　　　　　　　　　　　　( )
8. 材料按实际成本法核算,其特点是十分简单,容易计算,所以对于材料收发业务较多的企业应该使用这种方法。　　　　　　　　　　　　　　　　　　( )
9. 在购买原材料时,如果期末原材料已到达且已验收入库,但发票账单未到,那么企业可以先不进行会计处理,等到下月发票账单到达以后再进行会计处理。　( )
10. 随同产品出售而单独计价的包装物应按出售包装物时的收入计入"主营业务收入"。
    　　　　　　　　　　　　　　　　　　　　　　　　　　　　　　　　( )

四、实训题

实训1

[目的] 练习发出、结存存货成本的核算。

[资料] A公司4月份H材料收发资料如下表所示:

2011年 4月	摘要	收入		发出	结存	
		数量(件)	单价(元)	数量(件)	数量(件)	单价(元)
1日	月初结存				900	50.00
5日	购入	1 500	52.00			
10日	发出			2 100		
16日	购入	2 000	55.00			
26日	发出			1 600		
30日	本月合计					

[要求]

(1) 分别用先进先出法、加权平均法、移动平均法计算发出存货成本和结存存货成本。

(2) 假设发出存货的20%为车间一般耗用，75%为生产产品领用，5%为销售机构领用，作出相关会计分录。

实训 2

[目的] 练习原材料实际成本的核算。

[资料] A公司9月9日向外地甲公司购入A材料2 500千克，单价300元，增值税率17%，运费共60 000元(可按规定抵扣率7%抵扣进项税额)，装卸费、保险费共计7 500元，所有款项已用银行存款支付。9月15日，A材料运达，验收入库2 480千克，短缺20千克，其中2千克属定额内合理损耗，其余18千克短缺原因待查。9月20日查明原因，短缺材料是运输部门责任造成，运输部门已同意按短缺材料成本及税款赔偿，但尚未收到。

[要求] 根据以上资料编制相关会计分录。

实训 3

[目的] 练习委托加工物资的核算。

[资料] A、B公司均为一般纳税人，增值税率为17%。A公司将生产应税消费品甲产品所需原材料委托B公司加工。5月10日A公司发出材料实际成本为520万元，应付加工费为70万元(不含增值税)，消费税率为10%，A公司收回后将进行加工应税消费品甲产品；5月25日收回加工物资并验收入库，另支付往返运杂费1.50万元，加工费及代扣代交的消费税均未结算；5月28日将所加工收回的物资投入生产甲产品，此外生产甲产品过程中发生工资费用200万元，福利费28万元，分配制造费用181万元；5月31日甲产品全部完工验收入库。6月5日销售甲产品一批，售价2 000万元(不含增值税)，货款尚未收到。

[要求] 根据上述资料编制有关会计分录。

实训 4

[目的] 练习周转材料的核算。

[资料] A公司发出低值易耗品一批，价值30 000元。其中生产车间生产产品领用低值易耗品20 000元，行政管理部门领用低值易耗品10 000元。假定该企业采用"五五"摊销法对该批低值易耗品进行摊销，报废时收回残值3 000元。

[要求] 根据上述资料编制A公司有关会计分录。

实训 5

[目的] 练习原材料按计划成本的核算。

[资料] A公司材料存货采用计划成本记账,2011年1月"原材料"甲材料的期初余额为40 000元,"材料成本差异"期初借方余额为4 000元,原材料计划成本10元/千克。运费可按7%抵扣进项税额。1月份发生下列业务:

(1) 1月10日进货1 000千克,支付货款9 500元,增值税进项税1 615元,运费400元,材料已验收入库。

(2) 1月15日车间生产产品领用材料100千克。

(3) 1月20日进货2 000千克,增值税发票上价税合计为22 464元(增值税率17%),款项用银行存款支付,另支付运费1 000元。材料已验收入库。

(4) 1月25日车间生产产品领用材料2 500千克。

[要求]

(1) 计算材料成本差异率。

(2) 计算发出材料应负担的材料成本差异。

(3) 计算月末原材料的实际成本。

(4) 编制上述业务的有关会计分录。

实训 6

[目的] 练习售价金额核算法的核算。

[资料] B商场为增值税一般纳税人,采用售价金额核算法进行核算。该商场2011年2月期初库存日用百货的进价成本30万元,售价40万元,本期购入日用百货的进价成本270万元,售价360万元,本期销售收入340万元。

[要求] 试计算该商场2月份以下数据:

(1) 商品的进销差价率。

(2) 已销日用百货的实际成本。

(3) 期末库存日用百货的实际成本。

实训 7

[目的] 练习存货清查的核算。

[资料] A公司于2011年末对库存材料进行清查,发现以下情况:

(1) 盘盈甲材料50吨,单位成本300元/吨。

(2) 盘亏乙材料150千克,单位成本20元/千克。

(3) 盘亏丙材料300米,单位成本50元/米。

(4) 盘亏丁材料20吨,单位成本2 000元/吨。

经过调查,以上盘盈盘亏的原因如下:甲材料是由于收发计量差错造成的;乙材料属于一般经营损失;丙材料是由于保管员王某的过失造成的,判定由其赔偿800元,其余的作为企业的损失;丁材料是由于企业失火造成的,由保险公司赔偿30 000元,残料价值1 500元,其余由公司承担。

[要求] 编制相应会计分录。

实训 8

[目的] 练习成本与可变现净值孰低法的核算。

［资料］ A公司按照"成本与可变现净值孰低"对期末存货进行计价。2009年末某材料的账面金额为100 000元,由于市场价格下跌,预计可变现净值为80 000元。

2010年末,该材料的账面金额为100 000元。由于市场价格有所上升,使得该材料的预计可变现净值为95 000元。

2011年末,该材料的账面金额为100 000元。由于市场价格进一步上升,预计可变现净值为111 000元。

［要求］ 根据上述资料计算各年应计提的存货跌价准备并编制相关会计分录。

第5章 投　资

学习目标

通过本章学习，了解金融资产和长期股权投资初始计量、后续计量的内容，掌握交易性金融资产、可供出售金融资产、持有至到期投资的会计核算；掌握长期股权投资成本法与权益法的核算方法和会计处理。

导入案例

投资收益激增50倍，雅戈尔净利增220%。

雅戈尔公司是中国男装第一品牌，行业优势突出。不过，雅戈尔投资收益的光芒显然远远盖过了其服装主业。雅戈尔开始摘取股权投资的硕果，2009年通过抛售手中的部分中信证券股权，获得了巨额投资收益。该公司年报显示，2009年净利润同比大增220%，其中投资收益贡献了多达七成的利润。

包括中信证券在内，雅戈尔2009年末共持有9家上市公司的股权。对所持7万多股百联股份和6万多股上海九百，雅戈尔将其划分为交易性金融资产。由于持股数量不多，这部分交易性金融资产的公允价值变动对雅戈尔的利润影响不大。对所持17 900万股宁波银行和3 264.62万股广博股份，雅戈尔将其作为长期股权投资以成本法核算。对所持1 730.56万股宜科科技，雅戈尔则作为对联营企业投资以权益法核算。对于仍处于限售期的金马股份、海通证券和交通银行，雅戈尔也将其划分为可供出售金融资产。

【思考与分析】
(1) 在流动资金充裕和控制风险的前提下，你认为雅戈尔公司的对外投资是否可取？
(2) 你认为雅戈尔公司的对外投资是按什么要求来划分的？

任务1　交易性金融资产核算

知识要点

1. 交易性金融资产的概念

交易性金融资产主要是指企业为了近期内出售而持有的金融资产，例如企业以赚取差价为目的从二级市场购入的股票、债券、权证、基金等。

2. 交易性金融资产的划分标准

满足以下条件之一的金融资产,应当划分为交易性金融资产:

(1) 取得该金融资产的目的,主要是为了近期内出售。例如,企业以赚取差价为目的从二级市场购入的债券、股票、基金、权证等。

(2) 属于进行集中管理的可辨认金融工具组合的一部分,且有客观证据表明企业近期采用短期获利方式对该组合进行管理。在这种情况下,即使组合中有某个组成项目持有的期限稍长也不受影响。

(3) 属于衍生工具。但是,被指定为有效套期工具的衍生工具、属于财务担保合同的衍生工具、与在活跃市场中没有报价且其公允价值不能可靠计量的权益工具投资挂钩并须通过交付该权益工具的结算的衍生工具除外。其中,财务担保合同是指保证人和债权人约定,当债务人不履行债务时,保证人按照约定履行债务或者承担责任的合同。

3. 交易性金融资产核算要点

(1) 账户设置

① "交易性金融资产"账户。企业应设置"交易性金融资产"账户,用来核算企业为交易目击者的所持有的债券投资、股票投资、权证投资、基金投资等交易性金融资产的公允价值。企业持有的直接指定为以公允价值计量且其变动计入当期损益的金融资产也在"交易性金融资产"账户核算。借方登记交易性金融资产的取得成本、资产负债表日其公允价值高于账面余额的差额等,贷方登记资产负债表日其公允价值低于账面余额的差额,以及企业出售交易性金融资产时结转的成本和公允价值变动损益。企业应当按照交易性金融资产的类别和品种,分别设置"成本"、"公允价值变动"等明细账户进行核算。

② "公允价值变动损益"账户。企业应设置"公允价值变动损益"账户,用来核算企业交易性金融资产等公允价值变动而形成的应计入当期损益的利得或损失。贷方登记资产负债表日企业持有的交易性金融资产等的公允价值高于账面余额的差额;借方登记资产负债表日企业持有的交易性金融资产等的公允价值低于账面余额的差额。

③ "投资收益"账户。企业应设置"投资收益"账户,用来核算企业持有交易性金融资产等期间取得的投资收益以及处置交易性金融资产等实现的投资收益或投资损失。贷方登记企业出售交易性金融资产等实现的投资收益;借方登记企业出售交易性金融资产等发生的投资损失。

(2) 交易性金融资产的会计处理

① 企业取得交易性金融资产时,按公允价值作为其初始确认金额,借记"交易性金融资产——成本"账户,按发生的交易费用(支付给代理机构、咨询公司等的手续费和佣金及其他必要支出),借记"投资收益"账户,按已到付息期但尚未领取的债券利息或已宣告但未发放的现金股利,应当单独确认为应收项目,借记"应收利息"或"应收股利"账户,按实际支付的金额,贷记"投资收益"等账户。

② 交易性金融资产持有期间被投资单位宣告发放的现金股利,或企业在资产负债表日按分期付息、一次还本债券投资的票面利率计算的利息收入,应当确认为应收项目,借记"应收股利"或"应收利息"账户,并计入"投资收益"账户。

③ 资产负债表日,交易性金融资产的公允价值高于其账面余额的差额,借记"交易性金融资产——公允价值变动"账户,贷记"公允价值变动损益"账户;公允价值低于其账面余额的差额做相反的会计分录。

④ 出售交易性金融资产时,应按实际收到的金额,借记"银行存款"账户等,按该金融资产的账面余额,贷记"交易性金融资产——成本"账户,按其差额,借记或贷记"投资收益"账户。同时,将原计入该金融资产的公允价值变动转出,借记或贷记"公允价值变动损益"账户,按其差额,贷记或借记"投资收益"账户。

技能操作

[学 中 做]

[业务资料] 东方公司 2011 年发生交易性金融资产的有关经济业务,编制相关的会计分录如下:

业务 1 2011 年 3 月 15 日,公司委托某证券公司购入 A 上市公司股票 8 万股,并将其划分为交易性金融资产。该笔股票投资在购买日的公允价值为 80 万元。其中包含已宣告但尚未发放的现金股利 12 000 元,另支付相关交易费用 1 900 元。

购入 A 公司股票时:

借:交易性金融资产	788 000	
应收股利	12 000	
投资收益	1 900	
贷:其他货币资金——存出投资款		801 900

业务 2 2011 年 4 月 1 日,东方公司从二级市场购入 B 上市公司发行的股票 10 000 股,每股价格 5.4 元(含已宣告但尚未领取的股利 4 000 元),另发生交易费用 500 元。东方公司将其持有的 B 上市公司股权划分为交易性金融资产。

(1) 2011 年 4 月 15 日,收到 B 上市公司发放的现金股利。

(2) 2011 年 6 月 30 日,B 上市公司股票每股市价 6.2 元。

(3) 2011 年 7 月 25 日,东方公司将其持有的 B 上市公司股票全部售出,每股股价 7.3 元。

东方公司根据上述业务资料编制的会计分录如下:

(1) 2011 年 4 月 1 日,购入 B 上市公司股票。

借:交易性金融资产——成本	50 000	
应收股利	4 000	
投资收益	500	
贷:银行存款		54 500

(2) 2011 年 4 月 15 日,收到 B 上市公司发放的现金股利

借:银行存款	4 000	
贷:应收股利		4 000

(3) 2011 年 6 月 30 日,确认公允价值变动损益 = (6.2 − 5) × 10 000 = 12 000(元)

借:交易性金融资产——公允价值变动 12 000

　　　　贷：公允价值变动损益　　　　　　　　　　12 000
（4）2011 年 7 月 25 日，将其持有的 B 上市公司股票全部售出
借：银行存款　　　　　　　　　　　73 000
　　公允价值变动损益　　　　　　　　12 000
　　贷：交易性金融资产——成本　　　　　　　50 000
　　　　　　　　　　——公允价值变动　　　　12 000
　　　　投资收益　　　　　　　　　　　　　　23 000

[做　中　学]

　　[业务资料]　东方公司 2011 年发生交易性金融资产的有关经济业务如下：
　　业务 1　2011 年 1 月 10 日，东方公司购入海蓝公司发行的公司债券，该笔债券于 2008 年 7 月 1 日发行，面值为 2 400 万元，票面利率为 4%，债券利息按年支付。东方公司将其划分为交易性金融资产，支付价款为 2 448 万元（其中包含已宣告发放的债券利息 48 万元），另支付交易费用 52 万元。
　　业务 2　2011 年 2 月 5 日，收到债券利息 48 万元。
　　业务 3　2011 年 6 月 30 日，东方公司购买的该笔债券的市价为 2 560 万元。2011 年 12 月 31 日，东方公司购买的该笔债券的市价为 2 520 万元。
　　业务 4　2012 年 2 月 10 日，收到 2011 年债券利息 96 万元。
　　业务 5　假定东方公司于 2012 年 3 月 31 日出售了所有持有的公司债券，售价为 2 565 万元。
　　要求：根据上述业务资料，编制交易性金融资产核算的有关会计分录。

资料链接

　　1. 直接定为以公允价值计量且其变动计入当期损益的金融资产应具备的条件
　　企业不能随意将某项金融资产直接定为以公允价值计量且其变动计入当期损益的金融资产。只有在满足以下条件之一时，企业才能将某项金融资产直接定为以公允价值计量且其变动计入当期损益的金融资产：
　　（1）该指定可以消除或明显减少由于该金融资产的计量基础不同所导致的相关利得或损失在确认或计量方面不一致的情况。
　　（2）企业风险管理或投资策略的正式书面文件已载明，该项金融资产组合等，以公允价值为基础进行管理、评价并向关键管理人员报告。
　　2. 活跃市场是指同时具有以下特点的市场
　　（1）市场内交易的对象具有同质性。
　　（2）可随时找到自愿交易的买方和卖方。
　　（3）市场价格信息是公开的。
　　在活跃市场中没有报价、公允价值不能可靠计量的权益工具投资，不得指定为以公允价值计量且其变动计入当期损益的金融资产。

任务2 持有至到期投资核算

知识要点

1. 持有至到期投资概念

持有至到期投资,是指到期日固定、回收金额固定或可确定,且企业有明确意图和能力持有至到期的非衍生金融资产。通常情况下,企业持有的、在活跃市场上有公开报价的国债、企业债券、金融债券等,可以划分为持有至到期投资。

如果企业管理层决定将某项金融资产持有至到期,则在该金融资产未到期前,不能随意地改变其"最初意图"。也就是说,投资者在取得投资时意图就应当是明确的,除非遇到一些企业所不能控制、预期不会重复发生且难以合理预计的独立事件,否则将持有至到期。

2. 持有至到期投资特点

(1) 到期日固定、回收金额固定或可确定

到期日固定、回收金额固定或可确定,是指相关合同明确了投资者在确定的期间内获得或应收取现金流量(例如,投资利息和本金等)的金额和时间。

(2) 有明确意图持有至到期

有明确意图持有至到期,是指投资者在取得投资时意图就是明确的,除非遇到一些企业所不能控制、预期不会重复发生且难以合理预计的独立事件,否则将持有至到期。

(3) 有能力持有至到期

有能力持有至到期,是指企业有足够的财务资源,并不受外部因素影响将投资持有至到期。

(4) 到期前处置或重分类对所持有剩余非衍生金融资产的影响

企业将持有至到期投资在到期前处置或重分类,通常表明其违背了将投资持有至到期的最初意图。如果处置或重分类为其他类金融资产的金额相对于该类投资(即企业全部持有至到期投资)在出售或重分类前的金额较大,则企业在处置或重分类后应立即将其剩余的持有至到期投资(即全部持有至到期投资扣除已处置或重分类的部分)重分类为可供出售金融资产。

例如,某企业在2008年将某项持有至到期投资重分类为可供出售金融资产或出售了一部分,且重分类或出售部分的金额相对于该企业没有重分类或出售之前全部持有到期投资总额比例较大,那么该企业应当将剩余的其他持有至到期投资划分为可供出售金融资产,而且在2009年和2010年两个完整的会计年度内不能将任何金融资产划分为持有至到期投资。

3. 持有至到期投资的核算要点

(1) 账户设置

企业应设置"持有至到期投资"账户,用来核算企业持有至到期投资的摊余成本。属于

资产类的账户,借方登记取得的持有至到期投资的成本、利息调整、应计利息,贷方登记出售持有至到期投资的成本、利息调整、应计利息。期末余额在借方,反映企业持有至到期投资的摊余成本。并按照持有至到期投资的类别和品种,分别以"成本"、"利息调整"、"应计利息"等进行明细核算。

(2) 持有至到期投资的会计处理

持有至到期投资的会计处理,着重于该金融资产的持有者打算"持有至到期",未到期前通常不会出售或重分类。因此,持有至到期投资的会计处理主要应解决该金融资产实际利息的计算、摊余成本的确定、持有期间的收益确认以及将其处置时损益的处理。

① 企业取得的持有至到期投资,应按该投资的面值,借记"持有至到期投资——成本"账户,按支付的价款中包含的已到付息期但尚未领取的利息,借记"应收利息"账户,按实际支付的金额,贷记"银行存款"等账户,按其差额,借记或贷记"持有至到期投资——利息调整"账户。

② 资产负债表日,持有至到期投资为分期付息、一次还本债券投资的,应按票面利率计算确定的应收未收利息,借记"应收利息"账户,按持有至到期投资摊余成本和实际利率计算确定的利息收入,贷记"投资收益"账户,按其差额,借记或贷记"持有至到期投资——利息调整"账户。

持有至到期投资为一次还本付息债券投资的,应于资产负债表日按票面利率计算确定的应收未收利息,借记"持有至到期投资——应计利息"账户,按持有至到期投资摊余成本和实际利率计算确定的利息收入,贷记"投资收益"账户,按其差额,借记或贷记"持有至到期投资——利息调整"账户。

③ 将持有至到期投资重分类为可供出售金融资产的,应在重分类日按其公允价值,借记"可供出售金融资产"账户,按其账面余额,贷记"持有至到期投资成本、利息调整、应计利息"科目,按其差额,贷记或借记"资本公积——其他资本公积"账户。已计提减值准备的,还应同时结转减值准备。

④ 出售持有至到期投资,应按实际收到的金额,借记"银行存款"账户等,按其账面余额,贷记"持有至到期投资——成本、利息调整、应计利息"账户,按其差额,贷记或借记"投资收益"账户。已计提减值准备的,还应同时结转减值准备。

技能操作

[学 中 做]

[业务资料] 东方公司发生的持有至到期投资经济业务如下:

业务1 2007年1月1日,东方公司支付价款1 000万元(含交易费用)从活跃市场上购入海蓝公司五年期债券,面值1 250万元,票面利率4.72%,市场利率为10%。

业务2 每年年末支付利息(即每年末支付利息59万元)。

业务3 本金最后一次支付。合同约定,该债券的发行方在遇到特定情况时可以将债券赎回,且不需要为提前赎回支付额外款项。东方公司在购买该债券时,预计发行方不会提前赎回。不考虑所得税、减值损失等因素。

表 5-1 债券折价摊销表(实际利率摊销法)　　　　　　单位:万元

年份	期初摊余成本 (1)	实际利息(2)＝ (1)×10%	票面利息(3)＝ 面值×4.72%	利息调整 (4)＝(2)－(3)	期末摊余成本(5)＝ (3)＋(2)＋(4)
2007	1 000	100	59	41	1 041
2008	1 041	104	59	45	1 086
2009	1 086	109	59	50	1 136
2010	1 136	113	59	54	1 190
2011	1 190	119	59	60	1 250
合计		545	295	250	

注:(2) 实际利息＝实际支付价款×实际利率
　　(3) 票面利息＝面值×面值利率4.72%
　　(4) 利息调整＝实际利息－票面利息
　　(5) 期末摊余成本＝期初摊余成本＋利息调整(折价)
　　　　　　　　　　或－利息调整(溢价)

根据上述资料编制相关的会计分录如下:
(1) 2007年1月1日,购入债券时
借:持有至到期投资——成本　　　　　　　12 500 000
　　贷:银行存款　　　　　　　　　　　　　　　　10 000 000
　　　　持有至到期投资——利息调整　　　　　 2 500 000
(2) 2007年12月31日,确认实际利息收入、收到票面利息等时
① 借:应收利息　　　　　　　　　　　　　　590 000
　　　持有至到期投资——利息调整　　　　　410 000
　　　贷:投资收益　　　　　　　　　　　　　　　1 000 000
② 借:银行存款　　　　　　　　　　　　　　590 000
　　　贷:应收利息　　　　　　　　　　　　　　　590 000
(3) 2008年12月31日,确认实际利息收入、收到票面利息等
① 借:应收利息　　　　　　　　　　　　　　590 000
　　　持有至到期投资——利息调整　　　　　450 000
　　　贷:投资收益　　　　　　　　　　　　　　　1 040 000
② 借:银行存款　　　　　　　　　　　　　　590 000
　　　贷:应收利息　　　　　　　　　　　　　　　590 000
(4) 2009年12月31日,确认实际利息收入、收到票面利息等
① 借:应收利息　　　　　　　　　　　　　　590 000
　　　持有至到期投资——利息调整　　　　　500 000
　　　贷:投资收益　　　　　　　　　　　　　　　1 090 000
② 借:银行存款　　　　　　　　　　　　　　590 000
　　　贷:应收利息　　　　　　　　　　　　　　　590 000
(5) 2010年12月31日,确认实际利息收入、收到票面利息等
① 借:应收利息　　　　　　　　　　　　　　590 000
　　　持有至到期投资——利息调整　　　　　540 000

　　　　贷：投资收益　　　　　　　　　　　1 130 000
　② 借：银行存款　　　　　　　　　　　　590 000
　　　　贷：应收利息　　　　　　　　　　　 590 000
　(6) 2011年12月31日，确认实际利息收入、收到票面利息和本金等
　① 借：应收利息　　　　　　　　　　　　590 000
　　　　持有至到期投资——利息调整　　　　600 000
　　　　贷：投资收益　　　　　　　　　　　1 190 000
　② 借：银行存款　　　　　　　　　　　　590 000
　　　　贷：应收利息　　　　　　　　　　　 590 000
　(7) 收回本金时
　借：银行存款　　　　　　　　　　　　　12 500 000
　　　贷：持有至到期投资——成本　　　　　12 500 000

[做　中　学]

[业务资料]　东方公司发生的持有至到期投资经济业务如下：

业务1　2007年1月1日，东方公司支付价款1 250万元（含交易费用）从活跃市场上购入某公司五年期债券，面值1 000万元，市场利率4.72%，票面利率为10%。

业务2　每年末支付利息。

业务3　本金最后一次支付。合同约定，该债券的发行方在遇到特定情况时可以将债券赎回，且不需要为提前赎回支付额外款项。东方公司在购买该债券时，预计发行方不会提前赎回。不考虑所得税、减值损失等因素。

[要求]　根据上述资料编制相关的会计分录。

1. 存在下列情况之一的，表明企业没有明确意图将金融资产投资持有至到期

(1) 持有该金融资产的期限不确定。

(2) 发生市场利率变化、流动性需要变化、替代投资机会及其投资收益率变化、融资来源和条件变化、外汇风险变化等情况时，将出售该金融资产。但是，无法控制、预期不会重复发生且难以合理预计的独立事项引起的金融资产出售除外。

(3) 该金融资产的发行方，可以按照明显低于其摊余成本的金额清偿。

(4) 其他表明企业没有明确意图将该金融资产持有至到期的情况。

因此，对于发行方可以赎回的债务工具，如发行方行使赎回权，投资者仍可以收回其几乎所有初始净投资（包括支付的溢价和交易费用），那么投资者仍可以将此类投资划分为投资持有至到期投资。但是，对于投资者有权要求发行方赎回的债务工具投资，投资者不能将其划分为投资持有至到期投资。

2. 存在下列情况之一的，表明企业没有能力将具有固定期限的金融资产投资持有至到期

(1) 没有可利用的财务资源持续地为该金融资产投资提供资金支持，以使金融资产投资持有至到期。

(2) 受法律、行政法规的限制，使企业难以将该金融资产投资持有至到期。

(3) 其他表明企业没有能力将有固定期限的金融资产持有至到期的情况。

企业应当于每个资产负债表日对持有至到期投资的意图和能力进行评价。发生变化的，应当将其重分类为可供出售金融资产进行处理。

任务3　可供出售金融资产的核算

1. 可供出售金融资产概述

可供出售金融资产，是指初始确认时即被指定为可供出售的非衍生金融资产，以及除下列各类资产以外的金融资产：贷款和应收款项；持有至到期投资；以公允价值计量且其变动计入当期损益的金融资产。例如，企业购入的在活跃市场上有报价的股票、债券、基金和权证等，没有划分为以公允价值计量且其变动计入当期损益的金融资产或持有至到期投资等金融资产的，可归为此类。

作为企业的管理层，在对金融资产进行分类时需综合考虑风险、意图等因素。例如对于可用公允价值计量的某项金融资产，有可能是以公允价值计量且其变动计入当期损益的金融资产，也有可能是可供出售金融资产，若有固定到期日或回收金额固定或可确定，还有可能是持有至到期的投资，对此分类的不同应充分体现出企业管理层的意图。

2. 可供出售金融资产核算要点

(1) 账户设置

企业应设置"可供出售金融资产"账户。核算企业持有的可供出售金融资产的公允价值，包括划分为可供出售股票投资、债券投资等金融资产。属于资产类账户，借方登记取得可供出售金融资产的成本、利息调整、应计利息、公允价值变动，贷方登记出售可供出售金融资产的成本、利息调整、应计利息、公允价值变动，期末余额在借方，反映企业可供出售金融资产的成本。并按照可供出售金融资产的类别和品种，分别以"成本"、"利息调整"、"应计利息"、"公允价值变动"等进行明细核算。

(2) 可供出售金融资产的会计处理

① 企业取得可供出售金融资产为股票投资的，应当按取得该金融资产的公允价值和相关交易费用之和，借记"可供出售金融资产——成本"账户，按支付的价款中包含的已宣告但尚未发放的现金股利，借记"应收股利"账户，按实际支付的金额，贷记"银行存款"等账户。

② 企业取得可供出售金融资产为债券投资的，应当按债券的面值，借记"可供出售金融资产——成本"账户，按支付的价款中包含的已到付息期但尚未领取的债券利息，借记"应收利息"账户，按实际支付的金额，贷记"银行存款"等账户，按其差额，借记或贷记"可供出售金融资产——利息调整"账户。

③ 资产负债表日，可供出售债券为分期付息、一次还本债券投资的，应按票面利率计算确定的应收未收利息，借记"应收利息"账户，按可供出售债券的摊余成本和实际利率计算确定的利息收入，贷记"投资收益"账户，按其差额，借记或贷记"可供出售金融资产——利息调

整"账户。

可供出售债券为一次还本付息债券投资的,应于资产负债表日按票面利率计算确定的应收未收利息,借记"可供出售金融资产——应计利息"账户,按可供出售债券的摊余成本和实际利率计算确定的利息收入,贷记"投资收益"账户,按其差额,借记或贷记"可供出售金融资产——利息调整"账户。

④ 资产负债表日,可供出售金融资产的公允价值高于其账面余额的差额,借记"可供出售金融资产——公允价值变动"账户,贷记"资本公积——其他资本公积"账户,公允价值低于其账面余额的差额做相反的会计分录。

⑤ 将持有至到期投资重分类为可供出售金融资产的,应在重分类日按其公允价值,借记"可供出售金融资产"账户,按其账面余额,贷记"持有至到期投资"账户,按其差额,贷记或借记"资本公积——其他资本公积"账户。

⑥ 确定可供出售金融资产发生减值的,应按减记的金额,借记"资产减值损失"账户,按应从所有者权益转出原计入资本公积的累计损失金额,贷记"资本公积——其他资本公积"账户,按其差额,贷记"可供出售金融资产——公允价值变动"账户。

⑦ 出售可供出售金融资产,应按实际收到的金额,借记"银行存款"等账户,按其账面余额,贷记"可供出售金融资产——成本、公允价值变动、利息调整、应计利息"账户,按应从所有者权益中转出的公允价值累计变动额,借记或贷记"资本公积——其他资本公积"账户,按其差额,贷记或借记"投资收益"账户。

技能操作

[学 中 做]

[业务资料] 东方公司发生的可供出售金融资产经济业务如下:

业务1 2011年1月1日,东方公司支付价款1 028 200元购入海蓝公司发行的三年期公司债券,债券的票面总金额为1 000 000元,票面年利率4%,实际利率为3%,利息每年年末支付,本金到期支付。该公司将公司债券划分为可供出售金融资产。2011年12月31日,该债券的市场价格为1 000 046元。假定不考虑交易费用和其他因素的影响,编制相关的会计分录。

(1) 2011年1月1日,购入债券

借:可供出售金融资产——成本　　　　　1 000 000
　　　　　　　　　　——利息调整　　　　　28 200
　　贷:银行存款　　　　　　　　　　　　　　　1 028 200

(2) 2011年12月31日,计算并收到债券利息

应收利息=1 000 000×4%=40 000(元)

实际利息=1 028 200×3%=30 846(元)

年末摊余成本=1 028 200+30 846−40 000=1 019 046(元)

① 借:应收利息　　　　　　　　　　　40 000
　　贷:投资收益　　　　　　　　　　　　　30 846

    可供出售金融资产——利息调整   9 154
  ② 借：银行存款   40 000
    贷：应收利息   40 000
 （3）确认公允价值变动
  借：资本公积——其他资本公积   19 000
    贷：可供出售金融资产   19 000

  业务2 2010年5月6日，东方公司支付价款10 160 000元（含交易费用10 000元和已宣告发放现金股利150 000元），购入B公司发行的股票2 000 000股，占B公司有表决权的股份为0.5%。初始确认时，该股票划分为可供出售金融资产。

  2010年5月10日，公司收到B公司发放的现金股利150 000元。
  2010年6月30日，该股票市价为每股5.2元。
  2010年12月31日，公司仍持有该股票；当日，该股票市价为每股5元。
  2011年5月9日，B公司宣告发放股利40 000 000元。
  2011年5月13日，公司收到B公司发放的现金股利。
  2011年5月20日，公司以每股4.9元的价格将股票全部转让。
  假定不考虑其他因素，编制会计分录如下：
 （1）2010年5月6日，购入股票
  借：应收股利   150 000
    可供出售金融资产——成本 10 010 000
    贷：银行存款   10 160 000
 （2）2010年5月10日，收到现金股利
  借：银行存款   150 000
    贷：应收股利   150 000
 （3）2010年6月30日，确认股票的价格变动
  借：可供出售金融资产——公允价值变动 390 000
    贷：资本公积——其他资本公积   390 000
 （4）2010年12月31日，确认股票价格变动
  借：资本公积——其他资本公积   400 000
    贷：可供出售金融资产——公允价值变动 400 000
 （5）2011年5月9日，确认应收现金股利
  借：应收股利   200 000
    贷：投资收益   200 000
 （6）2011年5月13日，收到现金股利
  借：银行存款   200 000
    贷：应收股利   200 000
 （7）2011年5月20日，出售股票
  借：银行存款   9 800 000
    投资收益   210 000
    可供出售金融资产——公允价值变动 10 000

贷：可供出售金融资产——成本　　　　10 010 000
　　　　资本公积——其他资本公积　　　　　　10 000

[做　中　学]

　　[业务资料]　[学中做]的业务2中,假定东方公司将购入的海蓝公司股票划分为交易性金融资产,且2010年12月31日海蓝公司股票市价为每股4.8元,其他资料不变,则东方公司应做如何会计处理？

可供出售金融资产的会计处理

　　可供出售金融资产的会计处理,与以公允价值计量且其变动计入当期损益的金融资产的会计处理基本类似。例如,均要求按公允价值进行后续计量。但是,也有不同之处。例如,可供出售金融资产取得发生的交易费用应当计入初始入账金额、可供出售金融资产后续计量公允价值变动计入所有者权益、可供出售外币股权投资因资产负债表日变动形成的损益计入所有者权益等。以下几点特别说明：

　　(1) 企业因持有意图或能力发生改变,使某项投资不再适合划分为持有至到期投资的,应当将其重分类为可供出售金融资产,并以公允价值进行后续计量。重分类日,该项投资的账面价值与公允价值之间的差额计入所有者权益,在该可供出售金融资产发生减值或终止确认时转出,计入当期损益。

　　(2) 持有至到期投资部分出售或重分类的金额较大,且不属于例外情况,使该投资的剩余部分不再适合划分为持有至到期投资的,企业应当将该投资的剩余部分重分类为可供出售金融资产,并以公允价值进行后续计量。重分类日,该投资剩余部分的账面价值与其公允价值之间的差额计入所有者权益,在该可供出售金融资产发生减值或终止确认时转出,计入当期损益。

　　(3) 企业因持有意图或能力发生改变,或可供出售金融资产的公允价值不再能够可靠计量(极少出现),或可供出售金融资产持有期限已超过企业会计准则所指"两个完整的会计年度",使金融资产不再适合按照公允价值计量时,企业可以将该金融资产改按成本或摊余成本计量,该成本或摊余成本为重分类日该金融资产的公允价值或账面价值。

任务4　长期股权投资初始计量的核算

[知识要点]

1. 长期股权投资的概述

　　长期股权投资是指企业持有对其子公司、合营企业及联营企业的权益性投资以及企业持有的对被投资单位不具有控制、共同控制或重大影响,且在活跃市场中没有报价、公允价值不能可靠计量的权益性投资。

2. 长期股权投资的计量和原则

长期股权投资在取得时,应按初始投资成本入账。长期股权投资的初始投资成本,应分别企业合并和非企业合并两种情况确定。本节主要介绍非企业合并方式的长期股权投资。

本节的长期股权投资主要包括:

(1) 对被投资单位实施控制的权益性投资,即对子公司的投资。

(2) 对被投资单位实施共同控制的权益性投资,即对合营企业的投资。

(3) 对被投资单位施加重大影响的权益性投资,即对联营企业的投资。

(4) 对被投资单位不具有控制、共同控制或重大影响,在活跃市场中没有报价且公允价值不能可靠计量的权益性投资。

3. 以企业合并以外的方式取得的长期股权投资计量和会计处理

(1) 以支付现金取得的长期股权投资

应当按照实际支付的购买价款作为初始投资成本。初始投资成本包括与取得长期股权投资直接相关的费用、税金及其他必要支出。企业取得长期股权投资,实际支付的价款或对价中包含的已宣告但尚未发放的现金股利或利润,应作为应收项目处理。

(2) 以发行权益性证券取得的长期股权投资

应当按照发行权益性证券的公允价值作为初始投资成本。为发行权益性证券支付的手续费、佣金等应自权益性证券的溢价发行收入中扣除,溢价收入不足的,应冲减盈余公积和未分配利润。

(3) 投资者投入的长期股权投资

应当按照投资合同或协议约定的价值作为初始投资成本,但合同或协议约定价值不公允的除外。投资者投入的长期股权投资,是指投资者以其持有的对第三方的投资作为出资投入企业,接受投资的企业原则上应当按照投资各方在投资合同或协议中约定的价值作为取得投资的初始投资成本。

(4) 通过非货币性资产交换取得的长期股权投资

如果具有商业实质且公允价值能够可靠计量的,其初始投资成本应当以换出资产的公允价值为基础确定。换出资产公允价值与其账面价值的差额,属于资产处置损益,直接计入当期损益。

(5) 通过债务重组方式取得的长期股权投资

是指企业作为债权人取得的债务人用于偿还债务的股权投资,其初始投资成本应当以受让的股权投资的公允价值入账。重组债权的账面余额与受让的长期股权投资的公允价值之间的差额,确认为债务重组损失,作为营业外支出,计入当期损益。

[技能操作]

[学 中 做]

[业务资料] 东方公司发生的长期股权投资经济业务如下:

(1) 以支付现金取得的长期股权投资

业务1 2011年4月1日,东方公司从证券市场上购入大明公司发行在外1 000万股股票作为长期股权投资,每股8元(含已宣告但尚未发放的现金股利0.5元),实际支付价款8 000万元,另支付相关税费40万元。编制会计分录如下:

　　借:长期股权投资　　　　　　　　75 400 000
　　　　应收股利　　　　　　　　　　5 000 000
　　　　贷:银行存款　　　　　　　　　　　　80 400 000

(2) 以发行权益性证券取得的长期股权投资

业务2 2011年7月1日,东方公司发行股票100万股作为对价向大华公司投资,每股面值为1元,实际发行价为每股3元。不考虑相关税费。编制会计分录如下:

　　借:长期股权投资　　　　　　　　3 000 000
　　　　贷:股本　　　　　　　　　　　　　1 000 000
　　　　　　资本公积——股本溢价　　　　　2 000 000

(3) 投资者投入的长期股权投资

业务3 2011年8月1日,东方公司接受B公司投资,B公司将持有的对C公司的长期股权投资投入到东方公司。B公司持有的对东方公司的长期股权投资的账面余额为800万元,未计提减值准备。东方公司和B公司投资合同约定的价值为1 000万元,东方公司的注册资本为5 000万元,B公司投资持股比例为20%。编制会计分录如下:

　　借:长期股权投资　　　　　10 000 000
　　　　贷:实收资本　　　　　　　　10 000 000

[做　中　学]

[业务资料]　东方公司发生的长期股权投资经济业务如下:

业务1　2011年4月1日,东方公司从证券市场上购入大明公司发行在外100万股股票作为长期股权投资,每股6元(含已宣告但尚未发放的现金股利0.5元),实际支付价款600万元,另支付相关税费20万元。

业务2　东方公司发行股票100万股作为对价向中华公司投资,每股面值为1元,实际发行价为每股4元。不考虑相关税费。

[要求]　根据上述资料编制会计分录。

企业合并形成的长期股权投资的初始计量

1. 企业合并的概念

企业合并是指将两个或两个以上单独的企业合并成一个报告主体的交易或事项。

2. 企业合并的分类

(1) 以合并方式为基础对企业合并的分类

包括:控股合并、吸收合并与新设合并。

(2) 以是否在同一控制下进行企业合并为基础对企业合并的分类

包括:同一控制下的企业合并、非同一控制下的企业合并。

(3) 同一控制下企业合并形成的长期股权投资。对于同一控制下企业合并,从能够对参与合并各方在合并后均实施最终控制的一方来看,最终控制方在企业合并前后能够控制的资产并没有发生变化。因此,在同一控制下企业合并,合并方在企业中取得的资产和负债,应当按照合并日其在被合并方的账面价值计算。合并方取得的净资产账面价值与支付的合并对价账面价值(或发行股份面值总额)的差额,应当调整资本公积(仅指股本溢价或资本溢价)。资本公积不足冲减的,调整留存收益。

合并方以支付现金、转让非现金资产或承担债务方式作为合并对价的,应当在合并日按照取得被合并方所有者权益账面价值的份额作为长期股权投资的初始成本。长期股权投资的初始成本与支付的现金、转让的非现金资产及所承担债务账面价值之间的差额,应当调整资本公积。资本公积不足冲减的,调整留存收益。

(4)非同一控制下企业合并形成的长期股权投资。非同一控制下企业合并,购买方为了取得对被购买方的控制权而放弃的资产、发生或承担的债务、发行的权益性证券均应按其他购买日的公允价值计量。

购买方应该按照确定的企业合并成本作为长期股权投资的初始成本。企业合并成本包括购买方付出的资产,发生或承担的负债,发行的权益性证券的公允价值以及为进行企业合并而发生的各项直接相关费用。其中,以支付非货币性资产为对价的,所支付的非货币性资产在购买日的公允价值与其账面价值的差额应作为资产处置损益,计入企业合并当期的利润表。

任务5 长期股权投资核算的成本法

知识要点

1. 长期股权投资成本法概念

成本法是指投资按成本计价的方法。

2. 长期股权投资的成本法适用范围

长期股权投资成本法的核算适用于长期股权投资形成以后下列情形:
(1)投资企业能够对被投资企业实施控制的长期股权投资

控制是指有权决定一个企业的财务和经营政策,并能据以从该企业的经营活动中获取利益。控制包括以下几种情况:

① 投资企业直接拥有被投资企业50%以上(不含50%)的表决权资本。

② 投资企业虽然直接拥有被投资企业50%或50%以下的表决权资本,但具有实质控制权。

a. 通过与其他投资者协议,投资企业有权控制被投资企业50%以上的表决权资本的控制权。例如,A公司拥有B公司40%的表决权资本,C公司拥有B公司30%的表决权资本,D公司拥有B公司30%的表决权资本。A公司与C公司达成协议,C公司在B公司的权益由A公司代表。在这种情况下,A公司实质上拥有B公司70%表决权资本的控制权,表明A公司实质上控制B公司。

b. 根据章程和协议,投资企业有权控制被投资企业的财务和经营政策。例如,A公司拥有B公司45%的表决权资本，同时，根据协议，B公司的生产经营决策由A公司控制。

c. 投资企业有权任免被投资企业董事会类似权力机构的多数成员。这种情况是指，虽然投资企业拥有被投资单位50%或以下表决权资本，但根据章程、协议等有权任免董事会的董事，以达到实质上控制的目的。

d. 投资企业在董事会或类似权力机构会议上有半数以上的投票权。这种情况是指，虽然投资企业拥有被投资单位50%或以下表决权资本，但能够控制被投资单位董事会等类似权力机构的会议，从而能够控制其财务和经营政策，使其达到实质上的控制。

(2) 投资企业对被投资企业不具有共同控制或重大影响，并且在活跃市场中没有报价/公允价值不能可靠计量的长期股权投资。

① 共同控制。共同控制是指按照合同约定对某项经济活动所共有的控制，仅在与该项经济活动相关的重要财务和经营决策需要分享控制权的投资方一致同意时存在。投资企业与其他方对被投资企业实施共同控制的，被投资单位为合营企业。

② 重大影响。重大影响是指对一个企业的财务和经营政策有参与决策的权力，但并不能够控制或与其他方一起共同控制这些政策的制定。在这种投资企业能够对被投资单位施加重大影响的情况下，被投资单位为其联营企业。当投资企业直接拥有被投资单位20%或20%以上至50%的表决权时，一般认为对被投资单位具有重大影响。此外，虽然投资企业直接拥有被投资单位20%以下的表决权资本，但符合下列情况之一的，也应确认为对被投资单位具有重大影响：

a. 在被投资单位的董事会或类似权力机构中派有代表。

b. 参与被投资单位的政策制定过程。

c. 向被投资单位派出管理人员。

d. 依赖投资企业的技术资料。

e. 其他能足以证明投资企业对被投资单位具有重大影响的情形。

3. 长期股权投资成本法核算要点

(1) 账户设置

企业应设置"长期股权投资"账户，该账户属于资产类账户，用来核算企业以购买股票方式或其他股权方式而投出的资金、投资变动和投资收回。借方登记投资的实际成本，贷方登记收回的投资。期末余额在借方，表示尚未收回的投资。

(2) 长期股权投资成本法的会计处理

① 初始投资或追加投资成本的确定。初始投资或追加投资时，长期股权投资应当按照初始投资或追加或收回投资时的成本，增加长期股权投资的账面价值。借记"长期股权投资"账户，贷记"银行存款"等账户。

② 投资损益的确定。被投资单位宣告分派的现金股利或利润，确认为当期投资收益。投资企业确认投资收益，仅限于被投资单位接受投资后产生的累积净利润的分配额。借记"应收股利"账户，贷记"投资收益"账户。

③ 应抵减初始投资成本金额的确定。按照成本法核算的长期股权投资，自被投资单位获得的现金股利或利润超过被投资单位在接受投资后产生的累积净利润的部分，应冲减长期股权投资的账面价值。

[技能操作]

[学 中 做]

[业务资料] 东方公司2010年发生长期股权投资成本法核算的经济业务如下：

业务1 东方公司2010年1月1日，以银行存款2 500万元的价格购入C公司3%的股份，购买过程中，另支付相关税费6万元，并准备长期持有，采用成本法核算。

业务2 C公司是一家未上市的企业，其股权不存在活跃的市场价格，东方公司在取得该部分投资后，未参与被投资单位的生产经营决策。取得投资后，C公司实现的净利润及利润分配情况如表5-2所示。

表5-2 被投资单位实现的净利润及利润分配情况表 单位：万元

年　　度	被投资单位实现的净利润	当年度分配的利润
2010	3 000	2 600
2011	6 000	4 700

注：C公司2010年度分配的利润属于对其2009年及以前实现净利润的分配。

根据以上业务资料计算并编制相关的会计分录如下。

东方公司每年应确认的投资收益、冲减投资成本的金额时：

(1) 2010年取得投资时

借：长期股权投资　　　　　　　　　25 060 000
　　贷：银行存款　　　　　　　　　　　　25 060 000

(2) 2010年从C公司取得利润时

当年度被投资单位分派的2 600万元利润属于对其在2007年及以前期间已实现利润的分配，东方公司按持股比例取得78万元(2 600×3%)，应冲减投资成本，编制会计分录如下：

借：应收股利　　　　　　　　　　　780 000
　　贷：长期股权投资——C公司　　　　　780 000

收到现金股利时：

借：银行存款　　　　　　　　　　　780 000
　　贷：应收股利　　　　　　　　　　　　780 000

(3) 2011年从C公司取得利润

应冲减投资成本金额＝(2 600＋4 700－3 000)×3%－78＝51(万元)

当年度实际分得现金股利＝4 700×3%＝141(万元)

应确认投资收益＝141－51＝90(万元)

编制会计分录如下：

借：应收股利　　　　　　　　　　　1 410 000
　　贷：长期股权投资——C公司　　　　　510 000
　　　　投资收益　　　　　　　　　　　　900 000

收到现金股利时：

借：银行存款　　　　　　　　　　　1 410 000
　　贷：应收股利　　　　　　　　　　　　1 410 000

[做 中 学]

[业务资料]　东方公司 2011 年发生长期股权投资成本法核算的经济业务如下：

业务 1　东方公司 2011 年 6 月 15 日，以银行存款 100 万元购入海蓝公司的股份作为长期投资，已宣告发放的现金股利为 30 000 元。购买过程中，另支付相关税费 7 000 元。采用成本法核算。

业务 2　东方公司 2011 年 7 月 15 日收到海蓝公司分来的购买该股票时已宣告发放的现金股利 30 000 元。

要求：根据上述资料编制会计分录。

应抵减初始投资成本金额的确定

通常情况下，投资企业在取得投资当年自被投资单位分得的现金股利或利润应作为投资成本的收回；以后年度，被投资单位累计分派的现金股利或利润超过投资以后至上年末止被投资单位累计实现净利润的，投资企业按照持股比例计算应享有的部分应作为投资成本的收回，冲减投资的账面价值。具体可按以下公式计算：

(1) 应冲减初始投资成本的金额＝(投资后至本年末止被投资单位累积分派的利润或现金股利－投资后至上年末止被投资单位累积实现的净损益)×投资企业的持股比例－投资企业已冲减的初始投资成本。

(2) 应确认的投资收益＝投资企业当年获得的利润或现金股利－应冲减初始投资成本的金额。

应用以上公式计算时，若应冲减初始投资成本金额为正数，贷记"长期股权投资"账户，若应冲减初始投资成本金额为负数，则为本期应恢复的投资成本，借记"长期股权投资"账户，但恢复数不能大于原冲减数。

任务 6　长期股权投资核算的权益法

[知识要点]

1. 长期股权投资权益法的概念

权益法，是指投资以初始投资成本计量后，在投资持有期间根据投资企业享有被投资单位所有者权益份额的变动对投资的账面价值进行调整的方法。

2. 长期股权投资权益法的适用范围

长期股权投资权益法适用于投资企业对被投资单位具有共同控制或者重大影响的长期

股权投资,即对合营企业投资、联营企业投资,应当采用权益法核算。

3. 长期股权投资权益法核算要点

(1) 账户设置

企业应在"长期股权投资"账户下设置"成本"、"损益调整"和"其他权益变动"三个明细账进行核算。"长期股权投资——成本"账户核算初始投资成本;"长期股权投资——损益调整"账户核算投资企业根据被投资单位实现的净利润计算应享有的份额;"长期股权投资——其他权益变动"账户核算投资企业根据被投资单位除净利润以外的所有者权益变动计算应享有的份额。

(2) 长期股权投资权益法的会计处理

① 初始投资成本的调整

a. 长期股权投资初始投资成本大于取得投资时应享有被投资单位可辨认净资产公允价值份额的,该部分差额是投资企业在取得投资过程中通过购买作价体现出的与取得股权份额相对应的商誉及不符合资产价值,不调整长期股权投资的初始投资成本。

b. 长期股权投资的初始投资成本小于投资时应享有被投资单位可辨认净资产公允价值份额的,其差额体现为双方在交易作价过程中转让方的让步,应当计入当期损益(营业外收入),同时调整长期股权投资的账面价值。

② 投资损益的确认。投资企业在确认应享有被投资单位净损失的份额时,应当以取得投资时被投资单位各项可辨认资产的公允价值为基础,对被投资单位净利润进行调整后确认。

a. 被投资单位采用的会计政策及会计期间与投资单位不一致的,应按投资企业的会计政策及会计期间对被投资单位的财务报表进行调整,并据以确认投资收益。

b. 投资企业的投资收益,应当以取得投资时被投资单位各项可辨认资产的公允价值为基础,对被投资单位净损失进行调整后确定。例如:以取得投资时被投资单位的固定资产、无形资产的公允价值为基础计提的折旧额或摊销额,相对于被投资单位已计提的折旧额、摊销额之间存在差额的,应按其差额对被投资单位净损益进行调整,并按调整后的净损益和持股比例计算确认投资收益。

c. 同时应注意的是,如果无法可靠确定投资时被投资单位各项可辨认资产的公允价值,或投资时被投资单位可辨认资产等的公允价值与其账面价值之间的差额较小,以及其他原因导致无法对被投资单位净损益进行调整,可以按照被投资单位的账面净损益与持股比例计算确认投资收益,但应在附注中说明这一事实及其原因。

③ 取得现金股利或利润的处理。按照权益法核算的长期股权投资,投资企业自被投资单位取得现金股利或利润,应区别以下情况分别处理:

a. 自被投资单位分得现金股利或利润未超过已确认投资损益的,应抵减长期股权投资的账面价值,在被投资单位宣告分派现金股利或利润时,借记"应收股利"账户,贷记"长期股权投资——损益调整"账户。

b. 自被投资单位分得现金股利或利润超过已确认投资损益的部分,但未超过投资以后被投资单位实现的账面净利润中本企业享有的份额,应作为投资收益处理。被投资单位宣告分派现金股利或利润时,按照应分得的现金股利或利润金额,借记"应收股利"账户,按照应分得的现金股利或利润未超过账面已确认投资收益的金额,贷记"长期股权投资——损益调整"账户,上述借贷方差额贷记"投资收益"账户。

c. 自被投资单位分得现金股利或利润超过已确认投资损益,同时也超过了投资以后被投资单位实现的账面净利润中本企业按持股比例应享有的部分,该部分金额应作为投资成本的收回。借记"应收股利"账户,贷记"长期股权投资——损益调整、投资成本"、"投资收益"账户。

④ 超过亏损的确认。投资企业确认被投资单位发生的净亏损,应当以长期股权投资的账面价值以及其他实质上构成对被投资单位净投资的长期权益减记至零为限,投资企业负有承担额外损失义务的除外。

其他实质上构成对被投资单位净投资的长期权益,通常是指长期性的应收项目。如企业对被投资单位的长期债权,该债权没有明确的清收计划且有可能预见的未来期间不准备收回的,实质上构成对被投资单位的净投资。投资企业在确认应分担被投资单位发生的亏损时,具体应按照以下顺序处理:

冲减长期股权投资的账面价值。当发生投资损失时,借记"投资收益"账户,贷记"长期股权投资"账户。

如果长期股权投资的账面价值不足以冲减的,应当以其他实质上构成对被投资单位的净投资的长期权益账面价值为限继续确认投资损失时,借记"投资收益"账户,贷记"长期应收款"账户。

⑤ 长期股权投资的处置

a. 处置长期股权投资时,按实际取得的价款与长期股权投资账面价值的差额,应计入投资损益,并应同时结转已计提的长期股权投资减值准备。采用权益法核算的长期股权投资,因被投资单位除郊损益以外所有者权益的其他变动而计入所有者权益的,处置该项投资时,应将原计入所有者权益的部分按相应比例转入投资收益。

b. 处置长期股权投资时,应按实际收到的金额,借记"银行存款"等账户,按其账面余额,贷记"长期股权投资"账户,按尚未领取的现金股利或利润贷记"应收股利"账户,按其差额,贷记或借记"投资收益"账户,已计提减值准备的,还应同时结转减值准备。

c. 采用权益法核算长期股权投资的处置,除上述规定外,还应结转原记入资本公积的相关金额,借记或贷记"资本公积——其他资本公积",贷记或借记"投资收益"结转账户。

技能操作

[学 中 做]

[业务资料] 东方公司2011年发生长期股权投资权益法的经济业务如下:

1. 初始投资成本

业务1 该公司2011年1月取得海蓝公司30%的股权,支付价款5 000万元,取得投资时被投资单位净资产账面价值为15 000万元(假定被投资单位各项可辨认资产、负债的公允价值与其账面价值相同)。编制会计分录如下:

借:长期股权投资——投资成本　　　50 000 000

贷：银行存款　　　　　　　　　　　　　　50 000 000

　　分析：长期股权投资初始投资成本5 000万元大于取得投资时应享有被投资单位可辨认净资产公允价值份额4 500万元（15 000×30%），该差额不调整长期股权投资的账面价值。

　　业务2　该公司2011年1月取得海蓝公司30%的股权，支付价款5 000万元，取得投资时被投资单位可辨认净资产的公允价值为22 000万元，按持有比例30%计算确定应享有6 600万元（22 000×30%），则初始投资成本与应享有被投资单位可辨认净资产公允价值份额之间的差额为1 600万元（6 600－5 000）应计入取得当期的营业外收入。编制会计分录如下：

　　借：长期股权投资——投资成本　　　66 000 000
　　　　贷：银行存款　　　　　　　　　　50 000 000
　　　　　　营业外收入　　　　　　　　　16 000 000

2. 投资损益的确认

　　业务3　该公司于2011年1月10日购入海蓝公司30%的股份，购买价格为2 500万元，并自取得投资之日起，派人参与海蓝公司的生产经营决策。取得投资当日，海蓝公司可辨认资产的公允价值为7 000万元，除表5－3所列的项目外，海蓝公司其他资产、负债的公允价值与账面价值相同。海蓝公司主要资产项目情况如表5－3所示。

表5－3　海蓝公司主要资产项目情况表　　　　　　　　单位：万元

项　目	账面原价	已提折旧或摊销	公允价值	B公司预计使用年限	A公司取得投资后剩余使用年限
存　货	700		900		
固定资产	1 500	300	2 400	20	16
无形资产	800	160	1 000	10	8
合　计	3 000	460	4 300		

　　假定海蓝公司于2011年实现净利润为700万元，其中在东方公司取得投资时的账面存货有80%已对外销售，东方公司与海蓝公司的会计年度及采用的会计政策相同，固定资产、无形资产均按直线法提取折旧或摊销，预计残值均为零。

　　东方公司在确定其应享有投资收益时，应在海蓝公司实现净利润的基础上，根据所取得投资时海蓝公司有关资产账面价值与其公允价值差额的影响进行调整（不考虑所得税影响）。

　　要求：计算调整后的净利润并编制会计分录。

　　（1）计算调整后的净利润
　　存货账面价值与其公允价值差额应调减的利润＝（900－700）×80%＝160（万元）
　　固定资产公允价值与账面价值差额应调增的折旧额＝2 400÷16－1 500÷20＝75（万元）
　　无形资产公允价值与账面价值差额应调增的摊销额＝1 000÷8－800÷10＝45（万元）
　　调整后的净利润＝700－160－75－45＝420（万元）
　　东方公司应享有的份额＝420×30%＝126（万元）

(2) 编制会计分录如下：
借：长期股权投资——损益调整　　　　1 260 000
　　贷：投资收益　　　　　　　　　　　　　　1 260 000

3. 取得现金股利或利润

业务4　沿用业务3资料，假定2011年2月10日海蓝公司宣告分派现金股利260万元。

编制会计分录如下：
借：应收股利　　　　　　　　　　　　780 000
　　贷：长期股权投资——损益调整　　　　　　780 000

分析：东方公司按持股比例应分得260×30%＝78万元的现金股利，未超过已确认投资损益126万元。

业务5　沿用业务3资料，假定2011年2月10日海蓝公司宣告分派现金股利600万元。

编制会计分录如下：
借：应收股利　　　　　　　　　　　　1 800 000
　　贷：长期股权投资——损益调整　　　　　　1 260 000
　　　　投资收益　　　　　　　　　　　　　　540 000

分析：东方公司按持股比例应分得600×30%＝180万元的现金股利，已超过已确认的投资损益126万元，但未超过投资以后被投资单位实现的账面净利润中本企业享有的份额210(700×30%)万元，超过部分的金额应作为投资收益处理。

4. 发生亏损的确认

业务6　东方公司持有海蓝公司40%的股权，海蓝公司2011年发生亏损800万元，则东方公司当年度应确认的投资损失为320万元(800×40%)。

编制会计分录如下：
借：投资收益　　　　　　　　　　　　3 200 000
　　贷：长期股权投资——损益调整　　　　　　3 200 000

5. 被投资单位除净利润以外的所有者权益变动

业务7　东方公司持有海蓝公司30%的股权，能够对海蓝公司施加重大的影响。当期海蓝公司因持有可供出售金融资产公允价值的变动计入资本公积的金额为1 200万元，除该事项外海蓝公司当期实现的净损益为6 000万元。假定东方公司与海蓝公司适用的会计政策、会计期间相同，投资时海蓝公司有关资产、负债的公允价值与其账面价值也相同。

编制会计分录如下：
借：长期股权投资——损益调整　　　　18 000 000
　　　　　　　　——其他权益变动　　　3 600 000
　　贷：投资收益　　　　　　　　　　　　　　18 000 000
　　　　资本公积——其他资本公积　　　　　　3 600 000

6. 出售长期股权投资

业务 8 东方公司出于投资管理的原因,于 2011 年 3 月 15 日将所持海蓝公司 25% 的股权全部出售,取得转让收入 1 325 万元。转让时该项长期股权投资的账面价值为 1 030 万元(投资成本 918 万元,损益调整借方余额 82 万元,其他权益变动借方余额 30 万元)。

编制会计分录如下:

借:银行存款　　　　　　　　　　　　　13 250 000
　　贷:长期股权投资——成本　　　　　　　9 180 000
　　　　　　　　　　——损益调整　　　　　 820 000
　　　　　　　　　　——其他权益变动　　　 300 000
　　　　投资收益　　　　　　　　　　　　2 950 000

同时:

借:资本公积——其他资本公积　　　　　　 300 000
　　贷:投资收益　　　　　　　　　　　　　 300 000

[做 中 学]

[业务资料] 东方公司发生的长期股权投资经济业务如下:

东方公司 2008 年 1 月 5 日向 B 公司投资 8 000 000 元,获得 B 公司有表决权资本的 40%,具有重大影响。假定取得投资时点被投资单位各资产公允价值等于账面价值,双方采用的会计政策、会计期间相同。2008 年 B 公司全年实现净利润 1 000 000 元;2009 年 2 月 1 日宣告分派现金股利 3 000 000 元;2009 年 B 公司全年亏损 16 000 000 元;2010 年 B 公司全年亏损 5 000 000 元;2011 年 B 公司全年实现净利润 4 000 000 元。假定东方公司没有实质上构成净投资的长期权益项目。

要求:根据上述业务资料编制会计分录。

长期股权投资减值金额的确定

1. 企业对子公司、合营企业及联营企业的长期股权投资,在资产负债表日存在可能发生减值的迹象时,其可收回金额低于账面价值的,应当将该长期股权投资的账面价值减记至可收回金额,减记的金额确认为减值损失,计入当期损益,同时计提相应的资产减值准备。

2. 企业对被投资单位不具有控制、共同控制或重大影响,且在活跃市场中没有报价、公允价值不能可靠计量的长期股权投资,应当将该长期股权投资在资产负债表日的账面价值与按照类似金融资产当时市场收益率对未来现金流量折现确定的现值之间的差额,确认为减值损失,计入当期损益。

3. 长期股权投资减值的会计处理

(1) 企业计提长期股权投资减值准备,应当设置"长期股权投资减值准备"账户核算。该账户属于资产类账户,是长期股权投资的备抵账户,贷方登记长期股权投资减值准备的计提数额,借方登记处置长期股权投资时转出的长期股权投资减值准备,期末余额在贷方,反映企业已计提但尚未转销的长期股权投资减值准备,该账户被投资单位要进行明细核算。

(2)企业按应减记的金额,借记"资产减值损失——计提的长期股权投资减值准备"账户,贷记"长期股权投资减值准备"账户。长期股权投资减值损失一经确认,在以后会计期间不得转回。

综合练习题

一、单项选择题

1. 下列各项不属于金融资产的是( )。
   A. 库存现金　　　　　　B. 应收账款　　　　　　C. 基金投资　　　　　　D. 存货

2. 2007年1月1日,甲上市公司购入一批股票,作为交易性金融资产核算和管理。实际支付价款100万元,其中包含已经宣告的现金股利1万元,另支付相关费用2万元,均以银行存款支付。假定不考虑其他因素,该项交易性金融资产的入账价值为( )万元。
   A. 100　　　　　　B. 102　　　　　　C. 99　　　　　　D. 103

3. 持有交易性金融资产期间被投资单位宣告发放现金股利或在资产负债表日按债券票面利率计算利息时,借记"应收股利"或"应收利息"科目,贷记( )科目。
   A. 交易性金融资产　　　　　　　　　　B. 投资收益
   C. 公允价值变动损益　　　　　　　　　D. 短期投资

4. 企业出售交易性金融资产时,应按实际收到的金额,借记"银行存款"科目,按该金融资产的成本,贷记"交易性金融资产(成本)"科目,按该项交易性金融资产的公允价值变动,贷记或借记"交易性金融资产(公允价值变动)"科目,按其差额,贷记或借记( )科目。
   A. 公允价值变动损益　　　　　　　　　B. 投资收益
   C. 短期投资　　　　　　　　　　　　　D. 营业外收入

5. 企业购入债券作为持有至到期投资,该债券的投资成本应为( )。
   A. 债券面值　　　　　　　　　　　　　B. 债券面值加相关交易费用
   C. 债券公允价值　　　　　　　　　　　D. 债券公允价值加相关交易费用

6. 资产负债表日,持有至到期投资的价值通常是指( )。
   A. 投资的入账成本　　　　　　　　　　B. 投资的公允价值
   C. 投资的摊余成本　　　　　　　　　　D. 投资的票面价值

7. 企业( )情况下的长期股权投资,应当采用权益法核算。
   A. 具有控制或共同控制　　　　　　　　B. 具有控制或重大影响
   C. 具有共同控制或重大影响　　　　　　D. 具有控制或无重大影响

8. 长期股权投资采用成本法核算,可能导致投资企业冲减投资成本的事项是( )。
   A. 被投资企业获得利润　　　　　　　　B. 被投资企业发生亏损
   C. 被投资企业分派现金股利　　　　　　D. 被投资企业分派股票股利

9. 非企业合并,且以支付现金取得的长期股权投资,当采用成本法计算时,应当按照( )作为初始投资成本。
   A. 实际支付的购买价款
   B. 被投资企业所有者权益账面价值的份额
   C. 被投资企业所有者权益公允价值的份额

D. 被投资企业所有者权益

10. 甲公司出资1 000万元,取得了乙公司80%的控股权。假如购买股权时乙公司的账面净资产价值为1 500万元,甲、乙公司合并前后不受同一方控制,则甲公司确认的长期股权投资成本为( )万元。
    A. 1 000   B. 1 500   C. 800   D. 1 200

二、多项选择题
1. 根据企业会计准则对金融资产的分类,金融资产在初始确认时应当分为( )。
   A. 以公允价值计量且变动计入当期损益的金融资产
   B. 交易性金融资产
   C. 持有至到期投资
   D. 贷款和应收款项

2. 下列项目中,不应计入交易性金融资产取得成本的是( )。
   A. 支付的购买价格   B. 支付的相关税金
   C. 支付的手续费   D. 支付价款中包含的应收利息

3. 下列各项中,会引起交易性金融资产账面余额发生变化的有( )。
   A. 收到原未计入应收项目的交易性金融资产的利息
   B. 期末交易性金融资产公允价值高于其账面余额的差额
   C. 期末交易性金融资产公允价值低于其账面余额的差额
   D. 出售交易性金融资产

4. 表明金融资产发生减值的客观证据,包括( )。
   A. 发行方或债务人发生严重财务困难
   B. 债务人违反了合同条款,如偿付利息或本金发生违约或逾期等
   C. 债权人出于经济或法律等方面因素的考虑,对发生财务困难的债务人作出让步
   D. 债务人很可能倒闭或进行其他财务重组
   E. 因发行方发生重大财务困难,该金融资产无法在活跃市场继续交易

5. 下列各项中,应作为持有至到期投资取得时初始成本入账的有( )。
   A. 投资时支付的不含应收利息的价款
   B. 投资时支付的手续费
   C. 投资时支付的税金
   D. 投资时支付款项中所含的已到期尚未发放的利息

6. 企业持有的下列投资中,投资对象既可以是股票也可以是债券的有( )
   A. 交易性金融资产   B. 持有至到期投资
   C. 委托贷款   D. 可供出售金融资产

7. 根据《企业会计准则第2号——长期股权投资》的规定,长期股权投资采用成本法核算时,下列各项会引起长期股权投资账面价值变动的有( )。
   A. 追加投资   B. 减少投资
   C. 被投资企业实现净利润   D. 被投资企业宣告发放现金股利

8. 对长期股权投资采用权益法核算时,被投资企业发生的下列事项中,投资企业应该调整长期股权投资账面价值的有( )。

A. 被投资企业实现净利润　　　　　B. 被投资企业宣告分配现金股利
C. 被投资企业购买固定资产　　　　D. 被投资企业计提盈余公积

9. 长期股权投资采用权益法核算时,"长期股权投资"科目下应设置的明细科目有(　　)。
A. 成本　　　　　　　　　　　　　B. 损益调整
C. 公允价值变动　　　　　　　　　D. 减值准备

10. 企业处置长期股权投资时,正确的处理方法有(　　)。
A. 处置长期股权投资,其账面价值与实际取得价款的差额,应当计入投资收益
B. 处置长期股权投资,其账面价值与实际取得价款的差额,应当计入营业外收入
C. 采用权益法核算的长期股权投资,因被投资单位除净损益以外所有者权益的其他变动而计入所有者权益的,处置该项投资时应当将原计入所有者权益的部分按相应比例转入投资收益
D. 采用权益法核算的长期股权投资,因被投资单位除净损益以外所有者权益的其他变动而计入所有者权益的,处置该项投资时应当将原计入所有者权益的部分按相应比例转入营业外收入

三、判断题

1. 金融资产在初始确认时分为交易性金融资产、持有至到期投资、贷款和应收款项及可供出售金融资产。上述分类一经确定,不得变更。(　　)
2. 根据企业会计准则的划分,直接制定为以公允价值计量且其变动计入当期损益的金融资产不属于交易性金融资产,但通过"交易性金融资产"科目核算。(　　)
3. 企业取得交易性金融资产支付的手续费等相关费用,应当计入当期损益;取得可供出售金融资产支付的手续费等相关费用,应当计入投资成本。(　　)
4. 资产负债表日,交易性金融资产和可供出售金融资产均应按公允价值计量,且公允价值的变动计入公允价值变动损益。(　　)
5. 持有至到期投资、可供出售金融资产和长期股权投资都可以计提减值准备,但只有长期股权投资计提的减值准备不允许转回。(　　)
6. 资产负债表日,对于持有至到期投资为分期付息、一次还本债券投资的,应按票面利率计算确定的应收未收利息,应该借记"持有至到期投资(应计利息)"科目。(　　)
7. 企业取得可供出售金融资产时支付的交易费用应计入投资收益。(　　)
8. 同一控制下企业合并形成的长期股权投资,初始投资成本取决于被投资单位净资产的账面价值和投资企业的持股比例。(　　)
9. 长期股权投资采用成本法核算的,应按被投资单位宣告发放的现金股利或利润中属于本企业的部分,借记"应收股利"科目,贷记"投资收益"科目;属于被投资单位在本企业取得投资前实现净利润的分配额,应该借记"应收股利"科目,贷记"资本公积"科目。(　　)
10. 采用权益法核算的长期股权投资的初始投资成本大于投资时应享有被投资单位可辨认净资产公允价值份额的,其差额计入长期股权投资(股权投资差额)中。(　　)

四、实训题

实训 1

[目的]　练习交易性金融资产购入股票的核算。

[资料] 2011年3月25日,星海公司按每股3.5元的价格购入每股面值1元的A公司股票10 000股作为交易性金融资产,并支付交易税费250元。股票购买价格中包含每股0.1元已宣告但尚未领取的现金股利,该现金股利于2011年4月10日发放。

[要求] 根据上述业务编制有关会计分录。

实训 2

[目的] 练习交易性金融资产购入债券的核算。

[资料] 2011年4月5日,星海公司按248 000元的价格购入面值为200 000元,2011年1月1日发行,期限五年,票面利率5%,到期一次还本付息的甲公司债券作为交易性资产,并支付交易税费800元。

[要求] 根据上述业务编制有关会计分录。

实训 3

[目的] 练习持有至到期投资的核算。

[资料] 甲公司2011年1月1日购入乙公司当日发行的五年期债券,准备持有至到期。债券的票面利率为12%,债券面值1 000元,企业按1 050元的价格购入80张。该债券每年年末付息一次,最后一年还本并付最后一次利息。假设甲公司按年计算利息。假定不考虑相关税费,该债券的实际利率为10.66%。

[要求] 根据上述业务编制有关会计分录。

实训 4

[目的] 练习可供出售金融资产的核算。

[资料] 2010年5月6日,甲公司支付价款10 160 000元(含交易费用20 000元和已宣告发放现金股利140 000元),购入乙公司发行的股票200 000股,占乙公司有表决权股份的0.5%。甲公司将其划分为可供出售金融资产。

2010年5月10日,甲公司收到乙公司发放的现金股利140 000元。

2010年6月30日,该股票市价为每股52元。

2010年12月31日,甲公司仍持有该股票;当日,该股票市价为每股50元。

2011年5月9日,乙公司宣告发放股利40 000 000元。

2011年5月13日,甲公司收到乙公司发放的现金股利。

2011年5月20日,甲公司以每股49元的价格将股票全部转让。

[要求] 假定不考虑其他因素,根据上述业务编制有关会计分录。

实训 5

[目的] 练习长期股权投资成本法的核算。

[资料] 2009年1月1日,A公司以银行存款500万元取得B公司20%的股份。乙公司所有者权益的账面价值为700万元。

2009年5月2日,B公司宣告分配2006年度现金股利100万元,2007年度B公司实现利润200万元。

2010年5月2日,B公司宣告分配现金股利300万元,2008年度B公司实现利润300万元。

2011年5月2日,B公司宣告分配现金股利200万元。

[要求] 根据上述业务编制有关会计分录。(金额单位用万元表示)

实训 6

[目的] 练习长期股权投资权益法的核算。

[资料] 甲股份有限公司 2009 年至 2011 年投资业务有关的资料如下：

(1) 2009 年 1 月 1 日，甲公司以银行存款 1 000 万元，购入乙股份有限公司（以下简称乙公司）股票，占乙公司有表决权股份的 30%，对乙公司的财务和经营政策具有重大影响。不考虑相关费用。2009 年 1 月 1 日，乙公司所有者权益总额为 3 000 万元。

(2) 2009 年 5 月 2 日，乙公司宣告发放 2006 年度的现金股利 200 万元，并于 2009 年 5 月 26 日实际发放。

(3) 2009 年度，乙公司实现净利润 1 200 万元。

(4) 2010 年 5 月 2 日，乙公司宣告发放 2009 年度的现金股利 300 万元，并于 2010 年 5 月 20 日实际发放。

(5) 2010 年度，乙公司发生净亏损 600 万元。

(6) 2010 年 12 月 31 日，甲公司预计对乙公司长期股权投资的可收回金额为 900 万元。

(7) 2011 年 6 月，乙公司获得债权人豁免其债务并进行会计处理后，增加利润总额 200 万元。

(8) 2011 年 9 月 3 日，甲公司与丙股份有限公司（以下简称丙公司）签订协议，将其所持有乙公司的 30% 的股权全部转让给丙公司。股权转让协议如下：① 股权转让协议在经甲公司和丙公司的临时股东大会批准后生效；② 股权转让价款总额为 1 100 万元，协议生效日丙公司支付股权转让价款总额的 80%，股权过户手续办理完成时支付股权转让价款总额的 20%。2011 年 10 月 31 日，甲公司和丙公司分别召开临时股东大会批准了上述股权转让协议。当日，甲公司收到丙公司支付的股权转让价款总额的 80%。截止到 2011 年 12 月 31 日，上述股权转让的过户手续尚未办理完毕。

(9) 2011 年，乙公司实现净利润 400 万元，其中 1 月至 10 月实现净利润 300 万元。假定除上述交易或事项外，乙公司未发生导致其所有者权益发生变动的其他交易或事项。

[要求] 编制 2009—2011 年相关的会计分录。（"长期股权投资"科目要求写出明细科目；金额单位用万元表示）

第6章 固定资产

学习目标

了解固定资产的概念、特征及分类,熟悉固定资产确认和计量标准,掌握固定资产的初始计量、后续计量、减值及处置等有关的会计核算方法。

导入案例

东方公司成立五年来效益一直不错,从未发生过亏损。2011年小李从学校毕业后就到这家公司应聘做了一名会计员,可是就在小李接管会计的当年,该公司的盈利就比上一年有了明显下降,小李百思不得其解,公司领导也觉得很纳闷,于是公司经理指派有关人员对小李登记的账本进行了检查,结果发现了这样两笔业务:第一笔业务,2011年8月13日,该公司购进办公用电脑10台,价款60 000元,增值税10 200元,运杂费1 500元,全部款项以银行存款支付。小李是这样编制会计分录的,借记:管理费用71 700元,贷记:银行存款71 700元。第二笔业务,2011年9月25日,该公司以存款3万元购入一项专有技术。小李编制的会计分录为:借记管理费用3万元,贷记银行存款3万元。

【思考与分析】
(1) 小李对上述两项业务的会计处理是否正确?为什么?
(2) 如果换作是你,应该如何进行处理?

任务1 固定资产取得的核算

知识要点

1. 固定资产的概念

固定资产,一般是指使用年限较长、单位价值较高,并且在使用过程中基本保持其原有的实物形态的有形资产。根据《企业会计准则第4号——固定资产》的规定:固定资产是指为生产商品、提供劳务、出租或经营管理而持有的且使用寿命超过一个会计年度的有形资产。固定资产应同时具有以下两个特征:

一是为生产商品、提供劳务、出租或经营管理而持有;二是使用寿命超过一个会计年度。对不符合上述条件的劳动资料,企业应作为低值易耗品管理和核算。

虽然制度对固定资产的标准作了具体的规定,但由于企业的经营内容、经营规模等各不相同,因此固定资产的标准也不可能强求绝对一致。

2. 固定资产的确认条件

固定资产的确认条件,除了要符合其概念外,还应同时满足以下两个条件:

(1) 与该固定资产有关的经济利益很可能流入企业

在会计的实际工作中,判断固定资产有关的经济利益是否很可能流入企业,主要是看与该固定资产的风险和报酬是否转移到了企业。一般情况下,取得固定资产的所有权是判断与固定资产所有权相关的风险与报酬转移到企业的一个重要标志。凡是所有权属于企业的固定资产,无论企业是否持有或收到该固定资产,均应作为企业的固定资产;反之,如果所有权不属于企业的固定资产,即使存放在企业,也不应作为企业的固定资产。不过,特殊情况例外。比如,融资租入的固定资产,企业在租赁期间,虽然不拥有固定资产的所有权,但与固定资产所有权相关的风险与报酬实质上已经转移到企业(承租方),此时,企业能够控制该固定资产所包含的经济利益,因此,符合固定资产确认的第一个条件。

(2) 该固定资产的成本能够可靠地计量

一项资产要确认为固定资产,其成本必须能够可靠地计量,或者能够合理地估计。比如,企业对于已经达到预定可使用状态但尚未办理竣工决算手续的固定资产,在尚未办理竣工决算手续时,可先按暂估价入账,等办理竣工决算手续后再进行调整。

3. 固定资产的分类

为了加强固定资产的管理,提高固定资产的利用率,企业可以根据自身的需要,对固定资产进行必要的分类,可以按经济用途分类,也可以按使用情况或按所有权进行分类。

(1) 按固定资产的经济用途分类

生产经营用的固定资产,是指直接参加或服务于经营过程的固定资产。如仓库、机器设备、营业用房、车辆等。

非生产经营用的固定资产,是指不直接参加或服务于经营过程的固定资产。如食堂、医务室、幼儿园、职工宿舍等。

(2) 按固定资产的使用情况分类

使用中的固定资产,是指企业正在使用过程中的经营性和非经营性的固定资产。企业以经营租赁方式出租给其他单位使用的固定资产和内部替换使用的固定资产属于使用中的固定资产;因季节性、大修理等原因暂停使用的固定资产,也应列为在用的固定资产。

未使用的固定资产,是指企业新增、新购置、更新改造竣工而等待安装、使用的固定资产,处于改建、扩建工程的固定资产,以及经批准停止使用的固定资产(但因季节性、大修理等原因暂停使用的固定资产,应列为在用固定资产)。

不需用的固定资产,是指企业在生产经营中不需用或不适用的固定资产。

(3) 按固定资产的所有权分类

自有的固定资产,是指企业拥有的可供企业自由支配使用的固定资产。

租入的固定资产,是指企业以融资租赁方式从其他单位租入的固定资产。

不同的分类方法,其作用是不同的,如想了解固定资产的结构(各种用途固定资产占全部固定资产的比重),则按经济用途分类;如想了解固定资产的利用情况,则按使用情况分类;如想了解固定资产的产权关系,就应按所有权分类。

不过,实际工作中,企业对固定资产的分类,通常是采用综合分类法(即按经济用途、使用情况结合产权关系进行分类)。

(4) 综合分类法

综合分类法一般分为以下 7 类:

① 生产经营用固定资产。

② 非生产经营用固定资产。

③ 租出固定资产。

④ 融资租入固定资产。

⑤ 未使用固定资产。

⑥ 不需用固定资产。

⑦ 土地。

4. 固定资产的计价

(1) 固定资产的计价基础

固定资产的计价,是指以货币为计量单位,采用一定的计量方法来确定固定资产的价值。固定资产的计价是固定资产核算和管理的一个重要环节。

固定资产的计价方法(或计价基础)一般有三种,即原始价值、重置完全价值和净值。固定资产应当按照历史成本进行初始计量。

① 原始价值。简称"原价"或"原值",是指企业购置或建造固定资产时所发生的一切合理、必要的支出,即取得时的实际成本。

② 重置完全价值。简称重置价值或估值。是指在当前价格情况下,重新购建该项固定资产所需要的全部支出。它是一种现行价格水平下的原始价值。这种计价方法一般是在企业盘盈或接受捐赠固定资产等无法确定其原价,或根据国家规定对固定资产进行重新估价时才使用。

③ 净值(亦称折余价值)。净值是指固定资产的原始价值或重置价值减去累计折旧后的余额。

以上三种计价标准,对企业固定资产的管理和核算所起的作用是不同的。

原值和重置价值,是增加固定资产的入账价值,是计算固定资产折旧的依据。原值反映企业的经营规模和设备能力,重置价值可以反映企业在一定时期的生产力水平和技术装备水平,净值则反映企业当前固定资产实际占用资金的数额。通过固定资产净值与原值的对比,可以了解固定资产的新旧程度,便于有计划地安排固定资产的更新。

固定资产的初始计量是指对取得的固定资产运用恰当的会计计量属性对其价值进行记录。按照企业会计准则的规定,固定资产应当按照历史成本进行初始计量。

历史成本,也称为原始价值,是指企业购置、建造、改建及扩建某项固定资产达到可使用状态之前所发生的一切合理的必要的支出。

(2) 固定资产原始价值的确定

由于固定资产取得和形成的方式不同,其原始价值的确定也是不同的。企业一般可以按下列规定来确定固定资产的原始价值(即各类固定资产原始价值的确定)。

① 购入固定资产,按购进成本计价,包括买价、运杂费、装卸费、调试安装费、保险费等。

② 自行建造的固定资产,按建造的实际成本计价(即建造过程中的净支出)。

③ 融资租入的固定资产,按租赁开始日租赁资产的原账面价值与最低租赁付款额的现值两者中较低者作为入账价值。如果融资租赁资产占企业资产总额比例等于或小于30%的,在租赁开始日,企业也可以按最低租赁付款额,作为固定资产的入账价值。最低租赁付款额,是指在租赁期内,企业(承租人)应支付或可能被要求支付的各种款项(不包括或有租金和履约成本),加上由企业(承租人)或与其有关的第三方担保的资产余值。资产余值,是指租赁开始日估计的租赁期届满时租赁资产的公允价值。

④ 盘盈固定资产,按同类固定资产的重置价值计价。

⑤ 接受捐赠的固定资产,按接受时同类固定资产的市场价值估价记账,或根据所提供的有关凭据记账。接受时所发生的各项费用,应计入固定资产价值。

⑥ 投资者投入的固定资产,按评估确认的价值或投资单位的账面价或合同协议约定的价格计价。

⑦ 在原有基础上改建、扩建的固定资产,按原价加上改建、扩建支出再减去改建、扩建过程中发生的变价收入后的金额计价,即原价加改建、扩建净支出。

⑧ 债务人以非现金资产抵债方式取得的固定资产,其入账价值应按《企业会计准则——债务重组》的规定确定。

⑨ 以非货币性交易换入的固定资产,其入账价值应按《企业会计准则——非货币性交易》的规定确定。

注意：企业在确定固定资产成本时,还应考虑预计弃置费用的因素。不属于弃置义务的固定资产报废清理费,应当在发生时作为固定资产处置费用处理。

5. 固定资产的核算要点

(1) 账户设置

① "固定资产"账户。企业应设置"固定资产"账户,用来核算企业的固定资产原值。该账户属于资产类账户,借方登记因各种原因(如购入、建造、融资租入、盘盈、接受捐赠、其他单位投入等)而增加的固定资产原值；贷方登记因各种原因(如投资转出、出售、盘亏、报废、毁损等)而减少固定资产原值,期末借方余额,反映企业现有固定资产的原值。该账户,应按固定资产的类别、使用部门和项目进行明细核算。

② "在建工程"账户。企业应设置"在建工程"账户,用来核算企业为进行各项固定资产工程所发生的实际支出,包括固定资产新建工程、改建扩建工程、修理工程和购入安装工程等所发生的实际支出。该账户属于资产类账户,借方登记发生各项实际支出,贷方登记工程中取得的各项收入及工程竣工转销,期末余额在借方,表示尚未完工或虽已完工但尚未办理竣工决算的工程实际支出。

③ "工程物资"账户。企业应设置"工程物资"账户,核算企业为基建工程、更新改造工程和大修理工程准备的各种物资的实际成本。包括为工程准备的材料、尚未交付安装的需要安装设备的实际成本,以及预付大型设备款和基本建设期间购入为生产准备的工具及器具等的实际成本。该账户属于资产类账户,借方登记企业购入工程物资和为生产准备的工

具及器具,以及为购置大型设备而预付款,贷方登记领用工程物资和为生产准备的工具、器具以及收到设备并补付设备价款,期末借方余额,反映企业为工程购入而尚未领用的专用材料的实际成本,购入需要安装设备的实际成本,以及为生产准备但尚未交付使用的工具、器具的实际成本等。

(2) 固定资产的会计处理

① 购入不需要安装的固定资产,可根据购买时取得的发票等原始凭证,按实际支付的价款,包括买价、运输费、包装费、途中保险费等作为固定资产的原价,直接借记"固定资产"账户,贷记"银行存款"账户。

② 购入需要安装的固定资产,在安装过程中所发生的一切费用,应列入固定资产原值内,在核算上要通过"在建工程"账户进行成本核算。

企业自行建造固定资产有出包和自营两种方式,无论采用哪种方式,都应通过"在建工程"账户核算。

③ 自营方式,是指企业以自己的人力、物力、财力去建造固定资产。这类工程的核算比出包工程要稍微复杂一些,这主要表现在在建工程支出的归集上。发生各项支出时,一方面借记"在建工程"账户,另一方面要按领用的工程物资、应负担的职工工资、耗用本企业的商品(产品、原材料)为工程提供的劳务(如设备安装、修理、运输等)以及发生的其他支出,分别贷记"工程物资"、"应付职工薪酬"、"库存商品"、"原材料"、"其他业务成本"和"银行存款"账户等。

注意:企业的固定资产自营工程一般耗资大,施工期长,因此,可能要向银行或其他金融机构申请借款或发行债券,为此而发生的借款利息、债券利息,如属于建设期间发生的,应计入固定资产造价,如建成竣工验收投产后才发生的则计入当期损益。

④ 企业接受其他单位或个人投资转入固定资产时,一般以投资合同或协议约定的价值(评估确认的价值)作为固定资产的原始价值。在核算上,原值是通过"固定资产"账户核算的,接受投资的固定资产价值,即投资单位的投资净额,则通过"实收资本"账户进行核算。

技能操作

[学 中 做]

[业务资料] 东方公司发生固定资产增加等经济业务如下:

业务1 3月1日,购入一台不需要安装的设备,设备价款为38 000元,增值税为6 460元,包装费为350元,运杂费为600元,全部款项已通过银行支付,该固定资产已交付使用。

业务2 假如业务1中购入的设备是需要安装的,应负担的安装人员的工资为800元,另以现金支付其他安装费150元。安装完毕,交付使用。

业务3 自行建造营业用房一幢,购入为工程准备的各种物资500 000元,支付增值税85 000元,全部用于工程建设。另外还领用了企业生产用的原材料一批,实际成本为30 000元,工程应负担的建设人员的工资为65 000元,为工程借入长期借款而发生的利息支出为15 000元,工程完工后交付使用。原材料适用的增值税税率为17%。

业务4 接受乙公司投入设备一台,双方作价为85 000元。

业务5 以出包方式建造一座仓库,总造价为80万元,按规定先预付30%的工程款,工程竣工验收合格后再支付其余 70% 的工程款。

根据上述业务资料编制的会计分录如下：

(1) 3月1日购入固定资产时

借：固定资产　　　　　　　　　　　　　　38 950
　　应交税费——应交增值税（进项税额）　　6 460
　　　贷：银行存款　　　　　　　　　　　　　　　　45 410

(2) 购入时

借：在建工程　　　　　　　　　　　　　　38 950
　　应交税费——应交增值税（进项税额）　　6 460
　　　贷：银行存款　　　　　　　　　　　　　　　　45 410

发生安装费时：

借：在建工程　　　　　　　　　　　　　　950
　　　贷：应付职工薪酬工资　　　　　　　　　　　　800
　　　　　库存现金　　　　　　　　　　　　　　　　150

安装完毕交付使用时：

借：固定资产　　　　　　　　　　　　　　39 900
　　　贷：在建工程　　　　　　　　　　　　　　　　39 900

(3) 购入工程物资时

借：工程物资——专用材料　　　　　　　　500 000
　　应交税费——应交增值税（进项税额）　　85 000
　　　贷：银行存款　　　　　　　　　　　　　　　　585 000

领用工程物资时：

借：在建工程——建筑工程（营业用房工程）　500 000
　　　贷：工程物资——专用材料　　　　　　　　　　500 000

领用本企业原材料时：

借：在建工程——建筑工程（营业用房工程）　35 100
　　　贷：原材料——某品名　　　　　　　　　　　　30 000
　　　　　应交税费——应交增值税（进项税额转出）　5 100

计算工程应负担的工程修建人员的工资时：

借：在建工程——建筑工程（营业用房工程）　65 000
　　　贷：应付职工薪酬工资　　　　　　　　　　　　65 000

计算出工程应负担的长期借款利息时：

借：在建工程——建筑工程（营业用房工程）　15 000
　　　贷：长期借款　　　　　　　　　　　　　　　　15 000

工程完工交付使用时：

借：固定资产——营业用房工程　　　　　　615 100
　　　贷：在建工程——建筑工程（营业用房工程）　　615 100

(4) 接受投资时

借：固定资产　　　　　　　　　　　　　85 000
　　贷：实收资本——乙公司　　　　　　　　　85 000
(5) 预付工程价款时
借：预付账款　　　　　　　　　　　　240 000
　　贷：银行存款　　　　　　　　　　　　　240 000
结算其余工程价款时：
借：在建工程——建筑工程　　　　　　800 000
　　贷：银行存款　　　　　　　　　　　　　560 000
　　　　预付账款　　　　　　　　　　　　　240 000
工程完工交付使用时：
借：固定资产——仓库　　　　　　　　800 000
　　贷：在建工程——建筑工程　　　　　　　800 000

[做 中 学]

[业务资料]　东方公司发生固定资产增加等经济业务如下：

业务1　3月1日，购入一台不需要安装的设备，设备价款为20 000元，增值税为3 400元，包装费为300元，运杂费为500元，全部款项已通过银行支付，该固定资产已交付使用。

业务2　承业务1，假如业务1中购入的设备是需要安装的，应负担的安装人员的工资为1 000元，另以现金支付其他安装费230元。安装完毕，交付使用。

业务3　自行建造营业用房一幢，购入为工程准备的各种物资300 000元，支付增值税51 000元，全部用于工程建设。另外还领用了本企业的库存商品一批，实际成本为30 000元，计税价格为40 000元，增值税为6 800元，工程应负担的建设人员的工资为50 000元，工程完工后交付使用。

业务4　接受乙公司投入设备一台，双方作价为50 000元。

业务5　以出包方式建造一座仓库，总造价为120万元，按规定先预付40%的工程款，工程竣工验收合格后再支付其余60%的工程款。

要求：根据上述业务资料编制会计分录。

1. 融资租赁的概念

融资租赁，主要是指实质上转移了资产所有权有关的全部风险和报酬的租赁。其所有权最终可能转移，也可能不转移。企事业与出租人签订的租赁合同是否认定为融资租赁合同，不在于租赁合同的形式，而应视出租人是否将租赁资产的风险和报酬转移给了承租人而定。如果实质上转移了与资产所有权有关的全部风险和报酬，则该项租赁应认定为融资租赁；如果实质上并没有转移了与资产所有权有关的全部风险和报酬，则该项租赁应认定为经营租赁。

2. 融资租入固定资产的概念及特点

(1) 融资租入固定资产，是指企业以融资租赁方式租入的固定资产。

(2) 融资租赁方式的特点：事先在合同中约定，租赁方付清最后一笔租金及加收的转让费后,固定资产所有权归承租人所有。因此,在租赁期间,企业对这类固定资产,可视同本企业的固定资产进行管理和核算。从本质上看,融资租入是一种分期付款购买固定资产的形式,只不过付款期限相对长一些。

3. 融资租入固定资产的核算

(1) 企业采用融资租赁方式租入固定资产,在法律形式上资产的所有权在租赁期间仍然属于出租人,但由于资产的租赁期基本上包括了资产的有效使用年限,承租企业实质上获得了租赁资产所能提供的主要经济利益,同时承担了资产与资产所有权有关的风险。因此,承租企业应将融资租入资产作为一项固定资产入账,同时确认相应的负债,并采用与自有应折旧资产相一致的折旧方式计提折旧。

(2) 融资租入的固定资产,在核算上是通过在"固定资产"账户内设"融资租入固定资产"明细账户进行核算,同时按规定对其计提折旧。

任务2 固定资产折旧的核算

知识要点

1. 固定资产折旧的概念

固定资产折旧,是指在固定资产使用寿命内,按照确定的方法对应计折旧额进行系统分摊。我们知道企业的固定资产随着使用年限的增加或其他因素的影响,其功能会逐渐地减退,其价值也会逐渐地减少,因此企业就应该在固定资产的使用寿命内,按照规定的方法对固定资产损耗的价值进行合理的系统分摊,即计提固定资产折旧。企业每期计提折旧额多少,主要取决于固定资产的损耗程度。固定资产的损耗,分为有形损耗和无形损耗两种。有形损耗,是指固定资产由于使用和自然的原因而引起的使用价值和价值上的损失。无形损耗,是指由于技术的进步或劳动生产率的提高而引起的固定资产在价值上的损失。

固定资产折旧,是以固定资产损耗为理论基础的,计提折旧时,应全面考虑这两种损耗,使固定资产折旧与其磨损程度尽可能保持一致。

2. 固定资产折旧的提取范围和核算要求

企业为了正确计算固定资产折旧,首先必须明确计提折旧的范围,即哪些固定资产应提折旧,哪些固定资产不提折旧。按照企业会计准则的规定,除了以下两种情况外,企业应对所有的固定资产计提折旧。

(1) 已提足折旧仍继续使用的固定资产

固定资产提足折旧后,不论是否继续使用,均不再计提折旧;未提足折旧而提前报废的固定资产,也不再补提折旧。提足折旧,是指已经提足该项固定资产的应计折旧额。应计折旧额,是指应计提折旧的固定资产的原价扣除其预计净残值后的金额。已计提减值准备的固定资产还应当扣除已提的固定资产减值准备累计金额。

(2) 按规定单独作价作为固定资产入账的土地

折旧按月计提,一般以上月末或本月初的固定资产账面原值为依据计提。

即：当月减少的固定资产当月照提折旧,从下月起不计提折旧;当月增加的固定资产,当月不提折旧,从下月起开始计提折旧。

已经达到预定可使用状态而尚未办理竣工决算的固定资产,应当按照估计的价值确定其成本,并计提折旧;等办理竣工决算后,再按实际成本进行调整,但不需要调整原已计提的折旧额。

3. 影响固定资产折旧的因素

(1) 固定资产原值。固定资产原值是计提固定资产折旧的基数。企业的应计折旧额,是指固定资产原值扣除其预计残值后的余额,如果已对固定资产计提减值准备的,还应当扣除已计提的减值准备累计金额。

(2) 固定资产使用寿命。是指企业使用固定资产的预计年限。固定资产使用寿命的长短直接影响到固定资产各期应计提的折旧额,在确定固定资产的使用寿命时,不仅要考虑固定资产的有形损耗,而且还应考虑固定资产的无形损耗。企业应根据国家的有关规定,结合企业的实际情况,合理地确定各项固定资产的使用寿命。

(3) 固定资产减值准备。是指固定资产已计提的减值准备累计金额。

(4) 固定资产预计净残值。是指假定固定资产预计使用寿命已满并处于使用寿命终了时的预期状态,企业目前从该资产处置中获得的扣除预计处置费用后的金额。

4. 固定资产折旧的方法

固定资产折旧的方法包括平均年限法、工作量法、双倍余额递减法和年数总和法等。固定资产的折旧方法一经确定就不得随意变更。但是,企业会计准则规定的与固定资产有关的经济利益预期实现方式有重大改变的,应当改变固定资产的折旧方法除外。

(1) 平均年限法

平均年限法又叫直线法(或使用年限法)。所谓平均年限法,就是按照固定资产的预计使用年限平均计算折旧的一种方法。这是各企业普遍采用的一种计算折旧的最基本的方法。公式如下：

① $固定资产年折旧额 = \dfrac{固定资产原值 - (预计残值 - 预计清理费用)}{预计使用年限}$

或 $固定资产年折旧额 = \dfrac{原值 \times (1 - 净残值率)}{预计使用年限}$

② $固定资产年折旧率 = \dfrac{固定资产年折旧额}{固定资产原值} \times 100\%$

或 $固定资产年折旧率 = \dfrac{1 - 净残值率}{预计使用年限} \times 100\%$

③ $固定资产月折旧率 = \dfrac{固定资产年折旧率}{12}$

④ 固定资产月折旧额 = 固定资产月初账面原值 × 月折旧率

或 $固定资产月折旧额 = \dfrac{固定资产年折旧额}{12}$

固定资产的折旧率有三种,即单项折旧率、分类折旧率和综合折旧率。

单项折旧率是指某项固定资产折旧额占该项固定资产原值的比率。

分类折旧率是指某类固定资产折旧额占该类固定资产原值的比率。

综合折旧率是指企业全部固定资产折旧额占全部固定资产原值的比率。

一般来说,采用单项或分类折旧率计算出来的折旧额比较准确,但工作量较大,而采用综合折旧率计算折旧额,虽然简化了计算手续,但计算出的结果不够准确,不便于企业了解各项固定资产的净值和已提取的折旧额。所以,有条件的企业,采用单项折旧率或分类折旧率较好。

(2) 工作量法

工作量法是指按照固定资产在预计使用年限内完成的工作量或工作时数来计算折旧的一种方法。

这种方法,主要是针对某些固定资产的特殊性能而不宜采用直线法时所采用的。比如,企业的货车、货船等运输工具,由于它们的损耗程度每月之间不均匀,如用平均年限法(直线法)来计算折旧,就会影响每月折旧额的正确性。故对那些损耗程度每月不均的设备,应采用工作量法计提折旧额。

① 单位工作量折旧额 $= \dfrac{\text{固定资产原值}-(\text{预计残值}-\text{预计清理费用})}{\text{总工作量或总里程或总工时}}$

或 单位工作量折旧额 $= \dfrac{\text{原值}\times(1-\text{净残值率})}{\text{总工作量}}$

② 某固定资产月折旧额 = 该固定资产当月完成工作量 × 单位工作量折旧额

(3) 年数总和法

年数总和法亦称为"年数合计法"或"递减分数法"或"变率原值递减法"。

所谓年数总和法,就是以固定资产原值减去预计净残值后的差额,乘以一个变动折旧率来计算折旧额的一种方法。这个折旧率是固定资产尚可使用的年数与预计使用年限的逐年数字总和的比率。公式如下:

① 年变动折旧率 $= \dfrac{\text{尚可使用年数}}{\text{使用年数总和}}$

如:某项固定资产的预计使用年限为4年,那么第1~4年的变动折旧率分别为 $\dfrac{4}{10}$、$\dfrac{3}{10}$、$\dfrac{2}{10}$、$\dfrac{1}{10}$。

上述公式又可表示为:

$$\text{年变动折旧率} = \dfrac{\text{预计使用年限}-\text{已使用年限}}{\text{预计使用年限}(\text{预计使用年限}+1)\div 2}$$

② 固定资产年折旧额 = (原值 - 预计残值) × 年变动折旧率

③ 固定资产月折旧额 $= \dfrac{\text{固定资产当年折旧额}}{12}$

年数总和法的特点是:各期计算折旧的基数相同(原值-残值),而各期的折旧率则逐期下降。

(4) 双倍余额递减法

双倍余额递减法,是加速折旧法中的一种。加速折旧法的基本原理是:固定资产折旧额在使用早期计提较多,随其不断使用各期计提数逐渐减少,以加速固定资产价值的收回,从而满足固定资产加速更新的资金需要。

所谓双倍余额递减法,是指以直线法求得的折旧率的双倍作为固定资产折旧率,乘以各期固定资产的折余价值,来计算各期折旧额的一种方法。

双倍余额递减法的特点是各期的折旧率相同,而各期计提折旧的基数(即固定资产折余价值)则逐期下降。这与年数总和法正好相反。

但应注意,这里用直线法确定折旧率时是不考虑固定资产的预计残值和清理费用的。

公式如下:

① 双倍直线年折旧率 $=2\times\dfrac{1}{预计使用年限}\times100\%$

② 固定资产年折旧额＝固定资产年初折余价值×双倍直线年折旧率

③ 固定资产月折旧额 $=\dfrac{固定资产当年折旧额}{12}$

双倍余额递减法的特点是:各期折旧率相同,但各期固定资产折余价值(计算折旧的基数)却逐期降低。

注:用这种方法计算折旧,应在最后两年将该固定资产的净值(扣除残值后的净值)平均摊完。

5. 固定资产折旧的账务处理

企业按月计提的固定资产折旧,是通过"累计折旧"账户进行核算的,它是固定资产的备抵账户,用来核算企业固定资产的累计折旧。计提(增加)折旧时,记贷方,减少折旧时,记借方;贷方余额,表示企业现有固定资产的累计折旧额。期末,"固定资产"和"累计折旧"两个账户的差额,就是固定资产的净值。

企业计提固定资产折旧时,应直接计入当月有关的成本、费用中,并增加累计折旧额。即应借记"制造费用"或"管理费用"等账户,贷记"累计折旧"账户。

[技能操作]

[学 中 做]

[业务资料] 东方公司发生固定资产折旧的经济业务如下:

业务1 有一营业用房,原值为 330 000 元,使用年限为 25 年,预计净残值率为 4%,采用平均年限法计算该营业用房的年折旧率、月折旧率和月折旧额。

业务2 有一辆运输卡车,原值为 180 000 元,预计净残值为 8 000 元,预计使用年限内总行驶里程为 400 000 公里,某月行驶里程为 6 000 公里,采用工作量法计算该卡车该月的折旧额。

业务3 某项固定资产的原值为 60 000 元,预计使用年限为 4 年,预计净残值为 2 000 元,采用年数总和法计算各年的折旧额。

业务4 某项固定资产的原值为 80 000 元,预计净残值为 4 000 元,预计使用年限为 5

年,运用双倍余额递减法计算各年的折旧额。

业务 5 本月按规定计提固定资产折旧 14 300 元,其中生产车间折旧 5 000 元,管理部门折旧 2 500 元,经营性出租固定资产折旧为 3 800 元,专设的销售机构固定资产折旧为 3 000 元。

根据上述业务资料计算结果如下:

(1) 年折旧额 $= \dfrac{330\,000 \times (1-4\%)}{25} = 12\,672$(元)

$$年折旧率 = \dfrac{12\,672}{330\,000} \times 100\% = 3.84\%$$

或

$$年折旧率 = \dfrac{1-4\%}{25} \times 100\% = 3.84\%$$

$$月折旧率 = \dfrac{3.8\%}{12} = 0.32\%$$

$$月折旧额 = 330\,000 \times 0.32\% = 1\,056(元)$$

或

$$月折旧额 = \dfrac{12\,672}{12} = 1\,056(元)$$

(2) 单位公里折旧额 $= \dfrac{180\,000 - 8\,000}{400\,000} = 0.43$(元/公里)

$$该卡车本月折旧额 = 6\,000 \times 0.43 = 2\,580(元)$$

优点:计算方法比较简单,各月折旧额的负担比较合理。

缺点:预计总工作量有一定的难度。

(3)

单位:元

使用年限	尚可使用年限	原值-残值	折旧率	年折旧额	累计折旧额
1	4	58 000	4/10	23 200	23 200
2	3	58 000	3/10	17 400	40 600
3	2	58 000	2/10	11 600	52 200
4	1	58 000	1/10	5 800	58 000

(4) 双倍直线年折旧率 $= 2 \times \dfrac{1}{5} \times 100\% = 40\%$

第一年应提折旧额 $= 80\,000 \times 40\% = 32\,000$(元)

第二年应提折旧额 $= (80\,000 - 32\,000) \times 40\% = 19\,200$(元)

第三年应提折旧额 $= (48\,000 - 19\,200) \times 40\% = 11\,520$(元)

第四年应提折旧额 $= \dfrac{28\,800 - 11\,520 - 4\,000}{2} = 6\,640$(元)

第五年应提折旧额 $= \dfrac{28\,800 - 11\,520 - 4\,000}{2} = 6\,640$(元)

(5) 借:制造费用　　　　5 000
　　　管理费用　　　　2 500
　　　其他业务成本　　3 500

销售费用　　　　　　　　3 000
　　贷：累计折旧　　　　　　　14 300

[做中学]

[业务资料]　东方公司发生固定资产折旧的经济业务如下：

业务1　有一仓库,原值为320 000元,使用年限为20年,预计残值为12 000元,预计清理费用为3 000元。采用平均年限法,计算该仓库的年折旧率、月折旧率和月折旧额。

业务2　有一辆货车,原值为150 000元,预计净残值率为4%,预计使用年限内总行驶里程为300 000公里,某月行驶里程为5 000公里,采用工作量法,计算该货车该月的折旧额。

业务3　某项固定资产的原值为63 000元,预计使用年限为5年,预计净残值为3 000元。采用年数总和法计算第三年8月份的折旧额。

业务4　某项固定资产的原值为60 000元,预计净残值为5 000元,预计使用年限为5年,运用双倍余额递减法计算第二年3月份的折旧额。

要求：根据上述业务资料计算并编制会计分录。

对固定资产的使用年限和预计净残值进行复核

在固定资产使用过程中,其所处的经济环境、技术环境以及其他环境有可能与最初预计固定资产使用年限和预计净残值时发生了很大的变化。例如,固定资产使用强度比正常情况大大加强,致使固定资产实际使用年限大大缩短,预计净残值减少。此时,如果不对预计固定资产使用年限和预计净残值进行调整,必然不能准确地反映其实际情况,也不能真实地反映其为企业提供经济利益的期间及每期实际的资产消耗,据此提供的会计信息就很可能是不真实的,进而影响会计信息使用者作出恰当的经济决策。为了避免出现这种情况,企业至少应当每年年度终了,对固定资产的使用年限和预计净残值进行复核。

如果固定资产的使用年限和预计净残值的预计数与原先估计数有差异,应当相应调整固定资产使用年限和预计净残值,并按照会计估计变更的有关规定进行处理。

如果固定资产给企业带来经济利益的方式预期会发生重大变化,企业也应相应改变固定资产的折旧方法。例如,企业以前年度采用年限平均法计提固定资产折旧,在年度复核中发现,与该固定资产相关的技术已发生了很大的变化,采用年限平均法计提固定资产折旧已很难反映该项固定资产给企业带来经济利益的方式,因此,企业决定将年限平均法改为加速折旧法。

此时,如果不对原有固定资产折旧方法进行调整,必然不能准确地反映出该项固定资产给企业带来经济利益的方式,据此提供的会计信息就很可能是不真实的,进而影响会计信息使用者作出恰当的经济决策。为了避免出现这种情况,企业至少应当每年年度终了,对固定资产的折旧方法进行复核。

任务3 固定资产后续支出的核算

知识要点

1. 固定资产后续支出的概念

固定资产后续支出,是指固定资产在使用过程中发生的更新改造支出、修理费用等。

企业的固定资产投入使用后,为了适应新技术发展的需要,或者为了维护或提高固定资产的使用效能,往往需要对现有的固定资产进行维护、改建、扩建或者改良。

2. 固定资产后续支出,通常采用的处理方法

(1) 固定资产修理费用,应当直接计入当期费用。

(2) 固定资产改良支出,应当计入固定资产账面价值。

(3) 如果不能区分是固定资产修理还是固定资产改良,或固定资产修理和固定资产改良结合在一起,则企业应当判断,与固定资产有关后续支出是否满足固定资产的确认条件。如果该后续支出满足固定资产的确认条件,后续支出应当计入固定资产账面价值;否则,后续支出应当确认为当期费用。

技能操作

[学 中 做]

[业务资料] 东方公司2011年5月发生固定资产维护、改建等的经济业务如下:

业务1 生产车间的机器设备进行了维修,在修理过程中领用了本企业的原材料3 500元,另以现金支付修理费800元。

业务2 管理部门的车辆进行了日常修理,发生修理费共1 500元,以转账支票支出。

业务3 2011年初对一批生产性设备进行了技术改造,该批设备原价总额为650万元,已提折旧为150万元,已提减值准备30万元。在改造过程中,领用工程物资35万元,发生人工费用24万元,以银行存款支付其他费用13万元,在试运行中取得净收入为8万元。半年后该批设备改造完工投入使用,改造后的设备使生产出的产品的质量得到了实质性的提高,该项支出应该予以资本化。

根据上述业务资料编制的会计分录如下:

(1) 借:制造费用　　　　　　　　　　　　　　　　　4 895

　　　贷:原材料　　　　　　　　　　　　　　　　　　　　3 500

　　　　　应交税费——应交增值税(进项税额转出)　　　　595

　　　　　库存现金　　　　　　　　　　　　　　　　　　　800

(2) 借:管理费用　　　　　　　　　　　　　　　　　1 500

　　　贷:银行存款　　　　　　　　　　　　　　　　　　1 500

(3) 将设备转入改造时

借：在建工程　　　　　　　　　　4 700 000
　　累计折旧　　　　　　　　　　1 500 000
　　固定资产减值准备　　　　　　　 300 000
　　　贷：固定资产　　　　　　　　　　　　6 500 000
发生改造支出时：
借：在建工程　　　　　　　　　　 720 000
　　　贷：工程物资　　　　　　　　　　　　　350 000
　　　　　应付职工薪酬工资　　　　　　　　　240 000
　　　　　银行存款　　　　　　　　　　　　　130 000
取得运行收入时：
借：银行存款　　　　　　　　　　 80 000
　　　贷：在建工程　　　　　　　　　　　　　 80 000
设备改造完工交付使用时：
借：固定资产　　　　　　　　　　 5 340 000
　　　贷：在建工程　　　　　　　　　　　　 5 340 000

[做 中 学]

[业务资料]　东方公司2011年5月发生固定资产维护、改建等的经济业务如下：

业务1　本月共发生修理费用5 000元，其中生产车间的机器设备修理费为3 000元，管理部门的车辆修理费为2 000元，在修理过程中领用了本企业的原材料1 500元，以银行存款支付修理费3 500元。

业务2　本月由本企业的修理工人对生产车间的设备进行了修理，在修理过程中领用本企业的原材料500元，应支付维修人员的工资为2 300元。

要求：根据上述业务资料编制会计分录。

1. 资本化的后续支出

企业将固定资产进行了更新改造的，如符合资本化的条件，应将该固定资产的原价、已计提的累计折旧和减值准备转销，将其账面价值转入在建工程，并停止计提折旧。固定资产发生的可资本化的后续支出，通过"在建工程"账户核算，待更新改造工程完工并达到预定可使用状态时，再从在建工程转入固定资产，并按重新确定的使用年限、预计净残值和折旧方法计提折旧。

2. 费用化的后续支出

一般情况下，固定资产投入使用之后，由于某种原因固定资产磨损、各组成部分耐用程度不同，可能会导致固定资产的局部损坏。为了维护固定资产的正常运转和使用，充分发挥其使用效能，企业会对固定资产进行必要的维护。固定资产的日常维护支出只是确保固定资产的正常工作状况，通常不满足固定资产的确认条件，应在发生时计入管理费用或销售费用，不得采用预提或待摊的方式处理。

3. 固定资产装修费用的处理

固定资产装修费用,如果满足固定资产的确认条件,装修费用应当计入固定资产账面价值,并在"固定资产"科目下单设"固定资产装修"明细科目进行核算,在两次装修间隔期间,与固定资产尚可使用年限两者中较短的期间内,采用合理的方法单独计折旧。如果在下次装修时,与该项固定资产相关的"固定资产装修"明细科目仍有账面价值,应将该账面价值一次性全部计入当期营业外支出。

任务 4　固定资产减值的核算

知识要点

1. 固定资产减值的概念

固定资产减值,是指固定资产可收回的金额低于其账面价值。

企业应当在资产负债表日判断资产是否存在可能发生减值的迹象。资产存在减值迹象的,应当进行减值测试,估计资产的可收回金额。在估计资产可收回金额时,应当遵循重要性要求。

以前报告期间的计算结果表明,资产可收回金额显著高于其账面价值,之后又没有发生消除这一差异的交易或者事项的,资产负债表日可以不重新估计该资产的可收回金额。

以前报告期间的计算与分析表明,资产可收回金额相对于某种减值迹象反应不敏感,在本报告期间又发生了该减值迹象的,可以不因该减值迹象的出现而重新估计该资产的可收回金额。比如,当期市场利率或市场投资报酬率上升,对计算资产未来现金流量现值采用的折现率影响不大的,可以不重新估计资产的可收回金额。

2. 固定资产减值的核算

如果由于市价持续下跌,或设备落后、毁坏、长期闲置等原因而导致固定资产的可收回金额低于账面价值的,企业应当按照固定资产的可收回金额低于其账面价值的差额,确认固定资产减值损失,计提固定资产减值准备。固定资产减值损失一经确认,在以后期间不得转回。但是在固定资产处置之后,应将已计提的固定资产减值准备同时进行转销。

计提固定资产减值准备时,应该借记"资产减值损失——固定资产减值损失"账户,贷记"固定资产减值准备"账户。

技能操作

[学　中　做]

[业务资料]　东方公司 2011 年末对一项固定资产进行了减值测试,确认其可收回金额为 150 000 元,其账面价值为 180 000 元。

根据上述业务资料编制会计分录如下:

借:资产减值损失——固定资产减值损失　30 000
　　贷:固定资产减值准备　　　　　　　　　　　30 000

[做 中 学]

[业务资料] 东方公司有一仓库,其账面价值为580 000元,2011年末企业对其进行了减值测试,确认其可收回的金额为500 000元,确认该固定资产的减值损失。

要求:根据上述业务资料编制会计分录。

固定资产减值的迹象可以从以下几个方面加以判断

(1) 固定资产的市价在当期出现了大幅度下降或下跌。

(2) 企业所处的外部环境,如经济、市场、技术或法律等环境近期发生了重大变化,对企业产生了非常不利的影响。

(3) 市场利率或市场其他投资报酬率在当期已经提高,从而影响了企业计算固定资产未来现金流量现值的折现率,导致固定资产可收回的金额大幅度地降低等。

(4) 企业有足够的证据表明固定资产已经陈旧过时或已经损坏。

(5) 企业的固定资产已经或将被闲置不用、停用或计划提前处置。

(6) 除了上述情况外,企业有足够的证据表明固定资产的可收回金额已经或将低于企业原来预计的可收回金额的其他情况。

因此,固定资产减值迹象是固定资产是否进行减值测试的前提条件。

任务5 固定资产处置与清查的核算

知识要点

企业对固定资产进行处置,就意味着固定资产将要退出企业的经营活动。要对固定资产处置进行核算,首先要对固定资产处置进行确认和计量。固定资产处置的确认和计量,实质上是固定资产终止的确认和计量。

1. 固定资产终止的确认条件

当固定资产满足下列条件之一时,应当予以终止确认:

(1) 该固定资产处于处置状态。如果企业的固定资产处于处置状态,就不再是为生产商品、提供劳务、出租或经营管理而持有,因此也就不再符合固定资产的定义,所以应当予以终止确认。

(2) 该固定资产预期通过使用或处置不能产生未来经济利益。如果企业一项固定资产预期通过使用或处置不能产生未来经济利益,也就不符合固定资产的确认条件之一——"与该项固定资产有关的经济利益很可能流入企业"了,所以也应当予以终止确认。

2. 固定资产处置的核算要点

固定资产的处置主要包括固定资产的出售、报废、毁损,以及对外投资、非货币性资产交换、债务重组等转出等情况。企业处置固定资产时,应按其处置收入扣除其账面价值和相关税费后的金额计入当期损益。固定资产的账面价值,是指"固定资产"账户的余额扣除累计折旧和累计固定资产减值准备后的金额。

企业因出售、报废、毁损等而处置的固定资产,在核算上,是通过"固定资产清理"账户核算的。"固定资产清理"账户,是一个资产类的账户,用来核算企业因出售、报废和毁损等原因转入清理的固定资产净值及在清理过程中所发生的清理费用和清理收入等。借方登记出售等原因而转入清理的固定资产净值和发生的清理费用,如销售不动产应交的营业税(5%)等;贷方登记出售固定资产收回的价款,清理过程中收回的残料价值和变价收入,以及收回保险公司或过失人的赔偿款。期末,如为贷方余额,则表示固定资产清理后的净收益,应转入"营业外收入——非流动资产处置利得"账户;如为借方余额,则表示固定资产清理后的净损失,应转入"营业外支出——非流动资产处置损失(或非常损失)"账户。月终,结转固定资产清理后的净收益或净损失后,该账户就没有余额了。本账户,按清理的项目进行明细核算。

企业出售、报废、毁损等固定资产的核算,包括以下几个环节:
(1) 固定资产转入清理。
(2) 核算清理费用。
(3) 核算清理收入。
(4) 结转清理后的净损益。

3. 固定资产的核算

固定资产的清查是指在会计期末通过对固定资产进行实地盘点来查明其账面数与实有数是否相符的一种方法。为了加强对固定资产的管理及核算,企业应对固定资产进行定期或不定期的清查盘点。在清查过程中,如发现固定资产的账实不相符,先通过"待处理财产损益"账户进行核算,查明原因后再按规定进行转销。按照新的准则的规定,固定资产的盘亏造成的损失,应当计入当期损益。固定资产的盘盈,一般是以前年度发生的会计差错,应根据重置价值借记"固定资产"账户,贷记"以前年度损益调整"账户。

[技能操作]

[学 中 做]

[业务资料] 东方公司 2011 年发生固定资产清理及清查的经济业务如下:

业务 1 出售仓库,原值为 50 000 元,已提折旧 15 000 元,以银行存款支付清理费用为 7 000 元,取得出售收入 45 000 元,已存入银行。营业税率为 5%。

业务 2 有一辆运输卡车,原值为 150 000 元,已提折旧 145 000 元,因使用期将近,已无法使用,经批准报废。在清理过程中以银行存款支付清理费用 8 500 元,残料价值 10 000 元,已作原材料入库。

业务 3 有一仓库在大风中倒塌,经批准,毁损仓库转入清理,该仓库的原值为 450 000 元,已提折旧 230 000 元,清理过程中发生拆卸费 1 000 元,以存款支付,残料变价收入为 68 000 元,已存入银行。另外,该仓库入了保险,应向保险公司收取保险费 120 000 元。

业务 4 该公司对固定资产进行清查时,发现盘亏一台设备,原价为 80 000 元,已提折旧 45 000 元,经批准该设备作为营业外支出处理。

根据上述业务资料编制会计分录如下:

业务 1　(1) 转入清理时

　　借:固定资产清理　　　　　　　　　　　35 000
　　　　累计折旧　　　　　　　　　　　　　15 000
　　　　贷:固定资产　　　　　　　　　　　　　　　　50 000

(2) 支付清理费时:

　　借:固定资产清理　　　　　　　　　　　 7 000
　　　　贷:银行存款　　　　　　　　　　　　　　　　 7 000

(3) 收到出售价款存入银行时:

　　借:银行存款　　　　　　　　　　　　　52 650
　　　　贷:固定资产清理　　　　　　　　　　　　　 45 000
　　　　　　应交税费——应交增值税(销项税额)　　 7 650

(4) 计算出应交营业税时:

　　借:固定资产清理　　　　　　　　　　　 2 250
　　　　贷:应交税费——应交营业税　　　　　　　　 2 250

(5) 结转清理后的净收益时:

　　借:固定资产清理　　　　　　　　　　　　 750
　　　　贷:营业外收入——非流动资产处置利得　　　 750

业务 2　(1) 转入清理时

　　借:固定资产清理　　　　　　　　　　　 5 000
　　　　累计折旧　　　　　　　　　　　　 145 000
　　　　贷:固定资产　　　　　　　　　　　　　　 150 000

(2) 支付清理费时:

　　借:固定资产清理　　　　　　　　　　　 8 500
　　　　贷:银行存款　　　　　　　　　　　　　　　 8 500

(3) 残值作价入库时:

　　借:原材料　　　　　　　　　　　　　　10 000
　　　　贷:固定资产清理　　　　　　　　　　　　　10 000

(4) 结转清理后的净损失时:

　　借:营业外支出——非流动资产处置损失　　 3 500
　　　　贷:固定资产清理　　　　　　　　　　　　　 3 500

业务 3　(1) 转入清理时

　　借:固定资产清理　　　　　　　　　　 220 000
　　　　累计折旧　　　　　　　　　　　 230 000
　　　　贷:固定资产　　　　　　　　　　　　　　 450 000

(2) 支付拆卸费时:

　　借:固定资产清理　　　　　　　　　　　 1 000
　　　　贷:银行存款　　　　　　　　　　　　　　　 1 000

(3) 收到残值变价收入存入银行时：
借：银行存款　　　　　　　　　　　　68 000
　　贷：固定资产清理　　　　　　　　　　　　68 000
(4) 计算应收保险费时：
借：其他应收款——保险公司　　　　120 000
　　贷：固定资产清理　　　　　　　　　　　　120 000
(5) 结转清理后的净损失时：
借：营业外支出——非常损失　　　　33 000
　　贷：固定资产清理　　　　　　　　　　　　33 000
业务4　(1) 盘亏时
借：待处理财产损益——待处理固定资产损益　35 000
　　累计折旧　　　　　　　　　　　　45 000
　　贷：固定资产　　　　　　　　　　　　　　80 000
(2) 转销时：
借：营业外支出——盘亏损失　　　　35 000
　　贷：待处理财产损益——待处理固定资产损益　35 000

[做 中 学]

[业务资料]　东方公司2011年发生固定资产清理及清查的经济业务如下：

业务1　出售一台设备，原值为150 000元，已提折旧50 000元，以银行存款支付清理费用为10 000元，取得出售收入120 000元，已存入银行。营业税率为5%。

业务2　有一货车，原值为230 000元，已提折旧220 000元，因使用期将近，已无法使用，经批准报废。在清理过程中以银行存款支付清理费用5 000元，残料价值8 000元，已作原材料入库。

业务3　有一营业用房在洪水中毁损，经批准，报废转入清理，该营业用房的原值为600 000元，已提折旧350 000元，清理过程中发生拆卸费6 000元，以存款支付，残料变价收入为15 000元，已存入银行。另外，该仓库入了保险，应向保险公司收取保险费200 000元。

业务4　某公司在财产清查中发现一台账外设备，重置价值为50 000元，报经有关部门审批后，将其转入"以前年度损益调整"账户。

要求：根据上述业务资料编制会计分录。

资料链接

自2009年1月1日起，全国开始实施增值税转型改革。按照"进项税额"的扣除方式，增值税可分为两种类型：一是只允许扣除购入的原材料等所含的税金，不允许扣除外购固定资产所含的税金；二是所有外购项目包括原材料、固定资产在内，所含税金都允许扣除。通常将前者称为"生产型增值税"，将后者称为"消费型增值税"。我国现在实行的是"生产型增值税"。增值税转型就是将生产型增值税转为消费型增值税，其核心内容是允许企业购进机器设备等固定资产的进项税金可以在销项税金中抵扣。当然，这将相应减少财政收入，但有利于基础产业和高新技术产业发展、国产品和进口产品平等竞争，从而促进产业结构调整、技术升级和提高国产品竞争力。

所谓增值税转型,就是将中国现行的生产型增值税转为消费型增值税。在现行的生产型增值税税制下,企业所购买的固定资产所包含的增值税税金,不允许税前扣除;而如果实行消费型增值税,则意味着这部分税金可以在税前抵扣。世界上采用增值税税制的绝大多数市场经济国家,实行的都是消费型增值税。因为它有利于企业进行设备更新改造,因而颇受企业的欢迎。

自2004年7月1日起,东北、中部等部分地区先后进行增值税转型改革试点,取得预期成效。

为扩大国内需求,降低企业设备投资的税收负担,促进企业技术进步、产业结构调整和转变经济增长方式,自2009年1月1日起,将在全国所有地区、所有行业推行增值税转型改革。改革的主要内容是:允许企业抵扣新购入设备所含的增值税,同时,取消进口设备免征增值税和外商投资企业采购国产设备增值税退税政策,将小规模纳税人的增值税征收率统一调低至3%,将矿产品增值税税率恢复到17%。经测算,今年实施该项改革将减少年增值税收入约1 200亿元、城市维护建设税收入约60亿元、教育费附加收入约36亿元,增加企业所得税约63亿元,增减相抵后将减轻企业税收共约1 233亿元。

综合练习题

一、单项选择题

1. 企业下列固定资产中,不提折旧的是( )。
   A. 经营性出租的设备
   B. 融资租入的设备
   C. 季节性停用、大修理停用的固定资产
   D. 提前报废的固定资产
2. 盘亏固定资产的净值,按规定程序批准后应计入( )。
   A. 管理费用　　　B. 销售费用　　　C. 营业外支出　　　D. 其他业务成本
3. 在计提固定资产折旧时,可以先不考虑固定资产残值的计算方法是( )。
   A. 平均年限法　　　　　　　　　　B. 双倍余额递减法
   C. 年数总和法　　　　　　　　　　D. 工作量法
4. 企业少提固定资产折旧,会使企业的资产负债表中的( )。
   A. 资产增加　　　B. 负债增加　　　C. 资产减少　　　D. 负债减少
5. 与平均年限法相比,采用年数总和法计提固定资产折旧将使( )。
   A. 计提折旧的初期,企业利润增加,固定资产净值减少
   B. 计提折旧的初期,企业利润减少,固定资产净值减少
   C. 计提折旧的后期,企业利润增加,固定资产净值减少
   D. 计提折旧的后期,企业利润减少,固定资产净值减少
6. 购入需要安装的固定资产的运杂费应计入( )账户。
   A. 固定资产　　　B. 在建工程　　　C. 管理费用　　　D. 销售费用
7. 某企业2011年5月初应计提折旧的固定资产原值为1 000万元,当月购买一辆小汽车,原值为35万元,已交付使用;报废一台设备,原值为15万元。6月份建成一座仓库,造

价 100 万元；出售一台设备，原值为 10 万元。该企业 6 月份应计提折旧的固定资产原值为（　）万元。
    A. 1 110　　　　　B. 1 020　　　　　C. 1 090　　　　　D. 1 135
8. 某企业某项固定资产的原值为 255 000 元，预计使用年限为 5 年，预计净残值为 15 000 元，则按年数总和法计算的第四年的折旧额为（　）元。
    A. 64 000　　　　　B. 34 000　　　　　C. 68 000　　　　　D. 32 000
9. 甲企业接受乙公司投入设备一台，原值为 120 000 元，账面净值为 70 000 元，评估确认的净值为 80 000 元。则甲企业接受该设备投资时，"实收资本"账户的入账金额为（　）元。
    A. 50 000　　　　　B. 70 000　　　　　C. 80 000　　　　　D. 120 000
10. 固定资产采用加速折旧法时，会使得企业在计提折旧的初期（　）。
    A. 利润增加　　　B. 利润减少　　　C. 利润不受影响　　　D. A 或 B

二、多项选择题

1. 与平均年限法相比，采用年数总和法计提固定资产折旧将使（　）。
    A. 计提折旧的初期，企业利润增加，固定资产净值减少
    B. 计提折旧的初期，企业利润减少，固定资产净值减少
    C. 计提折旧的后期，企业利润增加，固定资产净值增加
    D. 计提折旧的后期，企业利润减少，固定资产净值增加
2. 下列项目中，影响固定资产清理净损益的有（　）。
    A. 出售价款　　　B. 变价收入　　　C. 保险赔偿收入　　　D. 营业税
3. 影响固定资产折旧的因素主要有（　）。
    A. 固定资产原值　　　　　　B. 预计净残值
    C. 预计使用寿命　　　　　　D. 已计提的固定资产减值准备
4. 下列固定资产中，需要计提折旧的有（　）。
    A. 经营租入的固定资产　　　B. 融资租入的固定资产
    C. 季节性停用的设备　　　　D. 已提足折旧仍在继续使用的设备
5. 在自营建造固定资产方式下，下列项目应计入固定资产的建造成本（　）。
    A. 工程中领用的工程材料　　B. 工程中领用的本企业的商品的成本
    C. 工程中发生的人工费　　　D. 工程期间发生的借款利息
6. 在采用年数总和法计提固定资产折旧时，下列说法正确的有（　）。
    A. 加速折旧　　　　　　　　B. 不考虑净残值
    C. 前期折旧额较低　　　　　D. 前期折旧额较高
7. 在采用双倍余额递减法计提固定资产折旧时，下列说法正确的有（　）。
    A. 加速折旧　　　　　　　　B. 先不考虑净残值
    C. 折旧率不变　　　　　　　D. 前期折旧额较高
8. 判断固定资产的减值迹象，下列说法正确的有（　）。
    A. 固定资产的市价在当期出现了大幅度下降或下跌
    B. 企业所处的外部环境，如经济、市场、技术或法律等环境近期发生了重大变化，对企业产生了非常不利的影响

C. 企业有足够的证据表明固定资产已经陈旧过时或已经损坏。

D. 企业的固定资产已经或将被闲置不用、停用或计划提前处置

9. 下列计提折旧的方法中属于加速折旧法的有（　　）。

　　A. 平均年限法　　　　　　　　B. 工作量法

　　C. 年数总和法　　　　　　　　D. 双倍余额递减法

10. 下列项目中，构成外购固定资产入账价值的有（　　）。

　　A. 买价　　　　B. 运输费　　　　C. 途中保险费　　　　D. 安装调试费

三、判断题

1. 固定资产应按历史成本进行计量。（　　）
2. 只要在"固定资产"账户核算的固定资产，其所有权都属于本企业。（　　）
3. 企业购入工程所用的材料时，在核算上应通过"材料采购"账户核算。（　　）
4. 企业对于已经达到预定可使用状态但尚未办理竣工决算手续的固定资产，在尚未办理竣工决算手续时，可先按暂估价入账，并计提折旧，等办理竣工决算手续后再调整原来的暂估价值，但不用调整原已计提的固定资产折旧额。（　　）
5. 固定资产减值损失一经确认，在以后期间不得转回。但是在固定资产处置之后，应将已计提的固定资产减值准备同时进行转销。（　　）
6. 双倍余额递减法的特点是各期的计提折旧的基数不变，而各期的折旧率则逐期下降。（　　）
7. 固定资产预计净残值，是指假定固定资产预计使用寿命已满并处于使用寿命终了时的预期状态，企业目前从该资产处置中获得的扣除预计处置费用后的金额。（　　）
8. 融资租入的固定资产，是通过在"固定资产"账户内设"融资租入固定资产"专户来核算的。（　　）
9. 原值和重置价值，是增加固定资产的入账价值，是计算固定资产折旧的依据。（　　）
10. 固定资产的盘亏造成的损失，应当计入营业外支出账户，固定资产的盘盈净收益，应计入营业外收入账户。（　　）

四、实训题

实训 1

［目的］　练习购入固定资产的核算。

［资料］　A 公司 2011 年 5 月 6 日购入一台需要安装的设备：

（1）增值税专用发票上注明的价款为 100 000 元，增值税为 17 000 元，另外运杂费 2 000 元，全部款项以银行存款支付。

（2）发生安装人员的工资为 3 545 元。

（3）在安装过程中领用原材料 1 500 元，材料购进时的增值税为 255 元。

（4）该设备安装完毕，当月交付使用。

［要求］　根据上述业务编制有关会计分录。

实训 2

［目的］　练习购入固定资产折旧的核算。

［资料］　(1) B 公司某项固定资产的原值为 50 000 元，预计残值为 6 000 元，预计清理费用为 3 000 元，预计使用年限为 10 年。采用直线法计算该固定资产的年折旧额及年折

旧率。

(2) B公司有一货车,原值为250 000元,预计净残值率为4％,预计使用年限内总行驶里程为600 000公里,某月行驶里程为5 000公里,采用工作量法计算该货车的月折旧额。

(3) B公司有一项固定资产原值为800 000元,预计使用年限为5年,预计净残值为14 000元,采用双倍余额递减法计算第2年的折旧额。

(4) B公司有一项固定资产原值为800 000元,预计使用年限为5年,预计净残值为14 000元,采用年数总和法计算第3年的折旧额。

[要求] 根据上述业务计算并编制有关会计分录。

实训3

[目的] 练习购入固定资产清理的核算。

[资料] B公司报废一仓库,原值为500 000元,已提折旧495 000元,用银行存款支付清理费用5 000元,残值3 500元已作原材料入库。

[要求] 根据上述业务编制有关会计分录。

实训4

[目的] 练习购入固定资产出售的核算。

[资料] B公司出售一台设备,该设备原值为60 000元,已提折旧28 000元,已提减值准备为5 000元,取得出售收入50 000元,已存入银行。用银行存款支付清理费用2 500元,结转清后的净损益。

[要求] 根据上述业务编制有关会计分录。

实训5

[目的] 练习购入固定资产报废的核算。

[资料] B公司有一运输卡车在一次交通事故中报废,该卡车的原值为320 000元,已提折旧250 000元,已提减值准备为5 000元。用银行存款支付清理费用2 500元。取得保险公司赔款50 000元,已存入银行。取得残值变卖收入现金3 000元。结转清后的净损益。

[要求] 根据上述业务编制有关会计分录。

第 7 章 无形资产及其他资产

学习目标

了解无形资产的基本概念、基本特征,无形资产的分类以及无形资产的确认与计量的标准;熟练掌握无形资产取得、摊销、出售、减值等业务的会计处理方法;在能力方面,正确运用有关无形资产的确认、计量原则,结合企业实际情况进行分析,理解各种处理方法对企业财务报告信息的影响。

导入案例

注册会计师李渊在审计 A 公司 2011 年度会计报表时发现以下问题:

1. A 公司从 2011 年 1 月 1 日开始研究开发一项新技术,其中研究阶段发生支出 20 万元,开发阶段发生支出 60 万元,期末,该项新技术已经达到预定用途。该公司将 80 万元全部计入无形资产的入账价值。

2. A 公司 2011 年 5 月 1 日购买一项专有技术,支付价款 150 万元。根据相关法律规定,该项无形资产的有效使用年限为 10 年。2011 年末,A 公司与转让该技术的单位发生合同纠纷,专有技术的使用范围也因受到一定的限制而可能造成减值,经有关专业技术人员估计,预计可收回金额为 80 万元。除了 A 公司在 2011 年 5 月 1 日购买该项专有技术时作为无形资产入账外,以后未发现 A 公司进行相关账务处理。

【思考与分析】
(1) 你认为这样的会计处理对吗?无形资产的入账价值应该是多少?
(2) 该公司应如何进行相关的会计处理?

任务 1 外购无形资产的核算

知识要点

1. 无形资产的概念和特征

无形资产是指企业拥有或者控制的没有实物形态的可辨认非货币性资产。无形资产可以通过外购、自行开发、投资者投入、债务重组、以非货币性交易换入等方式取得。包括专利权、非专利技术、商标权、著作权、土地使用权、特许权等。无形资产具有以下特点:

(1) 无形资产不具有实物形态

无形资产不像存货、固定资产等其他资产那样具有实物形态。一般表现为某种权力、某项技术或者是某种获取超额利润的综合能力。例如：专利权、非专利技术等，它们都没有实物形态，因此它具有价值，并能为企业带来经济效益。不具有实物形态是无形资产区别于其他有形资产的一个显著标志。

（2）无形资产具有可辨认性

资产符合以下条件之一的，则认为其具有可辨认性：

① 能够从企业中分离或者划分出来，并能单独或与相关合同、资产或负债一起，用于出售、转租、授权许可、租赁或者交换等，而不需要同时处置在同一获利活动中的其他资产，则说明无形资产可以辨认。

② 产生于合同性权利或其他法定权利，无论这些权利是否可以从企业或其他权利和义务中转移或者分离。如一方通过与另一方签订特许权合同而获得的特许使用权，通过法律程序申请注册而获得的商标权、专利权等。

企业自创的商誉、内部产生的品牌、报刊名等都不属于无形资产，尽管它们也是无形的，也能为企业带来经济效益，但是由于它们的存在无法与企业自身相分离，并且在其自创过程中发生的支出、成本难以可靠计量，因而不具有可辨认性。

（3）无形资产属于非货币性资产

非货币性资产是指企业持有的货币资金和将以固定或可确定的金额收取的资产以外的其他资产。无形资产没有实物形态，也没有发达的交易市场，不容易转化为现金，在持有过程中为企业带来未来经济利益的情况不确定，不属于以固定或可确定的货币数额收取的资产，属于非货币性资产。

2. 无形资产的内容

无形资产通常包括专利权、非专利技术、商标权、著作权、特许权和土地使用权等。

（1）专利权

专利权是指国家专利主管机关依法授予发明创造专利申请人对其发明创造在法定期限内所享有的专利权利，包括发明专利权、实用新型专利权和外观设计专利权。

（2）非专利技术

非专利技术也称专有技术。它是指不为外界所知、在生产经营活动中已采用了的、不享有法律保护的各种技术和经验，一般包括工业专有技术、商业贸易专有技术、管理专有技术等。非专利技术可以用蓝图、配方、技术记录、操作方法的说明等具体资料表现出来，也可以通过卖方派出技术人员进行指导，或接受买方人员进行技术实习等手段实现。非专利技术具有经济性、机密性和动态性等特点。

（3）商标权

商标是用来辨认特定商品或劳务的标记。商标权是指专门在某类指定的商品或产品上使用特定的名称或图案的权利，包括独占使用权和禁止权两个方面。独占使用权指商标权享有人在商标的注册范围内独家使用其商标的权利；禁止权指商标权享有人排除和禁止他人对商标独占使用权进行侵犯的权利。

（4）著作权

著作权又称版权，指作者对其创作的文学、科学和艺术作品依法享有的某些特殊权利。包括人身权和财产权两部分。著作权包括作品署名权、发表权、修改权和保护作品完整权,还包括复制权、发行权、出租权、展览权、表演权、放映权、广播权、信息网络传播权、摄制权、改编权、翻译权、汇编权以及应当由著作权人享有的其他权利。

(5) 特许权

特许权又称经营特许权、专营权,指企业在某一地区经营或销售某种特定商品的权利或是一家企业接受另一家企业使用其商标、商号、技术秘密等的权利。前者一般是由政府机构授权,准许企业使用或在一定地区享有经营某种业务的特权,如水、电、邮电通讯等专营权、烟草专卖权等;后者指企业间依照签订的合同,有限期或无限期使用另一家企业的某些权利,如连锁店分店使用总店的名称等。

(6) 土地使用权

土地使用权是指国家准许某企业在一定期间内对国有土地享有开发、利用、经营的权利。根据我国《土地管理法》的规定,我国土地实行公有制,任何单位和个人不得侵占、买卖或者以其他形式非法转让。企业取得土地使用权的方式大致有以下几种:行政划拨取得、外购取得、投资者投入取得等。

3. 无形资产的确认

一项资产除了要符合无形资产的定义外,还必须同时满足以下两个条件,才能将其确认为无形资产:

(1) 与该无形资产相关的经济利益很可能流入企业

在实际工作中,要确定无形资产产生的经济利益是否可能流入企业,应当对无形资产在预计年限内可能存在的各种经济因素作出合理估计,并应当有明确的证据支持。在进行这种判断时,需要考虑相关的因素。如企业是否有足够的人力资源、高素质的管理队伍、相关硬件设备等来配合无形资产为企业创造经济利润。最重要的是关注外界因素的影响,如是否在相关的新技术、新产品冲击与无形资产相关的技术或利用其生产的产品的市场。

(2) 该无形资产的成本能够可靠地计量

成本能够可靠地计量是确认资产的一项基本条件,对于无形资产而言,这个条件相对更为重要。如企业自创商誉以及内部产生的品牌、报刊名等,因其成本无法可靠地计量,因此作为无形资产确认。

4. 外购无形资产的核算要点

(1) 外购无形资产的初始计量

无形资产应当按成本进行初始计量,即应以取得无形资产并使之达到预定用途而发生的全部支出,作为无形资产的成本(入账价值)。对于不同来源取得的无形资产,其入账价值的构成不同。

① 外购的无形资产,其成本包括购买价款、相关税费以及直接归属于使该项资产达到预定用途发生的其他支出。其中,其他支出包括使无形资产达到预定用途所发生的专业服务费用、测试无形资产是否能够正常发挥作用的费用等,但是不包括为引入新产品进行宣传发生的广告费、管理费用等,以及无形资产已经达到预定用途以后的费用。

② 购入无形资产的价款超过正常信用条件延期支付价款(如付款期在 3 年以上),实质

上已具有融资性质,此时,无形资产的成本应为各期付款额的现值之和,购买价的现值与应付款之间的差额作为未确认的融资费用,在付款期内按实际利率法确认为利息费用。

(2) 外购无形资产的会计处理

① 账户设置。企业应设置"无形资产"账户,该账户属于资产类账户,用于核算企业持有的无形资产成本,借方登记取得的无形资产的成本,贷方登记出售无形资产转出的无形资产账面余额,期末余额在借方,反映企业无形资产的成本。该账户应按无形资产项目设置明细账,进行明细核算。

"累计摊销"账户属于"无形资产"的调整账户,核算企业对使用寿命有限的无形资产计提的累计摊销,贷方登记企业计提的无形资产摊销,借方登记处置无形资产转出的累计摊销,期末余额在贷方,反映无形资产的累计摊销额。

② 取得外购无形资产。企业取得外购无形资产时按实际支付的价款、相关税费以及使该项无形资产达到预定用途发生的其他直接支出,借记"无形资产"账户,贷记"银行存款"等账户。

技能操作

[学 中 做]

[业务资料] 东方公司2011年发生无形资产购入的经济业务如下(假定不考虑其他相关税费):

业务1 5月6日从乙公司购入一项商标权,价款300万元,另支付相关税费1万元,款项已通过银行转账支付。

业务2 5月11日购入一项新产品专利权,价款400万元,相关税费2万元,发生使该软件达到预定用途支付的专业服务费用2万元,另支付相关测试费用1万元。该无形资产引进后用于生产某新型产品,为推广该产品发生广告宣传费用10万元。各款项已由银行存款支付。

业务3 7月1日购入一块土地使用权,以银行存款支付买价1 000万元,同时支付相关税费20万元。欲在这块土地上自行建造厂房。

业务4 2008年购入的一块土地使用权,账面余额为700万元,其中成本为750万元,累计摊销50万元,购入即在该土地上建造自用办公楼。2011年10月1日工程竣工,办公楼投入使用,工程总造价为550万元。

根据上述业务资料编制的会计分录如下:

(1) 借:无形资产——商标权　　　　　　　　3 010 000
　　　贷:银行存款　　　　　　　　　　　　　　　　　3 010 000

(2) 购入该专利权的成本为购买价款及为使该无形资产达到预定用途的直接相关支出,初始入账价值=400+2+2+1=405万元。

借:无形资产——专利权　　　　　　　　　4 050 000
　　贷:银行存款　　　　　　　　　　　　　　　　　4 050 000

同时,支付的新产品推广费不计入该专利权的成本,应作为当期损益处理。

借:销售费用——广告费　　　　　　　　　　100 000

　　　　　贷：银行存款　　　　　　　　　　　　　　100 000
　（3）借：无形资产——土地使用权　　　　10 200 000
　　　　　贷：银行存款　　　　　　　　　　　　　　10 200 000
　（4）用于自行建造办公楼的土地使用权，不计入办公楼的建造成本
　　　　借：固定资产——办公楼　　　　　　5 500 000
　　　　　贷：在建工程——办公楼　　　　　　　　　5 500 000

[做　中　学]

[业务资料]　东方公司2011年发生无形资产购入的经济业务如下：
业务1　2月10日公司购入一项专利权，支付费用60 000元，按规定摊销期为10年。
业务2　5月20日公司购入一土地使用权，价款800 000元，用于自行开发建造厂房。
业务3　5月22日从乙公司购入一项商标权，价款200万元，另支付相关税费3万元，款项已通过银行转账支付。
要求：根据以上资料编制甲公司相关会计分录。

外购土地使用权的处理

　　企业购入的土地使用权通常应确认为无形资产，其入账价值为取得时所支付的价款及相关税费。土地使用权用于自行建造厂房等建筑物时，应作为无形资产单独进行核算，而不与地上建筑物合并计算成本。即土地使用权确认为无形资产，地上建筑物确认为固定资产，土地使用权与地上建筑物分别进行摊销和提取折旧。但下列情况除外：

　　1. 房地产开发企业取得的土地使用权用于建造对外出售的房屋建筑物，相关的土地使用权应当计入建造的房屋建筑物成本。

　　2. 企业外购的房屋建筑物，如果实际支付的价款中包括土地以及建筑物的价值，则应当对支付的价款按照合理的方法（如公允价值比例）在土地和地上建筑物之间进行分配；如果确实无法在地上建筑物与土地使用权之间进行合理分配的，应当全都作为固定资产进行核算。

　　3. 企业改变土地使用权的用途，将其用于出租或为增值目的而持有时，应将其转为投资性房地产。

任务2　自行研究开发无形资产的核算

知识要点

1. 研究阶段和开发阶段

（1）研究阶段

研究阶段，是指为获取新的技术和知识等进行的有计划的调查。有关研究活动的例子

包括：为了获取知识而进行的活动；研究成果或其他知识的应用研究、评价和最终选择；材料、设备、产品、工序、系统或服务替代品的研究；新的或经改进的材料、设备、产品、工序、系统或服务的可能替代品的配制、设计、评价和最终选择等。

研究阶段基本上是计划性和探索性的，旨在为进一步的开发活动进行资料及相关方面的准备，在这一阶段不会形成阶段性成果，即通过开发后是否会形成无形资产均具有很大的不确定性，企业也无法证明其能够带来未来经济利益的无形资产的存在。因此，研究阶段的有关支出在发生时应当予以费用化，计入当期损益（管理费用）。

(2) 开发阶段

开发阶段是指在进行商业性生产或使用前，将研究成果或其他知识应用于某项计划或设计，以生产出新的或具有实质性改进的材料、装置、产品等。包括：生产前或使用前的原型和模型的设计、建造和测试；含新技术的工具、夹具、模具和冲模的设计；不具有商业性生产经济规模的试生产设施的设计、建造和运营；新的或经改造的材料、设备、产品、工序、系统或服务所选定的替代品的设计、建造和测试等。

开发阶段对项目的开发具有针对性，形成成果的可能性较大。相对于研究阶段来讲，进入开发阶段，则很大程度上形成一项新产品或新技术的基本条件已经具备，此时如果企业能够证明满足无形资产的定义及相关确认条件，所发生的开发支出予以资本化，可确认为无形资产。

2. 自行研究开发无形资产的核算要点

(1) 账户设置

企业应设置"研发支出"账户，该账户属于成本类账户，用于核算企业在进行研究与开发过程中发生的各项支出。研发支出属于成本类的账户，在"研发支出"账户，下设"资本化支出"、"费用化支出"明细账户，用以归集无形资产在研发阶段的支出。

(2) 自行开发无形资产的会计处理

① 企业自行开发无形资产发生的研发支出，不满足资本化条件的，借记"研发支出——费用化支出"账户，满足资本化条件的，借记"研发支出——资本化支出"账户，贷记"原材料""银行存款"、"应付职工薪酬"等账户。

② 研究开发项目达到预定用途形成无形资产的，按"研发支出——资本化支出"账户的余额，借记"无形资产"账户，贷记"研发支出——资本化支出"账户。期末，应将"研发支出——费用化支出"账户归集的数额结转至当期损益"管理费用"账户，借记"管理费用"账户，贷记"研发支出——费用化支出"账户。

③ 如果确实无法区分研究阶段的支出和开发阶段的支出，应将其所有发生的研发支出全部费用化，计入当期损益。

④ 自行开发并按法律程序申请取得的无形资产，其成本包括自满足资本化条件至达到预定用途前所发生的支出总额，但是对于此前期间已经费用化的支出不再调整。

技能操作

[学 中 做]

[业务资料] 东方公司2011年发生自行开发无形资产的经济业务如下：

业务1 2011年1月1日，该公司自行开发一项新产品专利技术，在研究开发过程中发生材料费500万元（增值税税率17%）、职工薪酬200万元，以及其他费用300万元。其中，符合资本化条件的支出为600万元。

业务2 2011年12月2日，该项技术又成功申请了国家专利。在申请专利过程中发生注册费2.3万元，聘请律师费用0.5万元。该专利技术已经达到预定用途（假设支付的相关费用一次性进行账务处理）。

根据上述业务资料编制的会计分录如下：

资本化支出＝600＋2.3＋0.5＝602.8（万元）

费用化支出＝500×(1＋17%)＋200＋300－600＝485（万元）

(1) 借：研发支出——资本化支出　　　　6 028 000
　　　　　　　　——费用化支出　　　　4 850 000
　　　　贷：原材料　　　　　　　　　　　　　　　5 000 000
　　　　　　应交税费——应交增值税（进项税额转出）　　850 000
　　　　　　应付职工薪酬——工资　　　　　　　　2 000 000
　　　　　　银行存款　　　　　　　　　　　　　　3 028 000

(2) 该专利技术已达到预定用途
　　借：无形资产——专利技术　　　　　6 028 000
　　　　管理费用——研究费用　　　　　4 850 000
　　　　贷：研发支出——资本化支出　　　　　　　6 028 000
　　　　　　　　　　——费用化支出　　　　　　　4 850 000

[做 中 学]

[业务资料] 东方公司2011年发生自行开发无形资产的经济业务如下：

业务1 6月，公司研发部门准备研究开发一项专利技术。在研究阶段，为研究以银行存款支付相关费用800万元。同年8月，该专利技术研究成功，转入开发阶段。开发阶段以银行存款支付相关费用100万元，全部符合资本化条件。

业务2 该项专利技术又成功申请了国家专利，在申请专利过程中发生注册费3万元、聘请律师费用0.8万元。该项专利技术已经达到预定用途（假设支付的相关费用一次性进行账务处理）。

要求：根据以上资料编制相关会计分录。

在开发阶段，可将有关资本化计入无形资产的成本，但必须同时满足以下条件：

1. 完成该无形资产以使其能够使用或出售在技术上具有可行性。企业在判断无形资产的开发在技术上是否具有可行性,应当以目前的成果为基础,并提供相关证据和材料,证明企业进行开发所必需的技术条件等一经具备,不存在技术上的障碍或不确定性。

2. 具有完成该无形资产并使用或出售的意图。企业研发项目形成成果以后,是对外销售,还是使用并从使用中获得经济利益,应当由管理当局的意图而定。企业承包的管理当局应当能够说明其开发无形资产的目的,并具有完成该项无形资产开发并使其能够使用或出售的可能性。

3. 无形资产产生经济利益的方式,包括能够证明运用该无形资产生产的产品存在市场或无形资产自身存在市场,无形资产将在内部使用的,应当证明其有用性。

4. 有足够的技术、财务资源和其他资源支持,以完成该无形资产的开发,并有能力使用或出售该无形资产。

5. 归属于该无形资产开发阶段的支出能够可靠地计量。企业对于开发活动所发生的支出应当单独核算。如直接发生的开发人员的工资、材料费和相关设备的折旧费等。在企业同时从事多项开发活动的情况下,所发生的支出同时用于支持多项开发活动,应按照合理的标准,在各项开发活动之间进行分配;无法合理分配的,应予费用化计入当期损益,不计入开发活动的成本。

任务3 无形资产摊销、减值的核算

知识要点

1. 无形资产摊销内容

无形资产初始确认和计量后,在使用该项无形资产期间内应以成本减去累计摊销额和累计减值损失后的余额计量。要确定无形资产在使用过程中的累计摊销额,基础是估计其使用寿命。而使用寿命有限的无形资产需要在估计使用寿命内采用系统合理的方法进行摊销,对于使用寿命无不确定的无形资产则不需要摊销。

(1)无形资产使用寿命的确定

企业应当于取得无形资产时分析判断其使用寿命。无形资产的使用寿命如为有限的,应当估计该使用寿命的年限或者构成使用寿命的产量等类似计量单位数量;无法预见无形资产为企业带来未来经济利益期限的,应当视为使用寿命不确定的无形资产。

① 源自合同性权利或其他法定权利取得的无形资产,其使用寿命不应超过合同性权利或其他法定权利的期限。

② 如果合同性权利或其他法定权利能够在到期时因续约等延续,则仅当有证据表明企业续约不需要付出重大成本时,续约期才能够包括在使用寿命的估计中。

③ 没有明确的合同或法律规定无形资产的使用寿命的,企业应当综合各方面情况,例如企业经过努力,聘请相关专家进行论证、与同行业的情况进行比较以及参考企业的历史经验等,来确定无形资产为企业带来未来经济利益的期限。

④ 如果经过上述努力,仍确实无法合理确定无形资产为企业带来经济利益的期限的,应将该无形资产作为使用寿命不确定的无形资产。

(2) 无形资产的摊销期

使用寿命有限的无形资产的摊销期自其可供使用（即其达到预定用途）时起至终止确认时止。即无形资产摊销的起始和停止日期为：当月增加的无形资产，当月开始摊销；当月减少的无形资产，当月不再摊销。

(3) 无形资产残值的确认

无形资产的残值意味着，在其经济寿命结束之前企业预计将会处置该无形资产，并且从该处置中取得利益。估计无形资产的残值应以资产处置时的可收回金额为基础，此时的可收回金额是指在预计出售日，出售一项使用寿命已满且处于类似使用状况下，同类无形资产预计的处置价格（扣除相关税费）。预计的无形资产残值是影响无形资产各期摊销的重要因素。

除以下情况外，无形资产的残值一般为零：

① 有第三方承诺在无形资产使用寿命结束时购买该项无形资产。

② 可以根据活跃市场得到无形资产预计残值信息，并且该市场在该项无形资产使用寿命结束时可能存在。

残值确定以后，在持有无形资产的期间，至少应于每年年末进行复核。预计其残值与原估计金额不同的，应按照会计估计变更进行处理。如果无形资产的残值重新估计以后高于其账面价值的，则无形资产不再摊销，直至残值降至低于账面价值时再恢复摊销。

(4) 无形资产的摊销方法

在无形资产的使用寿命内系统地分摊其应摊销金额，存在多种方法，包括直线法、生产总量法等。目前，国际上普遍采用的主要是直线法。

无形资产摊销的直线法类似于固定资产折旧的直线法，即以无形资产的成本扣除残值后的金额，已计提减值准备的无形资产，还应扣除已计提的无形资产减值准备金额，除以预计使用寿命。

2. 无形资产摊销的核算要点

(1) 账户设置

企业应设置"累计摊销"账户，该账户属于"无形资产"的调整账户，核算企业对使用寿命有限的无形资产计提的累计摊销。贷方登记企业计提的无形资产摊销，借方登记处置无形资产转出的累计摊销，期末余额在贷方，反映无形资产的累计摊销额。

(2) 无形资产摊销的会计处理

① 无形资产摊销时，不直接冲减无形资产的账面价值，而是类似固定资产折旧的处理，单独设置"累计摊销"这一资产备抵账户，以反映因摊销而减少的无形资产价值。

② 企业按月计提无形资产摊销额时，应当考虑该项无形资产所服务的对象。无形资产的摊销金额一般应计入当期损益（管理费用、其他业务成本等），但如果某项无形资产是专门用于生产某种产品或者其他资产，其所包含的经济利益是通过转入到所生产的产品或其他资产中实现的，则无形资产的摊销费用应当计入相关资产。

3. 无形资产减值的核算

根据可获得的相关信息判断，如果无法合理估计某项无形资产的使用寿命，应作为使用寿命不确定的无形资产进行核算。对于使用寿命不确定的无形资产,在持有期间内不需要摊销,但应当在每个会计期间进行减值测试。其减值测试的方法按照资产减值的原则进行处理,如经减值测试表明已发生减值,则需要计提相应的减值准备。

(1) 无形资产的可收回金额的估计

无形资产的可收回金额是指以下两项金额中较高者：

① 无形资产的公允价值减去处置费用后的净额。

② 预计从无形资产的持续使用和使用年限结束时的处置中产生的预计未来现金流量的现值。

(2) 无形资产减值的会计处理

如果无形资产的账面价值超过其预计可收回金额,则应按超过部分确认无形资产减值损失。即按其预计可收回金额与账面价值的差额,借记"资产减值损失"账户,贷记"无形资产减值准备"账户,在以后会计期间不得转回。

技能操作

[学 中 做]

[业务资料] 东方公司2011年发生无形资产摊销和减值的经济业务如下：

业务1　2010年1月1日从外单位购得一项非专利技术,支付价款5 000万元,款项已支付,估计该项非专利技术的使用寿命为10年,该项非专利技术用于产品生产;同时,购入一项商标权,支付价款3 000万元,款项已支付,估计该商标权的使用寿命为15年。假定这两项无形资产的净残值均为零,并按直线法摊销。

根据上述业务资料编制的会计分录如下：

(1) 取得无形资产时

借：无形资产——非专利技术	50 000 000	
无形资产——商标权	30 000 000	
贷：银行存款		80 000 000

(2) 按年摊销时

借：制造费用——非专利技术	5 000 000	
管理费用——无形资产摊销	2 000 000	
贷：累计摊销		7 000 000

业务2　如果该公司2011年12月31日根据科学技术发展的趋势判断,2010年购入的该项非专利技术在4年后将被淘汰,不能再为企业带来经济利益,决定对其再使用4年后不再使用,为此,该公司应当在2011年12月31日据此变更该项非专利技术的估计使用寿命,并按会计估计变更进行处理。

2011年12月31日该项无形资产累计摊销金额为500×2=1 000万元,2010年该项无形资产的摊销金额为(5 000-1 000)/4=1 000万元。

东方公司2012年及以后的3年对该项非专利技术按年摊销的账务处理如下：

借：制造费用——非专利技术	10 000 000	
贷：累计摊销		10 000 000

业务3 东方公司于2011年1月1日购入一项市场领先的畅销产品的商标的成本为6 000万元,该商标按照法律规定还有5年的使用寿命,但是在保护期届满时,东方公司可每10年以较低的手续费申请延期,同时该公司有充分的证据表明其有能力申请延期。此外,有关调查表明,根据产品生命周期、市场竞争等方面情况综合判断,该商标将在不确定的期间内为企业带来现金流量。根据上述情况,该商标可视为使用寿命不确定的无形资产,在持有期间内不需要进行摊销。

根据上述业务资料编制的会计分录如下:

2011年1月1日购入商标时:

借:无形资产——商标权　　　　　　　　60 000 000
　　贷:银行存款　　　　　　　　　　　　　　　　60 000 000

业务4 2011年末,东方公司对该商标按照资产减值的原则进行减值测试,经测试表明该商标已发生减值。2009年底,该商标的公允价值为4 000万元。

根据上述业务资料编制的会计分录如下:

2011年末发生减值时,按公允价值与账面价值的差额6 000－4 000＝2 000万元计提减值准备,并确认减值损失。

借:资产减值损失——无形资产减值损失　20 000 000
　　贷:无形资产减值准备　　　　　　　　　　　　20 000 000

[做 中 学]

[业务资料] 东方公司2011年发生无形资产摊销和减值的经济业务如下:

业务1 2011年初,该公司购入一项受益5年,无残值的专利权。到本年年末,因科学技术的进步,存在减值迹象。该项无形资产的账面价值为100 000元,用直线法计提摊销。

业务2 该项专利权预计可收回金额为50 000元。

业务3 2012年末预计可收回金额回升为60 000元。

要求:根据上述业务资料计算摊销额并编制会计分录。

资料链接

1. 无形资产使用寿命应考虑的因素

(1) 该项无形资产通常的产品寿命周期,可获得的类似无形资产使用寿命的信息。

(2) 技术、工艺等方面的现实情况及对未来发展的估计。

(3) 以该无形资产生产的产品或服务的市场需求情况。

(4) 现在或潜在竞争者预期采用的行动。

(5) 为维护该无形资产带来未来经济利益的能力,所预期的维护支出及企业预计支付有关支出的能力。

(6) 对该无形资产的控制期限的相关法律规定或类似限制,如特许使用权、租赁期等。

(7) 与企业持有的其他资产使用寿命的关联性等。

2. 无形资产资产寿命及摊销方法的复核

企业至少应当于每年年度终了,对无形资产的使用寿命及摊销方法进行复核,如果有证据表明无形资产的使用寿命及摊销方法不同于以前的估计,如由于合同的续约或无形资产应用条件的改善,延长了无形资产的使用寿命,则对于使用寿命有限的无形资产,应改变其摊销年限及摊销方法并按照会计估计变更进行处理。例如,企业使用的某项非专利技术,原预计使用寿命为5年,使用至第2年年末,该企业计划再使用2年即不再使用,为此,企业应当在第2年年末,变更该项无形资产的使用寿命,并作为会计估计变更进行处理。

企业应在每个会计期间对使用寿命不确定的无形资产进行复核,如果有证据表明其使用寿命是有限的,则应估计其使用寿命并按照估计使用寿命进行摊销。

任务4 其他资产的核算

[知识要点]

1. 其他资产的概念

其他资产是指除货币资金、交易性金融资产、应收及预付款项、存货、长期股权投资、固定资产、无形资产以外的资产,如长期待摊费用等。

2. 长期待摊费用的核算要点

(1) 长期待摊费用

长期待摊费用是指企业已经支出,但应由本期和以后各期负担的摊销期限在1年以上的(不含1年)的各项费用,包括开办费、租入固定资产的改良支出以及摊销期在1年以上的固定资产大修理支出、股票发行费用等。应当由本期负担的借款利息、租金等,不得作为长期待摊费用处理。

(2) 账户设置

企业应设置"长期待摊费用"账户进行相关业务的总分类核算,按费用的种类设置明细账户,如下设"开办费"、"大修理支出"等进行明细核算,并在会计报表附注中按照费用项目披露其摊余价值、摊销期限、摊销方式等。

(3) 长期待摊费用的会计处理

企业发生长期待摊费用时,借记"长期待摊费用"账户,贷记"银行存款"、"原材料"等账户。摊销长期待摊费用时,借记"管理费用"、"销售费用"等科目,贷记"长期待摊费用"账户。

[技能操作]

[学 中 做]

[业务资料] 东方公司2011年发生其他资产的经济业务如下:

业务1 2011年2月筹建期间发生开办费48 000元,其中应付相关人员的工资20 000元,以银行存款支付其他各项开办费28 000元。

业务2 5月1日该公司正式投入生产经营,一次摊销上述开办费48 000元。

业务3 6月1日该公司自行对发电设备进行大修理,由辅助生产车间提供机修服务。经核算共发生大修理支出240 000元,修理间隔期为4年。

业务 4　上述大修理费用按修理间隔期 4 年平均摊销,每月摊销 5 000 元。

业务 5　9 月 1 日对其经营租入的办公楼进行装修,发生以下有关支出:领用生产用原材料 500 000 元,购原材料时支付的增值税额 85 000 元。

根据上述资料编制会计分录如下:

(1) 2011 年 2 月企业筹建期间

借:长期待摊费用——开办费　　　　　　　　48 000
　　贷:应付职工薪酬——工资　　　　　　　　　　20 000
　　　　银行存款　　　　　　　　　　　　　　　　28 000

(2) 2011 年 5 月 1 日一次摊销开办费

借:管理费用——开办费摊销　　　　　　　　48 000
　　贷:长期待摊费用——开办费　　　　　　　　　48 000

(3) 2011 年 6 月 1 日对发电设备进行大修理

借:长期待摊费用——大修理支出　　　　　240 000
　　贷:生产成本——辅助生产成本　　　　　　　240 000

(4) 按月摊销大修理支出

借:制造费用　　　　　　　　　　　　　　　5 000
　　贷:长期待摊费用——大修理支出　　　　　　　5 000

(5) 2011 年 9 月 1 日

借:长期待摊费用——经营租入固定资产改良支出　585 000
　　贷:原材料　　　　　　　　　　　　　　　　500 000
　　　　应交税费——应交增值税(进项税额转出)　85 000

[做　中　学]

[业务资料]　东方公司 2011 年发生其他资产的经济业务如下:

业务 1　2011 年 4 月以营业租赁方式对新租入的办公大楼进行装修,发生相关的费用支出为:领用生产原材料 50 000 元,进项税额为 8 500 元。

业务 2　辅助生产车间为该项装修工程提供的劳务支出为 20 000 元。

业务 3　应付相关人员的职工薪酬为 30 000 元。

业务 4　该办公大楼装修完工,达到预计可使用状态并交付使用,按租期 10 年进行摊销。

要求:根据上述资料编制会计分录。

其他长期资产的核算

其他长期资产一般包括国家批准储备的特种物资、银行冻结存款以及临时设施和涉及诉讼中的财产等。其他长期资产可以根据资产的性质及特点单独设置相关账户进行核算。

1. 特准储备物资

"特准储备物资"账户用于核算有特准储备物资的企业(主要是商业企业)中,特准储备物资的增减变动和结存情况。"特准储备物资"账户下,应按特准储备物资的品种、规格设置明细账户。

2. 特准储备基金

"特准储备基金"账户用于核算国家拨给企业的特准储备基金。在"特准储备基金"账户下,应按基金的不同来源设置明细账户。

综合练习题

一、单项选择题

1. 购买无形资产的价款超过正常信用条件延期支付,实质上具有融资性质的,无形资产的成本以(　　)为基础确定。
   A. 全部购买价款　　　　　　　B. 全部购买价款的现值
   C. 对方提供的凭据上标明的金额　　D. 市价

2. 外购无形资产的取得按(　　)计价入账。
   A. 公平市价　　　　　　　　　B. 实际成本
   C. 评估价值　　　　　　　　　D. 折现价值

3. 下列属于无形资产后续支出的是(　　)。
   A. 相关宣传活动支出　　　　　B. 无形资产研究费用
   C. 无形资产开发支出　　　　　D. 无形资产购买价款

4. A 公司为甲、乙两个股东共同投资设立的股份有限公司。经营 1 年后,甲、乙股东之外的另一个投资者丙要求加入 A 公司。经协商,甲、乙同意丙以一项非专利技术投入,三方确认该非专利技术的价值是 100 万元。该项非专利技术在丙公司的账面余额为 120 万元,市价为 100 万元,那么该项非专利技术在 A 公司的入账价值为(　　)万元。
   A. 100　　　　　　　　　　　B. 120
   C. 0　　　　　　　　　　　　D. 150

5. 在会计期末,股份有限公司所持有的无形资产的账面价值高于其可收回金额的差额,应当计入(　　)科目。
   A. 管理费用　　　　　　　　　B. 资产减值损失
   C. 其他业务成本　　　　　　　D. 营业外支出

6. A 公司 2011 年 3 月 1 日开始自行开发成本管理软件,在研究阶段发生材料费用 10 万元,开发阶段发生开发人员工资 100 万元,福利费 20 万元,支付租金 30 万元。开发阶段的支出满足资本化条件。2011 年 3 月 16 日,A 公司自行开发成功该成本管理软件,并依法申请了专利,支付注册费 1 万元、律师费 2.5 万元。A 公司 2011 年 3 月 20 日为向社会展示其成本管理软件,特举办了大型宣传活动,支付费用 50 万元。则 A 公司无形资产的入账价值应为(　　)万元。
   A. 213.5　　　　　　　　　　B. 3.5
   C. 153.5　　　　　　　　　　D. 163.5

7. 下列行为中属于应计征营业税的有(　　)。
   A. 无形资产的摊销
   B. 无形资产的有偿转让
   C. 无形资产的无偿转让

D. 无形资产的对外投资

8. C 公司出售所拥有的无形资产一项,取得收入 300 万元,营业税税率 5%。该无形资产取得时实际成本为 400 万元,已摊销 120 万元,已计提减值准备 50 万元。甲公司出售该项无形资产应计入当期损益的金额为( )万元。

   A. -100　　　　B. -20　　　　C. 300　　　　D. 55

9. W 公司以 200 万元的价格对外转让一项无形资产。该项无形资产系甲公司以 360 万元的价格购入,购入时该无形资产预计使用年限为 10 年,法律规定的有效使用年限为 12 年。转让时该无形资产已使用 5 年,转让该无形资产应交的营业税税率为 5%,假定不考虑其他相关税费,该无形资产已计提减值准备 20 万元。该无形资产按直线法摊销。甲公司转让该无形资产所获得的净收益为( )万元。

   A. 10　　　　　B. 20　　　　　C. 30　　　　　D. 40

10. F 企业研制一项新技术,该企业在此项研究过程中发生的研究费用 60 000 元,在开发过程中发生的开发费用 40 000 元,研究成功后申请获得该项专利权,在申请过程中发生的专利登记费为 20 000 元,律师费 6 000 元,该项专利权的入账价值为( )元。

    A. 86 000　　　B. 26 000　　　C. 6 000　　　D. 66 000

二、多项选择题

1. 外购无形资产的成本,包括( )。

   A. 购买价款

   B. 进口关税

   C. 其他相关税费

   D. 直接归属于使该项资产达到预定用途所发生的其他支出

2. 投资者投入无形资产的成本,应当按照( )确定,但该金额不公允的除外。

   A. 投资合同约定的价值　　　　B. 公允价值

   C. 投资方无形资产的账面价值　　D. 协议约定的价值

3. 下列各项中属于无形资产内容的有( )。

   A. 专利权　　　B. 特许权　　　C. 开办费　　　D. 土地使用权

4. 下列有关无形资产会计处理的表述中,正确的有( )。

   A. 无形资产后续支出应该在发生时计入当期损益

   B. 企业自用的、使用寿命确定的无形资产的摊销金额,应该全部计入当期管理费用

   C. 不能为企业带来经济利益的无形资产的摊余价值,应该全部转入当期的管理费用

   D. 使用寿命有限的无形资产应当在取得当月起开始摊销

5. 非专有技术具备的特征有( )。

   A. 合法性　　　　　　　　　B. 经济性

   C. 独占性和时间性　　　　　D. 机密性和动态性

6. 企业确定无形资产的使用寿命通常应当考虑的因素有( )。

   A. 该资产通常的产品寿命周期、可获得的类似资产使用寿命的信息

   B. 技术、工艺等方面的现阶段情况及对未来发展趋势的估计

   C. 以该资产生产的产品(或服务)的市场需求情况

   D. 现在或潜在的竞争者预期采取的行动

7. 无形资产的可收回金额是以下（　　）两者中的较大者。
   A. 无形资产的公允价值（不考虑处置费用）
   B. 无形资产的净值
   C. 无形资产的原值
   D. 无形资产的预计未来现金流量的现值
8. 下列项目中，属于可辨认无形资产的是（　　）。
   A. 开办费　　　　　　　　　　B. 专利权和商标权
   C. 商誉　　　　　　　　　　　D. 土地使用权
9. 下列有关无形资产的会计处理中，不正确的是（　　）。
   A. 转让无形资产使用权所取得的收入应计入营业外收入
   B. 使用寿命不确定的无形资产，不应摊销
   C. 转让无形资产所有权所发生的支出应计入其他业务成本
   D. 购入但尚未投入使用的、使用寿命确定无形资产的价值不应进行摊销
10. 企业取得无形资产的来源有（　　）。
    A. 外购无形资产　　　　　　B. 自行建造无形资产
    C. 投资者投入无形资产　　　D. 租入无形资产

三、判断题

1. 无形资产是指企业为生产商品、提供劳务、出租给他人或为管理目的而持有的、没有实物形态的可辨认非货币性资产。（　　）
2. 某企业以50万元外购一项专利权，同时还发生相关费用6万元，外购无形资产的成本，包括购买价款、进口关税和其他税费以及直接归属于使该项资产达到预定用途所发生的其他支出。那么该外购专利权的入账价值为56万元。（　　）
3. 无形资产摊销时，应该冲减无形资产的成本。（　　）
4. 企业为首次发行股票和为非首次发行股票而接受投资者投入的无形资产，均应按投资合同或协议约定的价值作为实际成本，但合同或协议约定价值不公允的除外。（　　）
5. 已计入各期费用的研究费用，在该项无形资产获得成功并依法申请专利时，再将原已计入费用的研究费用予以资本化。（　　）
6. 企业为建造生产车间而购入的土地使用权在生产车间正式动工建造之前应作为无形资产核算。（　　）
7. 无形资产的后续支出应判断是否可以资本化，符合资本化条件的应予以资本化，计入无形资产成本。不符合资本化条件的应直接计入当期费用。（　　）
8. 使用寿命不确定的无形资产在持有期间不用进行摊销，但应当在每个会计期末进行减值测试。已经发生减值的，需要计提相应的减值准备。（　　）
9. 无形资产预期不能为企业带来经济利益的，应将无形资产的账面价值转入"管理费用"科目。（　　）
10. 无法区分研究阶段支出和开发阶段支出，应当将其所发生的研发支出全部费用化，计入当期损益（管理费用）。（　　）

四、实训题

实训1

［目的］ 练习无形资产取得的核算。

［资料］ 甲公司于2011年1月1日从乙公司购买一项商标权。由于甲公司资金周转困难,经双方协商,采用分期付款方式支付款项。合同规定,该项商标权的总价款为300万元,每年年末付款150万元,2年付清。假定银行同期贷款利率为6%,2年期年金现值系数为1.8334。该公司的未确认融资费用采用实际利率法进行摊销。

［要求］

1. 计算无形资产的入账价值。
2. 编制甲公司上述业务的相关会计分录(答案金额用万元表示)。

实训2

［目的］ 练习无形资产摊销和无形资产减值准备的核算。

［资料］ E公司于2007年1月1日以银行存款300万元购入一项专利权。该项无形资产的预计使用年限为10年,2010年末预计该项无形资产的可收回金额为100万元,尚可使用年限为5年。另外,该公司2008年1月内部研发成功并可供使用非专利技术的无形资产账面价值150万元,无法预见这一非专利技术为企业带来未来经济利益期限。2010年末预计其可收回金额为130万元,预计该非专利技术可以继续使用4年。该企业按直线法摊销无形资产。

［要求］

1. 计算2010年计提无形资产减值准备。
2. 计算2011年的无形资产摊销金额。
3. 编制计提无形资产减值准备和无形资产摊销的会计分录。

实训3

［目的］ 练习内部研究开发形成无形资产的核算。

［资料］ F公司正在研究和开发一项新工艺。2011年1~10月发生的各项研究调查试验和直接参与开发人员的工资等费用100万元,2011年10~12月发生材料人工等各项支出60万元。2011年9月末,该公司已经可以证实该项新工艺必然开发成功,并满足无形资产确认标准。2012年1~6月又发生材料费用、直接参与开发人员的工资、场地设备等租金和注册费等支出240万元。2012年6月末该项新工艺完成,达到了预定可使用状态。要求做出相关的会计处理。

［要求］ 编制相关的会计分录(答案以万元为单位)。

实训4

［目的］ 练习无形资产取得、摊销和处置的核算。

［资料］ 甲公司于2008年12月1日以银行存款300万元购入一项无形资产(不考虑相关税费)。该无形资产的预计使用年限为10年,其他采用直线法摊销该无形资产。2010年12月31日对该无形资产进行减值测试时,该无形资产的预计未来现金流量现值是190万元,公允价值减去处置费用后的金额为180万元。减值测试后该资产的使用年限不变。2011年4月1日,将该无形资产对外出售,取得价款260万元并收存银行(不考虑相关税费)。

［要求］
1. 计算 2008 年 12 月 31 日无形资产的摊销金额。
2. 计算 2009 年 12 月 31 日该无形资产的账面价值。
3. 计算 2010 年 12 月 31 日该无形资产的账面价值。
4. 计算 2011 年 4 月 1 日无形资产出售形成的净损益。
5. 编制相关的会计分录(金额单位用万元表示)。

第8章 流动负债

学习目标

了解流动负债的概念和特征、职工薪酬的组成、应交税费的含义,明确应付款项、应付职工薪酬、应交税费的核算内容,熟练掌握短期借款、应付账款、应付票据、应付职工薪酬、各种应交税费及其他流动负债的核算方法。

导入案例

宏华公司是一家工业企业,除对外销售产品,也提供工业性劳务和运输装卸劳务。2011年底当地国税部门稽查人员在对其进行纳税检查时,发现该企业账簿上记载年度对外销售收入400万元,对外提供工业性劳务收入60万元,收取运输装卸费16万元,该厂的产品、工业性劳务均按17%的税率计算增值税,此公司财会部门计算的销项税额为78.2万元,稽查人员认为与其收入不相符。经过深入调查,审阅"主营业务收入"、"其他业务收入"等收入账户,并核对有关的记账凭证、原始凭证,了解到该企业在销售产品时,还向购买方收取包装费、运输装卸费、包装物租金。这些价外费用宏华公司都没有计算确认销项税额。根据《中华人民共和国增值税暂行条例》的规定,与产品销售相关的价外费用也应并入销售额计算增值税销项税额。国税局稽查人员责令该企业补交漏缴税金。

【思考与分析】

(1)该企业应补缴多少增值税额?

(2)除了包装费、运输装卸费、包装物租金外,你知道还有哪些费用应计入销售额一并计算销项税额吗?

负债是指过去的交易、事项形成的现时义务,履行该义务预期会导致经济利益流出企业。企业所承担的这一现时义务,能以货币计量,需在将来以资产或劳务偿付。企业的负债按其偿还期限的长短划分为流动负债和非流动负债两大类。

流动负债是指将在1年内(含1年)或超过1年的一个营业周期内偿还的债务。流动负债具有以下特征:第一,偿还期限短,债权人提出要求时即期偿还,或在1年内以及超过1年的一个营业周期内必须偿还;第二,到期必须用企业的资产或提供劳务或举借新债偿还;第三,企业举借流动负债的目的一般是为了满足企业生产经营资金周转的需要。

流动负债主要包括短期借款、应付票据、应付账款、预收账款、应付职工薪酬、应交税费、应付利息、应付股利、其他应付款等。

第8章 流动负债

任务1 短期借款核算

> 知识要点

1. 短期借款的概念

短期借款是企业向银行或其他金融机构等借入的期限在1年以下(含1年)的各种借款。短期借款的主要目的是解决企业流动资金的不足,以满足企业正常生产经营的资金需要。

2. 短期借款的核算要点

(1) 账户设置

企业应设置"短期借款"账户,用来核算和监督企业短期借款的借入、偿还和期末结余情况。该账户属于负债类账户,贷方登记取得借款的本金数额,借方登记偿还借款的本金数额,余额在贷方,表示尚未偿还的短期借款。该账户可按借款种类、贷款人和币种设置明细账,进行明细分类核算。

(2) 取得短期借款

企业从银行或其他金融机构取得短期借款时,应借记"银行存款"账户,贷记"短期借款"账户。

(3) 短期借款利息

短期借款利息,是企业为筹集资金所发生的一项费用,应当记入"财务费用"账户。由于短期借款期限在1年以内且数额不大,其利息计算一般采用单利,计算公式为:

$$借款利息 = 借款本金 \times 借款期限 \times 利率$$

在实际工作中,银行一般于每季度末向企业收取短期借款利息。为此,企业的短期借款利息一般采用月末预提的方式进行核算。在资产负债表日,按照计算确定的当期利息费用,借记"财务费用——利息支出"账户,贷记"应付利息"账户;实际支付利息时,根据已预提的利息,借记"应付利息"账户,根据当期应负担的利息费用,借记"财务费用"账户,根据应付利息总额,贷记"银行存款"账户。

如果短期借款利息是按月支付,或者虽按期支付但数额较小,可在实际支付时直接借记"财务费用"账户,贷记"银行存款"账户,不必确认应付利息负债。

(4) 短期借款到期偿还

企业短期借款到期偿还本金时,借记"短期借款"账户,贷记"银行存款"账户。

> 技能操作

[学 中 做]

业务1 东方公司于2011年4月1日向银行借入一笔生产经营周转借款200 000元,借款期限为6个月,年利率为6%。经与银行协商,该项借款的本金到期一次归还,利息分月预提,按季支付。根据上述业务资料编制的会计分录如下:

(1) 4月1日取得借款时

借:银行存款　　　　　　　　　　　　200 000
　　贷:短期借款——生产经营周转借款　　　　200 000

(2) 4月末计提借款利息时

借:财务费用——利息支出　　　　　　　1 000
　　贷:应付利息　　　　　　　　　　　　　　1 000

本月应计提的利息金额=200 000×6%÷12=1 000(元)

(3) 5月末计提借款利息的核算同上

(4) 6月末支付第二季度借款利息时

借:财务费用——利息支出　　　　　　　1 000
　　应付利息　　　　　　　　　　　　　2 000
　　贷:银行存款　　　　　　　　　　　　　　3 000

(5) 7月末、8月末的会计处理与4月末、5月末相同

(6) 9月末的会计处理与6月末相同

(7) 10月1日借款到期,归还本金

借:短期借款——生产经营周转借款　　　200 000
　　贷:银行存款　　　　　　　　　　　　　　200 000

业务2　如果上述借款期限是5个月,则到期日为9月1日,8月末之前的会计处理与上述相同。9月1日归还银行借款本金,同时支付7月和8月已提未支付利息。

借:短期借款——生产经营周转借款　　　200 000
　　应付利息　　　　　　　　　　　　　2 000
　　贷:银行存款　　　　　　　　　　　　　　202 000

[做 中 学]

[业务资料]　东方公司发生下列几项涉及短期借款的业务:

业务1　公司因生产经营需要,于5月1日从银行取得一项临时借款15万元,期限为3个月,约定年利率为4%。由于借款利息数额不大,不考虑预提,借款到期一次性以银行存款还本付息。

业务2　公司因生产经营需要,于7月1日从银行取得一项生产周转借款8万元,期限为6个月,约定年利率为6%,借款利息按月预提,按季分别于9月30日、12月31日以银行存款支付,到期以银行存款归还本金。

要求:

1. 计算上述业务的短期借款利息费用。
2. 按业务发生顺序编制短期借款核算的有关会计分录。

短期借款主要包括以下几种:

1. 临时借款，指企业由于临时性、季节性等原因申请取得借款。

2. 生产经营周转借款，指企业为了满足生产经营活动对资金的需要，向银行申请取得的借款。

3. 结算借款，指企业在采用托收承付结算方式销售商品的情况下，在发出商品后委托银行收款后至收款银行通知购买单位承付货款之前，为解决结算资产占用的资金的需要，以托收承付结算凭证为保证从银行取得借款。

4. 票据贴现借款，指持有商业汇票的企业，在资金周转发生困难时，向银行申请票据贴现而取得的借款。

任务2　应付票据的核算

知识要点

1. 应付票据的概念和入账价值

（1）应付票据的概念

应付票据是指企业购买材料、商品和接受劳务供应等而开出、承兑的商业汇票，包括商业承兑汇票和银行承兑汇票。付款单位应在商业汇票到期前，及时将款项足额交存开户银行，以使银行能够到期凭票将款项划转给收款人、被背书人或贴现银行。企业在收到银行付款通知时，据以编制付款凭证。

（2）应付票据的入账价值

应付票据按票面是否带息，分为带息应付票据和不带息应付票据两种。不带息应付票据，应按票据面值计价入账；带息应付票据在票面上注明利率，票据到期时，一次性支付面值和到期利息，企业开出、承兑带息票据时按面值计价入账，期末计算的应付利息也应列为应付票据款计价入账。

2. 账户设置

企业应设置"应付票据"账户，用来核算和监督企业商业汇票的开出或承兑、到期支付和期末结存的情况。该账户属于负债类账户，贷方登记企业开出或承兑商业汇票的面值和带息票据已计算的应付利息；借方登记企业到期支付或结转的票款数额；余额在贷方，表示企业尚未到期的应付票据本息。该账户可按债权人设置明细账，进行明细分类核算。

企业应当设置"应付票据备查簿"，详细登记商业汇票的种类、号数和出票日期、到期日、票面金额、交易合同号和收款人姓名或单位名称以及付款日期和金额等资料。应付票据到期结清时，在备查簿中应予注销。

3. 应付票据的核算要点

（1）不带息应付票据

企业开出、承兑商业汇票或以承兑商业汇票抵付应付账款时，应当按其票面金额作为应付票据的入账金额，借记"材料采购"、"库存商品"、"应交税费——应交增值税（进项税额）"、

"应付账款"等账户,贷记"应付票据"账户。支付银行承兑汇票的手续费,借记"财务费用"账户,贷记"银行存款"账户。到期支付票据款时,借记"应付票据"账户,贷记"银行存款"账户。

(2) 带息应付票据

企业开出、承兑商业汇票,应借记"材料采购"、"库存商品"、"应交税费——应交增值税(进项税额)"等账户,贷记"应付票据"账户。

对带息应付票据的利息处理,有两种核算方法:一是按月计提,在每月末对尚未支付的应付票据计提利息,计入当期财务费用,这种方法符合权责发生制原则,在利息费用较大时能正确反映盈亏和实际负债金额。计提利息时,借记"财务费用"账户,贷记"应付票据"账户。二是在票据到期付款时,将全部利息直接计入付款期的财务费用。由于我国的商业汇票期限较短,为了简化核算,一般只在每年 6 月 30 日和年末才计提未到期商业汇票的应付利息,以正确反映本期盈亏和负债。

技能操作

[学 中 做]

1) 不带息应付票据的核算

业务 1　东方公司 4 月 1 日从甲公司购入 A 材料一批,当日已验收入库,增值税专用发票上注明货款为 30 000 元,增值税额为 5 100 元,开出并承兑一张为期 3 个月、票面金额为 35 100 元的不带息商业承兑汇票。

根据上述业务资料编制的会计分录如下:

(1) 4 月 1 日购入 A 材料,开出并承兑商业汇票时

借:原材料——A 材料　　　　　　　　　　　30 000
　　应交税费——应交增值税(进项税额)　　　 5 100
　　贷:应付票据——商业承兑汇票——甲公司　　35 100

(2) 7 月 1 日到期支付票款时

借:应付票据——商业承兑汇票——甲公司　　35 100
　　贷:银行存款　　　　　　　　　　　　　　35 100

(3) 如果上述票据到期,企业无力付款

借:应付票据——商业承兑汇票——甲公司　　35 100
　　贷:应付账款——甲公司　　　　　　　　　35 100

2) 带息应付票据的核算

业务 2　东方公司 12 月 1 日从乙公司购入 B 材料一批,当日已验收入库,增值税专用发票上注明货款为 600 000 元,增值税额为 102 000 元,开出并承兑一张为期 3 个月、票面金额为 702 000 元的带息银行承兑汇票,年利率为 3%。

根据上述业务资料编制的会计分录如下:

(1) 12 月 1 日购入 A 材料,开出并承兑商业汇票时

借:原材料——B 材料　　　　　　　　　　　600 000
　　应交税费——应交增值税(进项税额)　　　102 000
　　贷:应付票据——银行承兑汇票——乙公司　702 000

(2) 12月31日计提利息 1 755(702 000×3‰÷12)元时
借:财务费用——利息支出 1 755
　　贷:应付票据——银行承兑汇票——乙公司 1 755
(3) 下年度3月1日到期支付票据本息 707 265(702 000+1 755×3)元时
借:应付票据——银行承兑汇票——乙公司 703 755
　　财务费用——利息支出 3 510
　　贷:银行存款 707 265

[做　中　学]

[业务资料]　东方公司发生有关应付票据业务如下:

业务1　东方公司从甲公司购入A材料一批,货款20 000元,增值税额为3 400元,材料已验收入库,企业签发并承兑一张为期6个月的不带息商业承兑汇票付价税款。

业务2　东方公司12月1日从乙公司购入B材料一批,货款400 000元,增值税额为68 000元,材料已验收入库,企业签发并经开户银行承兑一张为期3个月的带息银行承兑汇票付价税款,并以银行存款支付承兑手续费400元。

业务3　签发给乙公司的带息银行承兑汇票年利率为6%,计提本月应计利息。

业务4　东方公司6个月前签发(并承兑)给甲公司的商业承兑汇票到期,以银行存款支付票价款23 400元。

业务5　东方公司3个月前签发并经银行承兑给乙公司的带息银行承兑汇票到期,以银行存款如数支付票据本息,前2个月的利息已计提,第3个月的利息直接支付。

要求:根据上述业务资料,编制应付票据核算的有关会计分录。

逾期应付票据的会计处理

1. 当企业开出并承兑的商业承兑汇票到期时,如无力支付票款,应将"应付票据"账面余额,包括带息票据已记入"应付票据"账户的利息部分,一起转入"应付账款"账户,借记"应付票据"账户,贷记"应付账款"账户。到期不能支付的带息应付票据账面余额转入"应付账款"账户核算后,期末不再计提利息。如果以签发新的票据方式清偿原欠款的,再从"应付账款"账户转回"应付票据"账户核算。

2. 当企业开出并承兑的银行承兑汇票到期时,如无力支付票款,承兑银行在无条件向收款人或持票人支付票款后,再向付款人(承兑申请人)扣款。对付款人未支付的汇票金额转作逾期贷款处理,并按每天万分之五计收利息。付款人在收到银行通知时,则应将"应付票据"账面余额,包括带息票据已记入"应付票据"账户的利息部分,转入"短期借款"账户。

任务3　应付账款及预收账款的核算

知识要点

1. 应付账款的核算

（1）应付账款的概念

应付账款是企业因购买原材料、商品或接受劳务供应等经营活动而应付给供货单位的款项，它是由于企业购买原材料等经济活动的发生时间与货款结算的时间不一致所产生的债务。应付账款和应付票据虽然都是购买货物、接受劳务而引起的，但应付账款属于尚未结清的债务，应付票据则是一种承诺付款的票据，是延期付款的证明。

（2）应付账款的入账时间和入账金额

应付账款入账时间的确定，应以购买货物的所有权发生转移或接受劳务已发生为标志，即在企业取得货物的所有权或已接受劳务时确认为应付账款。

（3）应付账款的核算要点

企业应设置"应付账款"账户，用来核算和监督企业应付账款的发生、偿还和期末结余情况。该账户属于负债类账户，贷方登记企业因购货、接受劳务供应而产生的应付款项以及无款支付到期商业汇票转入的应付票据款，借方登记企业偿还、抵付的应付账款及转销无法支付的应付账款，余额一般在贷方，表示尚未支付的应付账款。该账户可按供应单位设置明细账，进行明细分类核算。

企业购入材料、商品等验收入库，货款尚未支付，应根据发票账单等单据，借记"原材料"、"库存商品"、"应交税费——应交增值税（进项税额）"等账户，贷记"应付账款"账户；企业接受供应单位提供劳务而发生的应付未付款项，应根据供应单位提供的发票账单，借记"生产成本"、"管理费用"等账户，贷记"应付账款"账户；支付应付账款时，借记"应付账款"账户，贷记"银行存款"账户。

由于债权单位撤销或其他原因，企业无法支付的应付账款，应直接转入营业外收入，借记"应付账款"账户，贷记"营业外收入"账户。

2. 预收账款的核算

预收账款是指企业按照合同规定向购货单位预收的款项。有些购销合同规定，销货单位可向购货单位预先收取一部分货款，待向对方发货后再收取其余货款。企业在发货前收取的货款，表明企业承担了会在未来导致经济利益流出企业的应履行的义务，就成为企业的一项负债。

企业应设置"预收账款"账户，用来核算和监督预收账款的发生和结算情况。该账户属于负债类账户，贷方登记企业收到的购货方预付的货款及补付的货款，借方登记企业发出商品或提供劳务应收取的全部价款，余额一般在贷方，表示企业向购货方预收款项但尚未发货的数额，如为借方余额，表示企业尚未转销的款项。该账户应按购货单位设置明细账，进行明细分类核算。

企业向购货单位预收款项时,借记"银行存款"账户,贷记"预收账款"账户;发出货物确认销售实现时,按应收取的货物价税款合计数,借记"预收账款"账户,按实现的营业收入,贷记"主营业务收入"账户,按增值税专用发票上注明的增值税额贷记"应交税费——应交增值税(销项税额)"账户;企业收到的购货单位补付的款项,借记"银行存款"账户,贷记"预收账款"账户;向购货单位退回其多付的款项时,做相反的会计分录。

预收账款业务不多的企业,也可以不设置"预收账款"账户,而直接将预收账款并入"应收账款"账户核算。

[技能操作]

[学 中 做]

[业务资料] 业务1 东方公司为增值税一般纳税人,2011年5月1日向大中公司购入甲材料一批,当日已验收入库,增值税专用发票上注明货款200 000元,增值税额34 000元,约定的付款条件为2/10,1/20,n/30(不考虑增值税),款项尚未支付。

根据上述业务资料编制的会计分录如下:

(1) 5月1日材料验收入库时

借:原材料——甲材料　　　　　　　　　　200 000
　　应交税费——应交增值税(进项税额)　　34 000
　　贷:应付账款——东方公司　　　　　　　　　　234 000

(2) 若该公司2011年5月1日至5月10日内付款,可获得2%的现金折扣

借:应付账款——大中公司　　　　　　　　234 000
　　贷:财务费用(200 000×2%)　　　　　　　　　4 000
　　　 银行存款　　　　　　　　　　　　　　　　230 000

(3) 若该公司2011年5月11日至5月20日内付款,可获得1%的现金折扣

借:应付账款——大中公司　　　　　　　　234 000
　　贷:财务费用　　　　　　　　　　　　　　　　2 000
　　　 银行存款　　　　　　　　　　　　　　　　232 000

(4) 若该公司2011年5月20日以后付款,应按发票金额全额付款

借:应付账款——大中公司　　　　　　　　234 000
　　贷:银行存款　　　　　　　　　　　　　　　　234 000

业务2 东方公司2011年7月3日与甲企业签订供货合同,向其出售一批货物。7月8日收到甲企业按合同规定预付的款项60 000元,已存入银行。7月18日该公司将货物发给甲企业并开出增值税专用发票,发票上注明货款100 000元,增值税额17 000元。7月26日收到甲企业补付的剩余货款。

(1) 7月8日收到甲企业预付款时

借:银行存款　　　　　　　　　　　　　　60 000
　　贷:预收账款——甲企业　　　　　　　　　　　60 000

(2) 7月18日发出货物确认收入时

借:预收账款——甲企业　　　　　　　　　117 000

贷：主营业务收入　　　　　　　　　　　　　　　100 000
　　　　应交税费——应交增值税(销项税额)　　　　　17 000
(3) 7月26日收到甲企业剩余货款时
　　借：银行存款　　　　　　　　　　　　　　　　　57 000
　　贷：预收账款——甲企业　　　　　　　　　　　　57 000

[做　中　学]

[业务资料]　根据下列资料,编制东方公司有关应付账款和预收账款核算的会计分录。

业务1　东方公司于2011年3月1日从A公司购入一批材料,货款100 000元,增值税额17 000元,对方代垫运杂费1 000元。材料已运到并验收入库(材料按实际成本计价核算),款项尚未支付。

业务2　3月31日,东方公司用银行存款支付上述应付账款。

业务3　2011年12月31日,东方公司确定一笔应付账款50 000元为无法支付的款项,应予转销。

业务4　2011年8月5日按合同规定预收乙企业款项50 000元,已存入银行。8月9日该公司将货物发给乙企业并开出增值税专用发票,发票上注明货款40 000元,增值税额6 800元。8月20日将多收款项退回乙企业。

在实际工作中,应付账款的入账时间和入账金额,应区别两种情况进行处理:

1. 在货物和发票账单同时到达的情况下,一般在所购货物验收入库后才根据发票账单登记入账,确认应付账款。

2. 在货物验收入库、发票账单未到的情况下,应付账款可暂不入账,待月份内收到发票账单后再进行处理;月份终了仍未收到发票账单的,应按暂估价或计划价入账,次月初用红字冲销,待实际收到发票账单时再进行处理。

应付账款是在购销活动中由于取得货物与支付货款的时间不一致造成的,通常在短期内就要付款,因此应按发票上所记载的应付金额入账。在存在购货折扣的情况下,无论是商业折扣还是现金折扣,均应按发票上记载的应付金额入账。在折扣期限内付款而获得的现金折扣,应在偿还应付账款时冲减当期财务费用。应支付给供货单位代垫的运杂费等也应计入应付账款。

任务4　货币性职工薪酬核算

知识要点

1. 职工薪酬的组成内容

职工薪酬是企业为获得职工提供的服务而给予各种形式的报酬以及其他支出,包括职工在职期间和离职后提供给职工的全部货币性薪酬和非货币性福利。职工薪酬主要包括以下内容：

（1）职工工资、奖金、津贴和补贴，是指按照构成工资总额的计时工资、计件工资、支付给职工的超额劳动报酬和增收节支的劳动报酬、为了补偿职工特殊或额外的劳动消耗和因其他特殊原因支付给职工的津贴，以及为了保证职工工资水平不受物价影响支付给职工的物价补贴等。企业按规定支付给职工的加班工资，以及根据国家法律、法规和政策规定，企业在职工因病、工伤、产假、计划生育假、婚丧假、事假、探亲假、定期休假、停工学习等特殊情况下，按照计时工资或计件工资标准的一定比例支付的工资，也属职工工资范畴，在职工休假或缺勤时，不应当从工资总额中扣除。

（2）职工福利费，主要包括职工因公负伤赴外地就医路费、职工生活困难补助、未实行医疗统筹企业职工医疗费用，以及按规定发生的其他职工福利支出。

（3）社会保险费，是指企业按照国家规定的基准和比例计算，为职工向社会保险经办机构缴纳的医疗保险费、养老保险费、失业保险费、工伤保险费和生育保险费等。

（4）住房公积金，是指企业按照国家《住房公积金管理条例》规定的基准和比例计算，向住房公积金管理机构缴存的住房公积金。除企业为职工缴存外，职工个人也要按月缴存一定的住房公积金。

（5）工会经费和职工教育经费，是指企业为了改善职工文化生活、提高职工业务素质用于开展工会活动和职工教育及职业技能培训，根据国家规定的基准和比例，从成本费用中提取的金额。

（6）非货币性福利，包括企业以自己的产品或外购商品发放给职工作为福利，企业向职工提供无偿使用自己拥有的资产（如提供给企业高级管理人员的汽车、住房等），企业为职工无偿提供医疗保健服务等。

（7）辞退福利，是指企业因解除与职工的劳动关系给予的补偿，即在职工劳动合同到期之前解除与职工的劳动关系，或者为鼓励职工自愿接受裁减而提出补偿建议的计划中给予职工的经济补偿。本章不介绍应付职工薪酬涉及的辞退福利。

（8）股份支付，是指企业为获取职工和其他方面而授予权益工具或承担以权益工具为基础确定的负债交易。股份支付分为权益结算的股份支付和以现金结算的股份支付。

2. 职工薪酬的确认

职工薪酬准则规定，企业应当在职工为其提供服务的会计期间，根据职工提供服务的受益对象，将应付的职工薪酬（除因解除与职工的劳动关系给予的补偿外）计入相关资产成本或当期损益，同时确认应付职工薪酬。

企业应当设置"应付职工薪酬"账户，用来核算和监督应付职工薪酬的提取、结算和使用情况。该账户贷方登记已分配计入有关成本费用项目的职工薪酬的数额，借方登记实际发放职工薪酬的数额，期末贷方余额反映企业应付未付的职工薪酬。"应付职工薪酬"账户应当按照"工资"、"职工福利"、"社会保险费"、"住房公积金"、"工会经费"、"职工教育经费"、"非货币性福利"、"辞退福利"等应付职工薪酬项目设置明细账户，进行明细分类核算。

技能操作

[学 中 做]

(1) 工资的结算

业务1 企业应按劳动工资制度的规定,根据原始凭证,计算并发放职工工资。

① 考勤记录。考勤记录是反映每个职工的出勤、缺勤、迟到和早退等情况的记录,是计算计时工资的原始依据。

② 产量记录。产量记录是反映每个职工或小组在出勤时间内完成的产品产量和耗用工时的原始依据。

③ 工资结算单。企业应根据劳动工资的规定,结合平时的考勤记录、产量记录等计算出对每位职工的应付工资额、代扣款项和实发工资额等,据此编制"工资结算单"。"工资结算单"一般分车间、部门,按每个职工编制,每月一次,通常一式三份。其中一份由劳动工资部门存查;一份在发放工资时由职工签章后作为工资核算的凭证;一份按每一职工裁成工资条,连同工资一起发放给职工。"工资结算单"的格式见表8-1。

表8-1 工资结算单

部门:一车间　　　　　　　　2011年6月　　　　　　　　单位:元

编号	姓名	基本工资	岗位工资	绩效工资	应扣工资	应付工资	代扣款项			实发工资
							养老保险	失业保险	小计	
1001	洪海	800	350	300		1 520	106.4	30.4	250.6	1 269.4
1002	李丽	750	300	300	30	1 380	96.6	27.6	233.4	1 146.6
1003	方华	700	300	250	20	1 290	90.3	25.8	204.6	1 085.4
合计		19 000	4 600	3 800	780	28 120	1 968.4	562.4	6 980.2	21 139.8

注:波浪线表示省略的工资项目,余同。

④ 工资结算汇总表。为了准确、有效地进行工资核算,会计部门还应根据各车间、部门的工资结算单汇总编制"工资结算汇总表"。"工资结算汇总表"的格式见表8-2。

表8-2 工资结算汇总表

2011年6月　　　　　　　　单位:元

部门		基本工资	岗位工资	绩效工资	应扣工资	应付工资	代扣款项			实发工资
							养老保险	失业保险	小计	
一车间	生产工人	19 000	4 600	3 800	780	28 120	1 968.4	562.4	6 980.2	21 139.8
	管理人员	2 000	600	700		3 420	239.4	34.2	752.2	2 667.8
	小计	21 000	5 200	4 500	780	31 540	2 207.8	596.6	7 732.4	23 807.6

续表 8-2

部门		基本工资	岗位工资	绩效工资	应扣工资	应付工资	代扣款项			实发工资
							养老保险	失业保险	小计	
二车间	生产工人	20 000	5 000	9 100	1 300	34 900	2 443.0	349.0	7 049.5	27 850.5
	管理人员	2 400	510	700		3 910	273.7	39.1	822.0	3 088.0
	小计	22 400	5 510	9 800	1 300	38 810	2 716.7	388.1	7 871.5	30 938.5
辅助生产车间		10 000	3 000	5 100	100	20 000	1 400	200	4 069.2	15 930.8
管理部门		15 000	6 000	4 800		27 800	1 946	556	5 587.6	22 212.2
专设销售机构		6 000	2 200	1 600		10 560	739.2	211.2	2 249.4	8 310.6
生活福利部门		2 100	500	700		3 600	252.0	36.0	766.2	2 833.8
合计		76 500	22 410	26 500	2 180	132 310	9 261.7	2 646.2	28 276.5	104 033.5

工资结算的账务处理一般包括提取现金、发放工资、结转代扣代垫款项等几项内容。企业发放工资，应根据"工资结算汇总表"中的实发工资数额，从银行提取现金，借记"库存现金"账户，贷记"银行存款"账户；实际支付工资时，借记"应付职工薪酬——工资"账户，贷记"库存现金"账户。

对于"工资结算汇总表"中由职工个人负担的各种代扣代垫款项，应在工资结算时结转。若为代扣款，如"五险一金"等，借记"应付职工薪酬——工资"账户，贷记"其他应付款"账户；若为代扣的个人所得税，借记"应付职工薪酬——工资"账户，贷记"应交税费——应交个人所得税"账户；若为代垫款，如职工借款、代垫水电费等，借记"应付职工薪酬——工资"账户，贷记"其他应收款"账户。

根据表 8-2 编制有关工资结算的会计分录如下：

① 根据"实发工资"合计栏提取现金时

借：库存现金　　　　　　　104 033.5
　　贷：银行存款　　　　　　　　　104 033.5

② 实际发放工资时

借：应付职工薪酬——工资　104 033.5
　　贷：库存现金　　　　　　　　　104 033.5

③ 结转各种代扣款项时

借：应付职工薪酬——工资　28 276.5
　　贷：其他应付款　　　　　　　　28 276.5

（2）工资费用的分配

业务 2　月份终了，会计部门应根据"工资结算汇总表"编制"工资分配表"，按工资发生的部门、职工岗位将本月的工资费用进行分配，计入有关成本费用账户。"工资分配表"的格式见表 8-3。

表 8-3 工资分配表

2011 年 6 月　　　　　　　　　　　　　　　　　　　　　　　单位：元

应借科目＼部门	一车间	二车间	辅助车间	管理部门	销售机构	福利部门	合计
生产成本	28 120	34 900	20 000				83 020
制造费用	3 420	3 910					7 330
管理费用				27 800			27 800
销售费用					10 560		10 560
应付职工薪酬——福利费						3 600	3 600
合　计	31 540	38 810	20 000	27 800	10 560	3 600	132 310

其中：生产车间直接生产人员的工资记入"生产成本"账户，生产车间管理人员工资记入"制造费用"账户，企业行政管理人员及 6 个月以上病假人员工资记入"管理费用"账户，专设销售机构人员工资记入"销售费用"账户，由在建工程、研发支出负担的职工工资记入"在建工程"、"研发支出"账户，生活福利部门人员工资记入"应付职工薪酬——职工福利费"账户。根据表 8-3 编制工资分配的会计分录如下：

借：生产成本——基本生产成本　　63 020
　　生产成本——辅助生产成本　　20 000
　　制造费用　　　　　　　　　　 7 330
　　管理费用　　　　　　　　　　27 800
　　销售费用　　　　　　　　　　10 560
　　应付职工薪酬——职工福利　　 3 600
　　贷：应付职工薪酬——工资　　　　　　132 310

(3) 职工福利费

对于职工福利费，企业应当根据历史经验数据和当期福利计划，预计当期应计入职工薪酬的福利费金额；每一资产负债表日，企业应当对实际发生的福利费金额和预计金额进行调整。当期实际发生金额大于预计金额的，应当补提应付职工薪酬；当期实际发生金额小于预计金额的，应当冲回多提的应付职工薪酬。按预计金额计提的职工福利费的分配渠道，与工资费用的分配渠道基本相同。

业务 3　某企业下设一职工食堂，每月根据在岗职工人数及其分布情况、相关历史经验数据等计算需要补贴食堂的金额，从而确定企业每月因职工食堂而需要承担的福利费金额。2009 年 6 月，企业管理部门 30 人，生产车间 100 人。历史经验数据表明，对于每个职工企业每月需补贴食堂 100 元。该企业应当提取的职工福利费＝130×100＝13 000(元)。有关会计分录如下：

借：生产成本　　　　　　　　　　10 000
　　管理费用　　　　　　　　　　 3 000
　　贷：应付职工薪酬——职工福利　　　　13 000

(4) "五险一金"、工会经费和职工教育经费应向社会保险经办机构等缴纳的医疗保险费、养老保险费、失业保险费、工伤保险费、生育保险费,应向住房公积金管理机构缴纳的住房公积金,以及工会经费和职工教育经费等,应在职工为其提供服务的会计期间,根据工资总额的一定比例计算确定。

业务 4　根据国家规定的计提标准计算,某企业本月应向社会保险经办机构缴纳职工基本养老保险费共计 53 660 元,其中应计入基本生产成本的金额为 36 900 元,应计入制造费用的金额为 1 760 元,应计入管理费用的金额为 15 000 元。该企业编制的会计分录如下:

　　借:生产成本——基本生产成本　　　　　　　　36 900
　　　　制造费用　　　　　　　　　　　　　　　　 1 760
　　　　管理费用　　　　　　　　　　　　　　　　15 000
　　　贷:应付职工薪酬——社会保险费(基本养老保险)　53 660

[做　中　学]

[业务资料]　乙企业为增值税一般纳税人,适用的增值税税率为17%。2011年3月发生有关职工薪酬的业务如下:

业务 1　行政管理部门使用的设备进行日常维修,应付企业内部维修人员工资 8 000 元。

业务 2　建造一项工程,计提企业内部在建工程人员工资 60 000 元。

业务 3　对以经营租赁方式租入的生产线进行改良,应付内部改良工程人员工资 20 000 元。

业务 4　月末分配职工工资 200 000 元,其中直接生产人员工资 100 000 元,车间管理人员工资 20 000 元,企业行政管理人员工资 50 000 元,专设销售机构人员工资 30 000 元。

业务 5　从应付职工张某的工资中,扣回上月代垫的应由其本人负担的医疗费 12 000 元。

业务 6　以现金支付职工李某生活困难补助 6 000 元。

业务 7　按规定计算代扣代缴职工个人所得税 20 000 元。

业务 8　以银行存款缴纳职工养老保险费和医疗保险费共计 50 000 元。

要求:根据上述业务资料,编制货币性职工薪酬核算的有关会计分录。

货币性职工薪酬的计量标准

1. 具有明确计提标准的货币性薪酬

计量应付职工薪酬时,国家规定了计提基础和计提比例的,企业应当按照国家规定的标准,计量企业承担的职工薪酬义务和计入成本费用的职工薪酬。

(1) 应向社会保险经办机构等缴纳的医疗保险费、养老保险费(包括根据企业年金计划向企业年金基金相关管理人员缴纳的补充养老保险费)、失业保险费、工伤保险费、生育保险费等社会保险费,应向住房公积金管理机构缴纳的住房公积金。企业应当按照国家规定的标准,计量应付职工薪酬义务和应相应计入成本费用的职工薪酬金额。

(2) 工会经费和职工教育经费。企业应当按照财务规则等相关规定,分别按照职工工资总额的2%和1.5%的计提标准,计量应付职工薪酬(工会经费、职工教育经费)义务金额和相应计入成本费用的薪酬金额;从业人员技术要求高、培训任务重、经济效益好的企业,可根据国家相关规定,按照职工工资总额的 2.5% 计量应计入成本费用的职工教育经费。按照明确标准计算确定应承担的职工薪酬义务后,再根据受益对象计入相关的成本或当期费用。

2. 没有明确计提标准的货币性薪酬

计量应付职工薪酬时,国家没有规定计提基础和计提比例的,企业应当根据历史经验的数据和实际情况,合理预计当期应付职工薪酬。当期实际发生金额大于预计金额的,应当补提应付职工薪酬;当期实际发生金额小于预计金额的,应当冲回多提的应付职工薪酬。

3. 对于在职工提供服务的会计期末以后 1 年以上到期的应付职工薪酬

企业应当选择合理的折现率,以应付职工薪酬折现后的金额计入相关资产成本或当期损益;应付职工薪酬金额与其折现后金额相差不大的,也可以按照未折现金额计入相关资产成本或当期损益。

任务5 非货币性职工薪酬核算

【知识要点】

1. 企业以其自产产品发放给职工作为福利

企业以其自产产品作为非货币福利发放给职工的,应当根据受益对象,按照该产品的公允价值,计入相关资产成本或当期损益,同时确认应付职工薪酬,借记"管理费用"、"生产成本"、"制造费用"等账户,贷记"应付职工薪酬——非货币性福利"账户。

2. 将企业拥有的房屋等资产无偿提供给职工使用

将企业拥有的房屋等资产无偿提供给职工使用的,应当根据受益对象,将该住房等资产每期应计提的折旧计入相关资产成本或当期损益,同时确认应付职工薪酬,借记"管理费用"、"生产成本"、"制造费用"等账户,贷记"应付职工薪酬——非货币性福利"账户,并且同时借记"应付职工薪酬——非货币性福利"账户,贷记"累计折旧"账户。

3. 租赁住房等资产供职工无偿使用

租赁住房等资产供职工无偿使用的,应当根据受益对象,将每期应付的租金计入相关资产成本或当期损益,并确认应付职工薪酬,借记"管理费用"、"生产成本"、"制造费用"等账户,贷记"应付职工薪酬——非货币性福利"账户。

难以认定受益对象的非货币性福利,直接计入当期损益和应付职工薪酬。

【技能操作】

[学 中 做]

[业务资料] 东方公司为增值税一般纳税人,2011 年 3 月发生与职工薪酬有关的业务如下:

业务1 东方公司共有职工200名,其中直接生产人员160名,行政管理人员40名。2011年6月,该公司以自产的某型号电动车作为福利发放给每位职工。该型号电动车的每台成本为2 000元,市场售价为2 500元。该企业编制的会计分录如下:

(1) 当企业决定发放非货币性福利时

借：生产成本[160×2500×(1+17%)]　　　368 000
　　管理费用[40×2 500×(1+17%)]　　　　117 000
　　　贷：应付职工薪酬——非货币性福利　　　　　585 000

(2) 实际发放时,视同销售确认收入并计算增值税销项税额

借：应付职工薪酬——非货币性福利　　　585 000
　　　贷：主营业务收入　　　　　　　　　　　　　500 000
　　　　　应交税费——应交增值税(销项税额)　　85 000

同时,结转成本：

借：主营业务成本　　　　　　　　　　　400 000
　　　贷：库存商品——电动车　　　　　　　　　　400 000

业务2 东方公司决定为12名部门经理提供笔记本电脑免费使用,另外为2位副总经理各租赁一套公寓免费使用。假设每台笔记本电脑每月计提折旧200元,每套公寓月租金为1 500元。

(1) 无偿向职工提供笔记本电脑使用,应按月编制会计分录如下:

借：管理费用　　　　　　　　　　　　　2 400
　　　贷：职工薪酬——非货币性福利　　　　　　　2 400

同时：

借：应付职工薪酬——非货币性福利　　　2 400
　　　贷：累计折旧　　　　　　　　　　　　　　　2 400

(2) 租赁公寓供职工无偿使用,按每月应支付的租金编制会计分录如下:

借：管理费用　　　　　　　　　　　　　3 000
　　　贷：应付职工薪酬——非货币性福利　　　　　3 000

支付公寓租金时：

借：应付职工薪酬——非货币性福利　　　3 000
　　　贷：银行存款　　　　　　　　　　　　　　　3 000

[做 中 学]

[业务资料] 东方公司为增值税一般纳税人,适用的增值税税率为17%,2011年3月发生与职工薪酬有关的业务如下：

业务1 为公司总部下属20名部门经理每人配备汽车一辆免费使用,假定每辆汽车每月折旧1 000元。

业务2 将自产产品50台作为福利分配给本公司管理人员和销售人员,其中管理人员20名,销售人员30名。该产品每台生产成本为10 000元,每台市场售价为12 000元(不含增值税)。

要求：根据资料,编制非货币性职工薪酬核算的会计分录。

企业向职工提供的非货币性职工薪酬,以外购商品作为非货币性福利提供给职工的,应当按照该项商品的公允价值和相关税费,计量应计入成本费用的职工薪酬。

举例:2011年7月A公司外购每台不含税价格为1 500元的电冰箱作为防暑福利发给每名职工。该公司共有职工300人,其中,260名为直接参加生产的职工,40名为公司管理人员。该公司以银行存款支付了购买电冰箱的货款,并开具了增值税的专用发票,增值税税率为17%。编制会计分录如下:

1. 电冰箱的售价总额=260×1 500+40×1 500=390 000+60 000=450 000(元)
2. 电冰箱的进项税额=260×1 500×17%+40×1 500×17%=66 300+10 200=76 500(元)
3. 公司发放非货币性福利时

借:生产成本　　　　　　　　　　　　　　　　456 300
　　管理费用　　　　　　　　　　　　　　　　 70 200
　　贷:应付职工薪酬——非货币性福利　　　　　　　526 500

4. 购买电冰箱时

借:应付职工薪酬——非货币性福利　　　　　　526 500
　　贷:银行存款　　　　　　　　　　　　　　　526 500

任务6　应交增值税核算

1. 应交税费概述

1) 应交税费的内容

企业根据税法规定应交纳的各种税费包括:增值税、消费税、营业税、城市维护建设税、资源税、所得税、土地增值税、房产税、车船使用税、土地使用税、教育费附加、矿产资源补偿费、印花税、耕地占用税等。

2) 应交税费核算的账户

企业应设置"应交税费"账户,用来总括反映各种税费的计提和交纳情况,并按照应交税费项目进行明细核算。该账户贷方登记应交纳的各种税费税额,借方登记实际交纳的税费,期末余额一般在贷方,反映企业尚未交纳的税费,期末余额如在借方,反映企业多交或尚未抵扣的税费。企业交纳的印花税、耕地占用税以及其他不需要预计应交数的税金,不通过"应交税费"账户核算。

3) 应交增值税的计算

增值税是指对我国境内销售货物、进口货物或提供加工、修理修配劳务的增值额征收的一种流转税。增值税的纳税人是在我国境内销售货物、进口货物或提供加工、修理修配劳务的单位和个人。按照纳税人的经营规模和会计核算的健全程度,增值税纳税人分为一般纳税人和小规模纳税人。

一般纳税人增值税的核算。一般纳税人应纳增值税额,根据当期销项税额减去进项税额计算确定,其计算公式为:

$$应纳增值税额＝当期销项税额－当期准予抵扣的进项税额$$

若当期销项税额小于当期准予抵扣的进项税额时,其不足部分可以结转下期继续抵扣。

(1) 销项税额。销项税额是指企业销售货物或提供应税劳务,按照销售额和规定税率计算向购货方或接受劳务方收取的增值税额,即企业对外开出增值税专用发票上表明的税额。

$$销项税额＝销售额×增值税率$$

上式中销售额不含增值税,如为含税销售额,应换算为不含税销售额:

$$销售额＝含税销售额÷(1＋增值税税率)$$

企业将自产或委托加工的货物用于非应税项目,作为投资、用于集体福利消费、赠送他人等,应视同销售货物计算销项税额。

(2) 进项税额。进项税额是指企业购入货物或接受应税劳务所支付或负担的增值税额。准予从销项税额中抵扣的进项税额,通常包括:

① 从销售方取得的增值税专用发票上注明的增值税额。

② 从海关取得完税凭证上注明的增值税额。

③ 购进免税农产品,按照买价和13％的扣除率计算的进项税额,准予从当期销项税额中抵扣。

④ 购进货物和销售货物所支付的运输费用,根据运费结算单据所列运费金额按7％的扣除率计算的进项税额准予抵扣。但随同运费支付的装卸费、保险费等其他杂费不得计算扣除进项税额。

⑤ 企业购进货物等存货发生非正常损失以及购进货物改变用途等,其购进时已确认的进项税额应当予以转出,不得抵扣。

2. 一般纳税人应交增值税的核算要点

1) 应交增值税明细账户的设置

一般纳税人为了核算应交增值税的发生、抵扣、交纳、退税及转出等情况,应在"应交税费"账户下设置"应交增值税"和"未交增值税"明细账户进行核算,并在"应交增值税"明细账内设置"进项税额"、"已交税金"、"销项税额"、"出口退税"、"进项税额转出"等专栏。"应交增值税"明细账的基本格式见表8-4。

表 8-4 应交税费——应交增值税明细账   单位：元

年		凭证		摘要	借方			贷方				余额	
月	日	字	号		进项税额	已交税金	合计	销项税额	进项税额转出	出口退税	合计	借或贷	余额

2) 进项税额的账务处理

(1) 从国内采购物资，按专用发票上注明的增值税，借记"应交税费——应交增值税（进项税额）"账户，按专用发票上记载的应计入采购成本的金额，借记"材料采购"、"在途物资"、"原材料"、"库存商品"等账户，按应付或实际支付的金额，贷记"应付账款"、"应付票据"、"银行存款"等账户。购入货物发生的退货，做相反的会计分录。

(2) 购入免税农产品，可以按照买价和规定的扣除率计算进项税额，借记"应交税费——应交增值税（进项税额）"账户，按买价扣除按规定计算的进项税额后的差额，借记"材料采购"、"在途物资"、"原材料"、"库存商品"等账户，按照应付或实际支付的金额，贷记"应付账款"、"应付票据"、"银行存款"等账户。

(3) 购进的货物用于非应税项目，其所支付的增值税额不可抵扣，应计入所购货物的成本。

3) 进项税额转出的账务处理

企业购进的货物发生非正常损失，以及将购进货物（不包括固定资产）改变用途，如用于非应税项目、集体福利或个人消费等，其进项税额应通过"应交税费——应交增值税（进项税额转出）"账户转入有关账户，借记"待处理财产损溢"、"在建工程"、"应付职工薪酬"等账户，贷记"应交税费——应交增值税（进项税额转出）"账户；属于转作待处理财产损失的进项税额，应与遭受非常损失购进货物、在产品或库存商品的成本一并处理。

购进货物改变用途通常是指购进的货物在没有经过任何加工的情况下，对内改变用途的行为，如在建工程领用原材料、企业下属医务室等福利部门领用原材料等。

4) 销项税额的账务处理

(1) 销售货物或提供劳务。企业销售货物或提供应税劳务，按照营业收入和应收取的增值税税额，借记"应收账款"、"应收票据"、"银行存款"等账户，按专用发票上注明的增值税税额，贷记"应交税费——应交增值税（销项税额）"账户，按照实现的营业收入，贷记"主营业务收入"、"其他业务收入"等账户。发生的销售退回，做相反的会计分录。

(2) 视同销售行为。企业的有些交易或事项从会计角度看不属于销售行为，不能确认销售收入，但是按照税法规定，应视为对外销售，需要缴纳增值税。视同销售的事项包括将自产或委托加工的货物用于非应税项目、集体福利或个人消费，将自产、委托加工或购进的货物对外投资、分配给股东或投资者、无偿赠送他人等。企业应按确认的营业收入和增值税额，借记"在建工程"、"应付职工薪酬"、"长期股权投资"、"营业外支出"等账户，贷记"库存商品"、"应交税费——应交增值税(销项税额)"等账户。

5) 交纳增值税的账务处理

企业交纳的增值税,借记"应交税费——应交增值税(已交税金)"账户,贷记"银行存款"账户。"应交税费——应交增值税(已交税金)"账户的贷方余额反映企业应交纳的增值税。

2. 小规模纳税人增值税的核算要点

1) 小规模纳税人增值税的计算

小规模纳税人的应纳增值税额,按不含税的销售额和规定的征收率(6%或4%)计算确定,不必考虑进项税额的抵扣,其计算公式为:

$$应纳税额＝不含税销售额\times 征收率$$

$$不含税销售额＝含税销售额\div (1＋征收率)$$

2) 小规模纳税人的会计处理

小规模纳税人购进货物和接受应税劳务时支付的增值税,直接计入有关货物和劳务的成本,借记"材料采购"、"在途物资"、"原材料"等账户,贷记"银行存款"、"应付账款"等账户。销售货物或提供应税劳务时只能开具普通发票,不能开具增值税专用发票,应将发票上的含税销售额换算为不含税销售额确认营业收入,按不含税销售额和规定的征收率计算应纳税额,贷记"主营业务收入"、"应交税费——应交增值税"账户,借记"银行存款"等账户。

3) 小规模纳税人的账户设置

小规模纳税人应设置三栏式"应交税费——应交增值税"明细账,贷方登记应交的增值税,借方登记已交增值税,期末贷方余额表示应交未交的增值税,借方余额表示企业多交的增值税。不需要在"应交增值税"明细账户中设置专栏。

技能操作

[学 中 做]

[业务资料一] 东方公司为一般纳税人,2011年发生如下经济业务:

(1) 进项税额的核算

① 从国内采购物资

业务1 东方公司购进原材料一批,增值税专用发票注明货款50 000元,增值税税额8 500元,另支付运输部门运输费1 000元,材料已验收入库,货款和进项税款均已通过银行存款支付。编制会计分录如下:

运输费中准予抵扣的进项税额＝$1000\times 7\%＝70$(元)

借:原材料　　　　　　　　　　　　　　　50 930
　　应交税费——应交增值税(进项税额)　　 8 570
　　贷:银行存款　　　　　　　　　　　　　　　　59 500

② 购入免税农产品

业务2 东方公司购进免税农产品一批,规定的扣除率为13%,货物尚未到达,价款20 000元以银行存款支付。编制会计分录如下:

借：材料采购 17 400
　　应交税费——应交增值税（进项税额） 2 600
　贷：银行存款 20 000

③ 购进的货物用于非应税项目

业务 3　东方公司购入一批基建工程所需物资，增值税专用发票上注明货款 60 000 元，增值税税额 10 200 元，物资已验收入库，款项已用银行存款支付。编制会计分录如下：

借：工程物资 60 000
　　应交税费——应交增值税（进项税额） 10 200
　贷：银行存款 70 200

业务 4　东方公司生产车间委托外单位修理机器设备，对方开来的专用发票上注明修理费用 8 000 元，增值税税额 1 360 元，款项已用银行存款支付。编制会计分录如下：

借：制造费用 8 000
　　应交税费——应交增值税（进项税额） 1 360
　贷：银行存款 9 360

(2) 进项税额转出的核算

业务 5　东方公司 A 材料因意外火灾毁损一批，有关增值税专用发票确认的成本为 30 000 元，增值税税额 5 100 元。编制的会计分录如下：

借：待处理财产损益——待处理流动资产损益 35 100
　贷：原材料——A 材料 30 000
　　　应交税费——应交增值税（进项税额转出） 5 100

业务 6　东方公司某在建工程领用原材料一批，该批原材料实际成本为 400 000 元，应由该批原材料负担的增值税税额为 68 000 元。编制会计分录如下：

借：在建工程 468 000
　贷：原材料 400 000
　　　应交税费——应交增值税（进项税额转出） 68 000

(3) 销项税额的核算

① 销售货物或提供劳务

业务 7　东方公司销售产品一批，销售价款 200 000 元，应收取的增值税额 34 000 元，该产品的实际生产成本为 150 000 元，提货单和增值税专用发票已交购货方，价税款尚未收到。编制的会计分录如下：

借：应收账款 234 000
　贷：主营业务收入 200 000
　　　应交税费——应交增值税（销项税额） 34 000

借：主营业务成本 150 000
　贷：库存商品 150 000

② 视同销售行为

业务 8　东方公司将自己生产的产品用于某在建工程，该批产品成本 30 000 元，计税价格为 40 000 元，增值税率 17%。编制会计分录如下：

借：在建工程 36 800

第8章 流动负债

　　贷：库存商品　　　　　　　　　　　　　　　　　　　　　　30 000
　　　　应交税费——应交增值税(销项税额)　　　　　　　　　　6 800
　(4) 交纳增值税的核算
　业务 9　东方公司以银行存款交纳本月增值税 500 000 元。编制会计分录如下：
　借：应交税费——应交增值税(已交税金)　　　　　　　　　　500 000
　　贷：银行存款　　　　　　　　　　　　　　　　　　　　　　500 000
　[业务资料二]　某制造企业为小规模纳税人，2011 年发生如下经济业务：
　业务 10　某制造企业为小规模纳税企业，适用的增值税征收率为 3%。该企业购入原材料一批，增值税专用发票上注明价款 200 000 元，增值税税额 34 000 元，企业开出承兑商业汇票，材料尚未收到。该企业本期销售产品，含税售价为 618 000 元，货款尚未收到。有关账务处理如下：
　(1) 购进材料时
　借：材料采购　　　　　　　　　　　　　　　　　　　　　　234 000
　　贷：应付票据　　　　　　　　　　　　　　　　　　　　　　234 000
　(2) 销售产品时
　不含税销售额 = 618 000 ÷ (1 + 3%) = 600 000(元)
　应纳税额 = 600 000 × 3% = 18 000(元)
　借：应收账款　　　　　　　　　　　　　　　　　　　　　　618 000
　　贷：主营业务收入　　　　　　　　　　　　　　　　　　　　600 000
　　　　应交税费——应交增值税　　　　　　　　　　　　　　　18 000

[做 中 学]

　[业务资料]　A 公司为增值税一般纳税企业，适用的增值税税率为 17%，材料采用实际成本进行日常核算。该公司 2011 年 8 月 31 日"应交税费——应交增值税"账户借方余额 16 000 元，该借方余额均可用下月的销项税额抵扣。9 月份发生如下涉及增值税的经济业务：
　业务 1　购买原材料一批，增值税专用发票上注明价款 240 000 元，增值税税额 40 800 元，公司已开出商业承兑汇票，该原材料已验收入库。
　业务 2　在建工程领用原材料一批，该批原材料实际成本 120 000 元，应由该批原材料负担的增值税税额 20 400 元。
　业务 3　销售产品一批，销售价格 80 000 元(不含增值税税额)，实际成本 64 000 元，提货单和增值税专用发票已交购货方，货款尚未收到。
　业务 4　用原材料对外长期投资，双方协议按成本作价。该批原材料的成本和计税价格均为 164 000 元，应纳的增值税税额 27 880 元。
　业务 5　将自产产品一批作为集体福利发放给职工食堂。该批产品的实际成本 56 000 元，市场售价 60 000 元。
　业务 6　因意外水灾毁损原材料一批，该批原材料的实际成本 40 000 元，增值税税额 6 800 元。
　业务 7　用银行存款交纳本月增值税 15 000 元。

[要求]

(1) 根据上述业务资料编制会计分录("应交税费——应交增值税"账户要求写出明细账户及专栏名称)。

(2) 计算 A 公司 9 月份发生的销项税额和欠交的增值税税额。

资料链接

增值税专用发票是纳税人经济活动中的重要商业凭证,也是兼记销货方销项税额和购货方进项税额进行税款抵扣的凭证。现行专用发票的基本联次统一为四联:第一联为存根联,由销货方留存备查;第二联为发票联,购货方做付款的记账凭证;第三联为税款抵扣联,购货方做扣税凭证;第四联为记账联,销货方做销售的记账凭证。

增值税专用发票只限于增值税一般纳税人领购使用,增值税小规模纳税人和非增值税纳税人不得领购使用。一般纳税人销售货物、应税劳务、根据增值税细则规定应当征收增值税的非应税劳务(以下统称销售应税项目),必须向购买方开具专用发票。

下列情形不得开具专用发票:

(1) 向消费者销售应税项目。

(2) 销售免税货物。

(3) 销售报关出口的货物及在境外销售应税劳务。

(4) 将货物用于非应税项目。

(5) 将货物用于集体福利或个人消费。

(6) 提供非应税劳务(应当征收增值税的除外)、转让无形资产或销售不动产。

任务7 应交营业税核算

知识要点

1. 营业税概述

营业税是对在我国境内提供应税劳务、转让无形资产或销售不动产的单位和个人征收的流转税。这里所说的应税劳务包括交通运输业、建筑业、金融保险业、邮电通信业、文化体育业、娱乐业、服务业等提供的劳务,但不包括加工、修理修配劳务。转让无形资产,是指企业转让无形资产的所有权或使用权的行为。销售不动产,是指有偿转让不动产所有权的行为,包括销售建筑物及其土地附着物。

2. 营业税应纳税额的计算

营业税应纳税额按照营业额和规定的税率计算。营业额是指纳税人提供应税劳务、转让无形资产和销售不动产而向对方收取的全部价款和价外费用。其计算公式为:

$$应纳税额 = 营业额 \times 适用税率$$

3. 营业税的核算要点

(1) 账户设置

企业应在"应交税费"账户下设置"应交营业税"明细账户，核算应交营业税的发生、交纳情况。该账户贷方登记按规定计算应交纳的营业税，借方登记已交纳的营业税，期末贷方余额表示尚未交纳的营业税。

(2) 一般应纳营业税的核算

企业按照营业额和规定的税率，计算应交的营业税，借记"营业税金及附加"账户，贷记"应交税费——应交营业税"账户；实际交纳营业税时，借记"应交税费——应交营业税"账户，贷记"银行存款"账户。

(3) 销售不动产的核算

企业销售不动产按规定应交纳的营业税，借记"固定资产清理"账户，贷记"应交税费——应交营业税"账户。

(4) 转让无形资产的核算

企业转让无形资产时，按规定应交纳营业税。按应交纳的营业税，借记"营业外支出"、"其他业务成本"账户，贷记"应交税费——应交营业税"账户。

技能操作

[学 中 做]

[业务资料]

业务1　A运输公司某月运营收入为400 000元，适用的营业税税率为3%。

业务2　某企业出售旧厂房一栋，出售收入560 000元已存入银行，适用的营业税税率为5%。

业务3　某公司将其购买的一项商标权转让给丙公司，转让价为400 000元，款项已存入银行。该商标权的实际成本500 000元，已摊销250 000元，适用的营业税税率5%。

根据上述资料编制会计分录如下：

(1) 借：营业税金及附加　　　　　　　　　　　　12 000
　　　　贷：应交税费——应交营业税　　　　　　　　　　12 000
(2) 借：固定资产清理　　　　　　　　　　　　　28 000
　　　　贷：应交税费——应交营业税　　　　　　　　　　28 000
(3) 借：银行存款　　　　　　　　　　　　　　400 000
　　　　累计摊销　　　　　　　　　　　　　　250 000
　　　　贷：无形资产　　　　　　　　　　　　　　　　500 000
　　　　　　应交税费——应交营业税　　　　　　　　　　20 000
　　　　　　营业外收入——非流动资产处置利得　　　　130 000

[做 中 学]

[业务资料]　东方公司发生以下有关营业税的交易或事项：

业务1　出售一栋办公楼，办公楼原价2 000万元，已提折旧600万元。出售所得收入1 200万元存入银行，用银行存款支付清理费用6万元。办公楼已清理完毕，营业税税率5%。

业务2　转让一项专利权所有权，出售收入30万元，已存入银行。专利权的原价为40万元，已摊销的无形资产金额为20万元，没有计提无形资产减值准备，营业税税率5%。

要求：根据上述业务资料编制相关会计分录。

资料链接

1. 营业额是指营业税的计税依据是纳税人提供应税劳务的营业额，转让无形资产的转让额及销售不动产的销售额，营业额为纳税收入提供应税劳务、转让无形资产或销售不动产向对方收取的全部价款和价外费用。

2. 价外费用包括向对方收取的手续费、基金、集资费、代收款项、代垫款项及其他各种性质的价外收费。凡价外收费，均应并入营业额计算应纳税额。

3. 对于纳税人提供的营业额明显偏低而又无正当理由的，主管税务机关有权按下列顺序核定其计税价格。

(1) 按纳税人当月提供的同类应税劳务或销售的同类不动产的平均价格计税。

(2) 按纳税人最近时期提供的同类应税劳务或销售的同类不动产的平均价格计税。

(3) 按下列公式核算计税价格：

组成计价格＝计税营业成本或工程成本×(1＋成本利润率)÷(1－营业税税率)

公式中的成本利润率由省、自治区、直辖市人民政府所属的税务机关确定。

任务8　应交消费税核算

知识要点

1. 消费税概述

消费税是指在我国境内生产、委托加工和进口消费品的单位和个人，按其流转额交纳的一种税。在对商品普遍征收增值税的基础上，选择部分消费品再征一道消费税，主要是为了调节产品结构、引导消费方向、保证国家财政收入。我国现行税制规定的应税消费品包括14大类：烟、酒及酒精、成品油、小汽车、摩托车、游艇、汽车轮胎、鞭炮、焰火、化妆品、贵重首饰及珠宝玉石、高档手表、高尔夫球及球具、实木地板、木制一次性筷子。

2. 消费税应纳税额的计算

消费税实行从价定率计征和从量定额计征两种征收方法。

实行从价定率方法计征的，消费税应纳税额的税基是销售额，如果企业应税消费品的销售额中未扣除增值税税额的，或者因不能开具增值税专用发票发生价款和增值税税额合并收取的，在计算消费税时，应换算为不含增值税的销售额，其计算公式为：

$$应税消费品销售额 = 含增值税销售额 \div (1 + 增值税税率或征收率)$$

$$应纳消费税额 = 应税消费品销售额 \times 消费税税率$$

实行从量定额方法计征的,消费税应纳税额的税基是应税消费品数量,包括销售数量,或自产自用数量,或收回的委托加工应税消费品数量,或进口的应税消费品数量,其计算公式为:

$$应纳消费税额 = 应税消费品数量 \times 单位税额$$

3. 消费税的核算要点

(1) 账户设置

企业应在"应交税费"账户下设置"应交消费税"明细账户,核算应交消费税的发生、交纳情况。该账户贷方登记按规定计算应交纳的消费税,借方登记已交纳的消费税,期末贷方余额表示尚未交纳的消费税,借方余额表示多交的消费税。

(2) 销售应税消费品的核算

企业销售应税消费品应交的消费税,应借记"营业税金及附加"账户,贷记"应交税费——应交消费税"账户;实际交纳消费税时,借记"应交税费——应交消费税"账户,贷记"银行存款"账户。

(3) 自产自用应税消费品的核算

企业以自产的应税消费品用于在建工程、非生产机构等方面按规定应交纳的消费税,借记"固定资产"、"在建工程"、"营业外支出"等账户,贷记"应交税费——应交消费税"账户;将自产应税消费品用于对外投资等,应该借记"营业税金及附加"账户,贷"应交税费——应交消费税"账户。

(4) 委托加工应税消费品的核算

委托加工应税消费品的账务处理及举例说明见本教材第 4 章任务 4。

【技能操作】

[学 中 做]

[业务资料]

业务1 东方公司 2011 年 5 月销售 10 辆小轿车,每辆售价 100 000 元(不含增值税),货款尚未收到。小轿车的增值税税率 17%,消费税税率 8%。

业务2 东方公司将自产的某应税消费品用于在建工程,该应税消费品成本为 500 000 元,计税价格为 600 000 元,适用的增值税税率为 17%,消费税税率 10%。

根据上述业务资料编制相关的会计分录。

(1) 借:应收账款　　　　　　　　　　　　　1 170 000
　　　贷:主营业务收入　　　　　　　　　　　　　　1 000 000
　　　　　应交税费——应交增值税(销项税额)　　　170 000

(2) 应交纳的消费税 = 1 000 000 × 8% = 80 000(元)

　　借:营业税金及附加　　　　　　　　　　　80 000

　　　　　贷：应交税费——应交消费税　　　　　　　　　　　80 000
　　　借：在建工程　　　　　　　　　　　　　　662 000
　　　　　贷：库存商品　　　　　　　　　　　　　　　　　500 000
　　　　　　　应交税费——应交增值税（销项税额）　　　 102 000
　　　　　　　　　　　——应交消费税　　　　　　　　　　 60 000

[做 中 学]

[业务资料]

业务1　某卷烟厂对外销售卷烟一批，销售价款为30 000元，适用的增值税税率17%，价税款已收存银行，该卷烟的消费税税率为40%。

业务2　某化妆品企业将自产的化妆品100套作为福利发放给车间生产工人，该化妆品每套售价200元，单位生产成本150元，该企业适用的增值税税率17%，化妆品的消费税税率30%。

业务3　某企业为在建工程领用自产汽油10 000升，每升生产成本为3.60元，市场售价5.00元，该企业适用的增值税税率17%，汽油的消费税税额为0.2元/升。

[要求]　根据上述业务资料编制相关的会计分录。

进口应税消费品应纳税额的计算

进口应税消费品应于报关进口时由海关代征消费税，消费税应纳税额的计算方法如下：

1. 实行从价定率方法计征应税消费品，应以组成计税价格为计税依据计算应纳税额，其计算公式为：

$$组成计税价格=（关税完税价格+关税）\div（1-消费税税率）$$

$$应纳税额=组成计税价格\times 消费税税率$$

2. 实行从量定额方法计税的应税消费品，应以进口数量为计税依据计算应纳税额，其计算公式为：

$$应纳税额=进口应税消费品数量\times 消费税单位税额$$

3. 进口应税消费品应纳的消费税，计入货物成本。

举例：B公司从境外进口一批化妆品，经海关核定，关税的完税价格为54 000元，进口关税税率为25%，消费税税率为30%，计算应纳消费税税额。

应纳消费税税额=(54 000+54 000×25%)÷(1-30%)×30%=28 929(元)

任务9 其他应交税费的核算

知识要点

1. 应交资源税

资源税是对我国境内从事原油、天然气、煤炭、金属矿产品和其他矿产开发以及生产的单位和个人征收的一种税。资源税按照应税产品的课税数量和规定的单位税额计算。其计算公式为：

$$应纳税额＝课税数量×单位税额$$

企业开采或生产应税产品对外销售的，以销售数量为课税数量；企业开采或生产应税产品自用的，以自用数量为课税数量。

企业销售应税产品应交纳的资源税，借记"营业税金及附加"账户，贷记"应交税费——应交资源税"账户；企业自产自用应税产品应交纳的资源税，借记"生产成本"、"制造费用"等账户，贷记"应交税费——应交资源税"账户。

2. 应交城市维护建设税

城市维护建设税是国家为了加强现有城镇的维护和建设，扩大和稳定城镇维护建设资金的来源，对在城镇从事工商经营，并交纳增值税、营业税、消费税的单位和个人征收的一种收益性质的税。

城市维护建设税的纳税人是交纳增值税、营业税、消费税的单位和个人，以其交纳的增值税、营业税、消费税为计税依据计算应纳税额，税率因纳税人所在地不同从1％到7％不等。计算公式为：

$$应纳税额＝（应交增值税＋应交营业税＋应交消费税）×适用税率$$

企业应交的城市维护建设税，借记"营业税金及附加"等账户，贷记"应交税费——应交城市维护建设税"账户。

3. 应交教育费附加

教育费附加是国家为了发展教育事业，不断提高人民的文化素质而向企业征收的一项纳税附加费，企业按应交流转税的一定比例（3％）计算交纳。

企业应交纳的教育费附加，借记"营业税金及附加"等账户，贷记"应交税费——应交教育费附加"账户。

4. 应交土地增值税

土地增值税是指在我国境内有偿转让土地使用权及地上建筑物和其他附着物产权的单位和个人，就其土地增值额征收的一种税。土地增值额是指转让收入减去规定扣除项目金额后的余额。转让收入包括货币收入、实物收入和其他收入。扣除项目包括取得土地使用权所支付的金额、开发土地的费用、新建及配套设施的成本、旧房及建筑物的评估价格等。

企业应交的土地增值税视情况记入不同账户：

企业转让土地使用权连同地上建筑物及其附着物一并在"固定资产"账户核算的，转让时应交的土地增值税，借记"固定资产清理"、"在建工程"账户，贷记"应交税费——应交土地增值税"账户；土地使用权在"无形资产"账户核算的，按实际收到的金额，借记"银行存款"账户，按应交的土地增值税，贷记"应交税费——应交土地增值税"账户，同时冲销土地使用权的账面价值，贷记"无形资产"账户，按其差额，借记"营业外支出"账户或贷记"营业外收入"账户。

5. 应交个人所得税

企业按规定计算的代扣代交的职工个人所得税，借记"应付职工薪酬"账户，贷记"应交税费——应交个人所得税"账户；企业交纳个人所得税时，借记"应交税费——应交个人所得税"账户，贷记"银行存款"账户。

[技能操作]

[学 中 做]

[业务资料] 东方公司2011年2月发生以下经济业务，编制相关的会计分录。

业务1 东方公司本期实际应交增值税50 000元，消费税12 000元，营业税30 000元，适用的城市维护建设税税率为7%。计算城市维护建设税。下月初用银行存款上交城市维护建设税。

应交的城市维护建设税=(50 000+12 000+30 000)×7%=6 440(元)

(1) 借：营业税金及附加　　　　　　　　　　6 440
　　　贷：应交税费——应交城市维护建设税　　　　6 440

下月初用银行存款上交城市维护建设税：

(2) 借：应交税费——应交城市维护建设税　　6 440
　　　贷：银行存款　　　　　　　　　　　　　　6 440

业务2 根据业务1的资料，适用的教育费附加税税率为3%，计算教育费附加。下月初用银行存款上交教育费附加。

应交的教育费附加=(50 000+12 000+30 000)×3%=2 760(元)

(1) 借：营业税金及附加　　　　　　　　　　2 760
　　　贷：应交税费——应交教育费附加　　　　　2 760

下月初用银行存款上交教育费附加：

(2) 借：应交税费——应交教育费附加　　　　2 760
　　　贷：银行存款　　　　　　　　　　　　　　2 760

业务3 东方公司结算本月应付职工薪酬400 000元，代扣职工个人所得税共计5 000元，实发工资395 000元。

借：应付职工薪酬——工资　　　　　　　　　5 000

贷：应交税费——应交个人所得税　　　　　　　5 000

[做 中 学]

[业务资料]　甲公司本月发生以下经济业务：

业务1　以银行存款一次性购买印花税票15 000元。

业务2　按房产余值计算企业本年度应交纳的房产税为4 000元，全年房产税一次性列入费用。

业务3　以银行存款缴纳房产税。

业务4　企业本月主营业务应交纳增值税500 000元，消费税40 000元，营业税30 000元。适用的城市维护建设税税率7%，教育费附加征收率3%，计算结转本月应交城市维护建设税和应交教育费附加。

业务5　以银行存款缴纳应交城市维护建设税和应交教育费附加。

[要求]　根据上述业务资料编制相关的会计分录。

应交房产税、土地使用税、车船使用税和矿产资源补偿费

1. 房产税是以房产余值或房屋租金为计税依据征收的一种财产税。房产税依照房产原价一次减除10%—30%后的余额计算交纳；没有房产原价作为依据的，由房产所在地税务机关参考同类房产核定；房产出租的，以房产租金收入为房产税的计税依据。

2. 土地使用税是以城镇土地为征税对象，按实际占用土地面积向使用土地的单位和个人征收的一种税。

3. 车船使用税是对行驶于公共道路上的车辆和航行于国内河流、湖泊和领海口岸的船舶，按其种类、吨位征收的一种行为税，按年计征，分期缴纳。

4. 矿产资源补偿费是对在我国领域或管辖海域开采矿产资源而征收的费用，按照矿产品销售收入的一定比例计征，由采矿人交纳。

企业应交的房产税、土地使用税、车船使用税、矿产资源补偿费，借记"管理费用"账户，贷记"应交税费——应交房产税（应交土地使用税、应交车船使用税、应交矿产资源补偿费）"账户。

任务10　其他流动负债核算

知识要点

1. 应付利息

应付利息核算企业按照合同约定应支付的利息，包括短期借款利息、分期付息到期还本的长期借款、应付债券等应支付的利息。企业应当设置"应付利息"账户，按照债权人设置明细账户进行明细分类核算，该账户期末贷方余额反映企业按照合同约定应支付但尚未支付

的利息。

企业采用合同约定的名义利率计算确定利息费用,应按合同约定的名义利率计算确定的应付利息的金额,借记"财务费用"、"在建工程"等账户,贷记"应付利息"账户;实际支付利息时,借记"应付利息"账户,贷记"银行存款"账户。

2. 其他应付款

其他应付款是指企业除应付账款、应付票据、预收账款、应付职工薪酬、应交税费、应付股利等经营活动以外的其他各项应付、暂收的款项,如应付租入包装物或固定资产租金、存入保证金等。

企业应通过"其他应付款"账户,核算其他应付款的增减变动及其结存情况,并按照其他应付款的项目和对方单位(或个人)设置明细账户,进行明细分类核算。该账户贷方登记发生的各种应付、暂收款项,借方登记偿还或转销的各种应付、暂收款项;该账户期末贷方余额,反映企业应付未付的其他应付款项。

企业发生其他各种应付、暂收款项时,借记"管理费用"等账户,贷记"其他应付款"账户;支付或退回其他各种应付、暂收款项时,借记"其他应付款"账户,贷记"银行存款"账户。

|技能操作|

[学 中 做]

[业务资料] 东方公司本月发生以下经济业务:

业务1 2011年1月1日,甲公司从银行借入长期借款300 000元用于企业的生产经营周转,期限3年,年利率4%,每年末计息,下年初支付上年的利息,到期一次还本。

业务2 2011年7月1日甲公司以经营租赁方式租入生产用机器设备一套,约定每月租金6 000元,按季支付。

根据上述资料编制相关的会计分录。

(1)每年末计算确定利息费用时:

借:财务费用　　　　　12 000
　　贷:应付利息　　　　　　　12 000

下年初实际支付利息时:

借:应付利息　　　　　12 000
　　贷:银行存款　　　　　　　12 000

(2)7月末、8月末计提租金时:

借:制造费用　　　　　 6 000
　　贷:其他应付款　　　　　　 6 000

9月末实际支付本季度租金时:

借:制造费用　　　　　 6 000
　　其他应付款　　　　12 000
　　贷:银行存款　　　　　　　18 000

[做 中 学]

[业务资料] 东方公司2011年3月发生以下经济业务：

业务1 3月2日,向甲公司出租包装物,以现金收取包装物押金1 000元。

业务2 3月5日,经过股东大会通过,决定向股东分配2008年度现金股利计3 000 000元。

业务3 3月20日,甲公司还回包装物,以现金退还押金。

业务4 3月30日,用银行存款支付股东股利。

[要求] 根据业务资料编制有关会计分录。

1. 应付股利是指企业根据股东大会或类似机构审议批准的利润分配方案确定分配给投资者的现金股利或利润。

2. 设置"应付股利"账户。核算企业确定或宣告支付但尚未实际支付的现金股利或利润。该账户贷方登记应支付的现金股利或利润,借方登记实际支付的现金股利或利润,期末贷方余额反映企业应付未付的现金股利或利润。该账户应按照投资者设置明细账户进行明细分类核算。

3. 应付股利的账务处理。企业根据股东大会或类似机构审议批准的利润分配方案。

(1) 确认应付给投资者的现金股利或利润时

借：利润分配——应付现金股利或利润
　　贷：应付股利

(2) 向投资者实际支付现金股利或利润时

借：应付股利
　　贷：银行存款

4. 企业董事会或类似机构通过的利润分配中拟分配的现金股利润或利润,不作账务处理,作为应付股利核算,但应在附注中披露。企业分配的股票股利不通过"应付股利"账户核算。

综合练习题

一、单项选择题

1. 企业短期借款在资产负债表日计算确定利息费用时贷方应通过(　　)账户核算。

    A. 预提费用　　B. 短期借款　　C. 应付利息　　D. 其他应付款

2. 下列项目中,不应在"应付账款"账户借方登记的是(　　)。

    A. 偿还的应付账款

    B. 购买材料所形成的应付未付款项

    C. 开出商业汇票抵付应付账款的款项

    D. 冲销无法支付的应付账款

3. 企业开出并承兑的商业承兑汇票到期无力支付时,正确的会计处理是将该应付票据(　　)。

A. 转作短期借款 B. 仅作备查登记
C. 转作其他应付款 D. 转作应付账款

4. 企业从职工工资中代扣代缴的个人所得税,应借记的账户是( )。
   A. 其他应收款 B. 银行存款 C. 应付职工薪酬 D. 其他应付款

5. 某公司向职工每人发放自产的加湿器一台作为福利,该产品的成本为每台300元,共有职工200人,计税价格为450元,增值税税率为17%,该公司计入应付职工薪酬的金额为( )元。
   A. 105 300 B. 60 000 C. 90 000 D. 705 300

6. 甲公司建造厂房领用生产用原材料50 000元,原材料购入时支付的增值税为8 500元;因火灾毁损库存商品一批,其实际成本30 000元,经确认损失外购材料的增值税为5 100元。则甲公司记入"应交税费——应交增值税(进项税额转出)"账户的金额为( )元。
   A. 2 000 B. 8 500 C. 5 100 D. 13 600

7. 企业对外销售应税矿产品应交资源税,应计入( )账户。
   A. 制造费用 B. 生产成本
   C. 主营业务成本 D. 营业税金及附加

8. 下列各项中,应通过"其他应付款"账户核算的是( )。
   A. 宣告发放股票股利 B. 应交教育费附加
   C. 应付经营租入固定资产租金 D. 应付生产工人工资

9. 下列各项中,不通过"应交税费"账户核算的是( )。
   A. 应交的教育费附加 B. 应交城市维护建设税
   C. 应交住房公积金 D. 代扣代缴的职工个人所得税

10. 企业出售固定资产应交的营业税,应借记的账户是( )。
    A. 营业税金及附加 B. 固定资产清理
    C. 营业外支出 D. 其他业务成本

二、多项选择题

1. 企业向银行或其他金融机构借入的短期借款主要包括( )。
   A. 临时借款 B. 生产经营周转借款
   C. 结算借款 D. 票据贴现借款

2. "预收账款"账户贷方登记( )。
   A. 预收货款的数额
   B. 企业向购货方发货后冲销的预收货款的税额
   C. 收到购货方补付货款的数额
   D. 退回购货方多付货款的数额

3. 下列各项中,应作为应付职工薪酬核算的有( )。
   A. 支付的工会经费 B. 支付的职工教育经费
   C. 为职工支付的住房公积金 D. 为职工无偿提供的医疗保健服务

4. 下列各项职工薪酬中,不能在"管理费用"账户中列支的有( )。
   A. 生产人员的薪酬 B. 行政人员的薪酬

C. 车间管理人员的薪酬　　　　D. 销售机构人员的薪酬
5. 企业下列行为中,应视同销售必须计算交纳增值税销项税额的有(　　)。
   A. 将货物无偿赠送他人　　　　B. 将购买的货物分配给股东
   C. 将自产的货物对外投资　　　　D. 在建工程领用生产用原材料
6. 下列各项工作中,应通过"其他应付款"账户核算的有(　　)。
   A. 应付的租入包装物租金　　　　B. 应付的社会保险费
   C. 应付的存入保证金　　　　D. 应付的经营租入固定资产的租金
7. 企业缴纳的下列税金,应通过"应交税费"账户核算的有(　　)。
   A. 印花税　　　B. 耕地占用税　　　C. 房产税　　　D. 土地增值税
8. 下列各项中,可以记入"营业税金及附加"账户的有(　　)。
   A. 增值税　　　　B. 城市维护建设税
   C. 教育费附加　　　　D. 印花税
9. 下列各项业务,增值税一般纳税人需要转出进项税额的有(　　)。
   A. 自制产成品用于职工福利
   B. 自制产成品用于对外投资
   C. 外购的生产用原材料发生非正常损失
   D. 外购的生产用原材料用于自建厂房
10. 下列税费中,应计入管理费用的有(　　)。
    A. 印花税　　　B. 土地使用税　　　C. 车船使用税　　　D. 消费税

三、判断题

1. 企业向银行或其他金融机构借入的短期借款所发生的利息应当计入财务费用。(　　)
2. 应付账款附有现金折扣的,应按应付款总额扣除现金折扣后的金额作为应付账款的入账金额。(　　)
3. "应付票据"核算企业购买材料、商品和接受应税劳务供应等而开出承兑的银行汇票。(　　)
4. 企业为职工缴纳的基本养老保险金、补充养老保险金,均属于企业提供的职工薪酬。(　　)
5. 一般纳税企业购入货物支付的增值税,应通过"应交税费——应交增值税"账户核算,但属于购入时即能认定其进项税额不能抵扣的,应直接计入所购物资或接受劳务的成本。(　　)
6. 甲企业为小规模纳税人,增值税征收率6%,本期完成含税销售额265万元,甲企业应交增值税15万元。(　　)
7. 企业只有在对外销售应税消费品时才应交纳消费税。(　　)
8. 冲销无法支付的应付账款时,借记"应付账款"账户,贷记"营业外收入"账户。(　　)
9. 预收账款业务不多的企业,可以不设置"预收账款"账户,直接记入"应付账款"账户。(　　)
10. 企业应交的各种税金,都通过"应交税费"账户核算。(　　)

四、实训题

实训1

[目的] 练习短期借款的核算。

[资料] 某企业2011年1月1日向银行借入30万元,期限6个月,年利率6%。该借款到期后按期如数归还,利息分月预提,按季支付。

[要求] 编制借入款项、按月预提利息、按季支付利息和到期时归还本金的会计分录。

实训2

[目的] 练习应付款项的核算。

[资料] 某企业为增值税一般纳税人,原材料的核算采用实际成本法,发生如下经济业务:

(1) 从洪华公司购入原材料一批,价款为30 000元,增值税为5 100元,对方代垫运费1 000元,材料已到达并验收入库。开出为期3个月的银行承兑汇票一张,并以银行存款支付承兑手续费60元。

(2) 从大风工厂购入原材料一批,价款60 000元,增值税为10 200元,付款条件为2/10,1/20,n/30,材料已到达并验收入库,货款尚未支付。

(3) 8日后开出转账支票,支付给大风工厂购入材料款。

(4) 上述银行承兑汇票到期,企业账面银行存款金额不足支付。

(5) 向凤凰工厂销售产品一批,价款40 000元,增值税6 800元,原预收28 000元,不足部分对方开出转账支票付讫。

[要求] 编制有关的会计分录。

实训3

[目的] 练习应付职工薪酬的核算。

[资料] 某企业发生如下经济业务:

(1) 分配本月工资费用600 000元。其中,生产A产品工人工资为200 000元,生产B产品工人工资为160 000元,车间管理人员工资为60 000元,厂部管理人员工资为80 000元,销售部门人员工资为40 000元,研发人员工资为60 000元。

(2) 按以上工资总额的10%、5%、2%和1.5%分别计提应缴纳的住房公积金、失业保险金、工会经费和职工教育经费。

[要求] 编制有关的会计分录。

实训4

[目的] 练习应交税费的核算。

[资料] 某大型工业企业2011年5月初"应交税费"账户贷方余额为10 000元,当月发生下列相关业务,增值税适用税率17%:

(1) 购入一批原材料,价款150 000元,增值税25 500元,以银行存款支付,材料已验收入库。

(2) 销售一批应税消费品,价款300 000元,增值税51 000元,收到的款项存入银行,消费税适用税率10%。

(3) 领用原材料一批用于在建工程,材料实际成本为60 000,购入时承担的增值税额为10 200元。

(4) 出售一项专利技术,该无形资产的账面价值为270 000元,收到款项330 000元存入银行,营业税适用税率为5%。

[要求] 编制以上会计业务的分录。

实训 5

[目的] 练习应交税费的核算。

[资料] 某企业为增值税一般纳税人,增值税税率17%。将应税消费品用于对外投资,产品成本700 000元,计提的存货跌价准备为40 000元,公允价值和计税价格均为1 000 000元,该产品的消费税税率为10%。

[要求] 编制相关会计分录。

实训 6

宏达公司为增值税一般纳税人,增值税税率为17%,消费税税率为10%,营业税税率为5%,存货收发采用实际成本核算。该企业2011年发生下列经济业务:

(1) 购入一批原材料,增值税专用发票上注明价款为100 000元,增值税17 000元,货款已经支付,另支付运费1 000元(进项税额按7%的扣除率计算),材料已经到达并验收入库。

(2) 销售商品一批,增值税专用发票上注明的价款为200 000元,增值税税额为34 000元,提货单和增值税专用发票已交购货方,收到购货方开出并承兑的商业承兑汇票。

(3) 在建工程领用生产用库存原材料一批,材料成本为10 000元,应由该批原材料负担的增值税税额为1 700元。

(4) 对外提供安装劳务,取得收入100 000元存入银行,确认收入并计算应交营业税。

(5) 转让一项专利权,收入100 000元存入银行,该专利权转让时的摊余价值为60 000元。

(6) 向华清公司销售一批应税消费品100 000元,增值税17 000元,收到款项存入银行。该批产品的实际成本为80 000元。

(7) 用银行存款30 000元缴纳增值税。

[要求] 编制上述业务的会计分录("应交税费"科目要求写出明细科目及专栏名称)。

第9章 非流动负债

学习目标

了解非流动负债的概念与内容、借款费用的内容,明确借款费用的处理、债券发行价格的确定,掌握长期借款、应付债券、长期应付款的核算方法。

导入案例

1. 红光公司2010年拟扩大生产经营,通过发行债券的方式准备筹资200万元。2010年1月1日发行了一批3年期、到期一次还本付息、年利率8%、面值发行总额为200万元的债券。款项已存入银行,所筹资金用于建造新厂房,该项工程于2012年年底完工。注册会计师方红在审计该业务时,发现红光公司将该债券的应计利息全部计入财务费用。

2. 红光公司2011年1月1日起,用银行借款开工建设一栋简易车间,该车间当年3月20日完工,达到预定可使用状态。同年向银行借入资金分别用于A产品和B产品的生产。其中A产品的生产时间较短,为1个月;B产品属于自动化设备,生产时间较长,为18个月。

3. 红光公司借入一笔款项,于2010年2月1日采用出包方式开工兴建一栋办公楼。2011年7月15日工程全部完工,达到合同要求。8月1日工程验收合格,8月25日办理工程竣工结算,9月1日完成全部资产移交手续,10月8日办公楼正式投入使用。

【思考与分析】

(1) 注册会计师方红的做法是否正确?应如何进行账务处理?
(2) 试分析哪项为符合资本化条件的资产?
(3) 试分析是否会导致资产价值和利润的高估?

非流动负债是指流动负债以外的负债,通常是指偿还期限在一年或超过一年的一个营业周期以上的负债,主要包括长期借款、应付债券、长期应付款等。与流动负债相比,非流动负债具有债务金额大、偿还期限长、利息费用高、可以分期偿还等特点。

非流动负债作为企业的一项债务,是企业筹集长期资金的一种方式,它与接受投资者权益性资本相比,虽然不会改变企业投资者原有的投资比例或原有的股权结构,但是由此带来的利息费用等可能会成为企业财务上的沉重负担。因此,企业举借非流动负债必须合理慎重,举借规模应与企业的资本结构和偿债能力相适应。

任务 1　借款费用的核算

1. 借款费用的概念

借款费用,是指企业因借款而发生的利息及其他相关成本,包括借款利息、折价或溢价的摊销、辅助费用以及因外币借款而发生的汇兑差额等。

(1) 借款利息,包括企业向银行或者其他金融机构等借入资金发生的利息、发行公司债券发生的利息,以及为购建或者生产符合资本化条件的资产而发生的带息债务所承担的利息等。

(2) 折价或溢价的摊销,主要包括发行公司债券等所发生的折价或者溢价在每期的摊销金额。

(3) 辅助费用,包括企业在借款过程中发生的诸如手续费、佣金、印刷费等交易费用。

(4) 因外币借款而发生的汇兑差额,是指由于汇率变动导致市场汇率和账面汇率出现差异,从而对外币借款本金及其利息的记账本位币金额所产生的影响金额。

2. 借款费用的确认原则

根据借款费用准则的规定,企业发生的借款费用,可直接归属于符合资本化条件的购建或生产的,应当予以资本化,计入相关资产成本;其他借款费用,应当在发生时根据其发生额确认为费用,计入当期损益。

符合资本化条件的资产,是指需要经过相当长时间的购建或者生产活动才能达到预定可使用状态或者可销售状态的固定资产、投资性房地产和存货等资产。其中,符合借款费用资本化条件的存货,主要包括房地产开发企业开发的用于对外出售的房地产开发产品、企业制造的用于对外出售的大型机器设备等。这类存货通常需要经过相当长时间的建造或者生产过程,才能达到预定可销售状态。这里所说的"相当长时间",是指为资产的购建或者生产所必需的时间,通常为 1 年以上(含 1 年)。企业购入即可使用的资产,或者购入后需要安装但所需安装时间较短的资产,或者需要建造,或者生产但所需建造,或者生产时间较短的资产,均不属于符合资本化条件的资产。

3. 借款费用应予资本化的借款范围

借款费用应予资本化的借款范围既包括专门借款,也可包括一般借款。其中,对于一般借款,只有在购建或者生产符合资本化条件的资产占用了一般借款时,才能将与该部分一般借款相关的借款费用资本化;否则,所发生的借款费用应当计入当期损益。

专门借款,是指为购建或者生产符合资本化条件的资产而专门借入的款项,专门借款应当有明确的专门用途,通常应当有标明专门用途的借款合同。

一般借款,是指专门借款之外的借款,它在借入时,并未指定必须用于某项符合资本化条件的资产的购建或者生产。

4. 借款费用资本化期间的确定

企业只有对发生在资本化期间内的借款费用,才允许资本化,资本化期间的确定是借款费用确认和计量的重要前提。借款费用资本化期间,是指借款费用从开始资本化到停止资本化的时间范围,但不包括借款费用暂停资本化的期间。在这里,需要确定三个时间:借款费用开始资本化的时点、借款费用停止资本化的时点、借款费用暂停资本化的时间。

(1) 借款费用开始资本化时点的确定

借款费用允许开始资本化必须同时满足三个条件,即资产支出已经发生、借款费用已经发生、为使资产达到预定可使用或者可销售状态所必要的购建或者生产活动已经开始。这三个条件,只要其中的任何一个条件不满足,相关借款费用就不能资本化。

① 资产支出已经发生,资产支出包括支付现金、转移非现金资产和承担带息债务形式所发生的支出。

a. 支付现金,是指用货币资金支付符合资本化条件的资产的购建或生产。

b. 转移非现金资产,是指企业将自己的非现金资产直接用于符合资本化条件的资产的购建或生产。

c. 承担带息债务,是指企业为了购建或生产符合资本化条件的资产所需用物资等而承担的带息应付款项(如带息应付票据)。

② 借款费用已经发生,是指企业已经发生了因购建或生产符合资本化条件的资产而专门借入款项的借款费用或者占用了一般借款的借款费用。

③ 为使资产达到预定可使用或者可销售状态所必要的购建或者生产活动已经开始,是指符合资本化条件的资产的实体建造或者生产工作已经开始。例如,主体设备的安装、厂房的实际开工建造等。它不包括仅仅持有资产,但没有发生为改变资产形态而进行的实质上的建造或者生产活动。

(2) 借款费用暂停资本化时间的确定

符合资本化条件的资产在购建或者生产过程中发生非正常中断,且中断时间连续超过3个月的,应当暂停借款费用的资本化。非正常中断期间发生的借款费用应当确认为费用,计入当期损益,直至符合资本化条件的资产的购建或者生产活动重新开始。但如果属于正常中断的,相关借款费用可以继续资本化。

非正常中断,通常是指企业管理决策上的原因或者其他不可预见的原因等所导致的中断。比如,企业因与施工方发生了质量纠纷,或者工程、生产用料没有及时供应,或者资金周转发生了困难,或者施工、生产发生了安全事故,或者发生了与资产购建、生产有关的劳动纠纷等原因,导致资产购建或者生产活动发生的中断,均属于非正常中断。

正常中断,一般限于因购建或者生产符合资本化条件的资产达到预定可使用或可销售状态所必要的程序,或者事先可预见的不可抗力等因素导致的中断。比如,某些工程建造到一定阶段必须暂停下来进行质量或者安全检查,检查通过后才可继续下一阶段的建造工作,这类中断是在施工前可以预见的,而且是工程建造必须经过的程序,属于正常中断;某些地区的工程在建造过程中,由于可预见的不可抗力因素(如雨季或冰冻季节)导致施工出现停顿,也属于正常中断。

(3) 借款费用停止资本化时点的确定

购建或者生产符合资本化条件的资产达到预定可使用或者可销售状态时,借款费用应当停止资本化。此后所发生的借款费用,应当在实际发生时确认为费用,计入当期损益。判断符合资本化条件的资产是否达到预定可使用或者可销售状态,可从以下几个方面进行:

① 符合资本化条件的资产的实体建造(包括安装)或者生产活动已经全部完成或者实质上已经完成。

② 所购建或者生产的符合资本化条件的资产与设计要求、合同规定或者生产要求相符或者基本相符,即使有极个别与设计、合同或者生产要求不相符的地方,也不影响其正常使用或销售。

③ 继续发生在所购建或者生产的符合资本化条件的资产上的支出金额很少或者几乎不再发生。

购建或者生产符合资本化条件的资产需要试生产或者试运行的,在试生产结果表明资产能够正常生产出合格产品,或者试运行结果表明资产能够正常运转或者营业时,应当认为该资产已经达到预定可使用或者可销售状态。

5. 借款费用资本化金额的确定

在借款费用资本化期间内,每一个会计期间的借款利息(包括折价或溢价的摊销,下同)资本化金额,应当分别专门借款和一般借款的确定。

(1) 专门借款利息资本化金额的确定

为购建或者生产符合资本化条件的资产而借入专门借款的,应当以专门借款当期实际发生的利息费用,减去尚未动用的借款资金存入银行取得的利息收入或者进行暂时性投资取得投资收益后的金额确定。

(2) 一般借款利息资本化金额的确定

在借款费用资本化期间内,为购建或者生产符合资本化条件的资产而占用了一般借款的,企业应当根据累计资产支出超过专门借款部分的资产支出加权平均数乘以所占用的一般借款的资本化率,计算确定一般借款应予资本化的利息金额。资本化率应当根据一般借款加权平均利率计算确定。有关计算公式如下:

① 一般借款利息资本化金额=累计资产支出超过专门借款部分的资产支出加权平均数×所占用一般借款的资本化率

② 所占用一般借款的资本化率=所占用一般借款加权平均利率=所占用一般借款当期实际发生的利息之和÷所占用一般借款本金加权平均数

③ 所占用一般借款本金加权平均数 = $\sum$(所占用一般借款本金×该笔一般借款在当期所占用的天数/当期天数)

如果所占用的一般借款只有一笔,那么该笔一般借款的实际利率即为资本化率。

④ 累计资产支出超过专门借款部分的资产支出加权平均数 = $\sum$(累计资产支出超过专门借款的每笔资产支出×该笔资产支出在当期所占用的天数/当期天数)

从以上计算公式可看出,一般借款的利息资本化金额的确定应当与资产支出挂钩。

(3) 借款存在折价或者溢价

例如企业折价或溢价发行债券,应当按照实际利率法确定每一会计期间应摊销的折价或溢价金额,调整每期利息金额。

应注意,在资本化期间内,每一会计期间的利息资本化金额不应当超过当期相关借款实际发生的利息金额。

技能操作

[学 中 做]

[业务资料] 东方公司2010年发生借款费用的经济业务如下:

(1) 专门借款利息资本化金额的确定

业务1 东方公司2010年1月1日动工兴建一幢办公楼,工期预计为1年零6个月,工程采用出包方式,分别于2010年1月1日、2010年7月1日和2011年1月1日支付工程进度款4 500万元、7 500万元和3 500万元。

东方公司为建造办公楼于2010年1月1日取得专门借款6 000万元,借款期限为3年,年利率为5%,按年支付利息。除此之外,无其他专门借款。闲置专门借款资金存入银行,月存款利率为0.2%。假定每个月30天,全年按360天计算,该公司借款利息费用的资本化金额按年计算。办公楼于2011年6月30日完工,达到预定可使用状态。

东方公司2010年、2011年为建造办公楼应予以资本化的利息金额计算如下:

① 确定借款费用资本化期间为2010年1月1日~2011年6月30日。

② 计算2010年专门借款利息资本化金额:

专门借款发生的利息金额=6 000×5%=300(万元)

闲置专门借款的存款=6 000-4 500=1 500(万元)

闲置专门借款的存款利息收入=1 500×0.2%×6=18(万元)

专门借款利息资本化金额=300-18=282(万元)

③ 计算2011年6月30日专门借款利息资本化金额:

专门借款发生的利息金额=6 000×5%×180/360=150(万元)

专门借款利息资本化金额=150(万元)

(2) 一般借款利息资本化金额的确定

业务2 沿用业务1的资料。东方公司为建造办公楼除取得专门借款外,还占用两笔一般借款:2009年12月1日取得长期借款6 000万元,借款期限为3年,年利率为6%,按年支付利息;2009年1月1日,按面值发行公司债券4 000万元,期限5年,票面年利率(等于实际利率)为7%,按年支付利息。

① 计算2010年一般借款利息资本化金额

在办公楼建造过程中,自2010年7月1日起发生的资产支出中已经有6 000万元占用了一般借款,另外2011年1月1日支出的3 500万元也占用了一般借款。

一般借款发生的利息金额=6 000×6%+4 000×7%=640(万元)

累计资产支出超过专门借款部分的资产支出加权平均数=6 000×180/360=3 000(万元)

所占用一般借款资本化率=640÷(6 000+4 000)×100%=6.4%

一般借款利息资本化金额=3 000×6.4%=192(万元)

一般借款利息费用化金额＝640－192＝448(万元)

② 计算 2011 年 6 月 30 日一般借款利息资本化金额

一般借款发生的利息金额 ＝(6 000×6％＋4 000×7％)/2＝320(万元)

累计资产支出超过专门借款部分的资产支出加权平均数＝(6 000＋3 500)×180/180＝9 500(万元)

所占用一般借款资本化率(半年)＝[320÷(6 000＋4 000)]×100％＝3.2％

一般借款利息资本化金额＝9 500×3.2％＝304(万元)

一般借款利息费用化金额＝320－304＝16(万元)

③ 编制会计分录：

2010 年 12 月 31 日

借：在建工程——办公楼　　　　　1 920 000
　　财务费用　　　　　　　　　　4 480 000
　　贷：应付利息　　　　　　　　　　　　6 400 000

2011 年 6 月 30 日

借：在建工程——办公楼　　　　　3 040 000
　　财务费用　　　　　　　　　　　160 000
　　贷：应付利息　　　　　　　　　　　　3 200 000

④ 编制会计分录：

2010 年 12 月 31 日

借：在建工程　　　　　　　　　　2 820 000
　　应收利息　　　　　　　　　　　180 000
　　贷：应付利息　　　　　　　　　　　　3 000 000

2011 年 6 月 30 日

借：在建工程——办公楼　　　　　1 500 000
　　贷：应付利息　　　　　　　　　　　　1 500 000

［做　中　学］

[业务资料] 乙公司为建造固定资产于 2011 年 1 月 1 日借入 3 年期、年利率 7％的专门借款 5 400 万元。此外，乙公司在建造固定资产过程中占用了一笔一般借款，该一般借款于 2011 年 11 月 1 日借入，计 2 700 万元，2 年期，年利率 6％。乙公司无其他借款。该工程于当年 1 月 1 日开始建造，发生工程支出 4 800 万元，11 月 1 日发生工程支出 2 400 万元，12 月 1 日发生工程支出 2 000 万元，年末工程尚未完工。

请你计算乙公司 2011 年一般借款利息的资本化金额。

1. 借款辅助费用资本化金额的确定

专门借款发生的辅助费用，在所购建或者生产的符合资本化条件的资产达到预定可使用或者可销售状态之前发生的，应当在发生时根据其实际发生额予以资本化，计入符合资本化条件的资产的成本；在所购建或者生产的符合资本化条件的资产达到预定可使用或者可销售状态之后发生的,应当在发生时根据其实际发生额确认为费用,计入当期损益。

一般借款发生的辅助费用,应当在发生时根据其发生额确认为费用,计入当期损益。

2. 举例说明

A公司为建设一条新生产线,经批准于2011年1月1日专门发行2 000万元的公司债券,期限3年,该公司债券委托证券交易所代理发行,约定手续费为发行总额的1.5%;另外,A公司为发行债券还支付了咨询费、公证费共计3 000元,假设这些费用都发生在新生产线达到预定可使用状态前。则A公司专门借款辅助费用的资本化金额为:

$$20\ 000\ 000 \times 1.5\% + 3\ 000 = 303\ 000(元)$$

3. 因外币专门借款而发生的汇兑差额资本化金额的确定

在资本化期间内,外币专门借款本金及利息的汇兑差额,应当予以资本化,计入符合资本化条件的资产的成本;资本化期间以外,外币专门借款本金及利息作为外币货币性项目,其汇兑差额计入当期损益。

任务2 长期借款的核算

1. 长期借款的概念

长期借款是指企业从银行或其他金融机构借入的期限在1年以上(不含1年)的各项借款,通常用于固定资产的购建、改扩建工程、大修理工程、对外投资以及为了保持长期经营能力等方面。它是非流动负债的重要组成部分,必须对其加强管理和核算。

企业在办妥银行或金融机构所要求的各项贷款手续后,应确认该项非流动负债。确认的长期借款,应按照该项借款的未来现金流量现值确定的公允价值计量。为了简化核算,长期借款的入账价值就不考虑限制因素,直接按长期借款的本金入账。

2. 长期借款的核算要点

长期借款核算的基本要求是反映和监督企业长期借款的借入、借款利息的结算和借款本息的归还情况,促使企业遵守信贷纪律、提高信用等级,同时也要确保长期借款发挥效益。

(1) 账户设置

企业应设置"长期借款"账户,核算长期借款的借入、归还情况。贷方登记借入的本金、转销的利息差额,借方登记偿还的本金及取得借款时实收金额和贷款本金的差额,期末贷方余额反映企业尚未偿还的长期借款。该账户可按贷款单位和贷款种类设置明细账,分别"本金"、"利息调整"等进行明细核算。

(2) 取得长期借款

企业借入各种长期借款,按实际收到的金额,借记"银行存款"账户,按到期应偿还的金额贷记"长期借款——本金"账户,如存在差额(如贷款人扣收的交易费用等),还应借记"长期借款——利息调整"账户。

(3) 长期借款的利息

长期借款的利息费用应当在资产负债表日按照实际利率计算确定借款利息费用。实际利率与合同利率较小的,也可以采用合同利率确定利息费用。

长期借款计算确定的利息费用,应当按以下原则计入有关成本、费用:

① 属于筹建期间的,记入"管理费用"账户。

② 属于生产经营期间的,记入"财务费用"账户。

③ 如果长期借款用于购建固定资产的,在固定资产尚未达到可使用状态前,所发生的应当资本化的利息支出数,计入在建工程成本。

④ 固定资产达到预定可使用状态后发生的利息支出,以及按规定不予资本化的利息支出,计入财务费用。

⑤ 长期借款的利息费用应按摊余成本和实际利率计算确定,借记"在建工程"、"管理费用"、"财务费用"、"研发支出"等账户。

⑥ 长期借款按合同利率计算确定的应付未付利息,贷记"应付利息"账户,按借贷之间的差额,贷记"长期借款——利息调整"账户。

(4) 归还长期借款

企业归还长期借款,按借款本金,借记"长期借款——本金"账户,按支付的利息,借记"应付利息"账户,按实际归还的款项,贷记"银行存款"账户。同时,按转销的利息调整余额,借记"在建工程"、"财务费用"、"管理费用"等账户,贷记"长期借款——利息调整"账户。

技能操作

[学 中 做]

[业务资料] 东方公司2011年发生长期借款经济业务如下:

东方公司为建造办公楼于2011年1月1日从银行借入资金4 000 000元,借款利率为8%,借款期限为3年,期满后一次性还本付息(单利计算),每年末计提利息。该工程于当年4月1日正式开工,工程款于开工、完工时各支付50%,办公楼于第二年达到预定可使用状态。根据上述资料编制会计分录如下:

(1) 2011年1月1日,取得长期借款时

借:银行存款　　　　　　　　　4 000 000
　　贷:长期借款——本金　　　　　　　　4 000 000

(2) 2011年4月1日支付50%的工程款时

借:在建工程——办公楼　　　　2 000 000
　　贷:银行存款　　　　　　　　　　　　2 000 000

(3) 2011年末计算计提利息=4 000 000×8%=320 000(元),其中符合资本化条件的借款利息=2 000 000×8%×9/12=120 000(元)

借:在建工程——办公楼　　　　120 000
　　财务费用　　　　　　　　　200 000
　　贷:应付利息　　　　　　　　　　　　320 000

(4) 2012年1月1日工程完工验收合格,支付50%的工程款时

借:在建工程——办公楼　　　　2 000 000
　　贷:银行存款　　　　　　　　　　　　2 000 000

(5) 2012年1月1日办公楼交付使用时

结转工程成本：2 000 000＋2 000 000＋120 000＝4 120 000(元)

借：固定资产——办公楼　　　　4 120 000
　　　贷：在建工程——办公楼　　　　　　4 120 000

(6) 2012～2013年每年年末计提利息时

借：财务费用　　　　　　　　　320 000
　　　贷：应付利息　　　　　　　　　　　320 000

(7) 到期还本付息时

　　　3年利息＝4 000 000×8％×3＝960 000(元)

借：长期借款——本金　　　　　4 000 000
　　应付利息　　　　　　　　　960 000
　　　贷：银行存款　　　　　　　　　　　4 960 000

［做 中 学］

［业务资料］ 乙公司为建造固定资产于2011年1月1日借入3年期、年利率7％的专门借款5 400万元。此外，乙公司在建造固定资产过程中占用了一笔一般借款，该一般借款于2011年11月1日借入，计2 700万元，2年期，年利率6％。乙公司无其他借款。该工程于当年1月1日开始建造，发生工程支出4 800万元，11月1日发生工程支出2 000万元，12月1日发生工程支出1 000万元，工程于2012年6月完工，达到预定可使用状态。

请计算并编制与长期借款相关的会计分录。

1. 长期借款的计算方法

(1) 单利计息。单利计息是指借款期内只对长期借款的本金计算利息，所生利息不加入本金计算利息。

(2) 复利计息。复利计息是指借款期内不仅对长期借款的本金计算利息，而且要将所生利息加入本金再计算利息。我国现行采用单利计息。

2. 长期借款的优点

长期借款是目前我国企业获得非流动负债资金的主要筹资方式，它的债权人为银行或者其他金融机构，具有筹资速度快、筹资弹性大等特点。

3. 长期借款的摊余成本和实际利率计算确定

资产负债表日，企业应按长期借款的摊余成本和实际利率计算确定借款利息费用。

(1) 长期借款的摊余成本，是指该长期借款的初始确认金额扣除已偿还的本金，加上采用实际利率法将该初始确认金额与到期日金额之间的差额进行摊销形成的累计摊销额后的结果。

(2) 长期借款的实际利率，是指能够使长期借款未来现金流出量的现值等于长期借款当前账面价值的贴现率。如果实际利率与合同利率差异较小的，也可以采用合同利率计算确定利息费用。

任务3　应付债券的核算

1. 企业债券概述

（1）企业债券的发行条件和票面基本内容

债券是企业为筹措长期资金，按照法定程序报经批准，向社会公众发行的，约定在未来某一特定日期还本付息的一种有价证券。《企业债券管理条例》规定，企业发行债券必须符合下列条件：① 企业规模达到国家规定的要求；② 企业财务会计制度符合国家规定；③ 具有偿债能力；④ 企业经济效益良好，发行企业债券前连续3年盈利；⑤ 所筹资金用途符合国家产业政策。

债券的票面上一般都载明以下内容：① 企业名称；② 债券面值，即债券到期应偿还的本金；③ 票面利率，即计算债券应付利息的利率，通常以年利率表示，与票面利率相对应的是实际利率，实际利率是企业发行债券时的市场利率，也就是金融市场上风险和期限与所发行的债券类似的借贷资本的利率；④ 还本期限和还本方式，债券本金可到期一次偿还，也可分次偿还；⑤ 利息的支付方式，债券的利息可以是半年或者一年支付一次，也可以是到期一次性支付；⑥ 债券的发行日期等。

（2）企业债券的种类

企业债券按不同的标志有以下几种分类：

① 按债券上是否记载持券人的姓名或者名称，分为记名债券和无记名债券。

② 按债券发行有无担保，分为担保债券和信用债券。担保债券指企业以其动产或不动产作为抵押发行的债券。信用债券指不以特定的抵押财产作为担保物，单凭企业的信誉而发行的债券。

③ 按债券到期能否转换为公司股票，分为可转换债券和不可转换债券。

（3）企业债券的发行价格

债券的发行价格是指债券投资者认购新发行的债券时实际支付的价格。债券发行价格的高低一般取决于债券发行时的市场利率。由于企业发行债券时面值利率可能等于或高于或低于市场利率，所以企业债券的发行价格也分为平价发行、溢价发行和折价发行。

① 债券按平价发行。当企业债券的面值利率与发行时的市场利率相同时，债券发行价格等于债券面值，企业债券就可以按面值发行，即平价发行。债券购买者为取得债券所付出的金额，与其未来收回本金及收取各期利息的金额的现值是相等的。

② 债券按溢价发行。当企业债券的面值利率高于债券发行时的市场利率，债券就可以按溢价发行。债券发行价格高于债券面值的差额称为债券溢价。对于债券发行企业来说，溢价发行是企业为以后各期多付利息而事先得到的补偿，对于购买债券作为长期股权投资的企业来说，溢价购入是企业以后各期多得利息而事先付出的代价，是在债券存续期间内对当期利息费用的一种调减。

③ 债券按折价发行。当企业债券的票面利率低于债券发行时的市场利率，债券发行企业就要按低于市场利率的票面利率支付利息，因此企业可按低于债券票面价值的价格发行，

称为折价发行。折价的实质是企业为以后各期少付利息而预先给投资者的补偿,是企业在债券存续期间内对当期利息费用的一种调增。如果债券的票面利率与同期市场利率一致,企业可按债券票面价值发行,称为面值发行。《企业会计准则——借款费用》规定,债券溢价或折价在债券的存续期间内应按实际利率法于各期计提利息时摊销,调整当期利息费用。

无论债券按哪一种方式发行,其发行价格都是由债券面值与将来各期按票面利率支付的利息的现值之和构成的。即:债券发行价格=债券面值的现值+票面利息的现值。

需要注意的是,在实际工作中,企业确定债券发行价格时还需充分考虑企业财务状况、发展前景、供求关系等因素。

2. 应付债券的核算要点

(1) 账户设置

企业应设置"应付债券"账户,核算和监督企业为筹措长期资金而发行的债券本金和利息,该账户属于负债类账户,贷方登记发行企业债券的面值、溢价、应计利息和折价摊销额,借方登记企业债券的偿还、发行时产生的折价和溢价摊销额,期末贷方余额反映企业尚未偿还的债券的摊余成本和应计利息。可按"面值"、"利息调整"、"应计利息"等进行明细核算。

①"面值"明细账户核算发行债券的票面价值。

②"利息调整"明细账户,核算债券溢价或折价发行以及存在交易费用的情况下,发行债券实际收到的金额与债券面值的差额,以及各期按实际利率计算确定的债券利息费用与按票面利率计算确定的应付未付利息的差额。

③"应计利息"明细账户核算到期一次还本付息债券按票面利率计算确定的应付利息。该账户贷方登记发行债券的面值和到期一次还本付息债券按票面利率分期计算确定应付未付利息;借方登记债券到期时支付的债券本息;发行债券实际收到的金额与债券面值之间的差额,以及各期计息时确定应转销的利息调整数额,则视情况在该账户贷方或借方登记;该账户期末余额在贷方,反映企业尚未偿还的应付债券摊余成本。对于企业发行的一次还本、分期付息的债券,其按票面利率计算确定的应付利息,应通过"应付利息"账户核算。

另外,企业应当设置"企业债券备查簿",详细登记企业债券的票面金额、债券票面利率、还本付息期限与方式、发行总额、发行日期和编号、委托代售单位、转换股份等资料。企业债券到期兑付时,应在备查簿中予以注销。

(2) 发行债券的会计处理

企业发行的一般公司债券(不包括可转换公司债券,下同),无论是按面值发行,还是溢价发行或折价发行,均按债券面值记入"应付债券"的"面值"明细账户,实际收到的款项与面值的差额,记入"利息调整"明细账户。

企业发行债券时,按实际收到的金额,借记"银行存款"等账户,按债券票面价值,贷记"应付债券——面值"账户,按实际收到的款项与票面价值之间的差额,贷记或借记"应付债券——利息调整"账户。

① 债券按面值发行。如果是按面值发行债券的,按票面利率计算的应付利息金额,借记"在建工程"、"财务费用"、"制造费用"、"研发支出"等账户,贷记"应付利息"(一次还本,分期付息的债券)或"应付债券——应计利息"(一次还本付息的债券)账户。

② 债券按折价发行。在折价发行债券的情况下,债券折价本质上是借款成本的一部

分。虽然企业发行债券时所收取的款项低于债券票面价值,但债券到期时必须按面值偿还。因此,债券的利息费用总额实际上是由两部分构成的:一是债券按票面利率计算的利息;二是债券的折价。债券折价在债券存续期间内的摊销,实际上是调增各期的债券利息费用。

债券存续期间内的资产负债表日,按债券摊余成本和实际利率计算确定的利息费用,借记"财务费用"、"在建工程"、"制造费用"、"研发支出"等账户,按票面利率计算确定的应付未付利息,贷记"应付利息"或"应付债券——应计利息"账户,按借贷之间的差额,贷记"应付利息——利息调整"账户。

③ 债券按溢价发行。如果债券按溢价发行,意味着债券发行时企业收到的款项高于债券面值,而在债券到期时只需按面值偿还本金。因此,企业各期实际支付的票面利息,并不都是发行债券的借款成本,其中有一部分是对发行债券时多收款项的返还。为了合理确定各期的利息费用,需要将债券溢价在债券的存续期间内分摊。债券溢价在债券存续期间内的摊销,实际上是调减各期的债券利息费用。

债券存续期间内的资产负债表日,按债券摊余成本和实际利率计算确定的利息费用,借记"财务费用"、"在建工程"、"制造费用"、"研发支出"等账户,按票面利率计算确定的应付未付利息,贷记"应付利息"或"应付债券——应计利息"账户,按借贷之间的差额,借记"应付利息——利息调整"账户。

(3) 债券利息、摊销的会计处理

企业债券发行后,应按期确认债券利息费用与应付利息。如果企业债券按折价或溢价发行,则不能简单地按票面利率计算的应付利息来确认当期债券利息费用,而应当将发行债券时记入"应付债券——利息调整"明细账户的金额在各期摊销,以调整各期应确认的利息费用。利息调整应在债券存续期间内采用实际利率法进行摊销。实际利率法,是指按照应付债券的实际利率计算其摊余成本及各期利息费用的方法。有关计算公式如下:

$$本期债券利息费用=期初应付债券摊余成本×实际利率$$

$$本期应付利息=债券票面价值×票面利率$$

$$本期利息调整金额=本期债券利息费用-本期应付利息$$

实际利率与票面利率差异较小的,也可以采用票面利率计算确定利息费用。

债券利息费用应按照借款费用资本化的处理原则进行处理,即根据企业发行债券所筹集资金的用途,符合资本化条件的,应予以资本化,计入相关资产成本;不符合资本化条件的,应确认为费用,计入当期损益。

(4) 债券到期偿还的会计处理

企业发行的债券到期时,应按支付的债券本金,借记"应付债券——面值"账户,按支付的一次还本付息债券的利息,借记"应付债券——应计利息"账户,或者按与本金一起支付的一次还本、分期付息债券最后一期的利息,借记"应付利息"账户,按支付的债券本息,贷记"银行存款"等账户。同时,如果还存在利息调整余额,则应将其转销,借记或贷记"应付债券——利息调整"账户,贷记或借记"在建工程"、"财务费用"、"制造费用"、"研发支出"等账户。

技能操作

[学 中 做]

[业务资料] 东方公司2011年发生发行债券、到期偿还本息的经济业务如下：

(1) 企业债券发行价格的核算

业务1 东方公司于2011年1月1日发行面值为100元、票面年利率为10%、期限为5年的债券10 000份，用于公司的生产经营周转。债券利息在每年6月末与12月末计提，并于下月5日前支付。

① 当市场利率为10%时

市场利率为10%，每半年复利一次，则每期利率为5%，期限为10期。从复利现值表和年金现值表查表得知，利率5%，10期的复利现值系数和年金现值系数分别为0.613 91和7.721 73。

票面价值的现值＝1 000 000×0.613 91＝613 910(元)

各期利息(年金)的现值＝50 000×7.721 73≈386 087(元)

债券的发行价格＝613 910＋386 087≈1 000 000(元)

② 当市场利率为12%时

市场利率为12%，每半年复利一次，则每期利率为6%，期限为10期。从复利现值表和年金现值表查表得知，利率6%，10期的复利现值系数和年金现值系数分别为0.558 39和7.360 09。

票面价值的现值＝1 000 000×0.558 39＝558 390(元)

各期利息(年金)的现值＝50 000×7.360 09≈368 005(元)

债券的发行价格＝558 390＋368 005＝926 395(元)

债券折价为73 605(926 395－1 000 000)元。

③ 当市场利率为8%时

市场利率为8%，每半年复利一次，则每期利率为4%，期限为10期。从复利现值表和年金现值表查表得知，利率4%，10期的复利现值系数和年金现值系数分别为0.675 56和8.110 90。

票面价值的现值＝1 000 000×0.675 56＝675 560(元)

各期利息(年金)的现值＝50 000×8.110 90＝405 545(元)

债券的发行价格＝675 560＋405 545＝1 081 105(元)

债券溢价为81 105(1 081 105－1 000 000)元。

业务2 沿用业务1的资料。假设不考虑相关交易费用，债券全部发售完毕，款项已收妥存入银行。编制会计分录如下：

① 按面值发行时

借：银行存款　　　　　　　　　　1 000 000
　　贷：应付债券——面值　　　　　　　　1 000 000

② 当市场利率高于债券的票面利率时，债券的发行价格低于债券面值，形成的折价借记"应付债券——利息调整"账户，应编制会计分录如下：

借：银行存款　　　　　　　　　　926 395

应付债券——利息调整　　　　73 605
　　　贷：应付债券——面值　　　　　　1 000 000
　③当市场利率低于债券的票面利率时,债券的发行价格高于债券面值,形成的溢价贷记"应付债券——利息调整"账户,应编制会计分录如下：
　　借：银行存款　　　　　　　　1 081 105
　　　贷：应付债券——面值　　　　　　1 000 000
　　　　　　　　——利息调整　　　　　　 81 105
　(2) 债券利息、摊销的核算
　　业务3　沿用业务1的资料。东方公司按面值发行债券后,由于所筹资金用于生产经营周转,债券利息应计入财务费用。应编制会计分录如下：
　①2011年6月30日计提利息时
　　计提利息＝1 000 000×5％＝50 000(元)
　　借：财务费用　　　　　　　　 50 000
　　　贷：应付利息　　　　　　　　　　 50 000
　②2011年7月初支付利息时
　　借：应付利息　　　　　　　　 50 000
　　　贷：银行存款　　　　　　　　　　 50 000
　以后各年的会计处理均相同。
　　业务4　沿用业务1的资料。东方公司折价发行债券后,采用实际利率法计算确认各期债券利息费用。根据上述有关资料,编制"应付债券摊余成本和利息调整(折价)摊销计算表",见表9-1。

表9-1　应付债券摊余成本和利息调整(折价)摊销计算表　　　　单位：元

计息期(半年)	期初摊余成本 ①＝上行⑤	应付利息 ②＝面值×5％	债券利息费用 ③＝①×6％	利息调整的摊销额 ④＝③－②	期末摊余成本 ⑤＝①＋④
1	926 395	50 000	55 584	5 584	931 979
2	931 979	50 000	55 919	5 919	937 898
3	937 898	50 000	56 274	6 274	944 172
4	944 172	50 000	56 650	6 650	950 822
5	950 822	50 000	57 049	7 049	957 871
6	957 871	50 000	57 472	7 472	965 343
7	965 343	50 000	57 921	7 921	973 264
8	973 264	50 000	58 396	8 396	981 660
9	981 660	50 000	58 900	8 900	990 560
10	990 560	50 000	59 440*	9 440*	1 000 000
合计		500 000	573 605	73 605	

注："*"为尾数调整。

从表9-1中不难看出,应付债券的摊余成本随着利息调整的摊销而逐期递增,在最后一期摊销之后等于债券票面价值。同时,各期确认的利息费用也逐渐增加。

该债券为一次还本、分期付息的债券,按照表9-1的计算结果,应编制会计分录如下:

(1) 2011年6月30日计提利息时:

借:财务费用　　　　　　　　55 584
　　贷:应付利息　　　　　　　　50 000
　　　　应付债券——利息调整　　5 584

2011年7月初支付利息时:

借:应付利息　　　　　　　　50 000
　　贷:银行存款　　　　　　　　50 000

(2) 2011年12月31日计提利息时:

借:财务费用　　　　　　　　55 919
　　贷:应付利息　　　　　　　　50 000
　　　　应付债券——利息调整　　5 919

2012年1月初支付利息时:

借:应付利息　　　　　　　　50 000
　　贷:银行存款　　　　　　　　50 000

以后各期确认利息费用和支付利息的会计处理与此基本相同,只是金额有所不同,不再一一列示。

业务5　沿用业务1资料,东方公司溢价发行债券后,采用实际利率法计算确认各期债券利息费用。根据上述有关资料,编制"应付债券摊余成本和利息调整(溢价)摊销计算表",见表9-2。

表9-2　应付债券摊余成本和利息调整(溢价)摊销计算表　　单位:元

计息期(半年)	期初摊余成本 ①＝上行⑤	应付利息 ②＝面值×5%	债券利息费用 ③＝①×4%	利息调整的摊销额 ④＝②－③	期末摊余成本 ⑤＝①－④
1	1 081 105	50 000	43 244	6 756	1 074 349
2	1 074 349	50 000	42 974	7 026	1 067 323
3	1 067 323	50 000	42 693	7 307	1 060 016
4	1 060 016	50 000	42 401	7 599	1 052 417
5	1 052 417	50 000	42 097	7 903	1 044 514
6	1 044 514	50 000	41 781	8 219	1 036 295
7	1 036 295	50 000	41 452	8 548	1 027 747
8	1 027 747	50 000	41 110	8 890	1 018 857
9	1 018 857	50 000	40 754	9 246	1 009 611
10	1 009 611	50 000	40 389*	9 611*	1 000 000
合计		500 000	418 895	81 105	

注:"*"为尾数调整。

同样从表9-2中可以看出,随着利息调整的摊销,应付债券的摊余成本逐期递减,在最后一期摊销之后等于债券票面价值。同时,各期确认的利息费用也逐渐减少。

按照表9-2的计算结果,应编制会计分录如下:

(1) 2011年6月30日计提利息时:

借:财务费用　　　　　　　　43 244
　　应付债券——利息调整　　　6 756
　　　贷:应付利息　　　　　　　　　　　50 000

2011年7月初支付利息时:

借:应付利息　　　　　　　　50 000
　　　贷:银行存款　　　　　　　　　　　50 000

(2) 2011年12月31日计提利息时:

借:财务费用　　　　　　　　42 974
　　应付债券——利息调整　　　7 026
　　　贷:应付利息　　　　　　　　　　　50 000

2012年1月初支付利息时:

借:应付利息　　　　　　　　50 000
　　　贷:银行存款　　　　　　　　　　　50 000

以后各期确认利息费用和支付利息的会计处理与此基本相同,只是金额有所不同,不再一一列示。

(3) 债券到期偿还的核算

业务6　根据上述有关资料,东方公司债券到期支付本金和最后一期债券利息时,应编制会计分录如下:

借:应付债券——面值　　　　1 000 000
　　应付利息　　　　　　　　　　50 000
　　　贷:银行存款　　　　　　　　　　1 050 000

如果该债券为一次还本付息的债券,则债券到期偿还债券本息时,应编制会计分录如下:

借:应付债券——面值　　　　1 000 000
　　应付债券——应计利息　　　500 000
　　　贷:银行存款　　　　　　　　　　1 500 000

[做 中 学]

[业务资料]　A公司2011年发生发行债券、到期偿还本息的经济业务如下:

业务1　A公司经批准从2011年1月1日起发行2年期、面值为150元的债券10 000张,发行价格确定为面值发行,债券年利率为6%(实际利率与合同利率一致),每年7月1日和1月1日为付息日。该债券所筹资金于2012年1月1日开始全部用于新生产线的建设。假设新生产线建设期的利息均符合资本化条件,该生产线于2011年6月底完工交付使用,债券到期后全部一次支付本金。请编制A公司从债券发行到债券到期的全部会计分录。

业务2　A公司2011年1月1日发行总额为60 600万元的公司债券,期限3年,面值为

60 000万元,票面利率为3%,发行费用为60万元,实际收到发行价款60 540万元已存入银行,半年实际利率为1.34%。该公司每年6月30日和12月31日计息并于当日支付利息。发行债券所筹资金用于公司生产经营周转。

要求：编制该债券从发行债券和到期偿还本息的相关会计分录。

资料链接

1. 可转换公司债券的概念

可转换公司债券是指企业依照法定程序发行、在一定期限内依据约定的条件可以转换成股份的公司债券。我国发行可转换公司债券采取记名式无纸化发行方式,债券最短期限为3年,最长期限为5年。

2. 可转换公司债券的会计处理

在会计核算中,企业发行的可转换公司债券在"应付债券"账户下设置"可转换公司债券"明细账户进行核算。

(1) 企业发行的可转换公司债券,应当在初始确认时将其包含的负债成分和权益成分进行分拆,将负债成分确认为应付债券,将权益部分确认为资本公积。在进行分拆时,应当先对负债成分的未来现金流量进行折现确定负债成分的初始确认金额,再按发行价格总额扣除负债成分初始确认金额后的金额确定权益成分的初始确认金额。发行可转换公司债券发生的交易费用,应当在负债成分和权益成分之间按照各自的相对公允价值进行分摊。企业应按实际收到的款项,借记"银行存款"等账户,按可转换公司债券包含的负债成分面值,贷记"应付债券——可转换公司债券"账户,按权益成分的公允价值,贷记"资本公积——其他资本公积"账户,按借贷方之间的差额,借记或贷记"应付债券——可转换公司债券(利息调整)"账户。

(2) 对于可转换公司债券的负债成分,在转换为股份前,其会计处理与一般公司债券相同,即按照实际利率和摊余成本确认利息费用,按照面值和票面利率确认应付债券,差额作为利息调整。可转换公司债券持有者在债券存续期间内行使转换权利,将可转换公司债券转换为股份时,对于债券面额不足转换1股股份的部分,企业应当以现金偿还。

(3) 可转换公司债券持有人行使转换权利,将其持有的债券转换为股票,按可转换公司债券的余额,借记"应付债券——可转换公司债券(面值、利息调整)"账户,按其权益成分的金额,借记"资本公积——其他资本公积"账户,按股票面值和转换的股数计算的股票面值总额,贷记"股本"账户,按其差额,贷记"资本公积——股本溢价"账户。如用现金支付不可转换股票的部分还应贷记"库存现金"、"银行存款"等账户。

任务4 长期应付款的核算

1. 长期应付款概述

企业除了通过借款和发行公司债券等方式筹集资金用于购建长期资产以外,还可以采用融资租赁方式、分期付款方式或补偿贸易方式获取生产经营所需的固定资产。采用这些方式引入或租入固定资产,其特点是资产使用在前,款项支付在后。在企业尚未支付设备价款或尚未支付租赁费之前,则形成了企业的一项非流动负债。

长期应付款,是指企业除长期借款和应付债券以外的其他各种长期应付款项,包括应付融资租入固定资产的租赁费、以分期付款方式或补偿贸易方式购入固定资产等发生的应付款项等。企业通过长期应付款取得固定资产,可以减少进行长期项目投资所承担的风险,并不必在取得固定资产的同时支付全部款项,所以,这是一种较好的筹集长期资金的方法。

2. 长期应付款的核算要点

(1) 账户设置

企业应设置"长期应付款"账户,核算企业除长期借款和应付债券以外的其他各种长期应付款项。贷方登记长期应付款的增加额,借方登记归还的长期应付款,期末余额在贷方,表示尚未归还的长期应付款。该账户可按长期应付款的种类和债权人进行明细核算。

(2) 长期应付款的会计处理

① 应付补偿贸易引进设备款。补偿贸易是一种以信贷为基础的贸易方式,即企业从国外引进设备,投产后,用该设备生产的产品来偿还设备价款。一般情况下,设备的引进和设备价款的偿还不涉及现金流入和现金流出。在会计核算上,引进设备的资产价值以及相应的负债,应作为企业的一项资产和一项负债,列入"固定资产"和"长期应付款"账户。另外,企业用引进设备生产的产品偿还设备价款时,应视同产品销售处理。

企业以补偿贸易方式引进设备时,应按设备的外币金额(包括设备与随同设备一起引进的工具、零配件等的价款以及国外运杂费等)和规定的汇率折合为人民币金额,借记"在建工程"、"原材料"等账户,贷记"长期应付款——应付引进设备款"账户;企业用人民币支付设备的进口关税、国内运杂费和安装费,应借记"在建工程"账户,贷记"银行存款"等账户;引进设备验收交付使用时,应按其全部价值,借记"固定资产"账户,贷记"在建工程"账户;企业以引进设备所生产产品抵偿设备款时,借记"长期应付款"账户,贷记"应收账款"账户。

② 应付融资租入固定资产的租赁费。融资租入固定资产,在租赁期间内,虽然资产的所有权尚未归属于承租人,但与租赁资产所有权有关的全部风险和报酬已经转移给承租人,承租人应在租赁开始日将融资租入固定资产作为一项固定资产入账;租金等租赁付款额应在租赁期间内分期支付,并且融资租赁的租赁期通常在1年以上,所以应付融资租入固定资产的租赁费是长期应付款的一项核算内容。

企业采用融资租赁方式租入的固定资产,应在租赁期开始日,将租赁开始日租赁资产公允价值与最低租赁付款额现值两者中较低者,加上初始直接费用,作为租入固定资产的入账价值,借记"在建工程"或"固定资产"账户,按最低租赁付款额,贷记"长期应付款——应付融资租赁款"账户,按发生的初始直接费用,贷记"银行存款"等账户,按其差额,借记"未确认融资费用"账户。如果融资租入资产占企业资产总额的比例小于或等于30%,为简化核算,企业也可以直接以最低租赁付款额作为融资租入固定资产和长期应付款的入账价值。

租赁期内,企业按期支付租金,应借记"长期应付款——应付融资租赁款"账户,贷记"银行存款"等账户。同时,应当采用实际利率法分期摊销未确认融资费用,按计算确定的当期摊销的数额,借记"财务费用"或"在建工程"账户,贷记"未确认融资费用"账户。

技能操作

[学 中 做]

[业务资料] 东方公司2011年发生融资租入固定资产的经济业务如下：

业务1 东方公司开展补偿贸易业务，从国外引进设备的价款折合人民币3 000 000元（不需要安装），另用银行存款支付进口关税、国内运杂费100 000元，按协议企业需以该设备生产的产品归还引进设备款。引进设备投产后，第一批生产产品200件，单位售价500元，单位制造成本300元，该批产品全部用于归还设备款。编制会计分录如下：

(1) 引进设备时

借：固定资产　　　　　　　　　　　　3 100 000
　　贷：长期应付款——应付引进设备款　　　3 000 000
　　　　银行存款　　　　　　　　　　　　　100 000

(2) 第一批产品销售时

借：应收账款　　　　　　　　　　　　100 000
　　贷：主营业务收入　　　　　　　　　　100 000

因为出口产品免征增值税，因此增值税销项税额为零。

(3) 结转已售产品销售成本

借：主营业务成本　　　　　　　　　　60 000
　　贷：库存商品　　　　　　　　　　　　60 000

(4) 以产品价款抵偿设备价款时

借：长期应付款——应付引进设备款　　100 000
　　贷：应收账款　　　　　　　　　　　　100 000

业务2 东方公司融资租入一条全新生产线，融资租赁合同规定：租赁开始日为2011年1月1日，租赁期5年，每年年初支付租金1 200 000元。该生产线于2010年底运抵东方公司即投入使用，另以银行存款支付运杂费、途中保险费、安装调试费等共计120 000元（假设该租赁资产占东方公司资产总额的30%以下）。应编制会计分录如下：

(1) 租入资产时

借：固定资产——融资租入固定资产　　6 120 000
　　贷：长期应付款——应付融资租赁款　　6 000 000
　　　　银行存款　　　　　　　　　　　　　120 000

(2) 每年年初支付融资租赁费

借：长期应付款——应付融资租赁款　　1 200 000
　　贷：银行存款　　　　　　　　　　　　1 200 000

[做 中 学]

[业务资料] A公司以补偿贸易方式引进设备一套，价款及国外运杂费等100 000美元，随同设备引进一批零配件，价款及国外运杂费等4 000美元。该公司外币业务按当月1日汇率记账，当月1日汇率为美元：人民币＝1∶7.10。以银行存款支付设备进口关税和国内运杂费20 000元，零配件进口关税和国内运杂费1 000元，零配件作为原材料入库。引进

设备不需安装,直接交付使用。引进设备投产后所生产的第一批产品价款 15 000 美元全部用于抵偿设备价款(当月 1 日汇率美元:人民币=1:7.00)。

编制应付引进设备款核算的有关会计分录。

1. 融资租赁的概念

融资租赁是指租赁期限占资产大半使用时间内,出租方将风险和所有权转让给承租人的一种现代租赁方式。实质上转移了与租赁资产所有权有关的全部风险和报酬的租赁。

2. 融资租赁具备的条件

满足以下标准之一的,应认定为融资租赁,除融资租赁以外的租赁则应是经营租赁:

(1) 在租赁期届满时,资产的所有权转移给承租人。

(2) 承租人有购买租赁资产的选择权,所订立的购价预计远低于行使选择权时租赁资产的公允价值,因而在租赁开始日就可以合理地确定承租人将会行使这种选择权。

(3) 租赁期占租赁资产尚可使用寿命的大部分(通常以 75% 为标准,含 75%),如果租赁资产在租赁前已使用年限超过该资产全新时可使用年限的 75% 以上,则这条标准不适用,不能使用这条标准确定租赁的分类。

(4) 就承租人而言,租赁开始日最低租赁付款额的现值几乎相当于租赁开始日租赁资产公允价值;就出租人而言,租赁开始日最低租赁收款额的现值几乎相当于租赁开始日租赁资产公允价值。其中,最低租赁付款额是指在租赁期内,承租人应支付或可能被要求支付的款项,加上由承租人或与其有关的第三方担保的资产余值。

(5) 租赁资产性质特殊,如果不做较大修整,只有承租人能够使用。

融资租入固定资产,在租赁期间内,虽然资产的所有权尚未归属于承租人,但与租赁资产所有权有关的全部风险和报酬已经转移给承租人,承租人应在租赁开始日将融资租入固定资产作为一项固定资产入账;租金等租赁付款额应在租赁期间内分期支付,并且融资租赁的租赁期通常在 1 年以上,所以应付融资租入固定资产的租赁费是长期应付款的一项核算内容。

综合练习题

一、单项选择题

1. 下列有关借款费用停止资本化时点的表述中,正确的是(　　)。
   A. 固定资产交付使用时停止资本化
   B. 固定资产办理竣工决算手续时停止资本化
   C. 固定资产达到预定可使用状态时停止资本化
   D. 固定资产建造过程中发生中断时停止资本化

2. 下列经济业务中,有关借款费用不应资本化的是(　　)。
   A. 2011 年 1 月 1 日起,用银行借款开工建设一幢简易厂房,厂房于当年 2 月 10 日完工,达到预定可使用状态
   B. 2011 年 1 月 1 日起,向银行借入资金用于生产 A 产品,有关生产活动已于当日开始,该产品属于大型发电设备,生产时间较长,为 1 年零 4 个月

C. 2011年1月1日起,向银行借入资金开工建设办公楼,预计次年7月20日完工

D. 2011年1月1日起,向银行借入资金开工建设计划用于投资性房地产的写字楼,预计次年3月26日完工

3. 下列为购建固定资产而发生的支出中,不属于计算累计支出加权平均数时所用的资产支出的有(　　)。

A. 企业将自产的非现金资产用于固定资产建造

B. 自供应商处赊购(不带息)建造固定资产项目所需的物资

C. 向工程承包方支付进度款

D. 支付在建工程所需设备购置款

4. 某企业2010年7月1日按面值发行5年期、到期一次还本付息的公司债券。该债券面值总额8 000万元,票面年利率4%。假定票面利率与实际利率一致,不考虑相关税费,2011年12月31日"应付债券"的余额为(　　)万元。

A. 8 000　　　　B. 8 160　　　　C. 8 320　　　　D. 8 480

5. 企业计提长期借款的利息时,借方不可能涉及的账户是(　　)。

A. 管理费用　　B. 应付利息　　C. 财务费用　　D. 在建工程

6. 企业发行债券时的发行费用,一般应计入的账户是(　　)。

A. 资本公积　　　　　　　　　　B. 财务费用

C. 应付债券——利息调整　　　　D. 在建工程

7. 2011年2月1日,甲公司采用自营方式扩建厂房,借入2年期专门借款500万元。2011年11月12日厂房扩建工程达到预定可使用状态;2011年11月28日厂房扩建工程验收合格;2011年12月1日办理工程竣工结算;2011年12月12日,扩建后的厂房投入使用。假定不考虑其他因素,甲公司借入专门借款利息费用停止资本化的时点是(　　)。

A. 11月12日　　B. 11月28日　　C. 12月1日　　D. 12月12日

8. 甲公司2011年7月1日为新建生产车间而向银行借入专门借款10 000万元,年利率4%,款项已存入银行。至2011年12月31日,因建筑地面上原建筑物的拆迁补偿问题尚未解决,尚未开始拆迁;该项借款当年存入银行所获得的利息收入为16.5万元。甲公司2011年就上述借款应予以资本化的利息为(　　)万元。

A. 117.5　　　　B. 200　　　　C. 317.5　　　　D. 0

9. 某公司于2011年1月1日动工兴建一幢办公楼,工期为1年,公司为建造办公楼借入两笔专门借款,分别为:① 2011年1月1日专门借款2 000万元,期限3年,年利率6%,利息按年支付;② 2011年7月1日专门借款2 000万元,期限3年,年利率8%,利息按年支付。闲置专门借款资金均存入银行,假定年存款利率为4%。工程采用出包方式,2011年支出如下:① 1月1日支付工程进度款1 500万元;② 7月1日支付工程进度款4 000万元。则2011年借款利息资本化金额为(　　)万元。

A. 190　　　　B. 200　　　　C. 180　　　　D. 210

10. A公司于2010年7月1日发行2年期面值总额为1 800万元的一次还本付息债券,债券票面利率4%,发行收入总额1 733万元,实际利率6%。A公司每半年计提利息一次。2011年6月30日,该应付债券的应确认的利息费用是(　　)万元。

A. 55.16　　　　B. 53.55　　　　C. 51.99　　　　D. 103.98

二、多项选择题

1. 下列项目中,属于借款费用的有( )。
   A. 借款手续费
   B. 借入外币专门借款发生的汇兑差额
   C. 应付债券溢价的摊销
   D. 借入外币专门借款发生的辅助费用

2. 借款费用开始资本化的条件中,符合"资产支出已经发生"的业务有( )。
   A. 用其他货币资金购买工程物资
   B. 将本企业产品用于固定资产的建造
   C. 承担带息债务而取得工程用材料
   D. 支付工程款项

3. 影响公司债券发行价格的因素有( )。
   A. 债券面值
   B. 债券票面利率
   C. 金融市场实际利率
   D. 还本付息方式

4. 下列对借款利息费用的会计处理,正确的是( )。
   A. 筹建期间的借款利息计入管理费用
   B. 筹建期间的借款利息计入长期待摊费用
   C. 日常生产经营活动的借款利息计入财务费用
   D. 符合资本化条件的借款利息记入相关资产成本

5. 下列有关借款费用资本化的表述中,正确的有( )。
   A. 所建造固定资产的支出基本不再发生,应停止借款费用资本化
   B. 固定资产建造中发生正常中断且连续超过3个月的,应暂停借款费用资本化
   C. 固定资产建造中发生非正常中断且连续超过1个月的,应暂停借款费用资本化
   D. 所建造固定资产基本达到设计要求,不影响正常使用,应停止借款费用资本化

6. 以下各项中,属于非正常停工的情况有( )。
   A. 因可预见的不可抗力因素而停工
   B. 因与工程建设有关的劳动纠纷而停工
   C. 资金周转困难而停工
   D. 与施工方发生质量纠纷而停工

7. "长期应付款"账户核算的内容包括( )。
   A. 应付补偿贸易引进设备款
   B. 购买材料应付货款
   C. 应付融资租赁款
   D. 到期不能支付的应付票据款

8. 资产负债表日,应按长期借款利息或应付债券的摊余成本和实际利率计算确定的利息费用,应借记的账户有( )。
   A. 在建工程
   B. 财务费用
   C. 管理费用
   D. 长期待摊费用

9. "应付债券"账户的贷方反映的内容有( )。
   A. 债券发行时产生的债券溢价
   B. 债券溢价的摊销
   C. 一次还本付息债券期末计提应付债券利息
   D. 债券发行时产生的债券折价

10. 债券发行企业采用实际利率法摊销债券溢折价时(不考虑相关交易费用),以下说法正确的是( )。
    A. 随着各期债券溢价的摊销,债券的摊余成本、利息费用应逐期减少
    B. 随着各期债券溢价的摊销,债券的摊余成本、利息费用应逐期增加
    C. 随着各期债券折价的摊销,债券的摊余成本、利息费用应逐期增加

D. 随着各期债券折价的摊销,债券的折价摊销额应逐期增加

三、判断题

1. 企业借款用于购建或生产存货时,符合借款费用资本化条件的,应当将符合资本化条件的借款费用予以资本化。（　）
2. 在资本化期间内,专门借款和一般借款的利息资本化金额的确定方法是一样的。（　）
3. 如果长期借款用于购建固定资产的,在固定资产尚未达到预定可使用状态前,所发生的应当资本化的利息支出数,计入在建工程成本。（　）
4. 企业采用实际利率法对应付债券进行摊销时,应付债券摊余成本逐期减少或增加,应负担的利息费用也随之逐期减少或增加。（　）
5. 借款存在折价或溢价的,可以采用实际利率法或者直线法确定每一会计期间应摊销的折价或溢价金额。（　）
6. 企业购建符合资本化条件的资产而取得专门借款支付的辅助费用,应在支付当期全部予以资本化。（　）
7. 企业发行的应付债券的利息,均应通过"应付债券——应计利息"账户核算。（　）
8. 在资本化期间内,每一会计期间的利息资本化金额不应当超过当期相关借款实际发生的利息金额。（　）
9. 企业应付债券的利息费用与其应付(计)利息可能相同,也可能不相同。（　）
10. 应付债券的摊余成本,是指应付债券的初始确认金额扣除已偿还的本金,加上"利息调整"的累计摊销额后的结果。（　）

四、实训题

实训1

[目的]　练习借款利息费用的核算。

[资料]　A公司2010年7月1日开工建设一条生产线,预计工期为1年零6个月。2010年7月1日以存款支付工程款80万元。2011年2月1日以存款支付工程款20万元。工程于2012年年初达到预定可使用状态并交付使用。为进行工程建设动用了一笔一般借款,该借款于2010年5月31日从银行借入,期限为3年,本金100万元,年利率6%,每年末付息。

[要求]　根据上述经济业务编制相关会计分录。

实训2

[目的]　练习发生债券的核算。

[资料]　A公司经批准于2011年1月1日按面值发行债券200万元,债券票面利率为5%,期限2年。债券已发行完毕,债券款收存银行。发行债券所筹资金专项用于设备更新改造,建设工期为1年,期满工程竣工交付使用。A公司每年年末计息一次,到期一次还本付息(假设该债券的实际利率与合同约定的名义利率差异不大,可采用合同约定的名义利率计算确定利息费用)。

[要求]　编制债券发行、计息以及归还债券本息的会计分录。

实训3

[目的]　练习债券利息费用和利息调整摊销额的核算。

[资料] A公司于2011年1月1日发行公司债券,面值为1 000万元,发行价格为1 060万元,3年期,票面利率为5%,每年付息一次,到期一次还本并支付最后一期利息,付息日为1月1日;另支付发行费用3.43万元,实际收到发行价款1 056.57万元存入银行。A公司每年12月31日计息,实际利率为3%。

[要求]
(1) 计算每年债券利息费用和利息调整摊销额。
(2) 编制该债券从债券发行至债券到期的相关会计分录。

实训 4

[目的] 练习债券利息费用和利息调整摊销额的核算。

[资料] A公司为新建一条生产线于2011年7月1日发行2年期债券一批,债券面值总额为1 800万元,票面利率为4%,每半年计息一次并支付利息,到期一次还本并支付最后一期利息。发行总额为1 733万元,已收存银行,实际利率为6%。生产线建设工期为1年,期满工程如期交付使用。

[要求]
(1) 计算每期债券利息费用和利息调整摊销额。
(2) 编制该债券从发行至到期还本付息的相关会计分录。

第10章 收入、费用和利润

学习目标

通过本章学习,应了解商品销售收入、劳务收入的确认方法。掌握商品销售收入业务、提供劳务收入、利润的构成、净利润分配的账务处理。掌握资产负债法下所得税的核算程序与核算方法。

导入案例

东方公司为增值税一般纳税人。2011年发生以下经济业务:

1. 2011年8月15日,该公司与丙公司签订协议,采用预收部分货款的方式销售一批商品给丙公司,该批商品的售价为450 000元,成本为350 000元。购销协议规定,丙公司于协议签订之日预付50%的货款,剩余部分于12月31日付清之后,昌隆公司将商品交付给丙公司。2011年8月15日,东方公司如期收到丙公司预付的货款;12月31日,东方公司如期收到丙公司支付的剩余货款及增值税,并将全部商品交付给丙公司。

2. 2011年11月1日,该公司为了促进商品的销售,而采用奖励提货券的方法。该方法规定:凡是在本公司购买商品超过百元及以上的顾客,可以奖励10元的提货券,多买多奖。该提货券可以累计使用,但是只能在本公司购买商品而不能兑换现金。据统计,大约有25%的顾客最终会使用提货券购货。

【思考与分析】
(1) 东方公司2011年8月和12月应确认的收入分别是多少?
(2) 分析东方公司在销售商品并发放提货券时,是否应该从销售收入中扣除提货券的金额?在顾客尚未使用提货券前,是否应确认对顾客的负债?应如何处理?

1. 收入的概念和特征

收入是指企业在日常活动中形成的、会导致所有者权益增加的、与所有者投入资本无关的经济利益的总流入。包括销售商品收入、提供劳务收入、让渡资产使用权收入等,但不包括为第三方或客户代收的款项,如增值税等。收入具有以下特点:

(1) 收入是企业的日常经营活动中形成的经济利益的流入

日常活动,是指企业为完成其经营目标所从事经常性活动以及与之相关的活动。工商企业销售商品、咨询公司提供咨询服务、软件开发企业为客户开发软件、安装公司提供安装服务、商业银行对外贷款、租赁公司出租资产等活动,均属于企业为完成其经营目标所从事的经营性活动,由此形成的经济利益的总流入构成收入。工业企业对外出售不需用的材料、对外转让无形资产使用权、对外进行权益性投资(取得现金股利)或债权性投资(取得利息)等活动,虽不属于企业的经常性活动,但属于企业为完成其经营目标所从事的与经营活动有关的活动,由此形成的经济利益的总流入也构成收入。

收入形成于企业日常活动的特征使其与产生于非日常活动的利得相区分。企业所从事或发生的某些活动也能为企业带来经济利益,但不属于企业为完成其经营性活动相关的活动。例如,工业企业处置固定资产、无形资产,因其他企业违约收取罚款等。这些活动形成的经济利益的总流入属于企业的利得而不是收入,利得通常不经过经营过程就能取得或属于企业不曾期望获得的收益。

(2) 收入能引起企业所有者权益的增加

收入形成的经济利益流入的形式多种多样,既可能表现为资产的增加,如增加银行存款、应收账款;也可能表现为负债的减少,如减少预收账款;还可能表现为两者的结合,如销售实现时,部分冲减预收账款,部分增加银行存款。收入形成的经济利益的总流入能增加资产或减少负债或两者兼而有之。根据"资产=负债+所有者权益"的会计等式,收入一定能增加企业的所有者权益。这里所说的收入能增加所有者权益,仅指收入本身的影响,而收入扣除与之相配比的费用后的净额,既可能增加所有者权益,也可以减少所有者权益。

企业为第三方或客户代收的款项,如企业代国家收取的增值税等,一方面增加企业的资产,另一方面增加企业的负债,并不增加企业的所有者权益,因此不构成本企业的收入。

(3) 收入与所有者投入资本无关

所有者投入资本主要是为谋求享有企业资产的权益,由此形成的经济利益的总流入不构成收入,而应确认为企业所有者权益的组成部分。

2. 收入的分类

(1) 按收入性质不同,可以分为商品销售收入、提供劳务的收入和让渡资产使用权收入等

商品销售收入主要是指企业通过销售商品实现的收入。这里的商品包括企业为销售而生产的产品和为转售而购进的商品,企业销售的其他存货如材料、包装物等也视同商品。

提供劳务的收入主要是指企业通过提供劳务实现的收入。例如,企业通过提供旅游、运输、咨询、代理、培训、产品安装等劳务所实现的收入。

让渡资产使用权收入主要是指企业通过让渡资产使用权实现的收入。包括利息收入和使用费收入。

(2) 按企业经营业务的主次不同,可分为主营业务收入和其他业务收入

主营业务收入是指企业为完成其经营目标所从事的经常性活动实现的收入。主营业务收入一般占企业总收入的比重较大,对企业的经济效益产生较大的影响。例如,工业企业的主营业务收入主要包括销售商品、自制半成品、提供工业性劳务等实现的收入;商业企业的主营业务收入主要包括销售商品实现收入;咨询公司的主营业务收入主要包括提供咨询服务实现的收入等。

其他业务收入是指企业为完成其经营目标所从事的与经营性活动相关的活动实现的收入。其他业务收入属于企业日常活动中次要交易实现的收入,一般占企业总收入的比重较小。例如,工业企业的其他业务收入主要包括对外销售材料,对外出租包装物、商品或固定

资产,对外转让无形资产使用权、提供非工业性劳务等实现的收入。

任务1 销售商品收入核算

知识要点

1. 商品销售收入的确认条件

企业在销售商品时,当同时满足以下5个条件时才能确认为收入:

(1) 企业已将商品所有权上的主要风险和报酬转移给购货方

企业已将商品所有权上的主要风险和报酬转移给购货方,是确认销售收入的重要条件。与商品所有权有关的风险,是指商品可能发生减值、损坏、报废等因素造成的损失;与商品所有权有关的报酬,是指商品价值增值或通过使用商品等形成的经济利益。判断企业是否已将商品所有权上的主要风险和报酬转移给购货方,应当关注交易的实质,并结合所有权凭证的转移和实物的交付进行判断。通常情况下,转移商品所有权凭证并交付实物后,商品所有权上的所有风险和报酬随之转移,例如大多数零售商品。某些情况下,转移商品所有权凭证但未交付实物,商品所有权上的主要风险和报酬也随之转移,企业只保留了次要风险和报酬,例如,交款提货方式销售商品。有时,已交付实物但未转移商品所有权上的主要风险和报酬未随之转移,例如,采用支付手续费方式委托代销商品。

(2) 企业既没有保留通常与所有权相联系的继续管理权,也没有对已售出的商品实施有效控制

通常情况下,企业售出商品后不再保留与商品所有权相联系的继续管理权,也不再对售出商品实施有效控制,商品所有权上的主要风险和报酬已经转移给购货方,通常应在发出商品时确认收入。如果企业在商品销售后保留了与商品所有权相联系的继续管理权,或能够继续对其实施有效控制,说明商品所有权上的主要风险和报酬没有转移,销售交易不能成立,不应确认收入,例如售后租回。

(3) 相关的经济利益很可能流入企业

在售商品的交易中,与交易相关的经济利益主要表现为销售商品的价款。相关的经济利益很可能流入企业,是指销售商品收回的可能性大于不能收回的可能性,即销售商品价款收回的可能性超过50%。企业在销售商品时,如估计销售价款不一定能够收回,即使收入的其他条件均已满足也不应当确认收入。

(4) 收入的金额能够可靠的计量

收入的金额能够可靠的计量,是指收入的金额能够合理的估计。收入的金额能否合理的估计是确认收入的基本前提,如果收入的金额不能够合理的估计就无法确认收入。企业在销售商品时,商品销售价格通常已经确定。但是,由于销售商品过程中某些不确定因素的影响,也有可能存在商品销售价格发生变动的情况,在这种情况下,新的商品销售价格未确定前通常不应确认销售商品收入。

(5) 相关的已发生或将发生的成本能够可靠的计量

相关的已发生或将发生的成本能够可靠的计量,是指与销售商品有关的已发生或将发

生的成本能够合理的估计。

根据收入与费用配比原则,与同一项销售有关的收入和费用应在同一会计期间予以确认,即企业应在确认收入的同时或同一会计期间结转相关的成本。因此,如果成本不能可靠计量,相关的收入就不能确认。

通常情况下,销售商品相关的已发生或将发生的成本能够合理的估计,如库存商品的成本、商品运输费用等。如果库存商品是本企业生产的,其生产成本能够可靠的计量;如果是外购的,购买成本能够可靠的计量。有时,销售商品相关的已发生的成本不能够合理的估计,企业不应确认收入,已收到的价款,应确认为负债。

2. 商品销售收入核算要点

(1) 一般商品销售业务的核算

在进行销售商品收入的会计处理时,企业售出的商品,如果已经同时满足商品销售收入确认的5个条件,应及时确认收入,并结转相关的销售成本。通常情况下,销售商品采用托收承付方式的,在办妥托收手续时确认收入;交款提货销售商品的,在开出发票账单收到货款时确认收入。

① 销售商品收入应在收入确认时,按确认的收入金额与应收取的增值税额借记"银行存款"、"应收账款"、"应收票据"等账户,按确认的收入金额贷记"主营业务收入"账户,按应收取的增值税额,贷记"应交税费——应交增值税(销项税额)"账户。

② 通常在月末时,汇总结转已销售商品的实际成本,按结转的实际成本,借记"主营业务成本"账户,贷记"库存商品"、"发出商品"等账户。采用分期收款销售商品的,应按销售商品收入与全部销售收入的比率,计算确认本期应结转的销售成本。

(2) 已经发出但不符合销售商品收入确认条件的商品核算

如果企业出售商品不符合销售商品收入确认的5项条件中的任何一项,均不应确认收入。为了单独反映已经发出但尚未确认收入的商品成本,企业应增设"发出商品"等账户进行核算。该账户是一个资产类账户,借方反映尚未确认收入的发出商品,贷方反映确认收入后,将已实现收入的商品实际成本,余额在借方,表示尚未确认收入的发出商品的实际成本。

(3) 商业折扣、现金折扣、销售折让和销售退回的核算

① 商业折扣。商业折扣是指企业为了鼓励客户多购商品销售而在商品标价上给予的价格扣除,通常用百分比表示,如5%、10%等。销售商品涉及商业折扣的,应当按照扣除商业折扣后的金额确定商品销售收入金额。

② 现金折扣。现金折扣是指债权人为鼓励债务人在规定的期限内付款而向债务人提供的债务扣除。现金折扣是企业为了尽快回笼资金而发生的理财费用,因此,应在实际发生时计入财务费用。现金折扣一般用符号"折扣率/付款期限"表示,如"$2/10, 1/20, n/30$"分别表示:10天内付款按售价给予2%的折扣;20天内付款按售价给予1%的折扣;30天内付款则不给折扣。

③ 销售折让。销售折让是指企业因商品质量不合格等原因而在售价上给予的减让。企业发生销售折让时,如果企业尚未确认销售收入,应直接按扣除折让后的金额确认销售收入;如果企业已确认销售收入,则应在实际发生时冲减当期销售商品收入,如按规定允许扣减增值税额的,还应当冲减已确认的应交增值税销项税额。

④ 销售退回。销售退回是指企业售出的商品由于质量、品种不符合合同规定的要求等原因而发生的退货。如果销售退回可能发生在企业确认收入之前,应冲减"发出商品"账户,同时增加"库存商品"账户。如果企业已确认销售收入的售出商品发生销售退回的,应当在发生时冲减当期销售商品收入,同时冲减当期销售商品成本。如按规定允许扣减增值税额的,还应当冲减已确认的应交增值税销项税额。如按规定允许扣减增值税额的,应当同时冲减已确认的应交增值税销项税额。如果该项销售退回已发生现金折扣的,应同时调整相关财务费用的金额。

(4) 采用预收方式销售商品的核算

采用预收方式销售商品,销售方直到收到最后一笔款项时才将商品交付购货方,表明商品所有权上的主要风险和报酬只有在收到最后一笔款项时才转移给购货方,企业通常在发出商品时确认收入,在此之前预收的货款应确认为预收账款。

技能操作

[学 中 做]

[业务资料] 东方公司为一般纳税人,2011 年发生如下经济业务:

(1) 一般商品销售业务的核算

业务 1 东方公司于 2011 年 5 月 5 日采用托收承付方式销售 A 产品 1 000 件给海蓝公司,增值税专用发票注明货款 400 000 元,增值税税率为 17%,代垫运杂费 10 000 元,款项已向银行办妥托收手续。该产品成本为 300 000 元,符合销售商品收入确认的条件。

① 借:应收账款——海蓝公司　　　　　　478 000
　　　贷:主营业务收入　　　　　　　　　　　400 000
　　　　　应交税费——应交增值税(销项税额)　68 000
　　　　　银行存款　　　　　　　　　　　　　10 000

② 同时结转销售成本
借:主营业务成本　　　　　　　　　　　300 000
　　贷:库存商品　　　　　　　　　　　　　300 000

(2) 已经发出但不符合销售商品收入确认条件的商品核算

业务 2 东方公司于 7 月 5 日向海蓝公司销售 800 件 B 产品,该批商品的成本为 300 000 元,增值税专用发票注明货款 400 000 元,增值税税率为 17% 已向银行办妥托收手续。后得知海蓝公司在另一笔交易中发生巨额损失,资金周转十分困难,经与购货方交涉,确定此项收入本月收回的可能性不大,不符合销售商品收入确认的条件。

① 借:发出商品——海蓝公司　　　　　　300 000
　　　贷:库存商品——B 产品　　　　　　　300 000

② 将增值税发票上注明的增值税额转入应收账款时
借:应收账款——海蓝公司　　　　　　　68 000
　　贷:应交税费——应交增值税(销项税额)　68 000

③ 12 月 10 日东方公司得知海蓝公司经营和财务状况已经好转,海蓝公司也承诺付款。此时,该企业应确认该项收入。

借：应收账款——海蓝公司	400 000	
贷：主营业务收入		400 000

同时结转销售成本

借：主营业务成本	300 000	
贷：发出商品——海蓝公司		300 000

④ 假如东方公司于 2011 年 12 月 20 日收到海蓝公司支付的款项时

借：银行存款	468 000	
贷：应收账款——海蓝公司		468 000

(3) 商业折扣、现金折扣的核算

业务 3　东方公司于 2011 年 5 月 1 日销售 A 产品 500 件给海蓝公司,增值税专用发票注明价款为 200 000 元,增值税税率为 17%。该产品成本为 150 000 元。由于是批量销售,东方公司给予购货方 6% 的商业折扣,并在购销合同中规定现金折扣条件为 2/10、1/20、n/30;A 商品于 5 月 1 日发出,购货方于 5 月 9 日付款。假定计算现金折扣时不考虑增值税。

① 5 月 1 日销售实现时,确认的商品销售收入金额为 188 000 元[200 000×(1-6%)]。

借：应收账款——海蓝公司	219 960	
贷：主营业务收入		188 000
应交税费——应交增值税(销项税额)		31 960

同时结转销售成本

借：主营业务成本	150 000	
贷：库存商品		150 000

② 5 月 9 日收到货款时,享有的现金折扣为 3 760 元(188 000×2%)。实际付款 216 200 元(219 960-3 760)。

借：银行存款	216 200	
财务费用	3 760	
贷：应收账款——海蓝公司		219 960

③ 若购货方于 5 月末才付清货款,则按全额付款。

借：银行存款	219 960	
贷：应收账款——海蓝公司		219 960

(4) 销售折让的核算

业务 4　东方公司于 2011 年 7 月 1 日销售 A 产品 1 500 件给海蓝公司,增值税专用发票注明价款为 600 000 元,增值税税率为 17%,并已确认收入,款项尚未收到。海蓝公司在验收过程中发现商品质量不合格,要求在价格上给予 8% 的销售折让。东方公司同意并办妥了相关手续,发生的销售折让允许扣减当期增值税税额。

① 确认商品销售收入时

借：应收账款——海蓝公司	702 000	
贷：主营业务收入		600 000
应交税费——应交增值税(销项税额)		102 000

② 发生销售折让时,销售折让金额为 48 000 元(600 000×8%)。

借：主营业务收入 48 000
　　应交税费——应交增值税（销项税额） 8 160
　　　贷：应收账款——海蓝公司 56 160

③ 实际收到款项的金额为 645 840 元(702 000－56 160)。
借：银行存款 645 840
　　贷：应收账款——海蓝公司 645 840

(5) 销售退回的核算

业务 5　东方公司于 2010 年 12 月 17 日销售 A 产品 1 800 件给海蓝公司，增值税专用发票注明价款为 800 000 元，增值税税率为 17%。该产品成本为 650 000 元，购销合同中规定现金折扣条件为 2/10、1/20、n/30，海蓝公司于 2010 年 12 月 25 日付款。2011 年 5 月 24 日，该批产品因质量问题被海蓝公司退回，东方公司当日支付相关款项，假定计算现金折扣时不考虑增值税。海蓝编制会计分录如下：

① 2010 年 12 月 10 日销售实现时
借：应收账款——海蓝公司 936 000
　　贷：主营业务收入 800 000
　　　　应交税费——应交增值税（销项税额） 136 000

同时，结转销售成本：
借：主营业务成本 650 000
　　贷：库存商品 650 000

② 2010 年 12 月 25 日收到货款时，享有的现金折扣为 16 000 元(800 000×2%)。
实际付款 920 000 元(936 000－16 000)。
借：银行存款 920 000
　　财务费用 16 000
　　　贷：应收账款——海蓝公司 936 000

③ 2011 年 5 月 24 日发生销售退回时
借：主营业务收入 800 000
　　应交税费——应交增值税（销项税额） 136 000
　　　贷：银行存款 920 000
　　　　　财务费用 16 000

同时，将收回的库存商品验收入库：
借：库存商品 650 000
　　贷：主营业务成本 650 000

(6) 预收方式销售的核算

业务 6　东方公司和海蓝公司签订协议，采用分期收款方式向海蓝公司销售商品一批，该批商品的价款为 300 000 元，增值税税率为 17%，商品实际成本为 200 000 元。海蓝公司应在协议签订时预付 50% 的货款(按售价计算)，剩余货款于 3 个月后支付。编制会计分录如下：

① 收到 50% 的货款时：
借：银行存款 150 000

贷：预收账款		150 000

② 收到剩余款项时：

借：预收账款——海蓝公司	150 000	
银行存款	201 000	
贷：主营业务收入		300 000
应交税费——应交增值税（销项税额）		51 000

同时结转销售成本：

借：主营业务成本	200 000	
贷：库存商品		200 000

[做 中 学]

[业务资料] 东方公司主要生产经营 A 商品和 B 商品，每件 A 商品的成本价为 1 100 元，每件 B 商品的成本价为 600 元，东方公司为增值税一般纳税企业。2011 年发生以下经济业务：

业务 1　将其生产的 A 商品 200 件销售给海蓝公司，每件售价 2 000 元，款未收到。

业务 2　东方公司将其原值为 50 万元、已提折旧 40 万元、已计提减值准备为 5 万元的固定资产对外出售，取得价款 30 万元并存入银行。

业务 3　10 月 1 日，东方公司与海蓝公司签订购销合同，东方公司向海蓝公司销售新产品，价款 80 万元，成本 40 万元。合同约定试用期 6 个月，若发现质量问题可以退货，已开出增值税专用发票，目前无法估计退货的可能性，价款尚未收到。

业务 4　11 月 1 日，东方公司将一笔应收账款出售给银行，应收账款的账面价值 40 万元，出售给银行价格为 30 万元。协议规定，将来如付款方无款支付，银行也不对东方公司进行追偿该已出售的应收账款；同时规定，该出售价格已包括了估计发生销售折扣款 4 万元，如将来不发生销售折扣，所得款项应归还东方公司。

要求：编制上述业务有关的会计分录。

1. 商品代销业务的核算

代销是指委托方和受托方签订协议，委托方将商品交付给受托方，受托方代委托方销售商品，委托方按协议价收取代销商品款。代销商品通常有两种方式：视同买断和收取手续费。

(1) 视同买断方式是指由委托方和受托方签订协议，委托方签订协议价收取代销的货款，实际售价可由受托方自定，实际售价与协议价之间的差额归受托方所有。受托方在交付商品时不确认收入，受托方也不作为购进商品处理。受托方将商品销售后，应按实际售价确认销售收入，并向委托方开具代销清单。委托方收到代销清单时，再确认商品销售收入。

(2) 收取手续费方式是指受托方根据代销的商品数量向委托方收取手续费的代销方式。对于委托方来说，收取的手续费实际上是一种劳务收入。在这种方式下，委托方发出商品时，商品所有权上的主要风险和报酬并未转移给受托方，因此，受托方在发出商品时通常不应确认销售收入，而应在收到受托方开出的代购清单时确认销售商品收入；受托方应在商品销售后,按合同或协议约定的方法计算确定的手续费确认收入。

受托方可以通过"受托代销商品"、"受托代销商品款"等账户,对受托代销商品进行核算,确认代销手续费时,借记"受托代销商品款"账户,贷记"其他业务收入"等账户。

2. 其他业务收支的核算

(1) 其他业务收入主要是核算企业除主营业务以外的其他销售或其他业务取得的收入。包括材料销售、代购代销、包装物出租等业务的收入。

(2) 其他业务成本主要是核算企业除主营业务以外的其他销售或其他业务所发生的支出。包括销售成本、提供劳务而发生的相关成本、费用及交纳的税金等。

[例] A公司向F公司销售一批材料,增值税专用发票注明价款15 000元,增值税税率为17%,该批材料的实际成本为13 000元。编制会计分录如下:

借:银行存款　　　　　　　　　　　　17 550
　　贷:其他业务收入——材料销售　　　　15 000
　　　　应交税费——应交增值税(销项税额)　2 550

同时结转已销材料的实际成本:

借:其他业务成本　　　　　　　　　　13 000
　　贷:原材料——甲材料　　　　　　　　13 000

任务2　提供劳务收入核算

知识要点

企业提供劳务的种类很多,如旅游、运输、饮食、广告、咨询、代理、培训、产品安装等。提供的劳务内容不同,完成劳务的时间也不同。有的劳务一次就能完成,且一般为现金交易,如饮食、理发、照相等;有的劳务要花较长一段时间才能完成,如安装、旅游、培训、远洋运输等。

1. 劳务完成时确认收入的核算

(1) 对于一次就能完成的劳务,企业应在提供劳务完成时确认收入及相关成本。借记"应收账款"、"银行存款"等账户,贷记"主营业务收入"等账户,对于发生的有关支出,借记"主营业务成本"、"劳务成本"账户,贷记"银行存款"账户等。

(2) 对于持续一段时间,但在同一会计期间内开始并完成的劳务,劳务完成时再确认收入,并结转相关劳务成本。借记"劳务成本"账户,贷记"银行存款"账户等。

2. 按完工百分比法确认劳务收入的核算

对于不能在同一会计期间内完成,但在期末能对劳务交易的结果作出可靠估计的劳务,应按完工百分比法确认收入及相关费用。

劳务收入和相关费用应按下列公式计算:

本期确认的收入=劳务总收入×本期末止劳务的完成程度−以前各期已确认的收入
本期确认的费用=劳务总成本×本期末止劳务的完成程度−以前各期已确认的费用

其中,劳务的完成程度确定方法有3种:对已经完工工作量的测量;按已提供的劳务量占应提供的劳务总量的比例;按已发生的成本占估计总成本的比例。

技能操作

[学 中 做]

(1) 劳务完成时确认收入的核算

[业务资料] 业务1 2011年7月5日山河公司接受了B公司一项设备安装任务,该安装任务可一次完成,合同总价款为70 000元,以银行存款实际支付安装费用9 000元。编制如下会计分录:

① 确认所提供的劳务收入时
借:应收账款——B公司　　　　70 000
　　贷:主营业务收入　　　　　　　　70 000

② 发生并确认有关成本费用时
借:主营业务成本　　　　　　　9 000
　　贷:银行存款　　　　　　　　　　9 000

若上例的安装任务需花费一段时间(不超过本年会计期间)才能完成:

① 为提供劳务发生有关支出时
借:劳务成本　　　　　　　　　9 000
　　贷:银行存款　　　　　　　　　　9 000

② 待安装完成确认收入时
借:应收账款——B公司　　　　70 000
　　贷:主营业务收入　　　　　　　　70 000

③ 结转劳务成本时
借:主营业务成本　　　　　　　9 000
　　贷:劳务成本　　　　　　　　　　9 000

(2) 按完工百分比法确认劳务收入的核算

业务2 东方公司于2011年10月1日与海蓝公司签订合同,为海蓝公司研制一项软件,合同规定的研制开发时间为5个月,合同总收入为500 000元。至2010年12月31日,东方公司已发生成本200 000元,预收账款230 000元,东方公司预计开发该项软件还将发生成本250 000元。2011年12月31日,经专业测量师测量,软件的完工进度为70%。编制如下会计分录:

① 预收劳务款项时
借:银行存款　　　　　　　　　230 000
　　贷:预收账款——海蓝公司　　　　230 000

② 实际发生劳务成本时
借:劳务成本　　　　　　　　　200 000
　　贷:银行存款　　　　　　　　　　200 000

③ 年末确认该项劳务的本期收入和费用时

本期收入＝500 000×70％－0＝350 000(元)
本期费用＝450 000×70％－0＝315 000(元)

借：预收账款——海蓝公司　　　　350 000
　　贷：主营业务收入　　　　　　　　　　350 000
借：主营业务成本　　　　　　　　315 000
　　贷：劳务成本　　　　　　　　　　　　315 000

[做　中　学]

[业务资料]　东方公司为增值税一般纳税企业,2011年发生以下经济业务:

业务1　2011年11月1日接受海蓝公司的委托,为海蓝公司培训一批学员,时间为半年,当日开学。双方协议约定,海蓝公司应向东方公司支付的培训费为75 000元,分3次等额支付。第一次在开学时支付,第二次在2012年2月1日支付,第三次在培训结束时支付。当日,收到海蓝公司支付的第一次培训费。

业务2　2011年末,东方公司得知海蓝公司发生财务困难,后两次培训费能否收回难以确定。因此,东方公司只能将已经发生的培训人员的薪酬35 000元中能够得到补偿的部分(25 000元)确认为收入,将发生的35 000元培训人员的薪酬全部确认为当年的费用。

要求:编制相应的会计分录。

提供劳务收入的确认与计量

1. 提供劳务交易结果能够可靠估计

企业在资产负债表日提供劳务交易的结果能够可靠估计的,应当采用完工百分比法确认提供劳务收入。

提供劳务交易的结果能够可靠估计,要同时满足以下4个条件:

(1) 收入的金额能够可靠的计量。主要是指提供劳务收入的总额能够合理的估计。通常情况下,企业应当按照从接受劳务方已收或应收的合同或协议价款确定提供劳务收入总额。随着劳务的不断提供,可能会根据实际情况增加或减少已收或应收的合同或协议价款,此时,企业应及时调整提供劳务收入总额。

(2) 相关的经济利益很可能流入企业。主要是指提供劳务收入总额收回的可能性大于不能收回的可能性。企业在确定提供劳务收入总额能否收回时,应当结合接受劳务方的信誉、以前的经验以及双方就结算方式和期限达成的合同或协议条款等因素进行综合判断。通常情况下,企业提供的劳务符合合同或协议要求,接受劳务方承诺付款,就表明提供劳务收入总额收回的可能性大于不能收回的可能性。

(3) 交易的完工进度能够可靠地确定。提供劳务交易的完工进度确定的方法有:已完工作的测量;已经提供的劳务占应提供劳务总量的比例;已经发生的成本占估计总成本的比例。

(4) 交易中已发生和将发生的成本能够可靠的计量。主要是指交易中发生和将发生的成本能够合理的估计。企业应当建立完善的内部成本核算制度和有效的内部财务预算及报告制度,准确地提供每期发生的成本,并对完成剩余劳务将要发生的成本作出科学、合理的估计。同时，应随着劳务的不断提供和外部情况的不断变化，随时对将要发生的成本进行修订。

2. 提供劳务交易结果不能够可靠估计

企业在资产负债表日提供劳务交易的结果不能够可靠估计的，即不能满足上述4个条件的，不能采用完工百分比法确认提供劳务收入。因此，企业应当正确预计已经发生的劳务成本能否得到补偿，分别按下列情况处理：

(1) 已经发生的劳务成本预计全部能够得到补偿的，应按已收或预计能够收回的金额确认提供劳务收入，并结转已经发生的劳务成本。

(2) 已经发生的劳务成本预计只能部分得到补偿的，应按已收或预计能够收回的金额确认提供劳务收入，并结转已经发生的劳务成本。

(3) 已经发生的劳务成本预计全部不能够得到补偿的，应当将已经发生的劳务成本计入当期损益（主营业务成本或其他业务成本），不确认提供劳务收入。

任务3　期间费用的核算

知识要点

1. 企业的期间费用主要包括销售费用、管理费用、财务费用等

(1) 销售费用

销售费用是指企业销售商品和材料、提供劳务过程中发生的各项费用。包括企业在销售过程中发生的包装费、保险费、展览费和广告费、商品维修费、预计产品质量保证损失、运输费、装卸费等费用，以及企业发生的为销售本企业商品而专设的销售机构的职工薪酬、业务费、折旧费、固定资产修理费等费用。

(2) 管理费用

管理费用是指企业为组织和管理生产经营活动而发生的各种管理费用，包括企业在筹建期间发生的开办费、董事会和行政管理部门在企业的经营管理中发生的或者应由企业统一负担的公司经费（包括行政管理部门职工薪酬、物料消耗、低值易耗品摊销、办公费和差旅费等）、工会经费、董事会费（包括董事会成员津贴、会议费和差旅费等）、聘请中介机构费、咨询费（含顾问费）、诉讼费、业务招待费、房产税、车船使用税、印花税、技术转让费、矿产资源补偿费、研究费用、排污费以及企业车间（部门）和行政管理部门发生的固定资产修理费等。

(3) 财务费用

财务费用是指企业为了筹集生产经营所需资金等而发生的筹资费用，包括利息支出（减利息收入）、汇兑损益以及相关的手续费、企业发生的现金折扣或收到的现金折扣等。

2. 期间费用核算的要点

(1) 企业通过"销售费用"账户，核算销售费用的发生和结转情况。该账户的借方登记企业所发生的各项销售费用，贷方登记期末结转入"本年利润"账户的销售费用，结转后该账户无余额。该账户应按销售费用的费用项目进行明细核算。

(2) 企业通过"管理费用"账户，核算管理费用的发生和结转情况。该账户的借方登记企业所发生的各项管理费用，贷方登记期末结转入"本年利润"账户的管理费用，结转后该账户无余额。该账户应按管理费用的费用项目进行明细核算。

(3) 企业通过"财务费用"账户，核算财务费用的发生和结转情况。该账户的借方登记企业所发生的各项财务费用，贷方登记期末结转入"本年利润"账户的管理费用，结转后该账户无余额。该账户应按财务费用的费用项目进行明细核算。

技能操作

[学 中 做]

[业务资料] 东方公司2011年5月发生期间费用的经济业务如下：

业务1 5月5日为宣传新产品发生广告费6 000元，用银行存款支付。

业务2 5月31日共发生销售费用150 000元，其中销售人员薪酬80 000元，销售部门专用办公设备折旧费40 000元，业务费30 000元，用银行存款支付。

业务3 5月10日销售商品一批，销售过程中发生运输费4 000元，用银行存款支付。

业务4 5月14日为销售商品发生业务招待费30 000元，用银行存款支付。

业务5 5月31日共发生管理费用200 000元，其中行政人员薪酬100 000元，行政部门专用办公设备折旧费50 000元，报销行政人员差旅费30 000元（假定报销人员未预借差旅费），其他办公费等20 000元，用银行存款支付。

业务6 5月16日筹建期间发生办公费、差旅费等开办费18 000元，均用银行存款支付。

业务7 5月31日按规定计算确定的应交房产税为1 500元，应交车船使用税为3 000元，应交土地使用税为2 500元。

业务8 5月31日预提短期借款利息5 000元。

业务9 5月31日收到银行存款利息入账通知单，计利息收入3 000元。

业务10 5月31日以银行存款1 500元支付办理银行承兑汇票的手续费。

根据上述资料，编制相关的会计分录。

(1) 借：销售费用——广告费　　　　　6 000
　　　贷：银行存款　　　　　　　　　　　　　6 000

(2) 借：销售费用　　　　　　　　　　150 000
　　　贷：应付职工薪酬——工资　　　　　　80 000
　　　　　累计折旧　　　　　　　　　　　　40 000
　　　　　银行存款　　　　　　　　　　　　30 000

(3) 借：销售费用——运输费　　　　　4 000
　　　贷：银行存款　　　　　　　　　　　　　4 000

(4) 借：管理费用——业务招待费　　　30 000
　　　贷：银行存款　　　　　　　　　　　　　30 000

(5) 借：管理费用　　　　　　　　　　200 000

　　　　　贷：应付职工薪酬——工资　　　　　　100 000
　　　　　　　累计折旧　　　　　　　　　　　　50 000
　　　　　　　库存现金　　　　　　　　　　　　30 000
　　　　　　　银行存款　　　　　　　　　　　　20 000
（6）借：管理费用——公司经费　　　　　18 000
　　　　贷：银行存款　　　　　　　　　　　　　18 000
（7）借：管理费用——税金　　　　　　　 7 000
　　　　贷：应交税费——应交房产税　　　　　　1 500
　　　　　　　　　　——应交车船使用税　　　　3 000
　　　　　　　　　　——应交土地使用税　　　　2 500
（8）借：财务费用——利息支出　　　　　 5 000
　　　　贷：应付利息　　　　　　　　　　　　　5 000
（9）借：银行存款　　　　　　　　　　　 3 000
　　　　贷：财务费用——利息收入　　　　　　　3 000
（10）借：财务费用——手续费　　　　　　1 500
　　　　贷：银行存款　　　　　　　　　　　　　1 500

[做　中　学]

[业务资料]　东方公司的财会人员，在对下列各项费用开支时，已将各项费用开支记入相应的费用账户，你认为该公司的财会人员应如何进行费用账务处理才是正确的？

业务1　小王购入办公用品共计1 500元，记入销售费用。
业务2　用银行存款支付业务招待费用500元，记入管理费用。
业务3　计提管理部门的固定资产折旧费4 000元，记入销售费用。
业务4　分配职工工资5 000元，记入管理费用。
业务5　筹建期间发生办公费等开办费3 000元，记入长期待摊费用。
业务6　预提短期借款利息8 000元，记入管理费用。
业务7　收到银行转来的银行存款利息3 500元，记入管理费用。
业务8　销售过程中发生运输费2 000元，记入财务费用。
业务9　无形资产的摊销2 500元，记入销售费用。
业务10　分配销售机构人员的工资4 000元，记入销售费用。

资料链接

　　费用是指企业在日常生产经营活动中发生的、会导致所有者权益减少的、与向所有者分配利润无关的经济利益的总流出。费用具有以下特点：

1. 费用是企业日常活动中发生的经济利益的总流出

　　日常活动是指企业为完成其经营目标所从事的经常性活动以及与之相关的其他活动。工业企业制造并销售产品、商业企业购买销售商品、咨询公司提供咨询服务、软件开发企业为客户开发软件、安装公司提供安装服务、租赁公司出租资产等活动中发生的经济利益的总流出构成费用，工业企业对外出售不需用的原材料结转的材料成本等也构成费用。

费用形成于企业日常活动的特征使其与产生于非日常活动的损失相区分。企业从事或发生的某些活动或事项也能导致经济利益流出企业,但不属于企业日常活动。如企业处置固定资产、无形资产等非流动资产,因违约支付罚款,对外捐赠,因自然灾害等非常原因造成财产毁损等,这些活动或事项形成的经济利益的流出是损失而不是费用。

2. 费用会导致企业所有者权益的减少

费用既可能表现为资产的减少,如减少银行存款、库存商品等;也可能表现为负债的增加,如增加应付职工薪酬、应交税费(应交营业税、应交消费税等)等。

根据"资产=负债+所有者权益"的会计等式,费用一定会导致企业所有者权益的减少。

企业经营管理中的某些支出并不减少企业的所有者权益,也就不转成费用。如企业以银行存款偿还一项负债,只是一项资产和一项负债等额减少,对所有者权益没有影响,因此不构成企业的费用。

3. 费用与向所有者分配利润无关

向所有者分配利润或股利属于企业利润分配的内容,不构成企业的费用。

任务 4 利润的计算与核算

知识要点

1. 利润的概念

利润是指企业在一定会计期间的经营成果。利润包括收入减去费用后的净额、直接计入当期利润的利得和损失等。其中,直接计入当期利润的利得和损失是指应当计入当期损益、会导致所有者权益发生增减变动的、与所有者投入资本或者向所有者分配利润无关的利得或损失。

2. 利润的构成

利润由营业利润、利润总额和净利润等构成。

(1) 营业利润

营业利润=营业收入-营业成本-营业税金及附加-销售费用-管理费用-财务费用-资产减值损失+公允价值变动收益(-公允价值变动损失)+投资收益(-投资损失)。

其中:营业收入是指企业经营业务所确认的收入总额,包括主营业务收入和其他业务收入。

营业成本是指企业经营业务所发生的实际成本总额,包括主营业务成本和其他业务成本。

资产减值损失是指企业计提的各项资产减值准备所形成的损失。

公允价值变动收益(或损失)是指企业交易性金融资产等公允价值变动形成的应计入当期收益的利得(或损失)。

投资收益(或损失)是指企业以各种方式对外投资所取得的收益(或发生的损失)。

(2) 利润总额

利润总额＝营业利润＋营业外收入－营业外支出

① 营业外收入。营业外收入是指企业发生的与日常经营活动无直接关系的各项利得。营业外收入并不是企业经营资金耗费所产生的,不需要企业付出代价,实际上是经济利益的净流入,不需要与有关费用进行配比。主要包括非流动资产处置利得、非货币性资产交换利得、债务重组利得、政府补助、盘盈利得、捐赠利得、罚没利得、确实无法支付而按规定程序经批准后转作营业外收入的应付款项等。

a. 非流动资产处置利得包括固定资产处置利得和无形资产出售利得。固定资产处置利得,指企业出售固定资产取得的价款或报废固定资产的材料价值和变价收入等。扣除处置固定资产的账面价值、清理费用、处置相关税费后的净得收益。无形资产出售利得,指企业出售无形资产取得的价款、扣除出售无形资产的账面价值、出售相关税费后的净收益。

b. 非货币性资产交换利得,主要是指在非货币性资产交换具有商业实质且公允价值能够可靠计量的情况下,在换出固定资产或无形资产的公允价值高于其账面价值而获得的资产增值收益。

c. 债务重组利得主要是指企业在进行债务重组时,债务人因重组债务的账面价值高于用于偿债的现金及非现金资产公允价值、债权人放弃债权而享有股份的公允价值、重组后债务的入账价值等,而应当计入当期损益的利得。

d. 盘盈利得主要是指对现金等清查盘盈的现金等,报经批准后计入营业外收入的金额。

e. 捐赠利得主要是指企业接受捐赠产生的利得。

f. 罚没利得主要是指企业取得的各项罚款,在弥补由于对违反合同或协议而造成的经济损失后的罚款净收益。

② 营业外支出。营业外支出是指用来核算企业发生的与企业生产经营无直接关系的各项支出。包括非流动资产处置损失、非货币性资产交换损失、债务重组损失、公益性捐赠支出、非常损失、盘亏损失、罚款支出等。企业发生营业外支出时,应按实际发生额登记入账。

a. 非流动资产处置损失包括固定资产处置损失和无形资产出售损失。固定资产处置损失指企业出售固定资产取得的价款或报废固定资产的材料价值和变价收入等,不足以抵补处置固定资产的账面价值、清理费用、处置相关税费发生的净损失。无形资产出售损失,指企业出售无形资产取得的价款,不足以抵补出售无形资产的账面价值、出售相关税费发生的净损失。

b. 非货币性资产交换损失主要是指在非货币性资产交换具有商业实质且公允价值能够可靠计量的情况下,因换出固定资产或无形资产的公允价值低于其账面价值而发生的资产减值损失。

c. 债务重组损失主要是指企业在进行债务重组时,债权人因重组债权的账面价值高于债务人用于偿债的现金及非现金资产公允价值、放弃债权而享有股份的公允价值、重组后债权的公允价值等,而应当计入当期损益的损失。

d. 公益性捐赠支出主要是指企业对外进行公益性捐赠发生的支出。

e. 非常损失主要是指企业对于自然灾害等造成的损失,在扣除保险公司赔偿后应计入营业外支出的净损失。

f. 盘亏损失主要是指企业对固定资产清查盘点中盘亏的固定资产,在查明原因后处理时,按确定的损失计入营业外支出的净损失。

g. 罚款支出主要是指企业由于违反税收法规、经济合同等而支付的各种滞纳金和罚款。

(3) 净利润

$$净利润 = 利润总额 - 所得税费用$$

其中:所得税费用是指企业确认的应从当期利润总额中扣除的所得税费用。

3. 本年利润的核算要点

(1) 企业应设置"营业外收入"账户,核算营业外收入的取得及结转情况,该账户的贷方登记企业确认的各项营业外收入,借方登记期末结转入本年利润的营业外收入,结转该账户后应无余额。该项账户应按照营业外收入的项目进行明细核算。

(2) 企业应设置"营业外支出"账户,核算营业外支出的取得及结转情况,该账户的借方登记企业确认的各项营业外支出,贷方登记期末结转入本年利润的营业外支出,结转该账户后应无余额。该项账户应按照营业外支出的项目进行明细核算。

(3) 企业应设置"本年利润"账户,用来核算企业实现的净利润(或发生的净亏损)。该账户是所有者权益类账户,贷方登记期末从"主营业务收入"、"其他业务收入"、"营业外收入"以及"投资收益"(投资净收益)、"公允价值变动损益"等账户转入的数额;借方登记期末从"主营业务成本"、"营业税金及附加"、"其他业务成本"、"销售费用"、"管理费用"、"财务费用"、"资产减值损失"、"营业外支出"、"所得税费用"以及"投资收益"(投资净损失)、"公允价值变动损益"等账户转入的数额。收入和支出相抵后,如果余额在贷方,表示本期实现的净利润;如果余额在借方,表示本期发生的净亏损。年度终了,应将本年收入和支出相抵后结出本年实现的净利润或发生的净亏损,转入"利润分配——未分配利润"账户,贷记"利润分配——未分配利润",如为净亏损,作相反的会计分录,结转后"本年利润"账户应无余额。

技能操作

[学 中 做]

[业务资料] 东方公司2011年末发生本年利润核算的业务如下:

(1) 营业外收入和营业外支出的核算

业务1 该公司将报废的固定资产清理的净收益30 000元转作营业外收入。

业务2 该公司接受捐赠收入8 000元,款项已存入银行。

业务3 该公司决定对违纪职工罚款500元,已收到现金。

业务4 该公司将已经发生的库存商品意外灾害损失15 000元转作营业外支出。

业务5 该公司将拥有的一项专利权出售,取得款项80 000元,存入银行。营业税税率为5%,该专利权的账面余额为100 000元,累计摊销为10 000元,尚未计提减值准备。

业务6 该公司决定将3 000元捐赠给希望小学,款项已从银行转账付讫。

业务7 将东方公司以上发生的营业外收入总额38 500元,期末结转本年利润。

业务 8　将东方公司以上发生的营业外支出总额 32 000 元,期末结转本年利润。
根据上述资料,编制相关的会计分录。

① 借:固定资产清理　　　　　　　　　　　30 000
　　　贷:营业外收入——非流动资产处置利得　　30 000
② 借:银行存款　　　　　　　　　　　　　8 000
　　　贷:营业外收入——捐赠利得　　　　　　8 000
③ 借:库存现金　　　　　　　　　　　　　500
　　　贷:营业外收入——罚没所得　　　　　　500
④ 借:营业外支出——非常损失　　　　　　15 000
　　　贷:待处理财产损益——待处理流动资产损益　15 000
⑤ 借:银行存款　　　　　　　　　　　　　80 000
　　　累计摊销　　　　　　　　　　　　　10 000
　　　营业外支出——非流动资产处置损失　　14 000
　　　贷:无形资产——专利权　　　　　　　　100 000
　　　　　应交税费——应交营业税　　　　　　4 000
⑥ 借:营业外支出——公益性捐赠支出　　　3 000
　　　贷:银行存款　　　　　　　　　　　　3 000
⑦ 借:营业外收入　　　　　　　　　　　　38 500
　　　贷:本年利润　　　　　　　　　　　　38 500
⑧ 借:本年利润　　　　　　　　　　　　　32 000
　　　贷:营业外支出　　　　　　　　　　　32 000

(2) 本年利润的核算

业务 9　东方公司 2011 年 12 月 31 日有关各损益类账户的年末余额见表 10-1 所示(该公司采用表结法年末一次结转损益类账户余额),所得税税率为 25%。

表 10-1　损益类账户余额表

2011 年 12 月 31 日　　　　　　　　　　　　　　　　单位:元

账户名称	借方余额	贷方余额
主营业务收入		4 000 000
其他业务收入		500 000
公允价值变动损益		180 000
投资收益		800 000
营业外收入		60 000
主营业务成本	2 500 000	
其他业务成本	250 000	
营业税金及附加	60 000	
销售费用	300 000	

续表 10-1

账户名称	借方余额	贷方余额
管理费用	600 000	
财务费用	150 000	
资产减值损失	250 000	
营业外支出	200 000	
所得税费用	320 000	
合计	463 000	5 540 000

将各损益类账户的年末余额结转入"本年利润"账户。编制会计分录如下：

(1) 结转各收入、利得类账户

借：主营业务收入　　　　4 000 000
　　其他业务收入　　　　　500 000
　　公允价值变动损益　　　180 000
　　投资收益　　　　　　　800 000
　　营业外收入　　　　　　 60 000
　　贷：本年利润　　　　　　　　　5 540 000

(2) 结转各费用、损失类账户

借：本年利润　　　　　　4 630 000
　　贷：主营业务成本　　　　　　　2 500 000
　　　　其他业务成本　　　　　　　　250 000
　　　　营业税金及附加　　　　　　　 60 000
　　　　销售费用　　　　　　　　　　300 000
　　　　管理费用　　　　　　　　　　600 000
　　　　财务费用　　　　　　　　　　150 000
　　　　资产减值损失　　　　　　　　250 000
　　　　营业外支出　　　　　　　　　200 000
　　　　所得税费用　　　　　　　　　320 000

(3) 本年净利润的核算

业务 10　将本年净利润转入"利润分配——未分配利润"账户。计算本年净利润并编制会计分录。

① 本年净利润＝5 540 000－4 630 000＝910 000(元)

② 编制会计分录如下

借：本年利润　　　　　　910 000
　　贷：利润分配——未分配利润　910 000

[做　中　学]

[业务资料]　作为东方公司的财会人员，你能从财务的角度，为本年利润的结转进行会

计核算吗?

业务1 该公司将报废的固定资产清理的净收益2 000元,转作营业外收入。

业务2 该公司决定将6 000元捐赠给希望小学,款项已从银行转账付讫。

业务3 将该公司发生的营业外收入总额7 000元,期末结转本年利润。

业务4 将该公司发生的营业外支出总额3 000元,期末结转本年利润。

业务5 将该公司实现的净利润50 000元,年末结转本年净利润。

弥补亏损的核算

企业发生的亏损应由企业自行弥补。企业的亏损主要通过三方面来弥补:

1. 税前利润弥补。我国税法规定,企业当年发生的亏损可用下一年度的税前利润弥补,下一年度的税前利润不足弥补的,可在不超过5年的期限内逐年延续弥补。

2. 税后利润弥补。亏损后连续5年税前利润不足弥补的亏损,可用税后利润弥补。

3. 盈余公积弥补。税后利润仍不足弥补的,可用盈余公积弥补。

在上述3种亏损弥补的方法中:

用税前利润弥补和税后利润弥补亏损时,无需为弥补亏损特别作会计分录,年末将"本年利润"账户的贷方余额转入"利润分配——未分配利润"账户后,"利润分配——未分配利润"账户的借方余额自然减少或消失。

用盈余公积弥补时,应当由公司董事会提议,并经股东大会批准。

会计处理为:借记"盈余公积"账户,贷记"利润分配——盈余公积补亏"账户。

任务5　企业所得税核算

知识要点

1. 所得税的概念

所得税是根据企业应纳税所得额的一定比例上交的一种税金。

2. 所得税会计的概念

所得税会计是从资产负债表出发,通过比较资产负债表上列示的资产负债按照企业会计准则规定的账面价值与按照税法规定确定的计税基础,对于两者之间的差额分别应纳税暂时性差异与可抵扣暂时性差异,确认相关的递延所得税负债与递延所得税资产,并在此基础上,确定每一期间利润表中的所得税费用。企业会计准则规定,企业应采用资产负债表债务法核算所得税。

3. 计税基础

(1) 资产的计税基础

资产的计税基础是指企业收回资产账面价值的过程中,计算应纳税所得额时按照税法规定可以自应税经济利益中抵扣的金额,即某一资产在未来期间计税时可以税前扣除的金额。

(2) 负债的计税基础

负债的计税基础是指负债的账面价值减去未来期间计算应纳税所得额时按照税法规定可予以抵扣的金额。即未来不可以扣税的负债价值。

4. 暂时性差异

暂时性差异是指资产或负债的账面价值与计税基础之间的差额。其中,账面价值是指按照企业会计准则规定确定的有关资产、负债在企业的资产负债表中列示的金额。由于资产、负债的账面价值与其计税基础不同,产生了在未来收回资产或清偿负债的期间内,应纳税所得额增加或减少并导致未来期间应交所得税增加或减少的情况,在这些暂时性差异发生的当期,应当确认相应的递延所得税负债与递延所得税资产。根据暂时性差异对未来期间应税金额影响的不同,应分为应纳税暂时性差异和可抵扣暂时性差异。

(1) 应纳税暂时性差异

应纳税暂时性差异是指在确定未来收回资产或清偿负债期间的应纳税所得额时,将导致产生应税金额的暂时性差异。该差异在未来期间转回时,会增加转回期间的应纳税所得额,即会进一步增加转回期间的应交所得税金额。在该暂时性差异产生当期,应当确认相关的递延所得税负债。

应纳税暂时性差异通常产生以下两种情况:

① 资产的账面价值大于其计税基础。例如,有一项固定资产账面价值 400 万元,计税基础为 300 万元,其差额为 100 万元,形成应纳税暂时性差异,应当确认相关的递延所得税负债。

② 负债的账面价值小于其计税基础。负债的账面价值小于其计税基础,说明该项负债在未来期间可以税前抵扣金额为负数,即应在未来期间应纳税所得额的基础上调增,增加应纳税所得额和应交所得税金额,产生应纳税暂时性差异,应当确认相关的递延所得税负债。

(2) 可抵扣暂时性差异

可抵扣暂时性差异是指在确定未来收回资产或清偿负债期间的应纳税所得额时,将导致产生可抵扣金额的暂时性差异。该差异在未来期间转回时,会减少转回期间的应纳税所得额,减少未来期间的应交所得税。在该暂时性差异产生当期,应当确认相关的递延所得税资产。

可抵扣暂时性差异通常产生以下两种情况:

① 资产的账面价值小于其计税基础。例如,有一项无形资产账面价值 350 万元,计税基础为 500 万元,其差额为 150 万元。未来期间应纳税所得额会减少,应交所得税也会减少,形成可抵扣暂时性差异,应当确认相关的递延所得税资产。

② 负债的账面价值大于其计税基础。例如,企业因预计将发生的产品保修费用确认为预计负债 150 万元,计入当期损益,按照税法规定,该项负债相关的费用在实际发生时才允许税前扣除,该项预计负债的计税基础为零,其账面价值与计税基础之间形成 150 万元的可抵扣暂时性差异,应当确认相关的递延所得税资产。

5. 所得税费用核算要点

（1）账户设置

企业应设置"所得税费用"账户，用来核算企业确认的应从当期利润总额中扣除的所得税费用。该账户是损益类账户中费用性质的账户，借方登记企业按税法规定的应纳税所得额计算的应纳所得税额、所确认的当期所得税费用和调整增加的所得税费用；贷方登记企业会计期末转入"本年利润"账户的所得税额；结转后该账户应无余额。该账户可按"当期所得税费用"、"递延所得税费用"设置明细账，进行明细核算。

（2）所得税费用的会计处理

① 当期所得税。当期所得税是指企业按照税法规定计算确定的针对当期发生的交易和事项，应交纳给税务部门的所得税金额，即应交所得税，应以适用的税法法规为基础计算确定。即：

$$当期所得税 = 当期应交所得税$$

② 应纳税所得额

$$应纳税所得额 = 税前会计利润 + 纳税调整增加额 - 纳税调整减少额$$

其中：纳税调整增加额主要包括税法规定允许扣除项目中，企业已计入当期费用但超过税法规定扣除标准的金额（如超过税法规定标准的工资支出、业务招待费支出），以及企业已计入当期损失但税法规定不允许扣除项目的金额（如税收滞纳金、罚款、罚金）。

纳税调整减少额主要包括税法规定允许弥补的亏损和准予免税的项目，如前5年内的未弥补亏损和国债利息收入等。

企业当期所得税的计算公式为：

$$应交所得税 = 应纳税所得额 \times 所得税税率$$

③ 递延所得税。递延所得税是指按照企业会计准则规定应予以确认的递延所得税资产和递延所得税负债。在期末应有的金额相对于原已确认金额之间的差额，即递延所得税资产和递延所得税负债的当期发生额。计算公式为：

$$递延所得税 = （期末递延所得税负债 - 期初递延所得税负债）$$
$$- （期末递延所得税资产 - 期初递延所得税资产）$$

其中：递延所得税负债 = 应纳税时间性差异 × 适用所得税税率

递延所得税资产 = 可抵扣时间性差异 × 适用所得税税率

递延所得税费用 = 递延所得税负债增加额 + 递延所得税资产减少额

递延所得税收益 = 递延所得税负债减少额 + 递延所得税资产增加额

④ 所得税费用。企业计算确定了当期所得税和递延所得税之后，利润表中的所得税费用主要由当期所得税和递延所得税之和构成。即：

$$所得税费用 = 当期所得税 + 递延所得税$$

技能操作

[学 中 做]

[业务资料] 东方公司2011年度发生所得税费用的经济业务如下：

(1) 当期所得税的核算

业务1 东方公司2011年度按企业会计准则计算的税前利润为5 000 000元,所得税税率为25%。当年该公司实际发放的工资薪酬1 800 000元,按税法核定的全年计税工资薪酬1 500 000元;年末确认国债利息收入40 000元,支付税款滞纳金10 000元。计算当期所得税并编制相关会计分录。

① 当期所得税的计算过程如下：

纳税调整项目=(1 800 000－1 500 000)－40 000＋10 000=270 000(元)

应纳税所得额=5 000 000＋270 000=5 270 000(元)

当期应交所得税税额=5 270 000×25%=1 317 500(元)

② 编制相关会计分录如下：

借：所得税费用　　　　　　　　1 317 500
　　贷：应交税费——应交所得税　　1 317 500

(2) 递延所得税的核算

业务2 东方公司持有的某项可供出售金融资产,成本价值为4 500 000元,会计期末时,其公允价值为5 000 000元,公司适用所得税税率为25%。递延所得税资产和递延所得税负债没有期初余额。计算递延所得税并编制相关会计分录。

① 会计期末确认的公允价值变动(借方)=4 500 000－5 000 000=500 000(元)

借：可供出售金融资产　　　　　500 000
　　贷：资本公积——其他资本公积　500 000

② 可供出售金融资产公允价值的变动使其账面价值变动,但其计税基础不变,两者之间的500 000元差额会增加企业在未来期末间的应纳税所得额和应交所得税,属于应纳税暂时性差异,根据相应所得税税率确认递延所得税负债。

递延所得税负债=500 000×25%=125 000(元)

借：资本公积——其他资本公积　125 000
　　贷：递延所得税负债　　　　　　125 000

(3) 所得税费用的核算

业务3 东方公司递延所得税负债年初金额为200 000元,年末金额为350 000元,递延所得税资产年初金额为350 000元,年末金额为250 000元,当年应交所得额为1 317 500元(用业务1的资料),计算递延所得税费用和所得税费用,并编制会计分录。

① 递延所得税费用=递延所得税负债增加额＋递延所得税资产减少额

　　　　　　　　=(350 000－200 000)－(250 000－350 000)

　　　　　　　　=150 000＋100 000

　　　　　　　　=250 000(元)

② 所得税费用=当期所得税＋递延所得税费用

　　　　　　=1 317 500＋250 000

=1 567 500(元)

③ 编制会计分录时

借：所得税费用　　　　　　　1 567 500
　　贷：应交税费——应交所得税　1 317 500
　　　　递延所得税负债　　　　　　150 000
　　　　递延所得税资产　　　　　　100 000

[做　中　学]

[业务资料]　请指出下列项目中哪些会形成应纳税暂时性差异和可抵扣暂时性差异？应确认相关的递延所得税资产和递延所得税负债？

业务1　用权益法核算长期投资收益的账面价值金额为350万元，相关的收益按收付实现制征税，假如被投资单位所得税税率为零，该投资收益收回时不得从应税经济利益中抵扣，资产的计税基础是零。

业务2　应收账款的账面价值为400万元，相关的收入包括在本期应税利润中，未来收回时400万元，不构成应税利润，该应收账款的计税基础就是账面价值400万元。

业务3　一项存货的原价为500万元，已经计提跌价准备200万元，账面价值为300万元，在未来销售过程中，可以抵扣应税经济利益的成本是500万元，存货的计价基础是500万元。

业务4　预收一项房地产业务收入的账面金额为300万元，相关收入按收付实现制予以征税已经完税，未来结转时可以抵扣应税利润为300万元，计税基础为零。

业务5　有一项无形资产账面价值300万元，计税基础为400万元，其差额为100万元。

资料链接

采用资产负债表债务法核算所得税的情况下，企业一般应于每一资产负债表日进行所得税的核算。所得税会计核算步骤如下：

1. 按照相关企业会计准则规定，确定资产负债表中除递延所得税负债和递延所得税资产以外的其他资产和负债项目的账面价值。其中，资产和负债项目的账面价值，是指企业按照相关会计准则的规定进行核算后在资产负债表中表示的金额。

2. 按照企业会计准则中对于资产和负债计税基础的确定方法，以适用的税收法规为基础，确定资产负债表中有关资产、负债项目的计税基础。

3. 比较资产、负债的账面价值与其计税基础，对于两者之间存在差异的，分析其性质，除企业会计准则中规定的特殊情况外，分别应纳税暂时性差异与可抵扣暂时性差异，确定该资产负债表日和应纳税暂时性差异与可抵扣暂时性差异相关的递延所得税负债和递延所得税资产的应有金额，并将该金额与期初递延所得税负债和递延所得税资产的余额相比，确定当期应予进一步确认的递延所得税负债和递延所得税资产的金额或应予转销的金额，作为构成利润表中所得税费用的递延所得税。

4. 确定利润表中所得税费用。利润表中的所得税费用包括当期所得税和递延所得税，其中，当期所得税是指当期发生的交易或事项，按照适用税法规定计算确定的当期应交所得税；递延所得税是当期确认的递延所得税负债和递延所得税资产金额或予以转销的金额的综合结果。按照适用的税法规定计算确定当期应纳税所得额,将应纳税所得额与适用的所得税税率计算的结果确认为当期应交所得税(即当期所得税),同时,结合当期确认的递延所得税资产和递延所得税负债(即递延所得税),作为利润表中应予确认的所得税费用。

综合练习题

一、单项选择题

1. 下列各项投资收益中,按税法规定免交所得税,但在计算应纳税所得额时应予以调整的项目是( )。
   A. 国债利息收入　　　　　　　　B. 股票转让净收益
   C. 公司的各项赞助费　　　　　　D. 公司债券转让净收益

2. 如商品的售价内包含可区分的在售后一定期限内的服务费,在销售商品时,该服务费应记入( )账户。
   A. 预收账款　　B. 主营业务收入　　C. 其他业务收入　　D. 营业外收入

3. 下列项目中不属于可抵扣暂时性差异的是( )。
   A. 计提产品保修费用
   B. 计提坏账准备的比例超过税法规定的计提比例
   C. 在固定资产使用初期按照税法规定可以采用加速折旧方法,而会计采用直线法计提折旧产生的差异
   D. 计提在建工程减值准备

4. 甲公司销售产品每件440元,若客户购买200件(含100件)以上可得到40元的商业折扣。某客户2008年10月8日购买该企业产品200件,按规定现金折扣条件为2/10,1/20,n/30。适用的增值税税率为17%。该企业于10月24日收到该笔款项时,实际收到的款项为( )元(假定计算现金折扣时考虑增值税)。
   A. 93 600　　B. 936　　C. 102 960　　D. 92 664

5. 在以支付手续费方式委托代销的方式下,委托方确认收入的时点是( )。
   A. 委托方交付商品时　　　　　　B. 受托方销售商品时
   C. 委托方收到代销清单时　　　　D. 委托方收到货款时

6. 某企业采用资产负债表债务法进行所得税会计处理,所得税税率为25%。该企业2011年度利润总额为110 000元,发生的应纳税暂时性差异为10 000元。经计算,该企业2011年度应交所得税为33 000元。则该企业2011年度的所得税费用为( )元。
   A. 29 700　　B. 33 000　　C. 36 300　　D. 35 500

7. 一项固定资产原值为100万元,累计折旧为40万元已在当期和以前期间抵扣,未提取减值准备。若税法折旧与会计折旧相等,则此时该项固定资产的计税基础为( )。
   A. 100　　B. 60　　C. 70　　D. 80

8. 下列不影响企业营业利润的项目是( )。
   A. 主营业务收入　　　　　　　　B. 劳务收入
   C. 补贴收入　　　　　　　　　　D. 固定资产租金收入

9. 某企业采用资产负债表债务法核算所得税,上期适用的所得税税率为15%,"递延所得税资产"科目的借方余额为540万元,本期适用的所得税税率为25%,本期计提无形资

产减值准备 3 720 万元,上期已经计提的存货跌价准备于本期转回 720 万元,本期"递延所得税资产"科目的发生额为(　　)万元(不考虑除减值准备外的其他暂时性差异)。

　　A. 贷方 1 530　　　　B. 借方 750　　　　C. 借方 2 178　　　　D. 贷方 4 500

10. 某企业本年实现税前利润 400 万元,本年发生了超过计税标准的工资 40 万元,发生应纳税暂时性差异 16 万元。若公司采用资产负债表债务法对所得税业务进行核算,所得税税率为 25%(假定以前年度的所得税税率也为 25%),则本年净利润为(　　)万元。

　　A. 254.8　　　　B. 249.52　　　　C. 273.28　　　　D. 290

二、多项选择题

1. 下列负债项目中,其账面价值与计税基础不会产生差异的有(　　)。

　　A. 短期借款　　　B. 应付票据　　　C. 应付账款　　　D. 预计负债

2. 下列有关收入确认的表述中,正确的有(　　)。

　　A. 附有商品退回条件的商品销售可以在退货期满时确认收入
　　B. 销售并购回协议下,应当按销售收入的款项高于购回支出的款项的差额确认收入
　　C. 资产使用费收入应当按合同规定确认
　　D. 托收承付方式下,在办妥托收手续时确认收入

3. 下列各事项中,计税基础等于账面价值的有(　　)。

　　A. 支付的各项赞助费　　　　　　　B. 购买国债确认的利息收入
　　C. 支付的违反税收规定的罚款　　　D. 支付的工资超过计税工资的部分

4. 下列项目中产生可抵扣暂时性差异的有(　　)。

　　A. 支付的各种赞助费　　　　　　　B. 预提产品保修费用
　　C. 计提存货跌价准备　　　　　　　D. 补交所得税的处理

5. 下列各项收入中,属于工业企业的其他业务收入的有(　　)。

　　A. 提供运输劳务所取得的收入　　　B. 提供加工装配劳务所取得的收入
　　C. 出租无形资产所取得的收入　　　D. 销售材料产生的收入

6. 下列各项目中,应计入营业外支出的有(　　)。

　　A. 处置固定资产净损失　　　　　　B. 对外捐赠支出
　　C. 债务重组损失　　　　　　　　　D. 非常损失

7. A 公司 2011 年 5 月 3 日发给 W 公司商品 500 件,增值税专用发票注明的货款 50 000 元,增值税额 8 500 元,代垫运杂费 1 000 元,该批商品的成本为 42 500 元。在向银行办妥手续后得知甲企业资金周转十分困难,该公司决定本月不能确认该笔收入,但是纳税义务已经发生。下列相关会计处理中,正确的是(　　)。

　　A. 借:发出商品　　　　　　　　　　　　　　　42 500
　　　　　贷:库存商品　　　　　　　　　　　　　　　　　　42 500
　　B. 借:应收账款　　　　　　　　　　　　　　　 1 000
　　　　　贷:银行存款　　　　　　　　　　　　　　　　　　 1 000
　　C. 借:应收账款　　　　　　　　　　　　　　　42 500
　　　　　贷:主营业务成本　　　　　　　　　　　　　　　　42 500
　　D. 借:应收账款　　　　　　　　　　　　　　　 8 500
　　　　　贷:应交税费——应交增值税(销项税额)　　　　　 8 500

8. 在采用资产负债表债务法对所得税进行核算的情况下,当期发生的下列事项中,影响当期所得税费用的有( )。
   A. 发生可抵扣暂时性差异产生的递延所得税资产
   B. 发生应纳税暂时性差异产生的递延所得税负债
   C. 税率变动对递延所得税资产或递延所得税负债余额的调整金额
   D. 本期转回应纳税暂时性差异所产生的递延所得税负债金额
9. 资产负债表债务法下应在"递延所得税资产"科目贷方登记的项目有( )。
   A. 因税率变动而调减的递延所得税资产
   B. 因开征新税而调减的递延所得税负债
   C. 因税率变动而调增的递延所得税负债
   D. 因开征新税而调减的递延所得税资产
10. 按现行会计准则规定,"递延所得税负债"科目贷方登记的内容有( )。
    A. 资产的账面价值大于计税基础产生的暂时性差异影响所得税费用的金额
    B. 资产的账面价值小于计税基础产生的暂时性差异影响所得税费用的金额
    C. 负债的账面价值大于计税基础产生的暂时性差异影响所得税费用的金额
    D. 负债的账面价值小于计税基础产生的暂时性差异影响所得税费用的金额

三、判断题

1. 营业利润是企业经营活动的结果,是企业最终财务成果。( )
2. 企业发生的销货退回,无论是属于本年度销售的,还是以前年度销售的,都应冲减退回年度的主营业务收入及相关的成本费用。( )
3. 销售费用是企业在销售产品过程中所发生的费用,应计入主营业务成本。( )
4. 企业只要将商品所有权上的主要风险和报酬转移给了购货方,就可以确认收入。( )
5. 逾期未退包装物没收、加收押金收入,都必须全部列入其他业务收入。( )
6. 对于以旧换新销售商品时,销售的商品应按新旧商品的市场价格的差额确认收入。( )
7. 企业实际发生的坏账损失,均应直接列入管理费用。( )
8. 如果企业保留与商品所有权相联系的继续管理权,则在发出商品时不能确认该项商品销售收入。( )
9. 属于提供设备和其他有形资产的特许权收入,应当与销售商品价款一并确认收入。( )
10. 商品需要安装和检验的销售,如果安装程序比较简单,或检验是为最终确定合同价格必须进行的程序,则可以在商品发出时或在商品装运时确认收入。( )

四、实训题

实训1

[目的] 练习收入、成本的核算。

[资料] 大华公司为增值税一般纳税人。大华公司主要生产经营A商品和B商品,每件A商品的成本价为1 100元,每件B商品的成本价为600元。2011年发生以下经济业务:

1. 将其生产的A商品200件销售给乙公司,每件售价2 000元,款未收到。

2. 大华公司将其原值为 50 万元、已提折旧为 40 万元、已计提减值准备为 5 万元的固定资产对外出售,取得价款 30 万元并存入银行。

3. 10 月 1 日,大华公司与乙公司签订购销合同,大华公司向乙公司销售新产品,价款 80 万元,成本 40 万元。合同约定试用期 6 个月,若发现质量问题可以退货,已开出增值税专用发票,目前无法估计退货的可能性,价款尚未收到。

4. 11 月 1 日,大华公司将一笔应收账款出售给银行,应收账款的账面价值 40 万元,出售给银行价格为 30 万元。协议规定,将来如付款方无款支付,银行也不对大华公司进行追偿该已出售的应收账款;同时规定,该出售价格已包括了估计发生销售折扣款 4 万元,如将来不发生销售折扣,所得款项应归还大华公司。

［要求］ 编制上述业务有关的会计分录。

实训 2

［目的］ 练习所得税采用资产负债表债务法的核算。

［资料］ E 公司为增值税一般纳税人。所得税采用资产负债表债务法核算,2011 年发生以下业务:

1. 3 月 10 日,购入 A 股票 10 万股,支付价款 100 万元,划为交易性金融资产;4 月 20 日收到 A 公司宣告并发放的现金股利 5 万元;年末,甲公司持有的 A 股票的市价为 120 万元。

2. 4 月 28 日,购入 B 股票 100 万股,支付价款 800 万元,划为可供出售金融资产;年末,甲公司持有的 B 股票的市价为 960 万元。

3. 12 月 31 日固定资产账面实际成本 600 万元,预计可收回金额为 540 万元,假设以前未计提过固定资产减值准备。

4. E 公司全年累计实现利润 8 000 万元。全年实发工资 2 500 万元,全年计税工资 2 000 万元,国债利息收入 30 万元,违法经营罚款 10 万元,违反合同的罚款 20 万元。除上述业务产生的暂时性差异外,全年还发生了其他可抵扣暂时性差异 100 万元,转回了应纳税暂时性差异 40 万元。

［要求］

1. 编制购入 A 股票、发放现金股利等的会计分录。
2. 编制购入 B 股票的会计分录。
3. 计算并编制固定资产减值准备的会计分录。
4. 计算 2008 年应交所得税、递延所得税和所得税费用。
5. 编制所得税核算的会计分录(答案金额单位用万元表示)。

实训 3

［目的］ 练习所得税采用资产负债表债务法的核算。

［资料］ 丙公司 2011 年度有关所得税会计处理的资料如下:

1. 本年度实现税前会计利润 90 万元,所得税税率为 25%。
2. 国债利息收入 3 万元。
3. 公司债券利息收入 2.25 万元。
4. 按权益法计算的应享有被投资企业当年净利润的份额并计入投资收益为 12.75 万元。按税法规定,企业对被投资企业投资取得的投资收益,在被投资企业宣告分派股利时计入纳税所得,本年度被投资企业未宣告股利。被投资企业的所得税税率为15%。

5. 本年度按会计方法计算的折旧费用为6万元,折旧费用全部计入当年损益;按税法规定可在应纳税所得额前扣除的折旧费用为3万元。

[要求]

1. 采用资产负债表债务法计算本年度应交的所得税。
2. 计算本期应确认的递延所得税资产或递延所得税负债金额。
3. 计算应计入当期损益的所得税费用,并做出相关的会计分录。

实训 4

[目的] 练习所得税采用资产负债表债务法的核算。

[资料] 甲公司2011年度实现利润总额为5 000万元;所得税采用资产负债表债务法核算,2011年以前适用所得税税率为15%,从2011年起适用所得税税率改为25%。

2011年甲公司有关资产减值准备的计提及转回等资料见表10-2。

表10-2 资产减值准备的计提及转回表　　　　　单位:万元

项　目	年初余额	本年增加数	本年转回数	年末余额
短期投资跌价准备	160	0	100	60
长期股权投资减值准备	1 400	100	0	1 500
存货跌价准备	140	50	0	190
固定资产减值准备	0	300	0	300
无形资产减值准备	0	150	0	150
合　计	1 700	600	100	2 200

按税法规定,公司计提的各项资产减值准备均不得在应纳税所得额中扣除。甲公司除计提的资产减值准备作为暂时性差异外,无其他纳税调整事项。甲公司在可抵扣暂时性差异转回时有足够的应纳税所得额。

[要求]

1. 计算甲公司2011年度的应交所得税和所得税费用。
2. 计算甲公司2011年12月31日递延所得税资产的余额(注明借方或贷方)。
3. 编制2011年度所得税相关的会计分录(不要求写出明细科目)。

实训 5

[目的] 练习本年利润和利润分配的核算。

[资料] A公司2011年1~11月累计实现利润总额为2 000 000元,应交所得税为500 000(若没有纳税调整事项)。12月末结账前,各损益类账户的余额见10-3所示。

表 10-3　损益类账户的余额表　　　　　　　单位：元

账户名称	借方余额	贷方余额
主营业务收入		800 000
其他业务收入		150 000
投资收益		100 000
营业外收入		30 000
主营业务成本	300 000	
其他业务成本	100 000	
营业税金及附加	9 000	
销售费用	50 000	
管理费用	201 000	
财务费用	100 000	
营务外支出	40 000	

[要求]

1. 编制结转收入和费用类账户的会计分录。
2. 计算本月营业利润、本月利润总额和本年利润总额。
3. 计算本年应交所得税(税率为25%)以及会计分录。
4. 计算按全年净利润提取的法定盈余公积10%，分配现金股利70%。编制相关的会计分录。

第11章 所有者权益

学习目标

了解所有者权益由实收资本、资本公积、盈余公积、未分配利润4个部分组成;理解所有者权益各组成部分的含义及其来源;掌握实收资本、资本公积、盈余公积、未分配利润的会计核算。

导入案例

小王上班的第一天正值月末,财务部正在进行月末的结账,准备编制会计报表。作为一名新人,小王觉得应该先对本企业经济业务、经营情况、财务状况等各方面进行深入了解。因此,主要从查看以前月份的会计报表入手。小王首先看了上个月的资产负债表,期末数见表11-1:

表11-1 资产负债表

资产	期末余额	负债和所有者权益	期末余额
货币资金	1 700 640.00	短期借款	190 000.00
交易性资金资产	18 000.00	……	……
应收票据	248 600.00	负债合计	3 200 000.00
应收账款	350 000.00	实收资本	3 000 000.00
……	……	资本公积	500 000.00
固定资产	1 700 000.00	盈余公积	1 000 000.00
在建工程	100 000.00	未分配利润	500 000.00
……	……	所有者权益合计	5 000 000.00
资产总计	8 200 000.00	负债、所有者权益合计	8 200 000.00

小王从资产负债表中了解到企业至上月末止的财务状况:总资产为820万元,负债320万元,所有者权益500万元。资产负债表反映了企业资产、负债、所有者权益之间的内在关系:资产=负债+所有者权益。从上述报表中可以看出:① 所有者权益在数量上存在以下关系:所有者权益=资产-负债=820-320=500万元;② 所有者权益包含以下内容:实收资本、资本公积、盈余公积、未分配利润。

【思考与分析】

1. 什么是所有者权益?
2. 所有者权益各组成部分是如何形成的?

1. 所有者权益的概念

所有者权益是指所有者在企业资产中享有的经济利益。从数量上看,所有者权益就是企业资产扣除负债后由所有者享有的剩余权益。

2. 所有者权益的特点

企业的权益包含所有者权益和债权人权益两部分。企业的资产从其来源渠道看,最初是由所有者(即投资者)设立企业时投资而形成的;然而在生产经营过程中,由于资金周转困难等各方面原因,不可避免地要向银行等金融机构借入款项,形成企业的一项债务。因此,对于企业的资产,所有者和债权人都有要求权,所有者对企业的要求权就是所有者权益,债权人对企业的要求权就是债权人权益。

所有者权益与债权人权益相比,有其自身的特点:

(1) 所有者投入企业的资本不能收回。企业的债务有明确的到期日,债权人有到期收回本金的权利。投资者投入企业的资本,在企业持续经营期间,除法律另有规定外,不得以任何形式收回。

(2) 所有者的收益视企业盈亏情况而定,具有收益分配权。债权人的利息收入是固定、稳定的,债权人可以按事先约定的利率收取利息,但对企业的收益没有分配权;而投资人的收益要根据企业的经营情况而定,企业有盈利时,可以按有关规定进行分配利润,具有收益分配权,企业亏损时一般不进行分配。

(3) 所有者拥有债权人没有的其他权利。投资者可以参与企业的经营管理,而债权人无权参与企业的经营管理。

(4) 所有者对企业资产的要求权在债权人之后。在企业解散清算时,企业资产的处理顺序为:首先,支付清算费用、职工的工资、社会保险费用和法定补偿金,缴纳所欠税款;其次,清偿公司债务;最后,如有剩余财产,才向所有者分配。

3. 所有者权益的来源

所有者权益的来源包括所有者投入的资本、直接计入所有者权益的利得和损失、留存收益等。

(1) 所有者投入的资本

设立企业必须有一定的资本,这是企业生产经营的资金保障。企业设立时,所有者投入的资本是所有者权益的主要来源之一。

(2) 直接计入所有者权益的利得和损失

直接计入所有者权益的利得和损失,是指不应计入当期损益、会导致所有者权益发生增减变动的、与所有者投入资本或者向所有者分配利润无关的利得或者损失。企业在经营过程中可能会发生一些利得和损失,按照企业会计准则的规定,有一部分利得和损失是直接计入所有者权益的。直接计入所有者权益的利得和损失也是所有者权益的来源之一。

(3) 留存收益

留存收益是指企业从历年实现的利润中提取或留存于企业的内部积累,它来源于企业的生产经营活动所实现的净利润,包括企业的盈余公积和未分配利润两个部分。其中盈余公积是通过对利润分配所提取的具有特定用途的累积盈余；未分配利润是企业留存的利润，是没有指定专门用途的累积。留存收益也是所有者权益的来源之一。

4. 所有者权益的分类

所有者权益根据其核算的内容和要求，可分为实收资本(或股本)、资本公积、盈余公积和未分配利润等部分。其中，盈余公积和未分配利润统称为留存收益。

5. 所有者权益的来源与分类之间的关系

表11-2 所有者权益的来源与分类之间的关系

来　源	分　类	备　注
所有者投入	实收资本	在注册资本中所占份额的部分
	资本公积	超出在注册资本中所占份额的部分
直接计入所有者权益的利得和损失	资本公积	
留存收益	盈余公积	从净利润中提取的盈余公积
	未分配利润	没有分配的留存利润

任务1　实收资本核算

【知识要点】

1. 实收资本概述

(1) 我国法律对企业设立时关于资本方面的规定

我国企业设立实行注册资本制度，企业设立需向工商行政管理部门提出申请，对符合条件的给予登记注册。对于企业申请设立的多项条件中，关于资本方面的条件，《中华人民共和国公司法》规定，设立有限责任公司，股东出资应达到法定资本最低限额(人民币3万元)；设立股份有限公司，发起人认购和募集的股本应达到法定资本最低限额(人民币500万元)。

(2) 注册资本与实收资本

① 注册资本。注册资本亦称为法定资本，是公司在工商行政管理部门登记的资本。根据我国《公司注册资本登记管理规定》，有限责任公司的注册资本为在公司登记机关依法登记的全体股东认缴的出资额。股份有限公司采取发起设立方式设立的，注册资本为在公司登记机关依法登记的全体发起人认购的股本总额。股份有限公司采取募集设立方式设立的，注册资本为在公司登记机关依法登记的实收股本总额。

公司设立时的注册资本应根据公司的生产经营规模确定，可以高于《中华人民共和国公司法》规定的法定资本最低限额，低于法定资本的最低限额不予注册登记。

② 实收资本。公司的实收资本是全体股东或者发起人实际交付并经公司登记机关依

法登记的出资额或者股本总额。

实收资本是企业设立的必要条件,是企业开展正常经营活动所必需的资金。所有者向企业投入的资本,形成企业的法定资本,在一般情况下企业无需偿还,投资者也不能抽回投资,企业可以长期使用。同时,实收资本也是企业承担法律责任的财力保证。《中华人民共和国公司法》规定,公司是企业法人,有独立的法人财产,享有法人财产权。公司以其全部财产对公司的债务承担责任。有限责任公司的股东以其认缴的出资额为限对公司承担责任;股份有限公司的股东以其认购的股份为限对公司承担责任。

③ 实收资本与注册资本的关系。实收资本与注册资本的金额有时相等,有时不相等。如果投资者一次缴足,则实收资本与注册资本数额相符;如果投资者是分期投入的,在最后一期投入前,实收资本与注册资本的数额是不相符的。对于资本分期投入,我国法律有严格的规定。

(3) 投资者的出资方式

企业设立时投资者可以用现金投资,也可以用现金以外的其他有形资产投资,符合国家规定比例的,还可以用无形资产投资。

2. 实收资本核算的要点

(1) 账户设置

企业设置的"实收资本"账户是用来核算企业投资者投入资本的增减变动情况。该账户的性质是所有者权益类账户,贷方登记实收资本的增加,借方登记实收资本的减少,余额在贷方,表示实收资本的结存数额。如果是股份有限公司,则将"实收资本"账户改为"股本"账户。"实收资本"账户或"股本"账户应该以投资者设明细账户进行核算。

(2) 实收资本的会计处理

实收资本核算的主要内容有:企业设立时实收资本的确定;企业由于生产规模不断扩大,需要增加注册资本,此时实收资本增加;企业由于资本过剩等原因实行减资,而减少实收资本。

① 企业接受货币资产投资的核算

a. 一般企业和有限责任公司接受货币资产的投资。投资者以货币出资的,应当将货币出资一次或分次足额存入企业在银行开设的账户。企业设立时的出资额,一般与在注册资本中所占的份额相等,企业应根据实际收到的金额借记"银行存款"账户,贷记"实收资本"账户。如果出资额超出其在注册资本中所占的份额,超出部分则贷记"资本公积——资本溢价"账户。

b. 股份有限公司接受货币资产投资。股份有限公司是指全部资本由等额股份构成,通过发行股票筹集资本,股东以其认购的股份对公司承担责任、公司以其全部财产对公司债务承担责任的企业法人。

股份有限公司的设立有两种方式:一种为发起设立;另一种为募集设立。发起设立,是指由发起人认购公司应发行的全部股份而设立公司。募集设立,是指由发起人认购公司应发行股份的一部分,其余股份向社会公开募集或者向特定对象募集而设立公司。

《中华人民共和国公司法》规定,股票发行价格可以按票面金额,也可以超过票面金额,但不得低于票面金额。因此,公司发行股票取得的收入与股本总额可能不一致。当公司按面值发行股票时,所取得的收入等于股本总额;当公司溢价发行股票时,所取得的收入大于股本总额。公司采用溢价发行的情况下,公司应将相当于股票面值的部分记入"股本"账户,其余部分在扣除发行手续费和佣金等发行费用后记入"资本公积——股本溢价"账户。

② 企业接受非货币资产投资的核算。投资者以非货币财产出资的,应当依法办理其财产权的转移手续。

a. 企业接受固定资产投资。企业接受投资者以房屋、建筑物、机器设置等固定资产方式出资的,应按企业章程、合同或协议约定价值确定固定资产价值(但投资合同协议约定价值不公允的除外),借记"固定资产"账户;按企业章程、合同或协议约定的其在注册资本中应享有份额,贷记"实收资本"账户;按其差额贷记"资本公积——资本溢价"账户。

b. 企业接受材料物资投资。企业接受投资者以材料物资方式出资的,应按企业章程、合同或协议约定价值确定材料价值(但投资合同协议约定价值不公允的除外),借记"原材料"、"库存商品"等账户,增值税进项税也应作相应处理;按企业章程、合同或协议约定的其在注册资本中应享有份额,贷记"实收资本"账户;按其差额贷记"资本公积——资本溢价"账户。

c. 企业接受无形资产投资。企业接受投资者以无形资产方式出资的,应按企业章程、合同或协议约定价值确定无形资产价值,借记"无形资产"账户;按企业章程、合同或协议约定的其在注册资本中应享有份额,贷记"实收资本"账户;按其差额贷记"资本公积——资本溢价"账户。

③ 实收资本增加的核算。企业在生产经营过程中,随着经营规模的不断扩大,可能初始投入的资本不能满足生产经营的需要,因此需要增加资本。企业增加资本的途径一般有3种:一是所有者(包括原所有者投入和新投资者)追加投入;二是将资本公积转增资本;三是盈余公积转增资本。

企业接受投资者追加投资,会计处理的原则与初次投资的处理原则一致。企业对于原所有者追加投入资本,一般会保持原有的持股比例不变,以确保原投资者的权益不变。新投资者追加投入资本,将在"任务2:资本公积——资本溢价(股本溢价)的核算"中讲述。

④ 实收资本减少的核算。当企业出现资本过剩等原因需要减资时,按法定程序报经批准后,可以减少注册资本。企业因资本过剩而减资,一般要返还投资者股款,而导致实收资本减少。

a. 有限责任公司和一般企业实收资本减少的核算。一般企业和有限责任公司返还资本的会计核算对股份有限公司相对简单一些。当需要减资时,按法定程序报经批准后,根据减少实收资本的数额,借记"实收资本"账户,贷记"银行存款"等账户。

b. 股份有限公司股本减少的核算。股份有限公司设立时,采用发行股票的方式筹集股款。当公司减资返还股款时,则需要回购发行在外的股票。股份有限公司采用回购本公司股票方式减资的,回购股票时,应按实际支付的金额,借记"库存股"账户,贷记"银行存款"账户;注销库存股时,应按股票面值和注销股数计算的股票面值总额,借记"股本"账户,按注销库存股的账面余额,贷记"库存股"账户,当出现借方差额时,首先借记"资本公积——股本溢价"账户,股本溢价不足冲减时,应借记"盈余公积"账户、"利润分配——未分配利润"账户;当出现贷方差额时,则贷记"资本公积——股本溢价"账户,作为增加股本溢价处理。

股份有限公司回购、注销股票而减少注册资本的账务处理,步骤如下。

回购时：
　　借：库存股（按实际支付的金额）
　　　　贷：银行存款
注销库存股时：
　　借：股本（注销的股票面值总额）
　　　　贷：库存股（按实际支付的金额）

由于回购时实际支付的金额与注销的股票面值总额往往不相等，因此差额的处理分两种情况：

当"回购时实际支付的金额＞注销的股票面值总额"时，产生的是借方差额，则依次借记"资本公积——股本溢价"账户、"盈余公积"账户、"利润分配——未分配利润"账户。

当"回购时实际支付的金额＜注销的股票面值总额"时，产生的是贷方差额，则贷记"资本公积——股本溢价"账户。

技能操作

[学 中 做]

[业务资料] 东方公司2011年发生实收资本的经济业务如下：

(1) 企业接受货币资产投资的核算

业务1　2011年3月1日，甲、乙、丙三方共同出资设立东方公司，公司注册资本为1 000 000元，甲、乙、丙持股比例分别为40%、35%和25%。按照章程规定，甲、乙、丙均以现金方式出资，分别为400 000元、350 000元和250 000元。东方公司如期收到甲、乙、丙一次缴足的款项。编制会计分录如下：

　　借：银行存款　　　　　　　　　　　1 000 000
　　　　贷：实收资本——甲　　　　　　　　400 000
　　　　　　　　　——乙　　　　　　　　350 000
　　　　　　　　　——丙　　　　　　　　250 000

业务2　2011年5月1日，丙和丁共同出资设立东方公司某子公司，公司注册资本为100 000元，丙和丁持股比例分别为60%和40%。按照章程规定，丙和丁出资分别为60 000元和40 000元；分两次以现金出资，5月1日首次出资40 000元，其余部分于11月1日缴足。编制会计分录如下：

5月1日收到首次出资时：
　　借：银行存款　　　　　　　　　　　40 000
　　　　贷：实收资本——丙　　　　　　　　24 000
　　　　　　　　　——丁　　　　　　　　16 000

11月1日收到其余资本时：
　　借：银行存款　　　　　　　　　　　60 000
　　　　贷：实收资本——丙　　　　　　　　36 000
　　　　　　　　　——丁　　　　　　　　24 000

业务3　东方公司通过证券公司发行普通股10 000 000股，每股面值1元，发行价格5

元。双方约定按收入的2‰计算证券公司发行费,发行费采取在发行收入中扣除的方式支付。股票发行完毕,股款已结算并转入东方公司的银行存款账户。编制会计分录如下:

  借:银行存款   49 900 000
    贷:股本   10 000 000
      资本公积——股本溢价   39 900 000

公司发行股票收入 = 10 000 000 × 5 = 50 000 000(元)
公司支付发行手续费 = 50 000 000 × 2‰ = 100 000(元)
实际收到的金额 = 50 000 000 − 100 000 = 49 900 000(元)

由于是溢价发行股票,东方公司应将股票的面值与股份总数的乘积即股票面值的部分(10 000 000 × 1 = 10 000 000)记入"股本"账户,其余部分在扣除发行手续费和佣金等发行费用后(50 000 000 − 10 000 000 − 100 000 = 39 900 000)记入"资本公积——股本溢价"账户。

(2)企业接受非货币资产投资的核算

业务4 东方公司接受乙公司作为资本投入的不需要安装的机器设备一台,双方在合同中约定该机器设置的价值为200 000元(合同约定的固定资产价值与公允价值相符),并与注册资本中所占份额相等。东方公司根据有关资产评估报告及实物转移的相关凭证,编制会计分录如下:

  借:固定资产   200 000
    贷:实收资本——乙公司   200 000

业务5 东方公司接受丙公司投入原材料一批,双方在合同中约定价值(不含可抵扣的增值税进项税额部分)为200 000元,增值税进项税额为34 000元,丙公司已开具了增值税专用发票。合同约定丙公司投入该批原材料在注册资本中所占份额为234 000元。编制会计分录如下:

  借:原材料   200 000
    应交税费——应交增值税(进项税额) 34 000
    贷:实收资本——丙公司   234 000

业务6 东方公司接受丁公司投入的商品一批,双方在合同中约定价值(不含可抵扣的增值税进项税额部分)为100 000元,增值税进项税额为17 000元,丁公司已开具了增值税专用发票。合同约定丁公司投入该批商品在注册资本中所占份额为117 000元。编制会计分录如下:

  借:库存商品   100 000
    应交税费——应交增值税(进项税额) 17 000
    贷:实收资本——丁公司   117 000

业务7 东方公司接受甲公司以一项专利及一项非专利技术进行投资。双方在合同中约定专利权价值60 000元,非专利技术价值40 000元,与注册资本中所占的份额相等。编制会计分录如下:

  借:无形资产——专利权   60 000
       ——非专利技术   40 000
    贷:实收资本——甲公司   100 000

(3)实收资本增加的核算

业务8　甲、乙、丙三方共同出资设立东方公司,原公司注册资本为1 000 000元,甲、乙、丙持股比例分别为40%、35%和25%。如今,为了扩大生产经营规模,经批准,东方公司增加注册资本500 000元,使注册资本达到1 500 000元。甲、乙、丙按照原出资比例分别追加投资,东方公司如期收到甲、乙、丙追缴的款项。编制会计分录如下:

借:银行存款　　　　　　　　　　　　500 000
　　贷:实收资本——甲　　　　　　　　　　200 000
　　　　　　——乙　　　　　　　　　　175 000
　　　　　　——丙　　　　　　　　　　125 000

东方公司增加注册资本时,甲、乙、丙三方按原持股比例增加投资,甲出资:500 000×40%=200 000(元),乙出资:500 000×35%=175 000(元),丙出资:500 000×25%=125 000(元)。

(4) 实收资本减少的核算

业务9　丙和丁共同出资设立C有限责任公司,原公司注册资本为5 000 000元,丙和丁持股比例分别为60%和40%。现在由于资本过剩,企业按法定程序报经批准减少注册资本1 000 000元。C有限责任公司按原投资者持股比例返还资本,以银行存款支付。C有限责任公司编制会计分录如下:

借:实收资本——丙　　　　　　　　　　600 000
　　　　　　——丁　　　　　　　　　　400 000
　　贷:银行存款　　　　　　　　　　　　1 000 000

应返还丙的资本=1 000 000×60%=600 000(元)
应返还丁的资本=1 000 000×40%=400 000(元)

业务10　东方公司2011年12月31日的股票为20 000 000股,面值为1元,资本公积(股本溢价)2 000 000元,盈余公积1 500 000元,未分配利润3 500 000元。经股东大会批准,东方公司以现金回购本公司股票1 000 000股并注销。假定C股份有限公司按每股2.5元回购股票,不考虑其他因素,会计处理如下:

① 回购时
借:库存股　　　　　　　　　　　　　2 500 000
　　贷:银行存款　　　　　　　　　　　　2 500 000
实际支付的金额=回购的股数×回购价格=1 000 000×2.5=2 500 000(元)

② 注销库存股时
借:股本　　　　　　　　　　　　　　1 000 000
　　资本公积——股本溢价　　　　　　　1 500 000
　　贷:库存股　　　　　　　　　　　　　2 500 000

回购时实际支付的金额=2 500 000(元)
注销的股票面值总额=1 000 000×1=1 000 000(元)

"回购时实际支付的金额>注销的股票面值总额",产生借方差额1 500 000元,则借记"资本公积——股本溢价"账户,由于东方公司2007年12月31日的资本公积(股本溢价)2 000 000元足够冲减,因此不需要冲减"盈余公积"、"利润分配——未分配利润"账户。

业务11　东方公司2011年12月31日的股本为20 000 000股,面值为1元,资本公积

(股本溢价)2 000 000元,盈余公积1 500 000元,未分配利润3 500 000元。经股东大会批准,东方公司以现金回购本公司股票1 000 000股并注销。假定东方公司按每股5元回购股票,不考虑其他因素,会计处理如下:

① 回购时

借:库存股　　　　　　　　　　　　　5 000 000
　　贷:银行存款　　　　　　　　　　　　　　　5 000 000

实际支付的金额＝回购的股数×回购价格＝1 000 000×5＝5 000 000(元)

② 注销库存股时

借:股本　　　　　　　　　　　　　　1 000 000
　　资本公积——股本溢价　　　　　　　2 000 000
　　盈余公积　　　　　　　　　　　　　1 500 000
　　利润分配——未分配利润　　　　　　　500 000
　　贷:库存股　　　　　　　　　　　　　　　5 000 000

回购时实际支付的金额＝5 000 000(元)

注销的股票面值总额＝1 000 000×1＝1 000 000(元)

"回购时实际支付的金额＞注销的股票面值总额",产生的是借方差额4 000 000元,则依次借记"资本公积——股本溢价"账户2 000 000元、"盈余公积"账户1 500 000元、"利润分配——未分配利润"账户500 000元。

业务12　东方公司2011年12月31日的股本为20 000 000股,面值为1元,资本公积(股本溢价)2 000 000元,盈余公积1 500 000元,未分配利润3 500 000元。经股东大会批准,C股份有限公司以现金回购本公司股票1 000 000股并注销。假定东方公司按每股0.8元回购股票,不考虑其他因素,会计处理如下:

① 回购时

借:库存股　　　　　　　　　　　　　　800 000
　　贷:银行存款　　　　　　　　　　　　　　　800 000

实际支付的金额＝回购的股数×回购价格＝1 000 000×0.8＝800 000(元)

② 注销库存股时

借:股本　　　　　　　　　　　　　　1 000 000
　　贷:库存股　　　　　　　　　　　　　　　800 000
　　　　资本公积——股本溢价　　　　　　　　200 000

回购时实际支付的金额＝800 000(元)

注销的股票面值总额＝1 000 000×1＝1 000 000(元)

"回购时实际支付的金额＜注销的股票面值总额",产生的是贷方差额200 000元,则贷记"资本公积——股本溢价"账户。

[做　中　学]

[业务资料]

业务1　企业设立时,投资者投入的资本,一般企业和有限责任公司通过"实收资本"科目核算,股份有限公司也通过该科目核算,对吗?

业务2　企业增加注册资本时,投资者出资额超出其在注册资本中所占的份额,如何处理?

业务3　企业收到以非货币资产投入的资本时,该资产以什么价值入账?

业务4　企业收到以非货币资产投入的资本时,实收资本以什么价值确定?

业务5　股份有限公司发行股票支付的手续费、佣金等发行费用,如何处理?

《中华人民共和国公司法》对有限责任公司设立的相关规定

第六条　设立公司,应当依法向公司登记机关申请设立登记。符合本法规定的设立条件的,由公司登记机关分别登记为有限责任公司或者股份有限公司;不符合本法规定的设立条件的,不得登记为有限责任公司或者股份有限公司。

第二十三条　设立有限责任公司,应当具备下列条件:

(一)股东符合法定人数;

(二)股东出资达到法定资本最低限额;

(三)股东共同制定公司章程;

(四)有公司名称,建立符合有限责任公司要求的组织机构;

(五)有公司住所。

第二十六条　有限责任公司的注册资本为在公司登记机关登记的全体股东认缴的出资额。公司全体股东的首次出资额不得低于注册资本的20%,也不得低于法定的注册资本最低限额,其余部分由股东自公司成立之日起2年内缴足。其中,投资公司可以在5年内缴足。

有限责任公司注册资本的最低限额为人民币3万元。法律、行政法规对有限责任公司注册资本的最低限额有较高规定的,从其规定。

第二十七条　股东可以用货币出资,也可以用实物、知识产权、土地使用权等可以用货币估价并可以依法转让的非货币财产作价出资;但是,法律、行政法规规定不得作为出资的财产除外。

对作为出资的非货币财产应当评估作价,核实财产,不得高估或者低估作价。法律、行政法规对评估作价有规定的,从其规定。

全体股东的货币出资金额不得低于有限责任公司注册资本的30%。

第二十八条　股东应当按期足额缴纳公司章程中规定的各自所认缴的出资额。股东以货币出资的,应当将货币出资足额存入有限责任公司在银行开设的账户;以非货币财产出资的,应当依法办理其财产权的转移手续。

股东不按照前款规定缴纳出资的,除应当向公司足额缴纳外,还应当向已按期足额缴纳出资的股东承担违约责任。

任务2 资本公积核算

知识要点

1. 资本公积的概念

资本公积是企业收到投资者的超出其在企业注册资本(或股本)中所占份额的投资,以及直接计入所有者权益的利得和损失等。资本公积包括资本溢价(或股本溢价)和直接计入所有者权益的利得和损失等。

2. 资本公积的来源

企业的资本公积的来源有两种渠道:一是资本溢价(或股本溢价);二是直接计入所有者权益的利得和损失。

(1) 资本溢价(或股本溢价),是企业收到投资者的超出其在企业注册资本(或股本)中所占份额的投资。形成资本溢价(或股本溢价)的原因有投资者超额缴入资本、溢价发行股票等。

(2) 直接计入所有者权益的利得和损失,是指不应计入当期损益、会导致所有者权益发生增减变动的、与所有者投入资本或者向所有者分配利润无关的利得或者损失。直接计入所有者权益的利得和损失主要由以下交易或事项引起:

① 长期股权投资采用权益法核算的,在持股比例不变的情况下,被投资单位除净损益以外所有者权益的其他变动。

② 可供出售金融资产公允价值的变动。

③ 金融资产的重分类,如将持有至到期投资重分类为可供出售金融资产,或将可供出售金融资产重分类为持有至到期投资。

④ 以权益结算的股份支付。

⑤ 自用房地产或存货转换为采用公允价值模式计量的投资性房地产。

3. 资本公积核算要点

(1) 账户设置

企业应设置"资本公积"账户。该账户的性质属于所有者权益类账户,贷方登记资本公积的增加数额,借方登记资本公积的减少数额,期末余额在贷方,表示资本公积的结存数额。根据资本公积的核算内容不同,应设置"资本溢价"(股本溢价)和"其他资本公积"两个明细账户进行明细核算。

"资本公积——资本溢价"账户,用来反映一般企业和有限责任公司收到投资者投入的资本大于其在注册资本中所占份额的数额,及其增减变动情况。

"资本公积——股本溢价"账户,用来核算股份有限公司因溢价发行股票收到的超出股本面值的数额,及其增减变动情况。

"资本公积——其他资本公积"账户,用来核算除了资本溢价(股本溢价)以外形成的资本公积,其中主要是直接计入所有者权益的利得和损失增减变动情况。

(2) 资本公积的会计处理

资本公积的核算内容主要有:资本溢价(或股本溢价)所形成的资本公积,如一般企业和有限责任公司筹资时发生的资本溢价,以及股份有限公司溢价发行股票所产生的股本溢价;企业在生产经营过程中发生的直接计入所有者权益的利得或损失;资本公积转增资本而减少等。

① 资本溢价(股本溢价)的核算

a. 一般企业和有限责任公司的资本溢价。资本溢价是指投资者的实际出资额大于其在注册资本中所占的份额的金额。

企业在创立时,一般投资者认缴的投入到企业的资本与注册资本一致,即所有者投入的资本与所有者在注册资本中所占的份额是一致的,企业收到投资者投入的资本全部作为实收资本入账,不会产生资本溢价。

企业吸收投资者投资,按实际收到的资金,借记"银行存款"等账户;按合同规定其在注册资本中所占的份额,贷记"实收资本"账户;差额属于资本溢价,贷记"资本公积——资本溢价"账户。

b. 股份有限公司的股本溢价。股份有限公司在溢价发行股票的情况下,取得的收入大于股票面值总额,这就是股本溢价。股份有限公司不管是初始设立发行股票,还是追加资本发行股票,都可能产生股本溢价。初始设立发行股票和追加资本发行股票,两者的会计处理原则是一致的。

在按面值发行股票的情况下,按发行股票取得的收入,借记"银行存款"等账户,贷记"股本"账户。

在采用溢价发行股票的情况下,按发行股票取得的收入,借记"银行存款"等账户;按股票面值总额,贷记"股本"账户;差额属于股本溢价,贷记"资本公积——股本溢价"账户。

发行股票相关的手续费、佣金等交易费用,如果是溢价发行股票的,应从溢价中抵扣,冲减资本公积(股本溢价);无溢价发行股票或溢价金额不足以抵扣的,应将不足的部分冲减盈余公积和未分配利润。

② 其他资本公积的核算。其他资本公积是指除资本公积(或股本溢价)项目以外所形成的资本公积,其中主要是直接计入所有者权益的利得和损失。

a. 长期股权投资采用权益法核算的,在持股比例不变的情况下,被投资单位除净损益以外所有者权益的其他变动,企业按持股比例计算应享有的份额,借记或贷记"长期股权投资——其他权益变动"账户,贷记或借记"资本公积——其他资本公积"账户。

b. 可供出售金融资产公允价值的变动。在资产负债表日,企业持有的可供出售金融资产的公允价值高于其账面价值的差额,借记"可供出售金融资产——公允价值变动"账户,贷记"资本公积——其他资本公积"账户;公允价值低于其账面价值的差额,借记"资本公积——其他资本公积"账户,贷记"可供出售金融资产——公允价值变动"账户。

③ 资本公积减少的核算。企业的资本公积主要用于转增资本。一般企业和有限责任公司用资本公积转增资本时,借记"资本公积——资本溢价"账户,贷记"实收资本"账户;股份有限公司用资本公积转增资本时,借记"资本公积——股本溢价"账户,贷记"股本"账户。为了保持原投资者的持股比例不变,转增资本时也应按原投资者的持股比例增加各投资者

的股权。

由于实收资本(或股本)和资本公积都属所有者权益的构成内容,企业的资本公积转增资本只是所有者权益内部各项目的彼增此减,并没有引起所有者权益总额的增减变动。

技能操作

[学 中 做]

[业务资料] 东方公司2011年发生资本公积的经济业务如下:

(1) 资本溢价(股本溢价)的核算

业务1 甲、乙、丙三方共同出资设立A有限责任公司,公司注册资本为1 500 000元。企业经营两年后,为扩大企业生产规模,吸收新投资者,使注册资本总额达到2 000 000元。丁愿意出资600 000元而拥有该企业25%的股份。编制会计分录如下:

借:银行存款　　　　　　　　　　　　　　600 000
　　贷:实收资本——丁　　　　　　　　　　　　500 000
　　　　资本公积——资本溢价　　　　　　　　　100 000

业务2 C股份有限公司委托某证券公司代理发行普通股1 000 000股,每股面值1元,发行价格每股2元。双方约定按收入的1%收取手续费,从发行收入中扣除。股票发行完毕,股款已结算并转入C股份有限公司的银行存款账户。编制会计分录如下:

借:银行存款　　　　　　　　　　　　　　1 980 000
　　贷:股本　　　　　　　　　　　　　　　　　1 000 000
　　　　资本公积——股本溢价　　　　　　　　　980 000

公司发行股票收入=1 000 000×2=2 000 000(元)

公司支付发行手续费=2 000 000×1%=20 000(元)

实际收到的金额=2 000 000-20 000=1 980 000(元)

(2) 其他资本公积的核算

业务3 东方公司持有乙公司30%的股份,能够对乙公司施加重大影响,因此对乙公司长期股权投资采用权益法核算。当期乙公司因持有的可供出售金融资产公允价值变动计入资本公积的金额为100 000元。假如甲公司和乙公司适用的会计政策、会计期间相同,投资时乙公司有关资产、负债的公允价值与其账面价值相同,不考虑其他因素,甲公司在确认应享有被投资单位乙公司所有者权益的变动时,编制会计分录如下:

借:长期股权投资——(乙公司)其他权益变动　　30 000
　　贷:资本公积——其他资本公积　　　　　　　　30 000

本期,被投资单位乙公司可供出售金融资产公允价值高于其账面余额100 000元,因此乙公司做了如下会计分录,资本公积增加了100 000元。

借:可供出售金融资产——公允价值变动　　　100 000
　　贷:资本公积——其他资本公积　　　　　　　100 000

(3) 资本公积减少的核算

业务4 甲、乙、丙三方共同出资设立A有限责任公司,原公司注册资本为1 000 000元,甲、乙、丙持股比例分别为40%、35%和25%。为了扩大生产经营规模,经批准,A有限责任公司将资本公积 200 000 元转增资本。编制会计分录如下：
借：资本公积——资本溢价　　　　　　　　200 000
　　贷：实收资本——甲　　　　　　　　　　　80 000
　　　　　　　　——乙　　　　　　　　　　　70 000
　　　　　　　　——丙　　　　　　　　　　　50 000

甲、乙、丙原持股比例计算各自的份额。
甲：200 000×40％＝80 000（元）
乙：200 000×35％＝70 000（元）
丙：200 000×25％＝50 000（元）

[做　中　学]

[业务资料]
业务1　一般企业和有限责任公司接受投资时产生的资本溢价，计入"资本公积——其他资本公积"科目，对吗？
业务2　股份有限公司发行股票时，发生的手续费等相关费用，计入财务费用对吗？
业务3　企业将资本公积转增资本后，会引起企业所有者权益怎样的变化？

资料链接

1. 在资本溢价（股本溢价）的核算中，除了上述一般企业和有限责任公司的资本溢价，以及股份有限公司的股本溢价的核算以外，对于以下各项业务，也要调整相应"资本公积——资本溢价（股本溢价）"科目：
（1）可转换公司债券持有人行使转换权利。
（2）将债务转为资本。
（3）同一控制下控股合并形成的长期股权投资。
应在合并日按取得被合并方所有者权益账面价值的份额，借记"长期股权投资"科目，按享有被投资单位已宣告但尚未发放的现金股利或利润，借记"应收股利"科目，按支付的合并对价的账面价值，贷记有关资产科目或借记有关负债科目，按其差额，贷记"资本公积——资本溢价（或股本溢价）"；为借方差额的，借记"资本公积——资本溢价（或股本溢价）"，资本公积——资本溢价（或股本溢价）不足冲减时，应借记"盈余公积"账户、"利润分配——未分配利润"账户。
（4）股份有限公司采用收购本公司股票方式减资。
2. 在其他资本公积的核算，除了前述3项业务外，对于可供出售金融资产公允价值的变动和以权益结算的股份支付的业务，也要调整相应"资本公积——其他资本公积"科目。
（1）金融资产的重分类，如将持有至到期投资重分类为可供出售金融资产，或将可供出售金融资产重分类为持有至到期投资的，按照"持有至到期投资"、"可供出售金融资产"等科目的相关规定进行处理，相应调整资本公积。
将持有至到期投资重分类为可供出售金融资产，应在重分类日按其公允价值，借记"可供出售金融资产"科目，按其账面价值，贷记"持有至到期投资——成本、利息调整、应计利息"科目，按其差额，贷记或借记"资本公积——其他资本公积"科目。已计提减值准备的，还应同时结转减值准备。

(2) 以权益结算的股份支付换取职工或其他方提供服务的,应按照确定的金额,借记"管理费用"等科目,贷记"资本公积——其他资本公积"。

在行权日,应按实际行权的权益工具数量计算确定的金额,借记"资本公积——其他资本公积",按计入实收资本或股本的金额,贷记"实收资本"或"股本"科目,按其差额,贷记"资本公积——资本溢价(股本溢价)"。

(3) 自用房地产或存货转换为采用公允价值模式计量的投资性房地产,按照"投资性房地产"科目的相关规定进行处理,相应调整资本公积。

任务3 盈余公积核算

知识要点

1. 盈余公积的概念

盈余公积是指企业按照规定从净利润中提取的各种积累资金。有限责任公司和股份有限公司的盈余公积分为法定盈余公积和任意盈余公积。

2. 盈余公积提取的相关规定

根据《中华人民共和国公司法》等相关法律的规定,企业当年实现的净利润,在向投资者分配之前,应该先提取盈余公积。

(1) 提取法定盈余公积金

企业应当按照净利润(如企业以前年度有未弥补的亏损,则减弥补以前年度亏损)的10%提取法定盈余公积。当企业的法定盈余公积金达到企业注册资本的50%以上时可以不再提取。法定盈余公积金提取依据是国家的法律,必须提取。

(2) 提取任意盈余公积金

企业从税后利润中提取法定盈余公积金后,经股东会或者股东大会决议,还可以从税后利润中提取任意盈余公积金。任意盈余公积金由企业自行决定提取。

3. 盈余公积的用途

企业提取盈余公积实际上是对企业当期税后净利润向投资者分配的一种限制。之所以对投资者分配利润进行限制,主要是为了增加企业内部积累,扩大企业生产经营、提高抵抗风险的能力,促进企业稳定发展。企业提取盈余公积,主要用途是:

(1) 扩大生产经营

企业本期的税后净利润是企业本期生产经营的结果,属于企业的资本增值。从企业资产来源的层面分析,净利润也和投资者投入资本、向债权人借入资金一样,属于企业资金的一条来源渠道。企业的净利润如果全部向投资者分配,则该部分资金将全部退出企业,这样将不利于企业的发展,因此我国法律规定在分配利润之前要提取盈余公积金。从净利润中提取、留存于企业的盈余公积金,与企业的其他来源所形成的资金一起,不断增加企业资金,扩大企业的生产经营。

(2) 弥补亏损

企业在生产经营过程中既有可能发生盈利,也有可能发生亏损。企业发生亏损,由企业自行弥补。企业弥补亏损有3种渠道：一是用税前利润弥补;二是用税后利润弥补;三是用盈余公积金弥补。

税前税后利润弥补亏损：我国《企业所得税法》规定,纳税人发生年度亏损的,可以用下一纳税年度的所得弥补;下一纳税年度不足弥补的,可以逐年延续弥补,但是延续弥补期最长不能超过5年。当连续5年的税前利润不足弥补时,尚未弥补的亏损应用税后利润弥补。

盈余公积金弥补亏损：当企业以提取的盈余公积金弥补亏损时,应由公司董事会提议,并经公司股东大会批准才能进行。

(3) 转增资本(或股本)

企业将盈余公积转增资本时,必须经股东大会决议批准。在实际将盈余公积转增资本时,要按股东原持股比例结转。《中华人民共和国公司法》规定,法定公积金转增资本时,所留存的该项公积金不得少于转增前公司注册资本的25%。

(4) 派送新股

企业盈余公积派送新股,必须经股东大会决议批准。

4. 盈余公积核算的要点

(1) 账户设置

为了反映企业盈余公积金提取、使用、结存情况,需要设置"盈余公积"账户。该账户属于所有者权益类账户,盈余公积增加时登记在贷方,盈余公积减少时登记在借方,余额在贷方,表示盈余公积的结存数额。根据盈余公积的构成内容,企业应当分别设置"法定盈余公积"、"任意盈余公积"明细账户进行明细核算。

(2) 盈余公积核算的内容

盈余公积的核算内容主要有：按规定提取法定盈余公积和提取任意盈余公积,使企业盈余公积增加的核算;企业采用盈余公积弥补亏损、转增资本(或股本),使企业盈余公积减少的核算。

① 盈余公积增加的核算。企业提取盈余公积,实际上是对企业净利润的一项先行分配,即企业在分配给投资者利润之前的一项分配。提取法定盈余公积时,借记"利润分配——提取法定盈余公积"账户,贷记"盈余公积——法定盈余公积"账户;提取任意盈余公积时,借记"利润分配——提取任意盈余公积"账户,贷记"盈余公积——任意盈余公积"账户。

② 盈余公积减少的核算

a. 盈余公积弥补亏损。企业用盈余公积弥补亏损时,需要经过股东大会或类似机构批准。用法定盈余公积弥补亏损时,借记"盈余公积——法定盈余公积"账户,贷记"利润分配——盈余公积补亏"账户;用任意盈余公积弥补亏损时,借记"盈余公积——任意盈余公积"账户,贷记"利润分配——盈余公积补亏"账户。

b. 盈余公积转增资本。企业用盈余公积转增资本时,需要经过股东大会或类似机构批准。一般企业和有限责任公司用盈余公积转增资本时,借记"盈余公积——法定盈余公积

(或任意盈余公积)"账户,贷记"实收资本"账户;股份有限公司用盈余公积转增资本时,借记"盈余公积——法定盈余公积(或任意盈余公积)"账户,贷记"股本"账户。为了保持原投资者的持股比例不变,转增资本时也应按原投资者的持股比例增加各投资者的股权。

由于实收资本(或股本)和盈余公积都属所有者权益的构成内容,企业的盈余公积转增资本,只是所有者权益内部各项目的彼增此减,并没有引起所有者权益总额的增减变动。

c. 盈余公积派送新股。股份有限公司用盈余公积派送新股,需要经过股东大会批准。股份有限公司用盈余公积派送新股时,按派送新股计算的金额,借记"盈余公积——法定盈余公积(或任意盈余公积)"账户,按股票面值和派送新股总数计算的股票面值总额,贷记"股本"账户。

[技能操作]

[学 中 做]

[业务资料] 东方公司 2011 年发生盈余公积的经济业务如下:

业务 1 东方公司本年实现净利润为 3 000 000 元,以前年度没有未弥补的亏损。由董事会提出方案,经股东大会决议批准,该公司按当年实现净利润的 10% 提取法定盈余公积,5% 提取任意盈余公积。编制会计分录如下:

```
借:利润分配——提取法定盈余公积        300 000
          ——提取任意盈余公积        150 000
    贷:盈余公积——法定盈余公积              300 000
              ——任意盈余公积              150 000
```

本年提取法定盈余公积 = 3 000 000 × 10% = 300 000(元)

本年提取任意盈余公积 = 3 000 000 × 5% = 150 000(元)

业务 2 东方公司经股东大会批准,用以前年度提取的法定盈余公积弥补当年亏损,当年弥补亏损的数额为 150 000 元。编制会计分录如下:

```
借:盈余公积——法定盈余公积           150 000
    贷:利润分配——盈余公积补亏              150 000
```

业务 3 东方公司由甲、乙、丙三方共同出资设立,原公司注册资本为 1 000 000 元,甲、乙、丙持股比例分别为 40%、35% 和 25%。为了扩大生产经营规模,经批准,该公司将法定盈余公积 100 000 元转增资本。编制会计分录如下:

```
借:盈余公积——法定盈余公积           100 000
    贷:实收资本——甲                       40 000
              ——乙                       35 000
              ——丙                       25 000
```

业务 4 东方公司因扩大经营规模的需要,经股东大会批准,将法定盈余公积 300 000 元转增股本。编制会计分录如下:

```
借:盈余公积——法定盈余公积           300 000
    贷:股本                                300 000
```

[做 中 学]

[业务资料]

业务1 企业的盈余公积只能用于转增资本,不能用于弥补亏损,对吗?

业务2 企业以盈余公积转增资本后,所有者权益总额发生增减变动吗?留存收益总额发生增减变动吗?

业务3 企业用盈余公积转弥补亏损不影响所有者权益总额的变化,也不影响留存收益总额的变化,对吗?

资料链接

《中华人民共和国公司法》关于法定盈余公积的相关规定

第一百六十七条 公司分配当年税后利润时,应当提取利润的10%列入公司法定公积金。公司法定公积金累计额为公司注册资本的50%以上的可以不再提取。

公司的法定公积金不足以弥补以前年度亏损的,在依照前款规定提取法定公积金之前,应当先用当年利润弥补亏损。

公司从税后利润中提取法定公积金后,经股东会或者股东大会决议,还可以从税后利润中提取任意公积金。

公司弥补亏损和提取公积金后所余税后利润,有限责任公司依照本法第三十五条的规定分配;股份有限公司按照股东持有的股份比例分配,但股份有限公司章程规定不按持股比例分配的除外。

股东会、股东大会或者董事会违反前款规定,在公司弥补亏损和提取法定公积金之前向股东分配利润的,股东必须将违反规定分配的利润退还公司。

公司持有的本公司股份不得分配利润。

第一百六十九条 公司的公积金用于弥补公司的亏损、扩大公司生产经营或者转为增加公司资本。但是,资本公积金不得用于弥补公司的亏损。

法定公积金转为资本时,所留存的该项公积金不得少于转增前公司注册资本的25%。

第二百零四条 公司不依照本法规定提取法定公积金的,由县级以上人民政府财政部门责令如数补足应当提取的金额,可以对公司处以20万元以下的罚款。

任务4 利润分配核算

[知识要点]

1. 利润分配的概述

利润分配是指企业按照国家法律、法规或企业章程、决议等规定,对企业已实现的净利润进行的分配。

(1) 可供分配的利润

可供分配的利润＝当年实现的净利润＋年初未分配利润（—年初未弥补亏损）＋其他转入

(2) 企业当年实现的利润

企业当年实现的利润，一般应按下列顺序进行分配：

① 弥补以前年度亏损。主要指超过用税前利润弥补亏损的期限后仍未补足的部分。

② 提取法定盈余公积。法定盈余公积按照净利润（减弥补以前年度亏损）的10%提取（非公司制企业也可按照超过10%的比例提取），当企业法定盈余公积累计额已达注册资本的50%时可不再提取。

③ 提取任意盈余公积。企业在提取法定盈余公积之后，可根据股东大会的决议提取任意盈余公积（非公司制企业经类似权力机构批准，也可以提取任意盈余公积）。

④ 向投资者分配利润或现金股利（应付股利）

应付股利＝可供分配的利润－提取法定盈余公积－提取任意盈余公积

⑤ 未分配利润

未分配利润＝可供分配的利润－提取法定盈余公积－提取任意盈余公积－应付股利

2. 利润分配的核算要点

企业应设置"利润分配"账户，用来核算企业利润的分配（或亏损的弥补）和历年分配（或弥补）后的积存余额。该账户是所有者权益类，借方登记按规定实际分配的利润数，或年终时从"本年利润"账户的贷方转来的全年亏损总额；贷方登记年终时从"本年利润"账户借方转来的全年实现的净利润总额；年终贷方余额表示历年积存的未分配利润，如为借方余额，则表示历年积存的未弥补亏损。该账户应当分别"提取法定盈余公积"、"提取任意盈余公积"、"应付现金股利或利润"、"转作股本的股利"、"盈余公积补亏"和"未分配利润"等设置明细账，进行明细核算。年度终了时，企业应将"利润分配"账户所属其他明细账余额转入"未分配利润"明细账。结转后，除了"未分配利润"明细账外，其他明细账应无余额。

[技能操作]

[学 中 做]

[业务资料] 东方公司2011年末发生利润分配核算的经济业务如下：

业务1 经股东大会批准，用以前年度提取的盈余公积弥补亏损8 000元。

业务2 2011年初"利润分配——未分配利润"账户有贷方余额400 000元，当年实现净利润为910 000元，按净利润的10%提取法定盈余公积，按净利润的5%提取任意盈余公积。

业务3 按照董事会决议提请股东大会批准的利润分配方案宣告发放现金股利400 000元。

业务4 实际向股东支付现金股利400 000元。

业务5 按照董事会决议提请股东大会批准的利润分配方案，宣告分派每股面值1元的股票股利30万股。

业务6 将"利润分配"账户下的其他明细账的余额，转入"利润分配——未分配利润"明细账。

根据上述资料,编制相关的会计分录。

(1) 借:盈余公积　　　　　　　　　　　　8 000
　　　贷:利润分配——盈余公积补亏　　　　　8 000
(2) 借:利润分配——提取法定盈余公积　　91 000
　　　　　　　　——提取任意盈余公积　　45 500
　　　贷:盈余公积——法定盈余公积　　　　91 000
　　　　　　　　——任意盈余公积　　　　45 500
(3) 借:利润分配——应付现金股利或利润　400 000
　　　贷:应付股利　　　　　　　　　　　　400 000
(4) 借:应付股利　　　　　　　　　　　　400 000
　　　贷:银行存款　　　　　　　　　　　　400 000
(5) 借:利润分配——转作股本的股利　　　300 000
　　　贷:股本　　　　　　　　　　　　　　300 000
(6) 借:利润分配——未分配利润　　　　　836 500
　　　贷:利润分配——提取法定盈余公积　　91 000
　　　　　　　　——提取任意盈余公积　　45 500
　　　　　　　　——应付现金股利或利润　400 000
　　　　　　　　——转作股本的股利　　　300 000

结转后,"利润分配——未分配利润"账户贷方余额为 473 500 元,(400 000＋910 000－836 500＝473 500 元),表明该公司累计有 473 500 元的未分配利润。

[做 中 学]

[业务资料]

业务1　企业当年发生亏损,留存收益总额会发生变化吗?

业务2　企业宣告向投资者发放现金股利,留存收益总额会发生变化吗?

业务3　企业提取法定盈余公积,所有者权益总额发生变化吗?留存收益总额会发生变化吗?

未弥补亏损的形成

企业当年发生亏损时,年度终了,企业应将本年亏损,自"本年利润"科目转入"利润分配——未分配利润"科目。结转后,"利润分配——未分配利润"科目的借方余额则为未弥补亏损数额。

B 有限责任公司成立于 2011 年 1 月 1 日,2007 年发生亏损 100 000 元。年终编制分录如下:

借:利润分配——未分配利润　100 000
　　贷:本年利润　100 000

B 有限责任公司"利润分配——未分配利润"科目的借方余额 100 000 元,为公司未弥补亏损。

综合练习题

一、单项选择题

1. A有限责任公司注册资本总额为2 000 000元,收到乙公司投入的现金800 000元,在注册资本中所占的份额为30%,A有限责任公司进行账务处理时,计入"实收资本"科目的金额为(   )元。
   A. 800 000   B. 700 000   C. 600 000   D. 500 000

2. B股份有限公司委托甲证券公司发行普通股1 000 000股,每股面值1元,发行价格每股为1.5元,支付相关发行费200 000元,股票发行净收入已收到。B股份有限公司应计入"资本公积"科目的金额为(   )元。
   A. 200 000   B. 300 000   C. 400 000   D. 500 000

3. A有限责任公司收到丁投资者以固定资产投入的资本。A有限责任公司的注册资本总额为500 000元。该设备的原价为100 000元,已提折旧40 000元,投资合同约定该固定资产的价值为50 000元,占注册资本的10%,则A有限责任公司计入"实收资本"科目的金额为(   )元。
   A. 50 000   B. 60 000   C. 40 000   D. 100 000

4. B股份有限公司以银行存款回购本公司股票时,应该借记的会计科目是(   )。
   A. 股本   B. 资本公积   C. 库存股   D. 银行存款

5. A有限责任公司年初"利润分配——未分配利润"账户贷方余额为10 000元,本年净利润为100 000元,按净利润的10%计提法定盈余公积,按5%提任意盈余公积,宣告发放现金股利为20 000元,A有限责任公司期末"利润分配——未分配利润"账户贷方余额为(   )元。
   A. 75 000   B. 65 000   C. 95 000   D. 55 000

6. 下列各项中,能够导致所有者权益总额减少的是(   )。
   A. 提取盈余公积   B. 以资本公积转增资本
   C. 宣告分配现金股利   D. 以盈余公积弥补亏损

7. C有限责任公司期末所有者权益情况如下:实收资本500 000元,资本公积60 000元,盈余公积40 000元,未分配利润80 000元。C有限责任公司期末留存收益为(   )元。
   A. 560 000   B. 100 000   C. 140 000   D. 120 000

8. B股份有限公司期初盈余公积余额为4 000 000元,本年提取法定盈余公积200 000元,提取任意盈余公积100 000元,用盈余公积转增资本1 000 000元,B股份有限公司期末盈余公积余额为(   )元。
   A. 4 300 000   B. 3 300 000   C. 5 300 000   D. 4 700 000

9. 下列各项业务,导致所有者权益增加的是(   )。
   A. 将资本公积转增资本   B. 将盈余公积转增资本
   C. 用盈余公积弥补亏损   D. 当年实现的净利润

10. 下列各项中,不属于所有者权益的是(   )。
    A. 资本公积   B. 应付股利
    C. 法定盈余公积   D. 任意盈余公积

二、多项选择题

1. 所有者权益根据其核算的内容和要求,可分为( )。
   A. 实收资本　　　　　　　　　B. 资本公积
   C. 盈余公积　　　　　　　　　D. 未分配利润等部分

2. A 有限责任公司注册资本总额为 200 万元,收到乙公司投入的现金 80 万元,在注册资本中所占的份额为 30%,A 有限责任公司进行账务处理时,可能涉及的科目为( )。
   A. 银行存款　　B. 实收资本　　C. 资本公积　　D. 盈余公积

3. 股份有限公司以回购股票方式减资的,注销库存股时,应按股票面值和注销股数计算的股票面值总额,借记"股本"账户,按注销库存股的账面余额,贷记"库存股"账户,当出现借方差额时,可能冲减的科目有( )。
   A. 实收资本　　B. 资本公积　　C. 盈余公积　　D. 利润分配

4. 下列各项业务中,属于资本公积核算的内容有( )。
   A. 企业收到投资者出资额超出其在注册资本中所占份额的部分
   B. 直接计入所有者权益的利得和损失
   C. 直接计入当期损益的利得和损失
   D. 可供出售金融资产公允价值的变动

5. 下列各项中,应通过"资本公积"科目核算的有( )。
   A. 发行股票取得的股本溢价
   B. 可供出售金融资产公允价值的变动
   C. 接受现金捐赠
   D. 长期股权投资采用权益法核算,在持股比例不变的情况下,因被投资单位除净损益以外所有者而增加的所有者权益

6. 留存收益包括( )。
   A. 实收资本　　B. 资本公积　　C. 盈余公积　　D. 未分配利润

7. 下列各项中,不会影响所有者权益总额发生增减变动的是( )。
   A. 提取盈余公积　　　　　　　B. 资本公积转增资本
   C. 盈余公积转增资本　　　　　D. 减资

8. 企业收到投资者投入的资本时,可能会涉及的科目有( )。
   A. 银行存款　　B. 固定资产　　C. 实收资本　　D. 资本公积

9. 下列各项业务,能引起盈余公积发生增减变动的有( )。
   A. 提取法定盈余公积　　　　　B. 提取任意盈余公积
   C. 用任意盈余公积弥补亏损　　D. 以法定盈余公积转增资本

10. 下列各项业务,会使企业实收资本增加的有( )。
    A. 企业设立时投资者投资　　　B. 吸收新投资者投资
    C. 资本公积转增资本　　　　　D. 盈余公积转增资本

三、判断题

1. 企业接受投资者以固定资产投资时,实收资本的入账价值应按企业章程、合同或协议约定的其在注册资本中应享有份额确定。　　　　　　　　　　　　　　　　( )

2. 企业接受投资者以固定资产投资时,固定资产的入账价值应按企业章程、合同或协议约

定价值。( )
3. 股份有限公司在溢价发行股票的情况下,公司发行股票溢价收入,应该计入"资本公积"账户。( )
4. 股份有限公司发行股票时,发生的相关交易费用应计入财务费用。( )
5. 资本公积就是企业收到投资者投入的资本。( )
6. 企业的资本公积不能用于转增资本。( )
7. 企业接受的投资者以原材料投资,其增值税不能计入实收资本。( )
8. 企业用盈余公积转增资本或弥补亏损时,都不会导致所有者权益总额的变化。( )
9. 企业用盈余公积转增资本,所有者权益总额不变,但留存收益减少。( )
10. 企业盈余公积包括法定盈余公积、任意盈余公积和资本公积。( )

四、实训题

实训 1

[目的] 练习实收资本的核算。

[资料] 甲、乙、丙、丁共同出资设立 A 有限责任公司,公司注册资本为 1 200 000 元,甲、乙、丙、丁持股比例各占 25%。按照章程规定,甲、乙、丙均以现金方式出资,各出资 300 000 元;丁以现金出资 100 000 元,另以不需要安装的机器设备一台出资,在合同中约定该机器设备的价值为 220 000 元(合同约定的固定资产价值与公允价值相符),在注册资本中所占份额为 200 000 元。甲、乙、丙、丁已将出资足额缴存 A 有限责任公司的开户银行,机器设备也已办妥相关手续。

[要求]
(1) 编制 A 有限责任公司收到现金出资的会计分录。
(2) 编制 A 有限责任公司收到固定资产出资的会计分录。

实训 2

[目的] 练习收到追加投资的核算。

[资料] 甲、乙、丙、丁共同出资设立 A 有限责任公司,原注册资本为 1 200 000 元,甲、乙、丙、丁持股比例各占 25%。为了扩大经营规模,经批准,A 公司注册资本总额达到 2 000 000 元,需追加投资 800 000 元。甲、乙、丙、丁按照原出资比例追加投资,现已足额缴存 A 有限责任公司的开户银行。

[要求] 编制 A 有限责任公司收到追加投资的会计分录。

实训 3

[目的] 练习回购股票和注销股票的核算。

[资料] E 股份有限公司 2011 年 12 月 31 日的股票为 15 000 000 股,面值为 1 元,资本公积(股本溢价)2 500 000 元,盈余公积 1 000 000 元,未分配利润 3 500 000 元。经股东大会批准,公司以现金回购本公司股票 2 000 000 股并注销。

[要求]
(1) 当 E 股份有限公司以每股 2 元回购股票,编制回购股票和注销股票的会计分录。
(2) 当 E 股份有限公司以每股 3 元回购股票,编制回购股票和注销股票的会计分录。
(3) 当 E 股份有限公司以每股 0.9 元回购股票,编制回购股票和注销股票的会计分录。

实训 4

[目的] 练习盈余公积等的核算。

[资料] 甲、乙共同出资设立 H 有限责任公司,原注册资本为 1 000 000 元,甲、乙持股比例分别为 60%、40%。2011 年初公司所有者权益情况如下:实收资本 1 000 000 元,资本公积 100 000 元,盈余公积 350 000 元,未分配利润 125 000 元。2011 年实现净利润为 200 000 元,经批准,公司按当年实现净利润的 10% 提取法定盈余公积,5% 提取任意盈余公积;将法定盈余公积 100 000 元转增资本,其他因素不考虑。

[要求]

(1) 编制 H 有限责任公司提取盈余公积的会计分录。

(2) 编制 H 有限责任公司将盈余公积转增资本的会计分录。

(3) 计算 H 有限责任公司 2011 年末实收资本、盈余公积和未分配利润的数额。

实训 5

[目的] 练习利润分配的核算。

[资料] E 股份有限公司 2010 年末未分配余额为 450 000 元。2011 年度实现净利润 4 000 000 元。假定公司按当年实现的净利润的 10% 提取法定盈余公积,20% 提取任意盈余公积,宣告发放现金股利 1 500 000 元。

[要求]

(1) 编制 E 股份有限公司 2011 年末关于利润分配的相关分录。

(2) 计算 E 股份有限公司 2011 年末未分配利润的余额。

第12章 财务报表

学习目标

了解资产负债表、利润表、现金流量表和所有者权益变动表的概念及作用,理解资产负债表、利润表、现金流量表和所有者权益变动表的内容、结构、编制依据和内在联系,掌握资产负债表、利润表、现金流量表和所有者权益变动表的编制方法。

导入案例

小赵是刚毕业的大学生,现在一会计师事务所工作。某公司拟将从小规模纳税企业变更为一般纳税企业,需会计师事务所为公司出具一份审计报告。会计师事务所派小赵前往该公司收集相关会计信息资料。小赵在查看该公司的财务报表——资产负债表时发现:① 该公司资产负债表中"应收账款"、"应付账款"项目填列的期末余额与总账账簿中"应收账款"、"应付账款"账户的期末余额不相符(注:该公司未计提坏账准备);② 资产负债表中"预付款项"、"预收款项"项目填列了期末余额,而总账账簿上却并未设置"预付账款"和"预收账款"这两个账户。小赵知道编制财务报表必须依据账簿的记录,由此他判断该公司编制的资产负债表是错误的。

【思考与分析】
(1) 你认为小赵的判断是否正确?
(2) 你对该公司财务报表出现的这种情况应怎样解释和处理?

任务1 资产负债表

知识要点

1. 资产负债表的概念

资产负债表又称财务状况表,是反映企业某一特定日期(月末、季末、年末)全部资产、负债和所有者权益情况的报表。资产负债表是静态报表,也是企业需要对外报送的主要财务报表之一。资产负债表是根据"资产=负债+所有者权益"这一会计等式,将企业在某一特定日期的资产、负债和所有者权益各项目按照一定的分类标准和排列顺序编制而成的会计报表。

2. 资产负债表的作用

资产负债表的作用主要表现在以下几个方面：

(1) 可以从整体上反映企业某一特定日期的资产总额以及这些资产的来源。

(2) 可以揭示企业某一特定日期的资产构成和负债构成，通过资产和负债的对比分析，表明企业未来需要用多少资产或劳务清偿债务以及清偿的时间。

(3) 可以反映所有者某一特定日期在企业中持有的权益以及权益的构成情况，据以判断资产保值、增值的情况以及对负债的保障程度。

(4) 通过对前后期的资产负债表数据进行对比分析，可以反映企业财务状况的变动趋势。

3. 资产负债表的内容

资产负债表一般由表首和正表两部分内容构成。其中，表首概括地说明报表名称、编制单位、编制日期、货币种类、金额单位等。正表是资产负债表的主体，列示了用以说明企业财务状况的资产、负债和所有者权益等项目。

(1) 资产

资产是由企业过去的交易和事项形成的，是企业在某一特定日期拥有或控制的、预期能给企业带来经济利益的经济资源。资产负债表中的资产应当按照流动资产和非流动资产两大类别列示，在流动资产和非流动资产类别下进一步按流动性分项列示。

资产负债表中的流动资产项目通常包括：货币资金、交易性金融资产、应收票据、应收账款、预付账款、应收利息、应收股利、其他应收款、存货和一年内到期的非流动资产等。

非流动资产是指流动资产以外的资产。资产负债表中的非流动资产项目通常包括：长期股权投资、固定资产、在建工程、工程物资、固定资产清理、无形资产、开发支出、长期待摊费用以及其他非流动资产等。

(2) 负债

负债是指企业在某一特定日期所承担的、预期会导致经济利益流出企业的现时义务。资产负债表中的负债应当按照流动负债和非流动负债两大类别列示，在流动负债和非流动负债类别下进一步按流动性分项列示。

资产负债表中的流动负债项目通常包括：短期借款、应付票据、应付账款、预收账款、应付职工薪酬、应交税费、应付利息、应付股利、其他应付款、一年内到期的非流动负债等。

非流动负债是指流动负债以外的负债。资产负债表中的非流动负债项目通常包括：长期借款、应付债券、长期应付款、专项应付款、预计负债、递延所得税负债和其他非流动负债等。

(3) 所有者权益

所有者权益是企业资产扣除负债后的剩余权益，反映企业在某一特定日期股东（投资者）拥有的净资产的总额。资产负债表中的所有者权益项目一般按照净资产的不同来源和特定用途进行分类分项列示，通常包括：实收资本（或股本）、资本公积、盈余公积和未分配利润。

4. 资产负债表的结构

资产负债表有报告式和账户式两种基本结构。报告式资产负债表是上下结构,报表上半部列示资产,下半部列示负债和所有者权益。通常可按照"资产－负债＝所有者权益"的等式设计,基本格式如表 12-1 所示。

表 12-1 资产负债表(报告式)

编制单位：　　　　　　　　　　　年　月　日　　　　　　　　　金额单位：

项　目	金　额
资　产	
流动资产	
……	
非流动资产	
……	
减：负　债	
流动负债	
……	
非流动负债	
……	
所有者权益	
……	

账户式资产负债表依据"资产＝负债＋所有者权益"的等式,采用左右结构,报表左边列示资产项目,大体按资产的流动性大小排列,流动性大的资产如"货币资金"、"交易性金融资产"等排在前面,流动性小的资产如"长期股权投资"、"固定资产"等排在后面。右边列示负债和所有者权益项目,一般按要求清偿时间先后顺序排列。企业需要在 1 年内或者长于 1 年的一个正常营业周期内偿还的流动负债如"短期借款"、"交易性金融负债"、"应付票据"等排在前面,需要在 1 年以上才偿还的非流动负债排在中间,在企业清算之前不需要偿还的所有者权益项目排在后面。其基本格式如表 12-4 所示。

我国企业资产负债表通常采用账户式结构。

5. 资产负债表的编制方法

资产负债表的编制是以日常会计核算记录的数据为基础进行归类、整理和汇总,加工成报表项目的过程。我国资产负债表正表的各项目金额包括"年初余额"和"期末余额"两个栏目,是一种比较资产负债表。

(1)"年初余额"栏的填制方法

资产负债表的"年初余额"栏内各项数字,应根据上年末资产负债表"期末余额"栏内所列各项数字填列。如果本年度资产负债表规定的各个项目的名称和内容同上年度不一致,则应按编报本年度的口径对上年末资产负债表各项目的名称和数字进行调整,填入本年资产负债表"年初余额"栏内。

(2)"期末余额"栏的填制方法

资产负债表中的"期末余额"栏内各项目数字,根据本年总账及明细账户的期末余额直接填列和分析计算填列。

① 直接填列。直接填列是指根据有关总账账户的期末余额直接填列到资产负债表中的有关项目。如资产负债表中的"交易性金融资产"、"应收票据"、"应收利息"、"应收股利"、"其他应收款"、"长期待摊费用"、"递延所得税资产"、"短期借款"、"交易性金融负债"、"应付票据"、"应付职工薪酬"、"应交税费"、"应付利息"、"应付股利"、"其他应付款"、"递延所得税负债"、"实收资本"、"资本公积"、"库存股"、"盈余公积"等项目,应根据相关总账账户的期末余额直接填列。

② 分析计算填列。分析计算填列是指对有关账户记录经过分析、调整和重新计算后填入资产负债表中的有关项目。

a. 根据几个总账账户余额计算填列。如"货币资金"项目,应当根据"库存现金"、"银行存款"、"其他货币资金"3个总账账户的期末余额合计数填列。

b. 根据有关明细账户余额计算填列。例如:

"应付账款"项目,应根据"应付账款"、"预付账款"账户所属明细账户的期末贷方余额合计数填列;

"应收账款"项目,应当根据"应收账款"和"预收账款"账户所属明细账户的期末借方余额计算填列。

c. 根据总账账户和明细账户余额分析计算填列。例如:

"长期应收款"项目,应当根据"长期应收款"总账账户余额减去"未实现融资收益"总账账户余额再减去所属明细账户中将于一年到期的部分填列;

"长期借款"项目,应当根据"长期借款"总账账户余额扣除"长期借款"账户所属明细账户中将在一年内到期且企业不能自主地将清偿义务展期的长期借款后的余额计算填列;

"应付债券"项目,应当根据"应付债券"总账账户余额扣除"应付债券"所属明细账户中将于一年内到期的部分填列;

"长期应付款"项目,应当根据"长期应付款"总账账户余额减去"未确认融资费用"总账账户余额,再减去所属明细账户中将于一年内到期的部分填列。

d. 根据有关账户余额减去其备抵项目后的净额填列。例如:

"应收账款"项目,应当根据"应收账款"减去"坏账准备"账户余额后的净额填列;

"长期股权投资"项目,应当根据"长期股权投资"总账账户余额减去"长期股权投资减值准备"账户余额后的净额填列;"在建工程"项目,应当根据"在建工程"总账账户余额减去"在建工程减值准备"账户余额后的净额填列;

"存货"项目,应当根据"原材料"、"委托加工物资"、"周转材料"、"材料采购"、"在途物资"、"发出商品"、"材料成本差异"、"生产成本"等总账账户期末余额的分析汇总数,减去"存货跌价准备"账户余额后的净额填列;"固定资产"项目,应当根据"固定资产"总账账户的期末余额减去"累计折旧"、"固定资产减值准备"账户余额后的净额填列;

"无形资产"项目,应当根据"无形资产"总账账户的期末余额减去"累计摊销"、"无形资产减值准备"账户余额后的净额填列。

在资产负债表中,资产方各项目年初余额总计数和期末余额总计数,应分别与负债及所有者权益方各项目年初余额总计数和期末余额总计数相等。

技能操作

[学 中 做]

[业务资料一] 东方股份有限公司为一般纳税人,适用的增值税税率为17%,所得税税率为25%;原材料采用计划成本计价。该公司2011年12月31日有关科目余额见表12-2所示。

表12-2 东方股份有限公司2011年12月31日科目余额表 单位:元

会计科目	借方余额	会计科目	贷方余额
库存现金	2 000	坏账准备	1 400
银行存款	1 641 000	存货跌价准备	6 500
其他货币资金	563 000	长期股权投资减值准备	5 100
交易性金融资产	33 000	累计折旧	400 000
应收票据	100 000	固定资产减值准备	159 000
应收账款	280 000	短期借款	300 000
预付账款	60 000	应付票据	350 000
其他应收款	4 500	应付账款	610 000
材料采购	125 000	其他应付款	119 000
原材料	93 000	应付职工薪酬	41 000
周转材料	78 800	应交税费	61 000
库存商品	520 000	应付利息	15 300
材料成本差异	3 000	长期借款	1 560 000
长期股权投资	720 000	其中:一年到期的长期借款	760 000
固定资产	2 100 000	股本	4 400 000
在建工程	1 800 000	资本公积	210 000
无形资产	860 000	盈余公积	432 000
		利润分配——未分配利润	313 000
合 计	8 983 300	合 计	8 983 300

1) 2011年东方公司发生的全部经济业务如下:

业务1 购入原材料一批,材料价款500 000元,增值税额85 000元,款项已通过银行转账支付,材料尚未到达。

业务2 收到原材料一批,实际成本125 000元,计划成本120 000元,材料已验收入库。货款已于上月支付。

业务3 收到银行通知,用银行存款支付到期的商业承兑汇票65 000元。

业务4　购入工程物资一批,价款14 500元,款项已用银行存款支付。

业务5　以银行存款购买办公用品4 000元,交付行政管理部门使用。

业务6　销售产品一批,销售价款800 000元,增值税额136 000元,产品已发出,已向银行办妥托收手续。该批产品生产成本680 000元。

业务7　收到应收账款800 000元,存入银行。

业务8　从银行提取现金3 000元。

业务9　销售产品一批,销售价款700 000元,增值税额119 000元,款项已收妥存入银行。该产品生产成本320 000元。

业务10　向银行借入3年期借款470 000元,借款已存入银行账户。

业务11　用银行汇票支付采购材料价款,收到开户银行转来多余款通知,通知上所填多余款48 050元,购入材料价款300 000元,增值税额51 000元,运杂费950元。材料已验收入库,该批材料计划成本330 000元。

业务12　公司出售一台不需用设备,收到价款300 000元,该设备原值400 000元,已提折旧150 000元,已提减值准备60 000元。设备已交付购入单位。

业务13　以银行存款支付职工工资756 000元。其中包括支付在建工程人员工资300 000元。

业务14　出售交易性金融资产(股票投资)35 000元,该投资的成本20 000元,公允价值变动增值5 000。款项存入银行。

业务15　归还短期借款本金200 000元,利息12 000元。借款利息已预提。

业务16　基本生产车间领用原材料,计划成本70 000;领用低值易耗品,计划成本50 000元。材料成本差异率2%。

业务17　分配职工工资756 000元(包括在建工程应负担的工资300 000元),其中生产工人工资250 000元,车间管理人员工资80 000元,行政管理人员工资126 000元。

业务18　计提职工福利费105 840元(包括在建工程应负担的福利费42 000元)。

业务19　计提固定资产折旧163 000元,其中计入制造费用132 000元,管理费用31 000元。

业务20　销售产品一批,销售价款400 000元,增值税额68 000元,收到一张面值为468 000元的不带息银行承兑汇票。该产品生产成本90 000元。

业务21　以银行存款支付广告费100 000元。

业务22　摊销无形资产价值86 000元。

业务23　计提短期借款利息6 000元。

业务24　销售产品收到的银行承兑汇票300 000元到期,向银行办妥相关手续,收到银行盖章退回的进账单,款项已转入银行账户。

业务25　计算并结转制造费用274 200元及完工产品成本630 600元。本期生产的产品全部完工入库。

业务26　采购员张达报销差旅费3 200元,补付现金400元,结清原借款。

业务27　计提长期借款利息162 400元,其中工程负担的长期借款120 000元,计入本期损益的长期借款利息42 400元。该项借款利息分期支付。

业务28　工程完工,已办理竣工手续,交付生产使用。固定资产价值1 270 000元。

业务29 计算本期产品应交纳的城市维护建设税13 090元,教育费附加5 610元。

业务30 以银行存款交纳增值税120 000元、本期的城市维护建设税13 090元、教育费附加5 610元。

业务31 以现金2 300元支付业务招待费。

业务32 偿还长期借款270 000元。

业务33 对应收账款计提坏账准备680元。

业务34 计提存货跌价准备16 000元。

业务35 计提固定资产减值准备40 000元。

业务36 期末,持有的交易性金融资产的公允价值为87 000元。

业务37 结转本期已销产品成本1 090 000元。

业务38 将本期各项收支结转到本年利润。

业务39 假设本例中,除计提各项减值56 680元及交易性金融资产的公允价值变动79 000元造成账面价与计税基础存在差异外,不考虑其他项目的所得税费用影响,企业按照税法规定计算确定的应交所得税为123 190元,递延所得税资产为14 170元(56 680×25%),递延所得税负债为19 750元(79 000×25%)。

业务40 结转本期净利润。

业务41 以银行存款预交本年所得税123 190元。

业务42 按本期净利润的10%提取法定盈余公积。

业务43 将利润分配各明细科目的余额转入"未分配利润"明细科目。

2) 根据上述资料编制的会计分录如下:

(1) 借:材料采购   500 000
       应交税费——应交增值税(进项税额) 85 000
       贷:银行存款   585 000

(2) 借:原材料   120 000
       材料成本差异   5 000
       贷:材料采购   125 000

(3) 借:应付票据   65 000
       贷:银行存款   65 000

(4) 借:工程物资   14 500
       贷:银行存款   14 500

(5) 借:管理费用——办公费   4 000
       贷:银行存款   4 000

(6) 借:应收账款   936 000
       贷:主营业务收入   800 000
           应交税费——应交增值税(销项税额) 136 000

(7) 借:银行存款   800 000
       贷:应收账款   800 000

(8) 借:库存现金   3 000
       贷:银行存款   3 000

(9) 借：银行存款　　　　　　　　　　　　　　819 000
　　　贷：主营业务收入　　　　　　　　　　　　　　700 000
　　　　　应交税费——应交增值税(销项税额)　　119 000
(10) 借：银行存款　　　　　　　　　　　　　　470 000
　　　贷：长期借款　　　　　　　　　　　　　　　　470 000
(11) 借：材料采购　　　　　　　　　　　　　　300 950
　　　　应交税费——应交增值税(进项税额)　　51 000
　　　　银行存款　　　　　　　　　　　　　　48 050
　　　贷：其他货币资金　　　　　　　　　　　　　　400 000
　　　借：原材料　　　　　　　　　　　　　　　330 000
　　　贷：材料采购　　　　　　　　　　　　　　　　300 950
　　　　　材料成本差异　　　　　　　　　　　　　　29 050
(12) 借：固定资产清理　　　　　　　　　　　　190 000
　　　　累计折旧　　　　　　　　　　　　　　150 000
　　　　固定资产减值准备　　　　　　　　　　60 000
　　　贷：固定资产　　　　　　　　　　　　　　　　400 000
　　　借：银行存款　　　　　　　　　　　　　　300 000
　　　贷：固定资产清理　　　　　　　　　　　　　　300 000
　　　借：固定资产清理　　　　　　　　　　　　110 000
　　　贷：营业外收入　　　　　　　　　　　　　　　110 000
(13) 借：应付职工薪酬　　　　　　　　　　　　756 000
　　　贷：银行存款　　　　　　　　　　　　　　　　756 000
(14) 借：银行存款　　　　　　　　　　　　　　35 000
　　　　公允价值变动损益　　　　　　　　　　5 000
　　　贷：交易性金融资产——成本　　　　　　　　　20 000
　　　　　　　　　　　　——公允价值变动　　　　　5 000
　　　　　投资收益　　　　　　　　　　　　　　　　15 000
(15) 借：短期借款　　　　　　　　　　　　　　200 000
　　　　应付利息　　　　　　　　　　　　　　12 000
　　　贷：银行存款　　　　　　　　　　　　　　　　212 000
(16) 借：生产成本——基本生产成本　　　　　　70 000
　　　贷：原材料　　　　　　　　　　　　　　　　　70 000
　　　借：制造费用　　　　　　　　　　　　　　50 000
　　　贷：周转材料　　　　　　　　　　　　　　　　50 000
　　　借：生产成本　　　　　　　　　　　　　　1 400
　　　　制造费用　　　　　　　　　　　　　　1 000
　　　贷：材料成本差异　　　　　　　　　　　　　　2 400
(17) 借：生产成本——基本生产成本　　　　　　250 000
　　　　制造费用　　　　　　　　　　　　　　80 000

管理费用——工资	126 000	
在建工程	300 000	
贷：应付职工薪酬——工资		756 000

(18) 借：生产成本——基本生产成本　35 000
　　　　制造费用　11 200
　　　　管理费用——福利费　17 640
　　　　在建工程　42 000
　　　　　贷：应付职工薪酬——职工福利　105 840

(19) 借：制造费用　132 000
　　　　管理费用——折旧费　31 000
　　　　　贷：累计折旧　163 000

(20) 借：应收票据　468 000
　　　　　贷：主营业务收入　400 000
　　　　　　　应交税费——应交增值税（销项税额）　68 000

(21) 借：销售费用——广告费　100 000
　　　　　贷：银行存款　100 000

(22) 借：管理费用——无形资产摊销　86 000
　　　　　贷：累计摊销　86 000

(23) 借：财务费用　6 000
　　　　　贷：应付利息　6 000

(24) 借：银行存款　300 000
　　　　　贷：应收票据　300 000

(25) 借：生产成本　274 200
　　　　　贷：制造费用　274 200
　　　借：库存商品　630 600
　　　　　贷：生产成本——基本生产成本　630 600

(26) 借：管理费用——差旅费　3 200
　　　　　贷：其他应收款——张达　2 800
　　　　　　　库存现金　400

(27) 借：在建工程　120 000
　　　　财务费用　42 400
　　　　　贷：应付利息　162 400

(28) 借：固定资产　1 270 000
　　　　　贷：在建工程　1 270 000

(29) 借：营业税金及附加　18 700
　　　　　贷：应交税费——应交城市建设维护费　13 090
　　　　　　　　　　　　——应交教育费附加　5 610

(30) 借：应交税费——应交增值税　120 000
　　　　　　　　　——应交城市建设维护费　13 090

			——应交教育费附加	5 610

```
                    ——应交教育费附加         5 610
              贷：银行存款                 138 700
(31) 借：管理费用——业务招待费              2 300
          贷：库存现金                      2 300
(32) 借：长期借款                         270 000
          贷：银行存款                    270 000
(33) 借：资产减值损失                         680
          贷：坏账准备                        680
(34) 借：资产减值损失                      16 000
          贷：存货跌价准备                 16 000
(35) 借：资产减值损失                      40 000
          贷：固定资产减值准备              40 000
(36) 借：交易性金融资产——公允价值变动      79 000
          贷：公允价值变动损益              79 000
(37) 借：主营业务成本                   1 090 000
          贷：库存商品                  1 090 000
(38) 借：主营业务收入                   1 900 000
         投资收益                         15 000
         公允价值变动收益                  74 000
         营业外收入                      110 000
          贷：本年利润                  2 099 000
     借：本年利润                       1 583 920
          贷：主营业务成本              1 090 000
              营业税金及附加                18 700
              销售费用                    100 000
              管理费用                    270 140
              财务费用                     48 400
              资产减值损失                 56 680
(39) 借：递延所得税资产                     14 170
          贷：所得税费用                   14 170
     借：所得税费用                        19 750
          贷：递延所得税负债               19 750
     借：所得税费用                       123 190
          贷：应交税费——应交所得税       123 190
     借：本年利润                        128 770
          贷：所得税费用                  128 770
(40) 借：本年利润                        386 310
          贷：利润分配——未分配利润       386 310
(41) 借：应交税费——应交所得税            123 190
```

    贷：银行存款   123 190
  (42) 借：利润分配——提取法定盈余公积 38 631
     贷：盈余公积——法定盈余公积   38 631
  (43) 借：利润分配——未分配利润   38 631
     贷：利润分配——提取法定盈余公积   38 631

3. 根据上述资料及会计分录编制 2011 年 12 月 31 日科目余额表。

表 12 - 3　东方股份有限公司 2011 年 12 月 31 日科目余额表　　　　　　单位：元

会计科目	借方余额	会计科目	贷方余额
库存现金	2 300	坏账准备	2 080
银行存款	21 416 600	材料成本差异	23 450
其他货币资金	163 000	存货跌价准备	22 500
交易性金融资产	87 000	长期股权投资减值准备	5 100
应收票据	268 000	累计折旧	413 000
应收账款	416 000	固定资产减值准备	139 000
预付账款	60 000	短期借款	100 000
其他应收款	1 700	应付票据	285 000
材料采购	500 000	应付账款	610 000
原材料	473 000	其他应付款	119 000
周转材料	28 800	应付职工薪酬	146 840
库存商品	60 600	应交税费	128 000
长期股权投资	720 000	应付利息	171 700
固定资产	2 970 000	应付股利	
工程物资	14 500	长期借款	1 760 000
在建工程	992 000	递延所得税负债	19 750
无形资产	860 000	股本	4 400 000
递延所得税资产	14 170	资本公积	210 000
		盈余公积	470 631
		利润分配——未分配利润	660 679
合　计	10 772 730	合　计	10 772 730

4. 根据上述资料及表 12 - 3 编制 2011 年 12 月 31 日的资产负债表如表 12 - 4 所示。

表 12-4 资产负债表

编制单位:东方股份有限公司　　2011 年 12 月 31 日

会企 01 表　单位:元

资产	期末余额	年初余额	负债和所有者权益	期末余额	年初余额
流动资产:			流动负债:		
货币资金	2 306 960	2 206 000	短期借款	100 000	300 000
交易性金融资产	87 000	33 000	交易性金融负债		
应收票据	268 000	100 000	应付票据	285 000	350 000
应收账款	413 920	278 600	应付账款	610 000	610 000
预付款项	60 000	60 000	预收款项		
应收利息			应付职工薪酬	146 840	41 000
应收股利			应交税费	128 000	61 000
其他应收款	1 700	4 500	应付利息	171 700	
存货	1 016 450	813 300	应付股利		
一年内到期的流动资产			其他应付款	119 000	119 000
其他流动资产			一年内到期的流动负债		270 000
流动资产合计	4 154 030	3 495 400	其他流动负债		
非流动资产:			流动负债合计	1 560 540	1 766 300
可供出售金融资产			非流动负债		
持有至到期投资			长期借款	1 760 000	1 290 000
长期应收款			应付债券		
长期股权投资	714 900	714 900	长期应付款		
固定资产	2 418 000	1 541 000	预计负债		
在建工程	992 000	1 800 000	递延所得税负债	19 750	
工程物资	14 500		其他非流动负债		
固定资产清理			非流动负债合计	1 779 750	1 290 000
生产性生物资产			负债合计	3 340 290	3 056 300
油气资产					
无形资产	774 000	860 000	所有者权益		
开发支出			(或股东权益)		
商誉			实收资本(股本)	4 400 000	4 400 000
长期待摊费用			资本公积	210 000	210 000
递延所得税资产	14 170		盈余公积	470 631	432 000
其他非流动资产			未分配利润	660 679	313 000
非流动资产合计	4 927 570	4 915 900	所有者权益合计	5 741 310	5 355 000
资产合计	9 081 600	8 411 300	负债和所有者权益合计	9 081 600	8 411 300

[做 中 学]

[业务资料] 东方公司2011年有关账户期末余额如下：

应收账款——A公司　140 000元(借)　应付账款——甲公司　200 000元(贷)

预收账款——B公司　 30 000元(贷)　预付账款——乙公司　 70 000元(借)

预收账款——C公司　 21 000元(借)　预付账款——丙公司　 16 000元(贷)

坏账准备　　　　　　 5 000元(贷)

持有至到期投资 480 000元(借)，其中1年内到期的金额 230 000元

利润分配——未分配利润　174 000(借)　本年利润　349 000元(贷)

请根据资料计算资产负债表中下列项目的期末余额，你学会了吗？

"应收账款"项目＝

"预付款项"项目＝

"预收款项"项目＝

"应付账款"项目＝

"持有至到期投资"项目＝

"未分配利润"项目＝

1. 财务报表的组成

财务报表是对企业财务状况、经营成果和现金流量的结构性表述。一套完整的财务报表至少应当包括资产负债表、利润表、现金流量表、所有者权益(或股东权益)变动表和附注。

(1) 资产负债表、利润表和现金流量表分别从不同角度反映企业的财务状况、成果和现金流量。

(2) 所有者权益(或股东权益)变动表反映所有者权益的各组成部分当期的增减变动情况。企业的净利润及其分配情况是所有者权益变动的组成部分，相关信息已在所有者权益变动表及其附注中反映，企业不需要再单独编制利润分配表。

(3) 附注是财务报表不可缺少的组成部分。是对资产负债表、利润表、现金流量表、所有者权益(或股东权益)变动表中列示项目的文字描述或明细资料，以及对未能在这些报表中列示项目的说明等。

2. 财务报表的分类

(1) 按财务报表编报期间的不同，可分为中期财务报表和年度财务报表。

中期财务报表包括月报、季报和半年报等。中期财务报表至少应当包括资产负债表、利润表、现金流量表和附注。中期财务报表应当是完整的报表，其格式内容应当与当年的财务报表相一致，与年度财务报表相比，中期财务报表中的附注披露可以适当简略。

(2) 按财务报表编报主体的不同，可分为个别财务报表和合并财务报表。

个别财务报表是由企业在自身会计核算基础上，对账簿记录进行加工而编制的财务报表。

合并财务报表是以母公司子公司组成的企业集团为会计主体，根据母公司和所属子公司的财务报表，由母公司编制的综合反映企业集团财务状况、经营成果及现金流量的财务报表。

任务 2　利润表

> 知识要点

1. 利润表的概念

利润表又称损益表,是反映企业在一定会计期间(月、季、年)经营成果的报表,是企业需要对外报送的主要财务报表之一。由于它反映的是某一会计期间的经营成果情况,所以是动态报表。

2. 利润表的作用

利润表主要是提供企业在一定会计期间经营成果方面的信息,其作用主要体现在以下几个方面:

(1) 可以反映企业一定会计期间的收入实现情况,即实现的营业收入、公允价值变动收益、营业外收入。

(2) 可以反映企业一定会计期间的费用耗用情况,即耗费的营业成本、营业税金及附加、销售费用、管理费用、财务费用、资产减值损失、营业外支出等。

(3) 可以反映企业生产经营活动的成果,即净利润的实现情况.据以判断资本保值、增值情况。

(4) 可以反映企业不同时期的比较数字(本月数、本年累计数、上年数),便于财务报告使用者分析判断企业未来利润的发展趋势和获利能力,作出正确的经营决策。

3. 利润表的内容

利润表一般由表首、正表两部分内容构成。其中,表首概括地说明报表名称、编制单位、编制日期、货币种类、金额单位等。正表是利润表的主体,列示了用以说明企业经营成果形成的收入、费用及利润等项目。

构成营业利润的各项要素:营业收入、营业税金及附加、销售费用、管理费用、财务费用、资产减值损失、公允价值变动收益(公允价值变动损失)、投资收益(投资损失)。

构成利润总额的各项要素:营业利润、营业外收入、营业外支出。

构成净利润的各项要素:利润总额、所得税费用。

构成每股收益的各项要素:基本每股收益、稀释每股收益。

4. 利润表的结构

按反映利润形式不同,利润表的结构有单步式和多步式两种。单步式利润表是用各项收入总额减去成本、费用和支出总额,从而计算出本期利润。其基本格式如表12-5所示。

表 12-5 利润表(单步式)

项　　目	金　　额
收入：	
营业收入	
投资收益	
营业外收入	
减：成本与费用	
营业成本	
销售费用	
管理费用	
财务费用	
营业外支出	
所得税费用	
净利润	

单步式利润表计算简单,有利于财务报表使用者理解,但不能直观地反映经营性收益和非经营性收益对企业利润总额的影响。

多步式利润表是依据利润构成要素,将收入与相关的成本、费用、支出在表中分别对应列示,相互配比,经过三步计算出相关的利润指标,最后计算出当期净利润。具体格式见表 12-6 所示。

第一步,以营业收入为基础,减去营业成本、营业税金及附加、销售费用、管理费用、财务费用、资产减值损失,加上公允价值变动收益(减去公允价值变动损失)和投资收益(减去投资损失),计算出营业利润。

第二步,以营业利润为基础,加上营业外收入,减去营业外支出,计算出利润总额。

第三步,以利润总额为基础,减去所得税费用,计算出本期净利润。

多步式利润表能够分层次提供经营成果形成的数据,便于报表使用者了解各利润构成因素对经营成果的影响。

我国企业现行采用多步式利润表。

5. 利润表的编制方法

利润表是根据"收入－费用＝利润"这一会计等式,按照各项收入、费用以及构成利润的各个项目,分类分项编制而成。年度利润表正表的各项目金额分为"上期金额"和"本期金额"两栏。

(1)"上期金额"的编制

"上期金额"应根据上期利润表的"本期金额"编制。如果上年该期利润表规定的各项目的名称和内容同本期不一致,应对上年该期利润表各项目的名称和数字按本期的规定进行调整，填入利润表"上期金额"栏内。

（2）"本期金额"的编制

"本期金额"应根据本期总账损益类账户的本期净发生额直接和计算分析填列。

① 直接填列。直接填列是指根据总账损益类账户的本期净发生额直接填入报表中的相应项目。如利润表中的"营业税金及附加"、"销售费用"、"管理费用"、"财务费用"、"资产减值损失"、"公允价值变动收益"、"投资收益"、"营业外收入"、"营业外支出"、"所得税费用"等项目，应根据"营业税金及附加"、"销售费用"、"管理费用"、"财务费用"、"资产减值损失"、"公允价值变动损益"、"投资收益"、"营业外收入"、"营业外支出"、"所得税费用"账户是根据本期净发生额直接填列的。

② 计算分析填列

a."营业收入"项目，应根据"主营业务收入"账户与"其他业务收入"账户的净发生额合计数填列。

b."营业成本"项目，应根据"主营业务成本"账户与"其他业务成本"账户的净发生额合计数填列。

c."营业利润"、"利润总额"和"净利润"等项目应按构成计算分析填列。

技能操作

[学 中 做]

[业务资料二] 根据[业务资料一]的会计分录编制东方股份有限公司2011年的利润表。如表12-6所示。

表12-6 利润表

编制单位：东方股份有限公司　　　　2011年度　　　　　　　会企02表　单位：元

项　　目	本期金额	上期金额
一、营业收入	1 900 000	略
减：营业成本	1 090 000	
营业税金及附加	18 700	
销售费用	100 000	
管理费用	270 140	
财务费用	48 400	
资产减值损失	56 680	
加：公允价值变动收益（损失以"－"号填列）	74 000	
投资收益（损失以"－"号填列）	15 000	
其中：对联营企业和合营企业的投资收益		
二、营业利润（亏损以"－"号填列）	405 080	

续表 12-6

项 目	本期金额	上期金额
加：营业外收入	110 000	
减：营业外支出		
其中：非流动资产处置损失		
三、利润总额（亏损总额以"-"号填列）	515 080	
减：所得税费用	128 770	
四、净利润（净亏损以"-"号填列）	386 310	
五、每股收益		
（一）基本每股收益		
（二）稀释每股收益		

[做 中 学]

[业务资料] 2011年12月末东方股份有限公司结转收支前有关损益类账户的余额如下：

主营业务收入	176 000（贷方）	营业税金及附加	3 120（借方）
其他业务收入	10 000（贷方）	销售费用	6 000（借方）
投资收益	15 000（贷方）	管理费用	12 000（借方）
公允价值变动损益	9 000（贷方）	财务费用	3 400（借方）
营业外收入	10 000（贷方）	资产减值损失	1 100（借方）
主营业务成本	90 000（借方）	营业外支出	6 000（借方）
其他业务成本	4 500（借方）	所得税费用	23 470（借方）

请根据上述资料计算利润表中下列项目的本期金额，你学会了吗？

营业收入＝

营业成本＝

营业利润＝

利润总额＝

净利润＝

1. 利润表编制的理论依据

利润表是根据"收入－费用＝利润"这一会计等式，按照各项收入、费用以及构成利润的各个项目，分类分项编制而成。根据财务报表列报准则，对于费用的列报，企业应当采用"功能法"列报，即按照费用在企业所发挥的功能进行分类列报。通常分为从事经营业务发生成本、管理费用、销售费用和财务费用等，并且将营业成本与其他费用分开披露。从企业而言，其活动通常可以划分为生产、销售、管理、融资等，每一种活动中发生的费用所发挥的功能并不相同，因此，按照费用功能将其分开列报，有助于财务报表使用者了解费用发生的活动领域。

2. 利润表中的"每股收益"项目

每股收益是本期净利润与流通在外普通股股数的比值。它反映了普通股股东每持有一股所能享有的企业利润或需要承担的企业亏损,包括基本每股收益和稀释每股收益。

(1) 基本每股收益是按照归属于普通股股东的当期净利润除以当期实际发行在外普通股的加权平均数计算确定的每股收益。

(2) 稀释每股收益是指以基本每股收益为基础,假设企业所有发行在外的稀释性潜在普通股均已转换为普通股,从而分别调整归属于普通股股东的当期净利润以及发行在外普通股的加权平均数计算确定的每股收益。潜在普通股是指赋予其持有者在报告期或以后期间享有取得普通股权利的一种金融工具或其他合同。目前我国企业发行的潜在普通股主要有可转换公司债券、认股权证、股份期权等。稀释性潜在普通股是指假设当期转换为普通股会减少每股收益的潜在普通股。

任务3 现金流量表

知识要点

1. 有关现金流量表的几个概念

现金流量表是综合反映企业一定会计期间内现金及现金等价物流入和流出的报表,是企业对外报送的主要报表之一。现金流量表是以现金为基础编制而成的财务报表。现金流量表中的"现金"有其特定的含义,通常包括现金和现金等价物。

(1) 现金

现金是指企业的库存现金以及可以随时用于支付的存款,如银行活期存款以及具有银行活期存款性质可以随时存取而不受任何限制的其他项目。不能随时支付的存款不属于现金。现金流量表中的"现金"具体包括"库存现金"账户核算的库存现金、"银行存款"账户核算的存入金融企业、随时可以用于支付的存款,以及"其他货币资金"账户核算的外币存款、银行汇票存款、银行本票存款和在途货币资金等其他货币资金。

(2) 现金等价物

现金等价物是指企业持有的期限短、流动性强、易于转换为已知金额的现金、价值变动风险很小的投资。现金等价物虽然不是现金,但其支付能力与现金的差别不大,可视为现金。

一项投资被确认为现金等价物必须同时具备4个条件:期限短(一般指从购买日起3个月内到期)、流动性强、易于转换为已知金额的现金、价值变动风险很小。例如可在证券市场上流通的3个月到期的短期债券投资等。

(3) 现金流量和现金流量净额

现金流量是指企业一定时期内现金及现金等价物(以下简称现金)流入和流出的金额。具体表现为现金流入量和流出量两个方面。如企业出售商品、提供劳务、出售固定资产、向银行借款等取得现金,形成企业的现金流入;购买原材料、接受劳务、购置固定资产、对外投资、偿还债务等而支付现金,形成企业的现金流出。现金流入量与流出量的差额为现金净流量。现金净流量可能是正数,也可能是负数。如果一定时期现金流入量大于流出量,差额为现金净流入量;如果一定时期现金流入量小于流出量,则为现金净流出量。应该注意的是,企业现金形式的转换不会产生现金流入和流出,如企业从银行提取现金,或企业将现金存入银行,是企业现金存放形式的转换,并未流出企业,不构成现金流量;同样,现金与现金等价物之间的转换也不属于现金流量,如企业用现金购买将于3个月内到期的国库券。

2. 现金流量表的作用

现金流量表反映企业在一定会计期间内的经营活动、投资活动和筹资活动产生的现金流入和流出情况,主要提供有关企业现金流量方面的信息,其作用体现在:

(1) 可以提供企业的现金流量信息,从而对企业整体财务状况作出客观评价。

(2) 能够说明企业一定期间内现金流入和流出的原因,能全面说明企业的偿债能力和支付能力。

(3) 通过现金流量表能够分析企业未来获取现金的能力,并可预测企业未来财务状况的发展情况。

(4) 能够提供不涉及现金的投资和筹资活动的信息,全面了解企业财务状况。

3. 现金流量表的内容

我国的现金流量表由表首、主表和补充资料三部分构成。其中:

(1) 表首,概括地说明报表名称、编制单位、编制日期、货币种类、金额单位等。

(2) 主表,是现金流量表的主体和核心,根据企业业务活动的性质和现金流量的来源,我国《企业会计准则》将企业一定会计期间的现金流量分为经营活动产生的现金流量、投资活动产生的现金流量和筹资活动产生的现金流量3类。每一类现金流量应当分别按照现金流入和现金流出总额列示,从而全面揭示企业现金流量的方向、规模和结构。但是有规定的可以按照净额列报。

① 经营活动产生的现金流量。经营活动是指企业投资活动和筹资活动以外的所有交易和事项。从经营活动的定义可以看出,经营活动的范围很广。经营活动主要包括:销售商品、提供劳务、经营性租赁、购买商品、接受劳务、制造产品、广告宣传、推销产品、支付税费等。

经营活动产生的现金流入项目主要有:销售商品、提供劳务收到的现金,收到的税费返还,收到的其他与经营活动有关的现金。

经营活动产生的现金流出项目主要有:购买商品、接受劳务支付的现金,支付给职工以及为职工支付的现金,支付的各项税费,支付的其他与经营活动有关的现金。

② 投资活动产生的现金流量。投资活动是指企业长期资产的购建和不包括在现金等价物范围内的投资及其处置活动。长期资产是指固定资产、在建工程、无形资产、其他资产等持有期限在一年或一个营业周期以上的资产。这里之所以将"包括在现金等价物范围内的投资"排除在外,是因为已经将包括在现金等价物范围内的投资视同为现金。

投资活动产生的现金流入项目主要有:收回投资所收到的现金,取得投资收益所收到的现金,处置固定资产、无形资产和其他长期资产所收回的现金净额,收到的其他与投资活动有关的现金。投资活动产生的现金流出项目主要有：购建固定资产、无形资产和其他长期资产所支付的现金，投资所支付的现金，支付的其他与投资活动有关的现金。

③ 筹资活动产生的现金流量。筹资活动是指导致企业资本及债务规模和构成发生变化的活动，包括吸收投资、发行股票、分配利润等。

筹资活动产生的现金流入项目主要有：吸收投资所收到的现金，取得借款所收到的现金，收到的其他与筹资活动有关的现金。筹资活动产生的现金流出项目主要有：偿还债务所支付的现金，分配股利、利润或偿付利息所支付的现金，支付的其他与筹资活动有关的现金。

(3) 补充资料。补充资料包括三部分内容：将净利润调节为经营活动的现金流量；不涉及现金收支的投资和筹资活动；现金及现金等价物净增加情况。

4. 现金流量表的结构

现金流量表是以"现金流入－现金流出＝现金净流量"这一方程式为基础编制的。我国现金流量表采用多步报告式结构，分类反映经营活动产生的现金流量、投资活动产生的现金流量和筹资活动产生的现金流量，最后汇总反映企业某一会计期间现金及现金等价物的净增加额。

我国企业现金流量表的格式如表 12－7 所示。

5. 现金流量表的编制方法

1) 主表的编制方法

编制现金流量表时，经营活动产生的现金流量有两种列报方法：一是直接法；二是间接法。我国现金流量表主表采用直接法编制。直接法是指以利润表中的营业收入为起点，调整与经营活动有关的项目的增减变动，然后计算出经营活动的现金流量。采用直接法具体编制现金流量表时可以采用工作底稿法或 T 形账户法，也可根据有关账户的记录分析填列。

(1) 经营活动产生的现金流量

① "销售商品、提供劳务收到的现金"项目，反映企业销售商品、提供劳务实际收到的现金，包括本期销售商品(含销售商品产品、材料)、提供劳务收到的现金，以及前期销售和前期提供劳务本期收到的现金和本期预收的账款，扣除本期退回本期销售的商品和前期销售本期退回商品支付的现金。本项目可以根据"库存现金"、"银行存款"、"应收账款"、"应收票据"、"预收账款"、"主营业务收入"、"其他业务收入"等账户的记录分析填列。计算公式：

销售商品、提供劳务收到的现金＝销售商品收入、提供劳务收入＋应收账款减少数－应收账款增加数＋应收票据减少数－应收票据增加数＋预收账款增加数－预收账款减少数

② "收到的税费返还"项目，反映企业实际收到返还的各种税费，如收到的增值税、消费税、营业税、所得税、教育费附加返还等。本项目可以根据"库存现金"、"银行存款"、"营业外收入"、"其他应收款"等科目的记录分析填列。

③ "收到的与经营活动有关的其他现金"项目，反映企业除了上述各项目外所收到的其他与经营活动有关的现金，如捐赠现金收入、罚款收入、逾期未退还出租和出借包装物没收的押金收入、流动资产损失中由个人赔偿的现金收入等。本项目可以根据"库存现金"、"银行存款"、"营业外收入"等账户的记录分析填列。

④"购买商品,接受劳务支付的现金"项目,反映企业购买商品、接受劳务实际支付的现金,包括本期购入商品、接受劳务支付的现金,以及本期支付前期购入商品、接受劳务的未付款项和本期预付款项、小规模纳税人的购入商品支付的增值税额。本项目可以根据"应付账款"、"应付票据"、"预付账款"、"原材料"、"库存商品""主营业务成本"、"其他业务成本"、"库存现金"、"银行存款"、"其他货币资金"等账户的记录分析填列。计算公式:

购买商品、接受劳务支付的现金＝销售成本＋存货增加数－存货减少数＋应付账款减少数－应付款增加数＋应付票据减少数－应付票据增加数＋预付账款增加数－预付账款减少数

⑤"支付给职工以及为职工支付的现金"项目,反映企业实际支付给职工以及为职工支付的现金,包括本期实际支付给职工的工资、奖金、各种津贴和补贴等,以及为职工支付的其他费用,如养老保险、待业保险、失业保险、住房公积金、支付给职工的住房困难补助等。不包括支付给离退休人员的各项费用和支付给在建工程人员的工资。支付给离退休人员的各项费用在"支付的与经营活动有关的现金"项目中反映;支付给在建工程人员的工资在"购建固定资产、无形资产和其他长期资产所支付的现金"项目中反映。本项目可以根据"应付职工薪酬"、"库存现金"、"银行存款"等科目的记录分析填列。

⑥"支付的各项税费"项目,反映企业按规定支付的各种税费,包括本期发生并支付的税费,以及本期支付以前各期发生的税费和预交的税金,如支付的教育费附加、矿产资源补偿费、印花税、房产税、土地增值税、车船使用税、营业税、增值税、消费税等。不包括计入固定资产价值的耕地占用税、契税等,也不包括本期退回的增值税、所得税,本期退回的增值税、所得税在"收到的税费返还"中反映。本项目可以根据"应交税费"、"库存现金"、"银行存款"等账户的记录分析填列。

⑦"支付的与经营活动有关的其他现金"项目,反映企业支付的除上述各项目外,与经营活动有关的其他现金流出,如捐赠现金支出、罚款支出、支付的差旅费、业务招待费现金支出、支付的保险费等。本项目可以根据"管理费用"、"销售费用"、"财务费用"、"营业外支出"、"库存现金"、"银行存款"等账户的记录分析填列。

(2) 投资活动产生的现金流量

①"收回投资所收到的现金"项目,反映企业出售、转让或到期收回除现金等价物以外的对其他企业的权益工具、债权工具和合营中的权益等投资收到的现金。收回债权工具实现的投资收益、处置子公司及其他营业单位收到的现金净额不包括在本项目内。本项目可以根据"库存现金"、"银行存款"、"其他货币资金"、"持有至到期投资"、"长期股权投资"、"可供出售金融资产"等账户的记录分析填列。

②"取得投资收益所收到的现金"项目,反映企业除现金等价物以外的对其他企业的权益工具、债权工具和合营中的权益等投资收到的现金股利和利息,不包括股票股利。本项目可以根据"库存现金"、"银行存款"、"其他货币资金"、"应收股利"、"应收利息"、"投资收益"等账户的记录分析填列。

③"处置固定资产、无形资产和其他长期资产收回的现金净额"项目,反映企业处置固定资产、无形资产和其他长期资产收回的现金,扣除所发生的现金支出后的净额。如收回的现金净额为负数,则应作为投资活动现金流出项目在"支付的其他与投资活动有关的现金"项目中反映。本项目可以根据"库存现金"、"银行存款"、"固定资产清理"、"无形资产"等账

户的记录分析填列。

④"处置子公司及其他营业单位收到的现金净额"项目,反映企业处置子公司及其他营业单位收到的现金,减去相关处置费用以及子公司及其他营业单位持有的现金和现金等价物后的净额。本项目可以根据"长期股权投资"、"库存现金"、"银行存款"等账户的记录分析填列。

⑤"收到的其他与投资活动有关的现金"项目,反映企业除了上述各项目以外所收到的其他与投资活动有关的现金。如企业收回购买股票和债券时支付的已宣告但尚未领取的现金股利或已到付息期但尚未领取的债券利息等。若其他与投资活动有关的现金流入金额较大的,应单独反映。本项目可以根据"库存现金"、"银行存款"、"待处理财产损益——待处理固定资产损益"、"应收股利"、"应收利息"等账户的记录分析填列。

⑥"购建固定资产、无形资产和其他长期资产所支付的现金"项目,反映企业购买、建造固定资产,取得无形资产和其他长期资产支付的现金。不包括为购建固定资产而发生的借款利息资本化的部分,以及融资租入固定资产支付的租赁费。借款利息和融资租入固定资产支付的租赁费,在筹资活动产生的现金流量中反映。本项目可以根据"固定资产"、"在建工程"、"无形资产"、"库存现金"、"银行存款"等账户的记录分析填列。

⑦"投资所支付的现金"项目,反映企业取得除现金等价物以外的对其他企业的权益工具、债权工具和合营中的权益等投资所支付的现金,以及支付的佣金、手续费等交易费用。但不包括子公司及其他营业单位支付的现金净额。本项目可以根据"交易性金融资产"、"持有至到期投资"、"长期股权投资"、"可供出售金融资产"、"库存现金"、"银行存款"、"其他货币资金"等账户的记录分析填列。

⑧"取得子公司及其他营业单位支付的现金净额"项目,反映企业购买子公司及其他营业单位购买出价中以现金支付的部分,减去子公司及其他营业单位持有的现金和现金等价物后的净额。本项目可以根据"长期股权投资"、"库存现金"、"银行存款"等科目的记录分析填列。

⑨"支付的其他与投资活动有关的现金"项目,反映企业除了上述各项以外所支付的其他与投资活动有关的现金。如企业购买股票和债券时,支付的已宣告但尚未领取的现金股利或已到付息期但尚未领取的债券利息等。若某项其他与投资活动有关的现金流出比较大,应单独反映。本项目可以根据"应收股利"、"应收利息"、"库存现金"、"银行存款"等账户的记录分析填列。

(3) 筹资活动产生的现金流量

①"吸收投资收到的现金"项目,反映企业收到的投资者投入的现金,包括以发行股票、债券等方式筹集的资金实际收到款项净额(发行收入减去支付的佣金、手续费等发行费用后的净额)。本项目可以根据"库存现金"、"银行存款"、"实收资本(或股本)"等账户的记录分析填列。

②"取得借款收到的现金"项目,反映企业向银行或其他金融机构举借各种短期、长期借款所实际收到的现金。本项目可以根据"库存现金"、"银行存款"、"短期借款"、"长期借款"等账户的记录分析填列。

③"收到的其他与筹资活动有关的现金"项目,反映企业除上述各项目外所收到的其他与筹资活动有关的现金。如接受现金捐赠等。若收到的其他与筹资活动有关的现金金额比

较大的,应单独反映。本项目可以根据"营业外收入"、"库存现金"、"银行存款"等账户的记录分析填列。

④"偿还债务所支付的现金"项目,反映企业以现金偿还债务的本金,包括偿还银行或其他金融机构等的借款本金、偿还债券本金等。企业偿还的借款利息、债券利息,在"分配股利、利润或偿付利息所支付现金"项目中反映。本项目可以根据"库存现金"、"银行存款"、"短期借款"、"长期借款"、"应付债券"账户的记录分析填列。

⑤"分配股利、利润或偿付利息所支付的现金"项目,反映企业实际支付的现金股利,支付给其他投资单位的利润以及支付的借款利息、债券利息等。本项目可以根据"应付股利"、"应付利息"、"财务费用"、"库存现金"、"银行存款"等账户的记录分析填列。

⑥"支付的其他与筹资活动有关的现金"项目,反映企业除了上述各项目外所支付的其他与筹资活动有关的现金。若支付的其他与筹资活动有关的现金金额比较大的,应单独反映。本项目可以根据"营业外支出"、"长期应付款"、"库存现金"、"银行存款"等账户的记录分析填列。

(4) 汇率变动对现金及现金等价物的影响。该项目反映企业所持外币现金流量及境外子公司的现金流量折算为人民币时,按照现金发生日的即期汇率或按照系统合理方法确定的、与现金流量发生日的即期汇率近似的汇率折算的人民币金额与"现金及现金等价物净增加额"中外币现金净增加额按期末汇率折算的人民币金额之间的差额。

(5) 现金及现金等价物净增加额。该项目根据前4项现金流量净额的合计数填列。

2) 补充资料的编制方法

(1) 将净利润调节为经营活动现金流量。补充资料中"将净利润调节为经营活动现金流量"采用间接法编制。间接法是以本期净利润为起算点,调整不涉及现金的收入、费用、营业外收支以及有关项目的增减变动,据此计算出经营活动的现金流量的方法。具体各项目的填列为:

①"资产减值准备"项目,反映企业计提的各项资产的减值准备,包括坏账准备、存货跌价准备、长期投资减值准备、固定资产减值准备、在建工程减值准备、无形资产减值准备等。企业计提的各项资产的减值准备没有发生现金流出,在计算时需要加回。本项目可以根据"资产减值损失"账户的记录分析填列。

②"固定资产折旧、油气资产折耗、生产性生物资产折旧"项目,反映企业本期累计提取的折旧。企业计提的各项折旧没有发生现金流出,在计算时需要加回。本项目可以根据本期"累计折旧"、"累计折耗"、"生产性生物资产折旧"等账户的记录分析填列。

③"无形资产摊销"项目,反映企业本期累计摊入成本费用的无形资产。企业本期摊销的无形资产没有发生现金流出,在计算时需要加回。本项目可以根据本期"累计摊销"账户的记录分析填列。

④"长期待摊费用"项目,反映企业本期累计摊入成本费用的长期待摊费用。企业本期摊销的长期待摊费用没有发生现金流出,在计算时需要加回。本项目可以根据本期"长期待摊费用"账户的记录分析填列。

⑤"处置固定资产、无形资产和其他长期资产的损失"(减:收益)项目,反映企业由于处置固定资产、无形资产和其他长期资产而发生的净损失。企业由于处置固定资产、无形资产和其他长期资产而发生的损益,不属于经营活动产生的损益,所以在计算时需要予以剔除。

本项目可以根据本期"营业外收入"、"营业外支出"所属明细账户的记录分析填列；如为净收益，以"－"号填列。

⑥"固定资产报废损失"项目，反映本期固定资产盘亏(减：盘盈)后的净损失。企业发生的固定资产报废损益属于投资活动产生的损益，不属于经营活动产生的损益，所以在计算时需要予以剔除。本项目可以根据本期"营业外收入"、"营业外支出"所属明细账户的记录分析填列。

⑦"公允价值变动损失"项目，反映企业在初始确认时划分为以公允价值计量且变动损益计入当期损益的交易性金融资产、交易性金融负债等公允价值形成的应计入当期损益的损失。发生的公允价值变动损益属于投资活动或筹资活动，且不产生现金流量，所以在计算时需要予以剔除。本项目可以根据本期"公允价值变动损益"账户的记录分析填列；如为收益，以"－"号填列。

⑧"财务费用"项目，反映企业本期发生的应属于筹资活动的财务费用。企业发生的财务费用属于筹资活动，不属于经营活动产生，所以在计算时需要予以剔除。本项目可以根据本期"财务费用"账户的记录分析填列；如为收益，以"－"号填列。

⑨"投资损失"(减：收益)项目，反映企业本期投资发生的损失减去收益后的净损失。企业的投资损益，属于投资活动产生的损益，不属于经营活动产生的损益，所以在计算时需要予以剔除。本项目可以根据本期"投资收益"账户的记录分析填列；如为净收益，以"－"号填列。

⑩"递延所得税资产减少"(减：增加)项目，反映企业本期递延所得税资产的净增加或净减少。本项目可以根据本期资产负债表"递延所得税资产"填列。

⑪"递延所得税负债增加"(减：减少)项目，反映企业本期递延所得税负债的净增加或净减少。本项目可以根据本期资产负债表"递延所得税负债"填列。

⑫"存货减少"(减：增加)项目，反映企业本期存货的减少或增加。本项目可以根据本期资产负债表"存货"项目的期初、期末余额的差额填列；如期末大于期初的差额，以"－"号填列。

⑬"经营性应收项目的减少"(减：增加)项目，反映企业本期经营性应收项目的减少或增加。本项目可以根据本期资产负债表"应收账款"、"应收票据"、"其他应收款"项目的期初、期末余额的差额填列。如期末大于期初的差额，以"－"号填列。

⑭"经营性应付项目的增加"(减：减少)项目，反映企业本期经营性应付项目的增加或减少。本项目可以根据本期资产负债表"应付账款"、"应付票据"、"应付职工薪酬"、"应交税费"、"其他应付款"项目的期初、期末余额的差额填列。如期末小于期初的差额，以"－"号填列。

(2) 不涉及现金收支的投资和筹资活动。"不涉及现金收支的投资和筹资活动"项目反映企业一定期间内影响资产或负债但不形成该期现金收支的所有投资和筹资活动的信息。这些投资和筹资活动虽然不涉及现金收支，但对以后各期的现金流量有重大影响。主要包括：

①"债务转为资本"项目，反映企业本期转为资本的债务金额。

②"一年内到期的可转换公司债券"项目，反映企业一年内到期的可转换公司债券的本息。

③"融资租入固定资产"项目,反映企业本期融资租入固定资产计入"长期应付款"科目的金额。

(3) 现金及现金等价物净增加情况。"现金及现金等价物净增加情况"项目中各项目根据资产负债表中"货币资金"项目期初期末余额和"交易性金融资产"项目中现金及现金等价物期初期末填列。"现金及现金等价物净增加额"项目与现金流量表主表中的"现金及现金等价物净增加额"项目的金额应当相等。

技能操作

[学 中 做]

[业务资料三] 根据[业务资料一]的会计分录、表12-4资产负债表和表12-6利润表编制2011年年度现金流量表。如表12-7所示。

表12-7 现金流量表

编制单位:东方股份有限公司　　　　2011年度　　　　　　　　会企03表
单位:元

项 目	行次	本期金额	上期金额
一、经营活动产生的现金流量			略
销售商品、提供劳务收到的现金		1 919 000	
收到的税费返还			
收到其他与经营活动有关的现金			
经营活动现金流入小计		1 919 000	
购买商品、接受劳务支付的现金		1 001 950	
支付给职工以及为职工支付的现金		456 000	
支付的各项税费		261 890	
支付其他与经营活动有关的现金		106 700	
经营活动现金流出小计		1 826 540	
经营活动产生的现金流量净额		92 460	
二、投资活动产生的现金流量			
收回投资收到的现金		20 000	
取得投资收益所收到的现金		15 000	
处置固定资产、无形资产和其他长期资产收回的现金净额		300 000	
处置子公司及其他营业单位支付的现金净额			
收到其他与投资活动有关的现金			
投资活动现金流入小计		335 000	

续表 12-7

项　目	行次	本期金额	上期金额
购置固定资产、无形资产和其他长期资产支付的现金		314 500	
投资支付的现金			
取得子公司及其他营业单位支付的现金净额			
支付其他与投资活动有关的现金			
投资活动现金流出小计		314 500	
投资活动产生的现金流量净额		20 500	
三、筹资活动产生的现金流量			
吸收投资收到的现金			
取得借款收到的现金		470 000	
收到其他与筹资活动相关的现金			
筹资活动现金流入小计		470 000	
偿还债务支付的现金		470 000	
分配股利、利润或偿付利息支付的现金		12 000	
支付其他与筹资活动有关的现金			
筹资活动现金流出小计		482 000	
筹资活动产生的现金流量净额		−12 000	
四、汇率变动对现金的影响			
五、现金及现金等价物净增加额		100 960	
加：期初现金及现金等价物余额		2 206 000	
六、期末现金及现金等价物余额		2 306 960	
1. 将净利润调节为经营活动现金流量：			
净利润		386 310	
加：计提的资产减值准备		56 680	
固定资产折旧		163 000	
无形资产摊销		86 000	
长期待摊费用摊销			
处置固定资产、无形资产和其他长期资产的损失（收益以"−"号填列）		−110 000	
固定资产报废损失（收益以"−"号填列）			
公允价值变动损失（收益以"−"号填列）		−79 000	
财务费用（收益以"−"号填列）		48 400	

续表 12-7

项　目	行次	本期金额	上期金额
投资损失(收益以"—"号填列)		-15 000	
递延所得税资产减少(增加以"—"号填列)		-14 170	
递延所得税负债增加(减少以"—"号填列)		19 750	
存货减少(增加以"—"号填列)		-203 150	
经营性应收项目减少(增加以"—"号填列)		-301 200	
经营性应付项目增加(减少以"—"号填列)		54 840	
其他			
经营活动产生的现金流量净额		92 460	
2. 不涉及现金收支的重大投资和筹资活动：			
债务转为资本			
一年内到期的可转换公司债券			
融资租入固定资产			
3. 现金及现金等价物净变动情况：			
现金的期末余额		2 306 960	
减：现金的期初余额		2 206 000	
加：现金等价物的期末余额			
减：现金等价物的期初余额			
现金及现金等价物净增加额		100 960	

[做　中　学]

[业务资料]

业务1　本期商品销售收入 800 000 元；应收账款期初余额 100 000 元，期末余额 340 000 元；本期预收的货款 4 000 元。

业务2　本期从银行提取现金 330 000 元，用于发放工资。

业务3　本期以银行存款支付购买原材料货款 400 000 元；本期购买原材料预付货款 150 000 元；以银行存款支付工程物资货款 819 000 元。

业务4　本期实际支付工资 330 000 元，其中经营人员工资 200 000 元，在建工程人员工资 130 000 元。

业务5　期初未交所得税为 16 000 元，本期发生的应交所得税 66 000 元，期末未交所得税 6 000 元。

请根据资料计算现金流量表中相关项目的金额，你学会了吗？

销售商品、提供劳务收到的现金＝

购买商品、接受劳务支付的现金＝

支付给职工以及为职工支付的现金＝

购建固定资产、无形资产支付的现金＝
支付的各项税费＝

1. 现金流量表的数据来源有两大方面：一是资产负债表、利润表的数据；二是有关的账簿资料数据。报表资料是现成的，将同期的资产负债表、利润表要来即可，但对于账簿资料则需平时做好积累，一般应包括如下账簿记录：

(1) 有关折旧、摊销、计提减值准备等方面的记录。

(2) 有关增值税业务及其他税金支付方面的记录。

(3) 有关职工薪酬方面的记录。

(4) 有关对内、对外投资业务的记录。包括购建或处置固定资产、无形资产及其他长期资产；对外股权投资、债权投资、分得股得股利、收回投资等业务。

(5) 有关筹资业务的记录。包括发行股票或发行债券、借款、归还或支付各种本息等业务。

(6) 影响购销款收支的特殊业务，如票据贴现、现金折扣折让等业务。

2. 现金流量表中主表采用直接法编制，主表各项目的具体填列又有两种方法：

(1) 在分析现金日记账、银行存款日记账和其他货币资金明细账记录的基础上填列。采用这种方法，就是直接根据企业的现金日记账、银行存款日记账和其他货币资金明细账的记录，逐笔确定现金收入和支出的性质，分别计入现金流量表的有关项目。这种方法适用于经济业务较少的小型企业，对于经济业务较多但已实行会计电算化的企业也可采用这种方法。

(2) 在分析非现金账户记录的基础上填列。这种方法是以复式记账的基本原理为依据，根据本期的利润表以及期末资产负债表中的非现金项目的变动编制现金流量表。按照复式记账的原理，任何影响现金的交易，也一定同时影响某些非现金资产、负债、所有者权益（包括收入、费用）的变动。非现金账户的变动可以明确地反映现金交易的性质，通过对非现金账户变动的分析，可以计算出各类性质的现金流入量和现金流出量。为保证分析的正确性，通常是通过编制调整分录的方式进行分析，采用工作底稿法、T形账户法填列现金流量表。大部分企业通常采用此法编制现金流量表。

3. 现金流量表补充资料中"将净利润调整为经营活动现金流量"采用间接法列报。列报时需要对四大类项目进行调整：

(1) 实际没有支付现金的项目。

(2) 实际没有收到现金的损益。

(3) 不属于经营活动的损益。

(4) 经营性应收应付项目的增减变动。

任务4　所有者权益变动表

知识要点

1. 所有者权益变动表的概念

所有者权益变动表又称股东权益变动表,是指反映构成所有者权益各组成部分当期增减变化情况的报表。

2. 所有者权益变动表的作用

所有者权益变动表全面反映了企业一定时期所有者权益变动的情况,不仅包括所有者权益总量的增减变动,还包括所有者权益增减变动的重要结构信息,特别是直接计入所有者权益的利得和损失等方面的情况,使会计报表使用者能够准确理解和分析企业所有者权益增减变动的根源、准确判断企业资本保值等情况,从而提供对其决策有用的信息。

3. 所有者权益变动表的内容及结构

所有者权益变动表一般由表首、正表两部分内容构成。其中,表首概括地说明报表名称、编制单位、编制日期、货币种类、金额单位等。正表是所有者权益变动表的主体,列示了用以说明企业所有者权益各组成部分当期的增减变动情况。在所有者权益变动表中,企业至少应当单独列示反映下列信息的项目:

(1) 净利润。
(2) 直接计入所有者权益的利得和损失项目及其总额。
(3) 会计政策变更和差错更正的累积影响金额。
(4) 所有者投入资本和向所有者分配利润等。
(5) 提取的盈余公积。
(6) 实收资本(或股本)、资本公积、盈余公积、未分配利润的期初和期末余额及其调节情况。

所有者权益变动表的结构如表12-8所示。

4. 所有者权益变动表的编制方法

所有者权益变动表根据"实收资本(或股本)"、"资本公积"、"盈余公积"、"利润分配"账户及相关明细账的期初余额、本期借贷发生额、期末余额分析填列。

1) "上年年末余额"项目

"上年年末余额"项目,反映企业上年资产负债表中实收资本(或股本)、资本公积、库存股、盈余公积、未分配利润的年末余额。

2) "会计政策变更"、"前期差错更正"项目

"会计政策变更"、"前期差错更正"项目,分别反映企业采用追溯调整法处理的会计政策变更的累积影响金额和采用追溯调整法处理的前期差错更正的累积影响金额。

3)"本年增减变动金额"项目

(1)"净利润"项目,反映企业当年实现的净利润(或净亏损)金额。

(2)"直接计入所有者权益的利得和损失"项目,反映企业当年直接计入所有者权益的利得和损失的金额。

① "可供出售金融资产公允价值变动净额"项目,反映企业持有的可供出售金融资产当年公允价值变动的金额。

② "权益法下被投资单位其他所有者权益变动的影响"项目,反映企业对按照权益法核算的长期股权投资,在被投资单位除当年实现的净损益以外其他所有者权益当年变动中应享有的份额。

③ "与计入所有者权益项目相关的所得税影响"项目,反映企业应计入所有者权益项目的当年所得税影响金额。

(3)"所有者投入和减少资本"项目,反映企业当年所有者投入的资本和减少的资本。

① "所有者投入资本"项目,反映企业接受投资者投入形成的实收资本(或股本)和资本溢价或股本溢价。

② "股份支付计入所有者权益的金额"项目,反映企业处于等待期中的权益结算的股份支付当年计入资本公积的金额。

(4)"利润分配"项目,反映企业当年的利润分配金额。

① "提取盈余公积"项目,反映企业按照规定提取的盈余公积。

② "对所有者(或股东)的分配"项目,反映对所有者(或股东)分配的利润(或股利)金额。

(5)"所有者权益内部结转"项目,反映企业构成所有者权益的组成部分之间的增减变动情况。

① "资本公积转增资本(或股本)"项目,反映企业以资本公积转增资本或股本的金额。

② "盈余公积转增资本(或股本)"项目,反映企业以盈余公积转增资本或股本的金额。

③ "盈余公积补亏"项目,反映企业以盈余公积弥补亏损的金额。

技能操作

[学 中 做]

[业务资料四] 根据[业务资料一]会计分录、表12-4资产负债表和表12-6利润表编制2011年年度所有者权益变动表。如表12-8所示。

表12-8 所有者权益变动表

会企04表

编制单位:东方股份有限公司　　　　2011年度　　　　　　　　　　单位:元

项目	本年金额						上年金额
	实收资本	资本公积	减:库存股	盈余公积	未分配利润	所有者权益	合计
一、上年年末余额	4 400 000	210 000		432 000	313 000	5 355 000	略

续表 12-8

项 目	本年金额						上年金额
	实收资本	资本公积	减:库存股	盈余公积	未分配利润	所有者权益	合计
加:会计政策变更							
前期差错更正							
二、本年年初余额	4 400 00	210 000	432 000	313 000	5 355 000		
三、本年增减变动金额(减少以"-"号填列)				38 631	347 679 386 310	386 310	
(一)净利润							
(二)直接计入所有者权益的利得和损失							
1. 可供出售金融资产公允价值变动净额							
2. 权益法下被投资单位其他所有者权益变动的影响					386 310		
3. 与计入所有者权益项目相关的所得税影响							
4. 其他							
上述(一)(二)小计							
(三)所有者投入和减少资本				38 631	-38 631		
1. 所有者投入资本							
2. 股份支付计入所有者权益的金额							
3. 其他							
(四)利润分配							
1. 提取盈余							
2. 对所有者(或股东)的分配							
3. 其他	4 400 000	210 000		470 631	660 679	5 741 310	
(五)所有者权益内部结转							
1. 资本公积转增资本(或股本)							
2. 盈余公积转增资本(或股本)							

续表 12-8

项目	本年金额						上年金额
	实收资本	资本公积	减：库存股	盈余公积	未分配利润	所有者权益	合计
3. 盈余公积弥补亏损							
4. 其他							
四、本年年末余额							

企业的各种财务报表是一个有机联系的整体，各种财务报表之间以及每张报表内部各指标之间相互联系、彼此制约，形成一种在数量上可据以相互查考、核对的平衡相等关系，即"勾稽关系"。在编制和审核财务制表时，必须符合这些勾稽关系，以保证所编制财务报表的正确性。

1. 财务报表内部指标间的勾稽关系

（1）资产负债表中"资产总计"的"年初余额"和"期末余额"＝"负债及所有者权益总计"的"年初余额"和"期末余额"；流动资产合计＋非流动资产合计＝资产总计；负债合计＋所有者权益合计＝负债及所有者权益总计。

（2）利润表中的"营业利润"、"利润总额"和"净利润"之间存在逐步增减恒等的勾稽关系。

（3）所有者权益变动表中：上年年末余额＋会计政策变更＋前期差错＝本年年初余额；本年年初余额＋本年增减变动金额＝本年年末余额。

（4）现金流量表中：（经营活动产生的现金流入小计＋投资活动产生的现金流入小计＋筹资活动产生的现金流入小计）－（经营活动产生的现金流出小计＋投资活动产生的现金流出小计＋筹资活动产生的现金流出小计）＝经营活动产生的现金流量净额＋投资活动产生的现金流量净额＋筹资活动产生的现金流量净额＝现金及现金等价物净增加额。主表与附表（补充资料）的"经营活动产生的现金流量净额"项目的金额相等；主表与附表的"现金及现金等价物净增加额"项目的金额相等。

2. 财务报表间的指标勾稽关系

（1）资产负债表中"未分配利润"项目的"年初余额"和"期末余额"＝所有者权益变动表中"未分配利润"项目的"上年实际"和"本年实际"。

（2）利润表年报中"净利润"项目的"本期金额"和"上期金额"＝所有者权益变动表中"净利润"项目的"本年金额"和"上年金额"。

（3）现金流量表主表和补充资料中"现金及现金等价物净增加额"项目的金额＝资产负债表中"货币资金"项目的期末余额－年初余额；现金流量表补充资料中"净利润"项目的金额＝利润表中"净利润"项目的金额。

综合练习题

一、单项选择题

1. 在财务报表中,反映企业特定时点财务状况的报表是( )。
   A. 资产负债表 B. 利润表
   C. 现金流量表 D. 所有者权益变动表

2. 资产负债表中资产项目的排列顺序( )。
   A. 项目的时间性 B. 项目的流动性
   C. 项目的重要性 D. 项目的收益性

3. 期末企业"应收账款"所属明细账户借方余额合计 350 000 元,贷方余额合计 63 000 元;"预收账款"所属明细账户借方余额合计 79 000 元,贷方余额合计 120 000 元;"坏账准备"账户贷方余额 1 700 元。则资产负债表中"应收账款"和"预收款项"项目的期末余额分别为( )元。
   A. 285 300 和 41 000 B. 427 300 和 183 000
   C. 285 300 和 120 000 D. 348 300 和 104 000

4. "预付账款"所属明细账户若出现贷方余额,编制资产负债表时应将其填列的项目是( )。
   A. 预收账款 B. 应收账款 C. 应付账款 D. 预付账款

5. 我国现行资产负债表的格式采用( )。
   A. 账户式 B. 报告式 C. 单步式 D. 多步式

6. 利润表中"本期金额"栏填列的依据主要是( )。
   A. 损益类账户的期末余额 B. 损益类账户的本期净发生额
   C. 收入类账户的贷方余额 D. 费用类账户的借方余额

7. 在财务报表中,属于静态报表的是( )。
   A. 资产负债表 B. 利润表
   C. 现金流量表 D. 所有者权益变动表

8. 下列利润表项目中,不影响营业利润的是( )。
   A. 营业外收入 B. 投资收益
   C. 公允价值变动收益 D. 资产减值损失

9. 我国现金流量表中,对现金流量的正确分类是( )。
   A. 现金流入、现金流出及非现金活动 B. 直接现金流量及间接现金流量
   C. 经营活动、投资活动及筹资活动 D. 经营活动、投资活动及收款活动

10. 下列引起现金流量净额变动的项目是( )。
    A. 从银行提取现金 B. 以现金购买 1 个月到期的债券
    C. 以现金购买原材料 D. 以固定资产抵偿债务

二、多项选择题

1. 资产负债表中各项目的数据来源,可以通过以下几种方法取得( )。
   A. 根据总账账户余额直接填列 B. 根据总账账户余额计算填列
   C. 根据明细账账户余额分析填列 D. 根据明细账户余额计算填列

2. 我国《企业会计准则》的规定,财务报告应当包括( )。
   A. 资产负债表　　　　　　　　　　B. 利润表
   C. 现金流量表　　　　　　　　　　D. 所有者权益变动表
3. 资产负债中"应付账款"项目的期末数可能包括( )。
   A. "应付账款"所属明细账户的期末贷方余额
   B. "预付账款"所属明细账户的期末贷方余额
   C. "应收账款"所属明细账户的期末借方余额
   D. "预收账款"所属明细账户的期末借方余额
4. 列入利润表中"营业税多及附加"的税金是( )。
   A. 增值税　　　　　　　　　　　　B. 营业税
   C. 消费税　　　　　　　　　　　　D. 城市维护建设税
5. 下列业务中,属于经营活动产生的现金流量的有( )。
   A. 支付诉讼费　　　　　　　　　　B. 支付利息
   C. 偿还应付购货款　　　　　　　　D. 支付罚款
6. 下列业务中,影响现金流量变动的是( )。
   A. 以银行存款支付购货款　　　　　B. 发行债券收到现金
   C. 以固定资产抵债　　　　　　　　D. 以现金购买股票
7. 下列业务中,属于投资活动产生现金流量的有( )。
   A. 购买固定资产支付的现金　　　　B. 转让无形资产收入的现金
   C. 购买原材料支付的现金　　　　　D. 购买债券支付的现金
8. 有关利润表的说法中,正确的是( )。
   A. 只需按年编报　　　　　　　　　B. 动态报表
   C. 反映经营成果　　　　　　　　　D. 静态报表
9. 资产负债表中"存货"项目包括( )。
   A. 在途物资　　　　　　　　　　　B. 库存商品
   C. 周转材料　　　　　　　　　　　D. 工程物资
10. 所有者权益变动表至少应当单独列示反映( )项目。
    A. 净利润
    B. 直接计入所有者权益的利得和损失项目及其总额
    C. 会计政策变更和差错更正的累积影响金额
    D. 所有者投入资本和向所有者分配利润等

三、判断题
1. 资产负债表是反映企业在某一特定日期财务状况的报表,是动态报表。　　　　　　( )
2. 现金流量表是反映企业一定会计期间现金及现金等价物流入和流出的报表,是企业必须对外提供的主要财务报表之一。　　　　　　　　　　　　　　　　　　　　　　( )
3. 编制财务报告是为了满足有关方面对财务信息的要求,财务报告的最终目的是为社会资源的合理配置提供所需的会计信息。　　　　　　　　　　　　　　　　　　　　( )
4. 所有影响现金流量的项目在现金流量表中都应按照现金流量总额反映。　　　　　　( )
5. 企业银行存款与现金等价物之间的此增彼减,不会影响企业的现金流量。　　　　　( )

6. 利润表是反映企业一定会计期间经营成果的报表,是静态报表。（ ）
7. 营业外收支应反映在利润表的营业利润中。（ ）
8. 现金流量表补充资料中的"财务费用"项目是根据利润表的"财务费用"项目数额填列的。（ ）
9. 现金流量表中的现金概念与资产负债表的货币资金内容一致。（ ）
10. 当存货为净增加数时,补充资料作增项调整。（ ）

四、实训题

[目的] 练习会计报表的编制

[资料] 安达公司2011年度发生下列经济业务:

(1) 将账面价值为150 000元的交易性金融资产出售,出售价300 000元,款存入银行。

(2) 购入原材料一批,货款150 000元,增值税额为25 500元,款项以银行存款支付。将账面价值为150 000元的交易性金融资产出售,出售价300 000元,款存入银行。

(3) 购入不需要安装的设备一台,价款450 000元,款项以银行存款支付,设备直接交付使用。

(4) 计提固定资产折旧225 000元,其中:生产车间用设备折旧150 000元,行政用设备折旧75 000元。

(5) 以现金支付全年职工工资300 000元,并将其分配计入相关成本费用。其中,生产工人工资150 000元,行政管理人员工资75 000元,在建工程人员工资75 000元。

(6) 本年生产产品耗用原材料600 000元。

(7) 期末结转制造费用150 000元。

(8) 期末结转完工产品生产成本900 000元。

(9) 以银行存款偿还长期借款25 000元。

(10) 本年销售产品收入1 500 000元,应收取的增值税为255 000元。其中货款750 000元、增值税127 500元为现金结算,余款尚未收到。

(11) 期末结转企业销售产品的生产成本900 000元。

(12) 本年度发生长期借款利息费用75 000元,其中在建工程负担借款利息30 000元。

(13) 期末将各项收支账户转入"本年利润"账户。

(14) 计算利润总额,计提并交纳所得税,适用所得税税率25%。

(15) 按净利润的10%和5%提取法定盈余公积和任意盈余公积。

(16) 结转"本年利润"和"利润分配"账户。

[要求]

(1) 根据上述资料编制会计分录。

(2) 编制2011年度的资产负债表、利润表和现金流量表。

(3) 资产负债表的期初余额如下:

资产负债表

会企01表

编制单位：安达股份有限公司　　　2011年12月31日　　　　　　　　　　　　　单位：元

资产	期末余额	年初余额	负债和所有者权益	期末余额	年初余额
流动资产：			流动负债：		
货币资金		300 000	短期借款		20 000
交易性金融资产		150 000	交易性金融负债		
应收票据		60 000	应付票据		
应收账款		300 000	应付账款		30 000
预付款项		40 000	预收款项		35 000
应收利息			应付职工薪酬		5 000
应收股利			应交税费		300 000
其他应收款			应付利息		75 000
存货		600 000	应付股利		
一年内到期的流动资产			其他应付款		10 000
其他流动资产			一年内到期的流动负债		
流动资产合计		1 450 000	其他流动负债		
非流动资产：			流动负债合计		400 000
可供出售金融资产			非流动负债		
持有至到期投资			长期借款		1 050 000
长期应收款			应付债券		
长期股权投资			长期应付款		
固定资产		750 000	预计负债		
在建工程		750 000	递延所得税负债		
工程物资			其他非流动负债		
固定资产清理			非流动负债合计		1 050 000
生产性生物资产			负债合计		1 729 500
无形资产			所有者权益（或股东权益）		
开发支出					
商誉			实收资本（股本）		900 000
长期待摊费用			资本公积		
递延所得税资产			盈余公积		600 000
其他非流动资产			未分配利润		
非流动资产合计		1 500 000	所有者权益合计		1 500 000
资产合计		2 950 000	负债和所有者权益合计		2 950 000

利 润 表

编制单位：安达股份有限公司　　　　2011年度　　　　会企02表　单位：元

项　目	本期金额	上期金额
一、营业收入		
减：营业成本		
营业税金及附加		
销售费用		
管理费用		
财务费用		
资产减值损失		
加：公允价值变动收益（损失以"—"号填列）		
投资收益（损失以"—"号填列）		
其中：对联营企业和合营企业的投资收益		
二、营业利润（亏损以"—"号填列）		
加：营业外收入		
减：营业外支出		
其中：非流动资产处置损失		
三、利润总额（亏损总额以"—"号填列）		
减：所得税费用		
四、净利润（净亏损以"—"号填列）		
五、每股收益		
（一）基本每股收益		
（二）稀释每股收益		

现金流量表

编制单位：安达股份有限公司　　　　2011年度　　　　会企03表　单位：元

项　目	本期金额	上期金额
一、经营活动产生的现金流量		
销售商品、提供劳务收到的现金		
收到的税费返还		
收到其他与经营活动有关的现金		
经营活动现金流入小计		

续表

项目	本期金额	上期金额
购买商品、接受劳务支付的现金		
支付给职工以及为职工支付的现金		
支付的各项税费		
支付其他与经营活动有关的现金		
经营活动现金流出小计		
经营活动产生的现金流量净额		
二、投资活动产生的现金流量		
收回投资收到的现金		
取得投资收益所收到的现金		
处置固定资产、无形资产和其他长期资产收回的现金净额		
处置子公司及其他营业单位支付的现金净额		
收到其他与投资活动有关的现金		
投资活动现金流入小计		
购置固定资产、无形资产和其他长期资产支付的现金		
投资支付的现金		
取得子公司及其他营业单位支付的现金净额		
支付其他与投资活动有关的现金		
投资活动现金流出小计		
投资活动产生的现金流量净额		
三、筹资活动产生的现金流量		
吸收投资收到的现金		
取得借款收到的现金		
收到其他与筹资活动相关的现金		
筹资活动现金流入小计		
偿还债务支付的现金		
分配股利、利润或偿付利息支付的现金		
支付其他与筹资活动有关的现金		
筹资活动现金流出小计		
筹资活动产生的现金流量净额		
四、汇率变动对现金影响		

续表

项　　目	本期金额	上期金额
五、现金及现金等价物净增加额		
加：期初现金及现金等价值余额		
六、期末现金及现金等价物余额		
补充资料		
1. 将净利润调节为经营活动现金流量：		
净利润		
加：计提的资产减值准备		
固定资产折旧		
无形资产摊销		
长期待摊费用摊销		
处置固定资产、无形资产和其他长期资产的损失（收益以"—"号填列）		
固定资产报废损失（收益以"—"号填列）		
公允价值变动损失（收益以"—"号填列）		
财务费用（收益以"—"号填列）		
投资损失（收益以"—"号填列）		
递延所得税资产减少（增加以"—"号填列）		
递延所得税负债增加（减少以"—"号填列）		
存货减少（增加以"—"号填列）		
经营性应收项目减少（增加以"—"号填列）		
经营性应付项目增加（减少以"—"号填列）		
其他		
经营活动产生的现金流量净额		
2. 不涉及现金收支的重大投资和筹资活动：		
债务转为资本		
一年内到期的可转换公司债券		
融资租入固定资产		
3. 现金及现金等价物净变动情况：		
现金的期末余额		
减：现金的期初余额		
加：现金等价物的期末余额		
减：现金等价物的期初余额		
现金及现金等价物净增加额		

参 考 文 献

1. 《中华人民共和国增值税暂行条例》、《中华人民共和国增值税暂行条例实施细则》.2009年1月1日起施行
2. 财政部.企业会计准则——应用指南2006.北京：中国财政经济出版社,2006
3. 财政部会计司编写组.企业会计准则讲解2008.北京：人民出版社,2008
4. 财政部会计资格评价中心.初级会计实务2009(全国会计专业技术资格考试辅导教材).北京：财政经济出版社,2008
5. 财政部会计资格评价中心.中级会计实务2009(全国会计专业技术资格考试辅导教材).北京：经济科学出版社,2008
6. 冯庆梅主编.企业财务会计.北京：清华大学出版社,北京交通大学出版社,2008
7. 张利主编.新编财务会计Ⅰ(第五版).大连：大连理工大学出版社,2008
8. 徐淑华主编.财务会计.长春：东北师范大学出版社,2008
9. 焦桂芳主编.中级财务会计.北京：机械工业出版社,2008
10. 杨有红主编.中级财务会计.北京：中央广播电视大学出版社,2008
11. 陈强等主编.中级财务会计.北京：清华大学出版社,2008
12. 唐丽华主编.财务会计.大连：东北财经大学出版社,2008
13. 杨智慧主编.财务会计.北京：高等教育出版社,2008
14. 黄晓榕主编.财务会计.北京：高等教育出版社,2008
15. 戴重光主编.商品流通企业会计.北京：中国财政经济出版社,2007